Unterwegs in

Deutschlands Weinregionen

Dietmar Scherf

DUMONT REISE FÜHRER

Inhalt

Auf Ihr Wohl

Das Weinkulturerbe – Geschichte des Weinbaus in Deutschland 7
Die Weinwerdung – Lebensgeschichte einer Traube 8
Tipps für den Weineinkauf 10
Anleitung zur Weinprobe 11
Rebsorten Top Ten 13
Qualitätsstufen 13
Bio-Wein: Grüner Genuss 14
Kleines Weinlexikon 15
Karte der deutschen Weinregionen 16

DIE DEUTSCHEN WEINREGIONEN

Ahr

Porträt und Info 20
Weinreiseziele 22
Ahrweiler – Altenahr – Bad Neuenahr – Dernau – Heimersheim – Marienthal – Mayschoß – Rech – Walporzheim
Wege zum Wein 31
Rotweinwanderweg – Ahrtalweg – *Extratour: Maria Laach*

Baden

Porträt und Info 38
Weinreiseziele 40
Baden-Baden – Badenweiler – Breisach – Bruchsal – Ettenheim – Freiburg – Gengenbach – Ihringen – Meersburg – Merdingen – Oberkirch – Sasbachwalden – Staufen – Tauberbischofsheim – Vogtsburg – Weinheim
Wege zum Wein 52
Wanderung auf dem Wii-Wegli – Autotour auf der Badischen Weinstraße – *Extratour: Dem Steppenwolf auf der Spur*

Franken

Porträt und Info 58
Weinreiseziele 60
Castell – Dettelbach – Iphofen – Karlstadt – Kitzingen – Mainbernheim – Marktbreit – Miltenberg – Ochsenfurt – Randersacker – Prichsenstadt – Sommerhausen – Sulzfeld – Veitshöchheim – Volkach – Würzburg

Wege zum Wein 71
Maintal-Radwanderweg – Autotour durchs Bocksbeutel-Land –
Extratour: Zum Wirtshaus im Spessart

Hessische Bergstraße

Porträt und Info 78
Weinreiseziele 80
Alsbach – Auerbach – Bensheim – Groß-Umstadt – Heppenheim –
Kloster Lorsch – Seeheim-Jugenheim – Zwingenberg
Wege zum Wein 88
Wanderung auf dem Weinlagenweg – Fahrrad-Rundfahrt zwischen Bergstraße und Odenwald –
Extratour: Kunststadt Darmstadt

Mittelrhein

Porträt und Info 96
Weinreiseziele 98
Bacharach – Bad Hönningen – Boppard – Braubach – Drachenfels und Königswinter – Kamp-Bornhofen – Kaub – Lahnstein – Leutesdorf – Linz – Niederheimbach – Oberwesel – Rhens – St. Goar – St. Goarshausen und die Loreley – Trechtingshausen
Wege zum Wein 112
Rhein-Wein-Wanderpfad – Autotour auf der Rheingoldstrasse –
Radtour durchs Mittelheintal –
Extratour: Bad Ems

Mosel – Saar – Ruwer

Porträt und Info 120
Weinreiseziele 122
Alf – Alken – Beilstein – Bernkastel-Kues – Calmont – Cochem – Ediger-Eller – Enkirch – Kobern-Gondorf – Kröv – Moselkern – Neumagen-Dhron – Perl – Piesport – Pünderich – Saarburg – Traben-Trarbach – Treis-Karden – Trier – Trittenheim – Ürzig – Winningen – Zell
Wege zum Wein 136
Alpine Wanderung auf dem Calmont-Klettersteig – Tour de Sonnenuhr: (Radtour von Ürzig nach Wittlich) – Weinstraßen an Mosel, Saar und Ruwer –
Extratour: Ausflug zur Burg Eltz

Nahe

Porträt und Info 144

Weinreiseziele 146

Bad Kreuznach – Bad Münster am Stein – Bad Sobernheim – Burgsponheim – Disibodenberg – Idar-Oberstein – Kirn – Langenlonsheim – Meisenheim – Monzingen – Niederhausen – Oberhausen – Stromberg

Wege zum Wein 156

Auf dem Nahe-Radweg von Kirn nach Bad Kreuznach – Wanderung zum Rotenfels – Autotour auf der Naheweinstraße

Extratour: Draisinentour

Pfalz

Porträt und Info 164

Weinreiseziele 166

Annweiler am Trifels – Bad Bergzabern – Bad Dürkheim – Bockenheim – Deidesheim – Edenkoben, Villa Ludwigshöhe, Rietburg – Forst – Freinsheim – Grünstadt – Hambacher Schloss – Landau – Leinsweiler – Maikammer – Neuleiningen – Neustadt an der Weinstraße – Rhodt unter Rietburg– Schweigen – St. Martin – Wachenheim

Wege zum Wein 178

Wanderweg Deutsche Weinstraße – Autotour Deutsche Weinstraße –

Extratour: Dahner Feldenland

Rheingau

Porträt und Info 184

Weinreiseziele 186

Assmannshausen – Eltville – Erbach – Geisenheim – Hallgarten – Hattenheim – Hochheim – Kiedrich – Kloster Eberbach – Lorch – Lorchhausen – Oestrich-Winkel – Rüdesheim – Schloss Johannisberg – Schloss Vollrads – Walluf

Wege zum Wein 198

Autotour auf der Rheingauer-Rieslingroute Wanderung von Schloss zu Schloss – Wandertour um Rüdesheim –

Extratour: Auf der Bäderstraße ins Wunderland

Rheinhessen

Porträt und Info 204

Weinreiseziele 206

Alzey – Bingen – Bodenheim – Eckelsheim – Flörsheim-Dalsheim – Gau-Algesheim – Guntersblum – Ingelheim – Mainz – Nackenheim – Nierstein – Oppenheim – Westhofen – Worms

Wege zum Wein 218
Selztal-Radweg – Wanderung auf der Rheinterrasse –
Extratour: Nibelungen- und Siegfriedstraße

Saale-Unstrut

Porträt und Info 224
Weinreiseziele 226
Bad Kösen – Bad Sulza – Eckertsberga – Freyburg – Großjena –
Memleben – Naumburg – Schulpforte – Seeburg – Weißenfels – Zeitz
Wege zum Wein 237
Saale-Weinwanderweg – Weinstraße Saale-Unstrut –
Extratour: Kanutour auf der Unstrut

Sachsen

Porträt und Info 244
Weinreiseziele 246
Diesbar-Seußlitz – Dresden – Loschwitz – Meißen – Pillnitz –
Pirna – Radebeul
Wege zum Wein 258
Elbe-Radweg – Autotour auf der Sächsischen Weinstraße –
Extratour: Wanderung in der Sächsischen Schweiz

Württemberg

Porträt und Info 264
Sehenswerte Orte: 266
Bad Mergentheim – Besigheim – Bietigheim – Esslingen –
Heilbronn – Lauffen – Ludwigsburg – Marbach am Neckar –
Markgröningen – Metzingen – Stuttgart – Tübingen – Waiblingen –
Weinsberg
Weinreiseziele 279
Stuttgarter Weinwanderweg – Neckartal-Radweg von Marbach
nach Heilbronn –
Extratour: Radtour im ooberen Donautal

Register 282

Impressum 288

Auf Ihr Wohl!

Sonnenverwöhnt, voller Kultur und Genuss – traubenhaft schön sind die Regionen Deutschlands, in denen Wein wächst. Leicht lässt man sich von ihrem prickelnden Charme anstecken. Ob Pfalz, Rhein oder Mosel – der Wein prägt die Landschaft. Die Reben gedeihen an steilen Hängen und in Felsengärten, die wie Schwalbennester in schluchtartig engen Flusstälern kleben, auf Ebenen, wo sie wogen wie ein grünes Meer. In den Weinorten ranken die Reben über die labyrinthisch-krummen Gassen zwischen alten Winzerhäusern, deren mächtige Tore weit geöffnet sind. Aus den Höfen klingen Gläser bis spät in die Nacht und senden nur eine Botschaft aus: hinsetzen, durchatmen, Prosit!

Wein mag überall ähnlich verlockend im Glas funkeln, am besten schmeckt er eindeutig dort, wo er hergestellt wird. Bereits im Frühjahr beginnt die Saison heiterer Weinfeste – beste Gelegenheiten, Land, Leute und Weine auf genussvolle Art kennenzulernen. Im Herbst entfalten die Reben-Reviere dann ihren ganzen Zauber. Wenn der süße »Sauser«, »Neue Rauscher«, »Reißer« oder »Federweiße« wieder fließt, heißt es: fröhliche Weinberge überall.

Mit 102 455 ha Anbaufläche ist Deutschland als nördlichstes der europäischen Weinländer vergleichsweise klein (Frankreich: 914 000 ha), produziert aber feinste Tröpfchen. Einige Rieslinge zählen zur internationalen Spitzenklasse, und manche Burgunder übertrumpfen die Originale aus Frankreichs berühmter Weinregion. Riesling dominiert in sechs der 13 deutschen Weinbaugebiete die Produktion, doch auch die Roten sind im Kommen: Rotweinsorten belegen mittlerweile ein Drittel der gesamten Rebfläche.

Die meisten Weinregionen liegen im Südwesten Deutschlands: am Rhein und seinen Nebenflüssen. »Frühlingsgarten« oder »Deutschlands Toskana« sind Bezeichnungen für die Zonen auf der Sonnenseite des Landes, wo auch Feigen und Zitronen gedeihen. Die heißen Gegenden sind seit Urzeiten beliebt. Die Kelten siedelten hier, einstige römische Metropolen wie Mainz und Trier sind Zentren von Weinregionen. Ordensleute setzten Reben neben ihre prächtigsten Klöster, Könige bauten Wein dicht an ihre mächtigsten Burgen. So sind heute das Wein- und das Weltkulturerbe eng miteinander verwoben. Wie die imposanten Relikte aus 2000 Jahren Geschichte den Weinfreund faszinieren, so betört das uralte Traubengetränk den Kulturtouristen. O wie verführerisch!

Das Weinkulturerbe – Geschichte des Weinbaus in Deutschland

Die Frage, wer zuerst da war, der Wein oder die Römer, ist kniffelig wie bei Ei und Huhn. Dass vor den Römern die Kelten mit Wildreben, Trauben, Zucker, Hefe und Honig experimentierten und daraus weinähnliche Getränke zauberten, konnte bislang nicht bewiesen werden. Zwar wurden Traubenkerne und Flaschen mit Weinresten aus vorrömischer Zeit auf dem Gebiet des heutigen Deutschlands gefunden, aber wer weiß, ob es sich dabei nicht um Importware handelt?

Die ausgereifte Methode der Kultivierung von Wildreben, der Kelterung und Vergärung brachten wohl die römischen Besatzer an den Rhein, die Mosel, die Bergstraße, in die Pfalz, Teile Frankens und Württembergs. Die imposantesten Relikte römischer Weinkultur wurden an der Mosel ausgegraben. In Neumagen fand man das Relief eines mit Weinfässern beladenen römischen Ruderschiffs, im nahen Piesport zwei mächtige Keltern aus dem 3. und 4. Jh. n. Chr. In diesen Keltern wurde der Brei aus zerstampften Trauben ausgepresst. Die Römer stampften die Trauben übrigens noch mit den Füßen, was mancherorts bis ins Mittelalter üblich war und heute gern bei historischen Weinfesten nachgespielt wird – erst Karl der Große verbot diese wenig appetitliche Methode und ließ die Trauben in Baumkeltern mit meterlangen Stämmen pressen. Einer der ältesten erhaltenen Traubenweine ist im Historischen Museum der Pfalz in Speyer ausgestellt. Die zylinderförmige, grünlich-gelbe Glasflasche beinhaltet einen flüssigen klaren Bodensatz und ein festes harziges Gemisch. Der »Römerwein aus Speyer« (325 n. Chr.) lag in einem Steinsarkophag – als Wegzehrung für den Verstorbenen.

Als sich die Römer zurückgezogen hatten, ging es hierzulande mit dem Weinbau bergab. Erst Karl der Große (747–814) gab neue Impulse, er gilt sogar als Begründer der Straußwirtschaft. Noch vor der ersten Jahrtausendwende widmeten sich zunehmend Kirchen und Klöster dem Weinbau – schließlich brauchten sie immer mehr gegorenen Traubensaft für Gottesdienste, Gäste und nicht zuletzt den eigenen Geist. Viele Etiketten erinnern mit bischöflichen Insignien und Lagenamen wie »Abtei«, »Chorherrenhalde«, »Jesuitengarten«, »Klosterstück«, »Mönchberg« oder »Pfaffengrund« noch heute an die kirchlichen Herrschaften. Klöster, die Weinbau betreiben, sind allerdings eine Seltenheit geworden.

Als »Wiege der Weinkultur« gilt Kloster Eberbach im Rheingau. Zisterzienser aus Burgund gründeten die Abtei im 12. Jh. und bauten ein Weinimperium mit 200 Produktionsstätten, Handelshöfen und eigener Flotte auf. Im nahen Schloss Johannisberg wurde im 18. Jh. unter den Fürstäbten von Fulda die Spätlese ›erfunden‹.

Im Mittelalter expandierte die Rebfläche in Deutschland bis auf das Dreifache des heutigen Weinlandes. Die selbst auf kargen Böden wachsenden Reben waren für manche Bauern eine Verlockung, die ihnen aber selten aus der Armut half, denn für Wein-Verarbeitung, -handel und -verkauf waren meistens die Landbesitzer, also Adel und Klöster, zuständig. Kriege hatten auch für den Weinbau verheerende Folgen, vor allem der Dreißigjährige Krieg, in dem riesige Rebfelder zerstört wurden. Auch die Reformation führte zu Einschnitten, weil sie die übermäßige »Trunksucht« anprangerte. Nach der Säkularisation wurden weitere Weinbauflächen aufgegeben. Schließlich wirkte die Ende des 19. Jh. aus Amerika eingeschleppte Reblausplage vernichtend. Allen Widrigkeiten zum Trotz erlangte der deutsche Wein, vor allem von Rhein und Mosel, weltweit ein glänzendes Renommee, auch dank prominenter Trinker wie Queen Victoria und Goethe, der »ganz fürchterlich und viel« in und aus allen Lagen trinken konnte.

Die Weinwerdung – Lebensgeschichte einer Traube

Hoch auf dem goldnen Wagen geht es hurtig hinaus zu den Reben, deren pralle saftige Trauben fast von allein in die Eimerchen des fröhlichen Erntevölkchens fallen... Zugegeben, so leicht scheint die Arbeit nur am Anfang eines Tags. Wer richtig mit anpackt, wird schnell spüren, wie schweißtreibend die Arbeit des Weinbauern in den vielerorts steilen Weinbergen tatsächlich ist.

Das Winzerjahr beginnt mit dem **Rebschnitt,** der die Entwicklung der Rebe und die Qualität des Weins mitbestimmt. Der Boden wird gelockert und, wenn nötig, gedüngt. Erste zarte Knospen schwellen im Frühling, während im Keller Weine des Vorjahrs abgefüllt werden. Der Weinbauer setzt neue Rebstöcke, schneidet und bindet die alten weiter zurecht, damit die Früchte ungehindert der Sonne entgegenwachsen können und genügend Saft erhalten. Sorgen bereiten den Winzern die Spätfrostgefahr und, später im Jahr, Unwetter mit Hagel. Wenn Traubenwickler, Fadenwürmer und andere ›Weinfreunde‹ erwachen, Pilze und Bakterien sich vermehren, werden die Pflanzen zu ihrem eigenen Schutz besprüht – mit konventionellen oder ökologischen Mitteln.

Die Reben entfalten die ersten Blätter und im Juni blühen sie dann auf und verströmen einen betörenden Duft. Schnell wachsen die Triebe und müssen in die Drahtrahmen eingeschlauft werden, damit sie nicht abknicken. Die Trauben reifen und der Herbst naht, die Hochsaison. Täglich misst der Winzer das Mostgewicht mit dem Refraktometer, das durch Lichtbrechung den Zuckergehalt der Beeren anzeigt. Sind die Trauben reif genug, kann die **Ernte** beginnen. Im Wingert wimmelt es von »Lesegruppen«, die die Trauben mit Rebscheren abschneiden, in Eimern sammeln und in schweren Butten wegschaffen. Wenn es das Terrain zulässt, fahren Winzer großer Betriebe auch ein paar Mal mit einem riesigen Ernteautomaten auf und ab. Im Keller herrscht Hochbetrieb. Bei der ersten Quetschung entsteht ein Brei aus Traubenschalen und Kernen, die **Maische.** Die roten Sorten lässt man auf der Maische vergären, damit die Farbstoffe der Schalen erhalten bleiben. Die weißen Sorten kommen sofort in die Kelter. Der **Most,** ein trüber Saft, läuft dann durch Schläuche in Gärtanks.

Stürmisch verläuft der nächste Akt der Weinwerdung, die alkoholische **Gärung.** Hefe, die in den Früchten sowohl natürlich vorkommt als auch als Reinzuchthefe zugesetzt wird, spaltet die Zuckermoleküle unter mächtigem Blubbern in Alkohol

Alte Keltern im Kloster Eberbach

und Kohlensäure. Wenn es im Fass stürmt und saust und rauscht, kann man halbvergorenen Most, den **Federweißen,** zapfen. Der Winzer feiert Erntedank.

Unterdes befallen Pilze die noch im Wingert verbliebenen Trauben, besonders, wenn es im Oktober feucht und warm ist. Die Beerenhäute werden porös, Wasser verdunstet, Säure und Zucker werden konzentriert. Daher: Spät gelesen schmeckt der Wein besonders gut, denn es bleibt ein hoher natürlicher Zuckergehalt und die Pilze sorgen bei diesen **Beerenauslesen** für den bei Kennern beliebten edelfaulen Duft. Wenn schließlich im Dezember um vier Uhr morgens bei den Erntehelfern das Telefon klingelt, ist Zeit für den **Eiswein.** Die Trauben können es selbst kaum glauben, dass sie gefroren und verschrumpelt dem Winzer und allen wahren Weinfreunden am meisten Wasser im Munde zusammentreiben.

Tipps für den Weineinkauf

Vor dem Weineinkauf sollte man in Ruhe mehrere Weine probieren und nicht gleich große Mengen einer Sorte ordern. Wer die Geschmackseigenschaften von Weinen bestimmter Qualitäten, Rebsorten oder Regionen kennt, kann nach seinen Vorlieben eine Vorauswahl treffen. Die staatliche Qualitätseinteilung ist hilfreich, aber sehr auf das Mindestmostgewicht konzentriert. Weitere Gütezeichen sind z. B. das Siegel für Siegerweine bei einer Bundes- oder Landesweinprämierung, regionale Logos wie »Selection Rheinhessen«, das Signet des Verbands Deutscher Prädikatsweingüter (VDP) oder das Bio-Siegel.

Aber: Ein guter Wein muss nicht prämiert und teuer sein, er ist immer auch eine Geschmackssache. Manche Menschen macht schon eine Bocksbeutelflasche glücklich, bei anderen regt es den Speichelfluss an, wenn »Drachenblut«, »Goethewein« oder »Eiswein« auf dem Etikett steht, oder wenn die Trauben von Nonnenhand gepflückt und gepresst wurden. Auch die Erinnerung an einen wunderschönen Abend, an dem man einen bestimmten Tropfen trank, kann diesen zum Lieblingswein machen.

Für Geruch und Geschmack eines Weins sind unzählige Aromen verantwortlich, die unterschiedlich wahrgenommen werden und verschiedene Assoziationen freisetzen können. Deswegen lautet das erste Gebot beim Weineinkauf: Immer der Nase nach. Neben den Aromen gilt es, Süße und Säure zu beurteilen.

Die Frage, zu welchem Anlass Wein gekauft wird, kann die Wahl ebenfalls beeinflussen. Beispielsweise sucht ein Feinschmecker die Weine, in denen sich die Geschmaks- und Aromastoffe bestimmter Speisen wieder finden.

Nach dem Transport sollte man Weinen eine **Ruhepause** gönnen. Für die Lagerhaltung gibt es drei goldene Regeln: 1. Kühle Keller mit 8–12°C sind das ideale Wein-Heim. 2. Verkorkte Flaschen liegend lagern – der Verschluss muss feucht bleiben. 3. Je höher das Prädikat, desto länger tut den Tropfen die Flasche gut.

Anleitung zur Weinprobe

Die Probe vor dem Weineinkauf, aber auch zu Hause, ist immer ein riesiger Spaß, vor allem wenn man

Nicole Then, Deutsche Weinkönigin des Jahres 2003/2004, grüßt ihre ›Untertanen‹

sich bemüht, seine Empfindungen in Worte zu fassen. Macht man aus der Weinprobe ein Gesellschaftsspiel, bringt jeder seinen Lieblingswein mit, oder man stellt eine Auswahl von Weinen aus einem Anbaugebiet oder einer Rebsorte aus verschiedenen Regionen zusammen (auf gleiche Qualitätsstufe achten!) und versucht, dem jeweils typischen Geschmack auf die Spur zu kommen.

Begonnen wird mit jungen, leichten, trockenen vor alten, schweren, lieblichen Weinen. Zuerst beschreibt man, wie der Wein ins Glas fließt, und welche **Farbe** er hat. Weißwein schimmert jung hellgolden, vollreif wie dunkler Bernstein. Dann kommt der Duft, das **Bukett,** das der Wein beim Schwenken des Glases entfaltet und das etwa an Früchte oder Beeren erinnert. Ist vielleicht ein Hauch von Vanille dabei oder von Gewürznelken? Bringt der Wein den sortentypischen Duft optimal zum Ausdruck? Riesling riecht beispielsweise oft nach Pfirsich, Gewürztraminer nach Rosen.

Der **Geschmack** ist schließlich entscheidend. Um ihn voll zu erfas-

Die richtige Temperatur

Junge leichte Weißweine werden wie Sekt bei 10, reife Weißweine bei 12, edelsüße Auslesen bei 14, junge leichte Rotweine bei 16 und reife gehaltvolle Rotweine bei 18° C kredenzt. Rotwein atmet, lebt auf mit Sauerstoff, gewinnt an Volumen und sollte deshalb vor dem Genuss etwas Luft schnappen dürfen.

sen, sollte der Wein langsam über die Zunge rollen und dabei mit Luft versorgt werden, was beim Schlürfen gut gelingt. Kauen bringt den Tropfen in alle Mundwinkel. Die Zunge tastet, ob der Wein geschmeidig und weich ist, nimmt süß, sauer, salzig, bitter wahr, über die Atemluft werden noch weitere Aromen erkannt. »Biss« ist der erste Eindruck, den der Wein auf der Zunge hinterlässt und der nur bei faden Tropfen fehlt. »Schmeckt erdig«, sagt man, wenn sich der Boden des Weinbergs im Aroma niedergeschlagen hat. Als »elegant« lassen sich feinblumige, ansprechende Weine mit hohem Anteil an Weinsäure beschreiben. Auch »fruchtig« wird ähnlich wie »blumig« gerne von Weinverkostern benutzt, wobei herausgespürt werden sollte, welche Früchte im Duft und Geschmack enthalten sind. Erinnert der Wein an Äpfel, an Himbeeren oder an Holunderblüten? Andere Klassiker aus dem Verkoster-Vokabular: »fein« als Attribut für harmonisch, elegant, ausgeglichen, »samtig« für milde Rotweine mit geringem Tanninge-

Schröterfest in Traben-Trarbach: Der Winzernachwuchs sorgt für Nachschub

halt, »vollmundig« bei körperreichen, dichten Weinen, die reich an Extraktstoffen und Alkohol sind, »kernig« bei mehr Nachgeschmack, als das Bukett vermuten ließ, im Gegensatz zu »leicht« bei wenig Alkohol und wenigen Extraktstoffen. Nichts Gutes signalisieren »flach« (wenig Säure und wenige Extraktstoffe) und »hohl« (geschmacklos). Zur Neutralisation kann man zwischendurch Weißbrot kauen oder Wasser trinken. Zum Ausspucken nach dem Geschmackstest sind die meisten Tropfen zu schade, das ist nur etwas für Profis. »Abgang« oder »Nachhaltigkeit« heißt die Empfindung nach dem Herunterschlucken, die bei guten Weinen gemessen wird. 30 Sekunden sind bestens, 60 kaum schlagbar.

Rebsorten-Top Ten

(Nach ihrem Anteil an Deutschlands Weinbaufläche)

1. **Riesling:** Die Königin des Weißweins besticht mit fruchtigem Pfirsicharoma und markanter Säure.
2. **Müller-Thurgau:** Das weiße frühreife Gewächs, das manchmal mit Muskattönen betört, will jung getrunken werden. Hermann Müller aus dem Thurgau (Schweiz) kreierte 1882 dieses Gewächs aus Riesling und Gutedel.
3. **Spätburgunder:** Den König der roten Trauben brachten im 7. Jh. Mönche aus Burgund, wo er *Pinot noir* heißt, nach Deutschland. Die Weine sind rubinrot und begeistern mit Brombeer- und Kirschtönen.
4. **Dornfelder:** Der tiefrote Dornfelder entwickelt ein fruchtig-kräftiges Bukett mit einem Duft nach Himbeeren und Kirschen.
5. **Silvaner:** Kraftvoll, würzig, süffig mundet Silvaner. Die Weißweinrebe soll aus Kaukasien oder Transsylvanien stammen.
6. **Kerner:** Der frühreife blumige Wein wurde in Weinsberg (Württemberg) aus Trollinger und Riesling gezüchtet und nach dem Dichter Justinus Kerner benannt.
7. **Portugieser:** Von süffig-leichtem, mildem Charakter ist der hellrote Portugieser, der nicht aus Portugal, sondern aus Österreich stammt.
8. **Grauburgunder/Ruländer:** Der Grauburgunder, in Frankreich *Pinot gris*, bringt körperreiche Weißweine mit würzigem Unterton. Der Speyrer Kaufmann Johann Seger Ruland brachte die Rebe aus Burgund nach Deutschland.
9. **Weißburgunder:** Der hellste aller Burgunder *(Pinot blanc)* ist leicht und frisch und will jung getrunken werden.
10. **Bacchus:** Einen Hauch von Johannisbeere oder Muskat verströmen die extraktreichen Weißweine der nach dem römischen Weingott benannten Rebe.

Qualitätsstufen

Wein wird in Deutschland in drei Gütestufen eingeteilt: Tafelwein, Qualitätswein bestimmter Anbaugebiete (QbA) und Qualitätswein mit Prädikat. Die Weine mit Prädikat untergliedert man wiederum in sechs Qualitätsstufen.

Tafelwein: Die unterste Qualitätsstufe mit mindestens 8,5 Volumen-Prozent Alkohol, zu der auch die Landweine (mindestens 9,5 Vol.-% Alkohol) gehören. Der Most darf mit Zucker aufgepeppt werden.

Qualitätswein bestimmter Anbaugebiete (QbA): Weine dieser Qualität werden amtlich geprüft und müssen ein Mindestmostgewicht von 50° Öchsle haben. Der Most darf gezuckert werden.

Qualitätswein mit Prädikat: Weine gehobener Qualität. Die Untergliederung in sechs Prädikatsstufen erfolgt nach dem Mostgewicht (in Grad Öchsle), obwohl auch andere Faktoren (z. B. Säurewerte) Qualität und Geschmack beeinflussen. Die Anreicherung des Mosts mit Zucker ist in dieser Gruppe unzulässig.

Kabinett: Milde, ausdrucksstarke Weine bilden das Gros der niedrigsten Prädikatsstufe. Sie müssen mindestens 73° Öchsle aufweisen.

Spätlese: Die Spätlese wird aus vollreifen Trauben gekeltert und erzielt ein Mostgewicht von mindestens 85° Öchsle.

Auslese: Beste vollreife Beeren geben der Auslese ihre Geschmacksfülle, Mindestmostgewicht: 95° Öchsle.

Beerenauslese: Überreife und edelfaule Beeren geben ihren letzten Saft für diese köstlichen Tropfen (mindestens 125° Öchsle).

Eiswein: Für diese Spezialität mit hohen Süße- und Säurewerten werden die Trauben gefroren gelesen (mindestens 125° Öchsle).

Trockenbeerenauslese: Das Mostgewicht dieser teuren Gewächse aus eingeschrumpften, edelfaulen Beeren liegt bei mindestens 150° Öchsle.

Bio-Wein: Grüner Genuss

Weinberge können blühende Gärten sein, dicht bewachsen mit Tulpen, Traubenhyazinthen, Kräutern und Klee. Marienkäfer und Schwebfliegen schwirren durch die Luft, Wespen summen herum und vertreiben Rebschädlinge. Der Winzer düngt mit Kompost und Grünsaaten, setzt Pflanzenextrakte und Gesteinsmehle ein, verzichtet auf alle chemisch-synthetischen Substanzen, Kunstdünger und Unkrautvernichtungsmittel. Etwa so sieht es auf 2000 ha, 2 % der deutschen Rebfläche aus. Der Bio-Anteil am Weinbau ist somit nur halb so hoch wie der Bio-Anteil an der Landwirtschaft. Aus Weinbergen kleine Ökosysteme zu machen bedeutet für die Winzer mehr Arbeit und weniger Ertrag. Dafür sind Bio-Weine im Vergleich zu konventionellen etwas teurer, vor allem in den unteren Preisklassen. Öko-Winzer arbeiten nach den EU-Bio-Richtlinien und dürfen auf ihre Flaschen Deutschlands **Bio-Siegel** kleben. Zwei Drittel der Bio-Rebfläche sind zusätzlich einem der Ökoverbände zugeordnet, die überwiegend strengere Anbau-Richtlinien haben, als die EU-Verordnung fordert: Ecovin (Bundesverband Ökologischer Weinbau), Naturland, Bioland, Demeter und Gäa. Bei Verkostungen schneiden Bio-Weine hervorragend ab. Es sind charaktervolle Gewächse, die Herkunft, Lage und Boden besonders intensiv widerspiegeln.

Kleines Weinlexikon

Alkohol: Während der Gärung des Mosts zu Wein verwandelt Hefe Zuckermoleküle in Alkohol und Kohlendioxid. Der Alkoholgehalt wird in Prozenten des Gesamtflüssigkeitsvolumens angegeben.

Ausbau: Alles, was der Winzer mit Trauben, Most und Wein im Keller macht (Gärung, Lagerung, Verschnitt, Reifung, Abfüllung).

Barrique: Das kleine französische Eichenholzfass (225 l) wird gern zur Lagerung von Rotweinen eingesetzt, die vom Holz zusätzliche Aromastoffe erhalten – je nach Holzqualität gute oder schlechte.

Bocksbeutel: Die bauchige Buddel ist der typische Behälter für fränkische Weine, kommt aber auch vereinzelt in Baden zum Einsatz.

Bukett: Als Bukett (Blumenstrauß) wird das gesamte Duft- und Aromaspektrum eines Weins bezeichnet.

Cuvée: Das Wort kommt vom französischen *Cuve* (Bottich) und meint dasselbe wie *Melange,* nämlich den Verschnitt von Weinen verschiedener Rebsorten, Jahrgänge oder Lagen zu einem neuen Wein.

Federweißer: Wie Federn schweben die Hefe-Partikel in dem halb vergorenen Most, der auch Blitzer, Sauser, Sturm, Rauscher oder Reißer genannt wird. Nomen est omen, die Namen sagen alles: Vorsicht Schwips! Seine vielen B-Vitamine und der hohe Hefe-Anteil machen ihn zu einem gesunden Getränk.

Glas: Das Weinglas sollte klar, dünnwandig, tulpenförmig (unten bauchig, oben verengt) mit einem langen Stiel sein, sonst rutscht die Hand leicht hinauf zum Kelch (»Partygriff«), was Fingerspuren hinterlässt und den Wein erwärmt. Im Vergleich zu roten Sorten werden Weißweine in schlankeren kleineren Kelchen kredenzt.

Kork: Diese Verschlusssache wird immer wieder gerne diskutiert. Wein muss atmen können, um sich weiter zu entwickeln, sagen die einen. Kork ist teuer, kann muffeln und Wein reift auch mit Schraubverschluss, meinen die anderen. Für die Mehrheit gibt's keinen Weingenuss ohne den Kultverschluss.

Öchsle: Die Maßeinheit zur Bestimmung des Mostgewichts ist nach dem Pforzheimer Mechaniker Ferdinand Öchsle (1774–1852) benannt, der mit einer Waage maß, um wie viel Gramm ein Liter Most schwerer ist als ein Liter Wasser. Aus dem Mostgewicht (heute Ermittlung mit dem Refraktometer) werden der Zuckergehalt und der spätere Alkoholgehalt des Weins berechnet.

Sekt: Zur Sektherstellung wird dem schon fertigen Wein durch Zusatz von Zucker und Hefe eine zweite Gärung gegönnt, die traditionell in der Flasche, günstiger im Gärtank abläuft. Die Flaschen werden auf Rüttelpulte gesteckt und immer steiler gestellt, bis die Hefe sich als Depot im Flaschenhals wie ein Pfropfen abgesetzt hat und entfernt wird (degorgieren).

Sommelier/Sommelière: Wein-Spezialist/Spezialistin in Restaurants, empfiehlt zum Menü passende Weine.

Straußwirtschaft: Karl der Große erlaubte Winzern den Ausschank von Weinen aus eigenem Anbau, als Zeichen sollten sie einen Kranz von Reben vor die Tür hängen. Das Zugeständnis gilt noch heute – auch ohne Gastwirt-Konzession darf jeder Winzer jährlich vier Monate lang seinen »Woi zappe«.

Weinstein: Die »Edelsteine des Weins« bilden sich durch Kristallisation von Säure, besonders bei reifen mineralienhaltigen Weinen, und schaden dem Geschmack kein bisschen.

Zucker: Mit der Zuführung von Zucker zum Most, der zu zusätzlichem Alkohol vergärt, lassen sich magere Weine aufpeppen. »Restzucker« bezeichnet den Zucker, den der Wein nach vollendeter oder gestoppter Gärung enthält und der die Einteilung in trocken (maximal 9 g Restzucker pro Liter), halbtrocken (maximal 18 g) und lieblich (über 18 g) bestimmt.

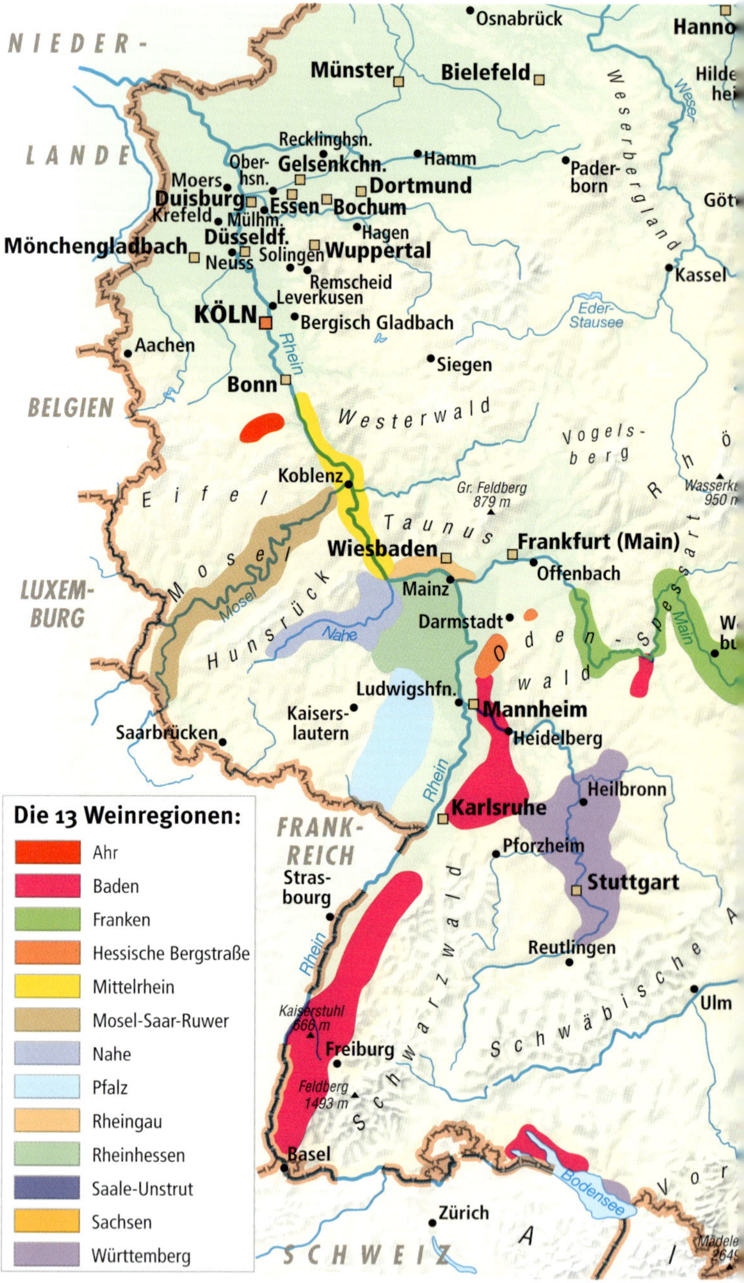
NIEDER-
LANDE
BELGIEN
LUXEM-
BURG
FRANK-
REICH
SCHWEIZ
Osnabrück
Münster
Bielefeld
Hanno
Hilde
hei
Weserbergland
Weser
Recklinghsn.
Ober-
hsn.
Gelsenkchn.
Hamm
Pader-
born
Moers
Duisburg
Essen
Dortmund
Bochum
Krefeld
Mülhm.
Düsseldf.
Hagen
Mönchengladbach
Neuss
Solingen
Wuppertal
Kassel
Remscheid
Leverkusen
KÖLN
Bergisch Gladbach
Eder-
Stausee
Aachen
Rhein
Siegen
Bonn
Westerwald
Vogelsberg
Rhön
Koblenz
Eifel
Gr. Feldberg
879 m
Wasserkuppe
950 m
Taunus
Mosel
Wiesbaden
Frankfurt (Main)
Offenbach
Spessart
Mainz
Hunsrück
Nahe
Darmstadt
Main
Odenwald
Ludwigshfn.
Mannheim
Kaisers-
lautern
Heidelberg
Saarbrücken
Heilbronn
Karlsruhe
Pforzheim
Stuttgart
Stras-
bourg
Reutlingen
Schwarzwald
Schwäbische Alb
Ulm
Kaiserstuhl
566 m
Freiburg
Feldberg
1493 m
Basel
Bodensee
Zürich
Alpen
Die 13 Weinregionen:
Ahr
Baden
Franken
Hessische Bergstraße
Mittelrhein
Mosel-Saar-Ruwer
Nahe
Pfalz
Rheingau
Rheinhessen
Saale-Unstrut
Sachsen
Württemberg

Braunschweig
Magdeburg
Potsdam
BERLIN
POLEN
Oder
Spree
Fläming
Cottbus
Elbe
Halle
Kyffhäuser
477 m
Leipzig
Lausitz
Dresden
Sächsische Schweiz
Erfurt
Jena
Gera
Chemnitz
Zwickau
Gr. Beerberg
983 m
Erzgebirge
Fichtelberg
1213 m
Frankenwald
Fichtel-gebirge
Oberpfälzer Wald
TSCHECHISCHE
REPUBLIK
Erlangen
Nürnberg
Böhmerwald
Gr. Arber
1456 m
Gr. Rachel
1453 m
Regensburg
Bayerischer Wald
Donau
Ingolstadt
Plöckenstein
1378 m
Hallertau
Augsburg
MÜNCHEN
ÖSTERREICH
Chiemsee
Starnberger See
Salzburg
Wendelstein
1837 m
Watzmann
2713 m
Königsee
Innsbruck

Ahr
0
2,5
5 km
Ahrtalweg
Rotweinwanderweg
NORDRHEIN-
WESTFALEN
Oeverich
Gelsdorf
Nierendorf
61
Ringen
573
257
Kalenborn
Ahrweiler
Heimers-
heim
Dernau
Marienthal
Bad
Neuenahr
Ahr
267
571
Mayschoß
Walporzheim
Rech
Altenahr
Königsfeld
Ramersbach
Ahrbrück
Dedenbach
Ahr
Hönningen
RHEINLAND-
PFALZ
Heckenbach
Maria Laach

AHR

Ahrweiler
Altenahr
Bad Neuenahr
Dernau
Heimersheim
Marienthal
Mayschoß
Rech
Walporzheim

Ahr

Mayschoß

Wunderbar leuchten die Sterne über dem Schlaraffental der Ahr und es regnet Medaillen für Winzer und Köche. Das kleine, wild zerklüftete Seitental des Rheins südwestlich von Bonn hat sich in den letzten Jahren zu einer Schatzkammer für Gourmets gemausert – mit entsprechenden Preisen. Weinfreunde finden in dem »Rotweinparadies« Tropfen, die es mit original Burgundern aufnehmen können. Ein Wildbret auf dem Teller, ein funkelnder Burgunder im Kelch, die kullernde Ahr vor Augen, das ist Genuss vom Feinsten.

Von den 525 ha Rebfläche sind 87 % mit roten Sorten bestockt, was den mit Abstand höchsten Rotweinanteil einer deutschen Weinregion ergibt (Württemberg folgt mit 68 %). Im »Tal der roten Trauben« dominiert Spätburgunder mit 60 % den Anbau, vor Portugieser (12 %) und Riesling (7,4 %). Der Charakter der rubinroten Spätburgunder von der Ahr ist feurig, aber auch samtig, denn sie haben einen vergleichsweise geringen Gerbsäuregehalt. Das Flusstal bietet ideale Bedingungen für große Weine: Die Berge der Eifel halten schlechtes Wetter ab und die Böden aus verwittertem Schiefer, Vulkangestein und Grauwacke speichern Wärme und geben sie den Reben weiter.

Die Ahr ist 89 km lang, sie entspringt in Blankenheim, schlängelt sich »durch Wiesen hinab, von Wäldern gekühlt,/ zu Bergen voll Reben mit funkelndem Wein«, so steht es an der Quelle geschrieben. Die spektakulärste Partie liegt zwischen Altenahr und Walporzheim, wo sich der Fluss durch eine bizarre, stellenweise canyonartig enge Felslandschaft windet. Auf der Sonnenseite drängen sich Weinparzellen zwischen den kargen Steinmassen des Rheinischen Schiefergebirges.

Mitten durchs »Tal der roten Trauben« führt oberhalb der Weinorte der beliebte Rotweinwanderweg, dem man sogar ein eigenes Lied komponiert hat: »Er ladet zum Wandern so wunderbar.« Die Route verbindet Altenahr mit Bad Bodendorf nahe der Ahr-Mündung bei Sinzig. Wer sich zwischendurch ein Gläschen genehmigen möchte, steigt einfach ab ins nächste Dorf zum Schoppen-Stopp. Noch sportlicher geht es auf den Nordic-Walking-Routen zu. Dabei ist Wandern nur eine Disziplin der »Fitness-Region«, zu der das Kurzentrum Bad Neuenahr mit seinen Mineral- und Thermalquellen das Tal macht. Hier sprudelt nicht nur Rotwein, sondern auch ein weit bekanntes Wasser auf Ihr Wohlsein!

Ahr-Infos

Information

Tourismus und Service GmbH Ahr Rhein Eifel
Felix-Rütten-Straße 2,
53474 Bad Neuenahr-Ahrweiler,
Tel. 02641/97730, Fax 977373,
www.wohlsein365.de
Der Buchungskatalog der Ahr-Touristiker ist proppenvoll mit Wellness-Pauschalen, aber auch Gourmet- und Wein-Reisen.

Wichtige Feste

Gourmet & Wein: mehrere Termine zwischen Januar und November
Wenn sich Top-Winzer und Spitzen-Gastronomen der Ahr zusammentun, ergibt das einen Gaumenkitzel, der selbst eingefleischte Gourmets fesselt. »Maiglöckchen« heißt eins der Events, eine Schlemmerei mit Wein und Hochprozentigem, untermalt von Musik und garniert mit einem schönen Blick aufs Ahrtal.
Weinmarkt der Ahr: Pfingsten
Zum Auftakt der Weinfest-Saison an der Ahr verwandelt sich der Marktplatz in Ahrweiler drei Tage lang in einen großen Weingarten. Höhepunkt ist die Krönung der Ahrweinkönigin am Pfingstsamstag.
Weinfest-Reihe: alle Oktober-Wochenenden
Ozapft is – ein etwas anderes Oktoberfest wird im mittleren Ahrtal gefeiert. An allen Wochenenden im Oktober steigen in Altenahr und Mayschoß Weinfeste. Federroter fließt in Strömen und die Ahrtalbahn hat ihre Last, die weinseligen Massen hin und weg zu bringen.

Die Ahrtalbahn

Die Ahrtalbahn fährt ab Bonn bzw. ab Remagen (zwischen Bonn und Koblenz) ins Ahrtal bis Ahrbrück. Fahrtzeit Bonn–Bad Neuenahr: 30 Min. Alle Weinorte außer Marienthal haben einen Bahnhof. Die Station Ahrweiler Markt liegt am nächsten bei der Altstadt. Die Strecke der Ahrtalbahn gehört zum Verkehrsverbund Rhein-Mosel, Tel. 01805/986986 (0,12 Euro/Min.), www.vrm-info.de.

Höhepunkte an der Ahr

Bad Neuenahr-Ahrweiler: Alt und Jung sind hier vereint. Mittelalterliches Flair umgibt die »Rotweinmetropole« Ahrweiler, die in einem gut erhaltenen Mauerring liegt. Der Kur-Teil des Ortes, Bad Neuenahr, besticht mit einer modern-mondänen Mischung.
Altenahr: Kreuz und quer stehen die Felsen bei Altenahr, dem Nabel eines spektakulären Wander-Dorados. Lange Zeit war der Ort durch die schroffen Wände im Osten vom Tal regelrecht abgeschnitten.

Weinreiseziele

Blick auf Dernau

Ahrweiler

Magnetisch zieht die »Rotweinmetropole« die Besucher an. Eine gut erhaltene **Stadtmauer** mit Türmen und Wallgraben umgibt Ahrweiler, das 1969 mit Bad Neuenahr zusammengeschlossen wurde. Stilgerecht verschafft man sich durch eines der vier in alle Himmelsrichtungen gebauten Tore Zutritt zur Altstadt am linken Ahrufer: Im Süden am Fluss geht's durch das mächtigste, das **Ahrtor** hinein und im Norden durch das **Adenbachtor.** Eine Figur der heiligen Katharina ziert das **Niedertor** im Osten, an der Außenmauer des **Obertors** im Westen zeugen dagegen Kanonenkugeln von der Belagerung der Stadt durch Truppen Karls des Kühnen.

Auf dem **Marktplatz** kann man sich sommers vor den Restaurants unter Fachwerk bis in die Nacht hinein am Rotwein laben. Die Fachwerkhäuser werden von der **St.-Laurentius-Kirche** überragt, einer dreischiffigen gotischen Hallenkirche (1269) mit Fresken aus dem 14. und 15. Jh. In der **Zehntscheuer** westlich mussten die Ahrweiler den Naturalzehnten an das Kloster Prüm zahlen. Um die Ecke in der Altenbaustraße steht die wieder hergerichtete **Synagoge** von 1894 (heute Kulturzentrum), die in der Reichspogromnacht verwüstet worden war. Der benachbarte **Weiße Turm** aus dem 13. Jh. beherbergt das **Museum zur Stadtgeschichte** (tgl. außer Mo, Jan./Febr. geschlossen). Das imposanteste historische Relikt aus der Antike passt nicht in den Weißen Turm, sondern liegt unter einem Schutzbau aus Holz und Glas westlich der Altstadt: die Ruinen eines römischen Gutshofs aus dem 2./3. Jh., die 1980 beim Bau der Ortsumgehung entdeckt wurden (**Museum Roemervilla,** Am Silberberg 1, geöffnet Anfang April–Mitte Nov. tgl. außer Mo).

Als »Rotweinmetropole« hat Ahrweiler einiges Weiniges zu bieten. Mit Walporzheim ist es durch einen **Weinlehrpfad** verbunden. Das **Ahr-Wein-Forum** informiert über die Weinbaugeschichte des Ahrtals vom frühen Mittelalter bis zur Gegenwart und lädt im Gewölbekeller zur Verkostung (Walporzheimer Str. 19, Infos bei der Tourist-Information, Tel. 02641/977350). Im Alten Backhaus (17. Jh.) im Ortsteil Bachem vertieft das **Weinbaumuseum** den Einblick.

Übernachten

Ferienwohnungen Schlafstübchen
Oberhutstr. 11,
53474 Bad Neuenahr-Ahrweiler,
Tel./Fax 02641/5060,

www.schlafen-wie-anno-dazumal.de
DZ ab 52 Euro.
Schlafvergnügen wie anno dazumal. Die Zimmer in dem Fachwerkhaus heißen »Gretchenkammer«, »Josefs-Stübchen«, »Dachnest« und sind so urig, wie die Balken und Treppen des Hauses krumm sind.

Übernachten / Essen & Trinken

Restaurant und Hotel Hohenzollern
Am Silberberg 50,
53474 Bad Neuenahr-Ahrweiler,
Tel. 02641/9730, Fax 5997,
www.hotelhohenzollern.com,
DZ ab 100 Euro, Hauptgericht ca. 18 Euro.
Die fürstliche Lage des Hotels Hohenzollern hoch überm Ahrtal direkt am Rotweinwanderweg besticht. Einige Zimmer haben einen Balkon mit Blick aufs Tal und in die Eifel. Im Restaurant wird Gutes aus der Region und klassische französische Küche geboten.

Weingüter

Weingut J. J. Adeneuer
Max-Planck-Str. 8,
53474 Bad Neuenahr-Ahrweiler,
Tel. 02641/34473,
Weinprobe und -verkauf: Mo–Fr 9–12, 14–18, Sa 10–15 Uhr.
Die Winzer Frank und Marc Adeneuer erhielten den Deutschen Rotweinpreis 2004 der Zeitschrift Vinum in der Königsklasse Spätburgunder. Sie bauen diese edle Rotweinsorte auf 80 % ihrer 8,7 ha großen Rebfläche an, zu der auch die Top-Lage Walporzheimer Gärkammer gehört. 2003er Ahrweiler Spätburgunder trocken, 7,30 Euro.

Bio-Weingut Maibachfarm
Im Maibachtal 100,
53474 Bad Neuenahr-Ahrweiler,
Tel. 02641/36679.

Klettern am Brückenpfeiler

Wer sich das »Tal der roten Trauben« mal aus der Vogelperspektive anschauen möchte, kann bei Ahrweiler gut gesichert an einem Brückenpfeiler 30 m hinaufklettern und »beim Spiel mit der Schwerkraft die eigenen Ängste überwinden, Vertrauen aufbauen und neue Grenzen erfahren«. Zu den Spielgeräten des **Seilparks Mittelrhein** gehört auch eine Seilbrücke zwischen zwei Pfeilern. Die Brückenstümpfe gehören zu einer gigantischen Bauruine: Anfang des 20. Jh. sollte eine zweite Bahnlinie durchs Ahrtal bis Lothringen gebaut werden, um nach dem Schlieffen-Plan vor allem Soldaten gen Frankreich zu transportieren. Bei Dernau sind Mauerbögen der nie vollendeten Trasse zu sehen, außerdem wurden mehrere Tunnels in den Schiefer getrieben, die bei Marienthal in das Röhrensystem des einstigen Regierungsbunkers einbezogen wurden. Wer mal am Ahrweiler Brückenpfeiler aufsteigen will: Kletterer mit »Sicherungserfahrung« zahlen beim »offenen Klettern« 12 Euro. Der Einführungskurs »Sichern« kostet pro Stunde 7 Euro. Infos und Anmeldung bei Catweasel Köln, Tel. 0221/7200859, www.seilpark.de.

Sterne, Hauben, goldene Trauben

Im Ahrtal regnet es Medaillen für Winzer und Köche. Der Top-Koch von der Ahr ist Hans Stefan Steinheuer, der am Herd der »Alten Post« in Bad Neuenahr-Ahrweiler (Ortsteil Heppingen) steht und mit zwei Michelin-Sternen, vier Gault-Millau-Hauben und als »Koch des Jahres« ausgezeichnet wurde. Hans-Joachim Brogsitter, der im historischen Gasthaus Sanct Peter (von 1246) kocht, bekam einen Michelin-Stern. Der Deutsche Rotweinpreis in der Königsklasse Spätburgunder ging an Frank und Marc Adeneuer aus Bad Neuenahr-Ahrweiler (Ortsteil Ahrweiler) und der Dernauer Werner Näkel wurde zum »Winzer des Jahres 2004« erkoren.

Bioladen in Ahrweiler, am Markt 8; Bio-Schlemmer-Laden »Ahrgourmet«, Niederhutstr. 21.
In einem Seitental der Ahr oberhalb des Klosters Kalvarienberg liegt die Maibachfarm, ein Öko-Landwirtschaftsbetrieb mit Käserei, Brennerei und Weingut. Hier wird nach den Bioland-Richtlinien gearbeitet. Zu den 9 ha Rebfläche gehören die Top-Terrassenlagen Walporzheimer Domlay und Dernauer Goldkaul. Rivaner ab 4,50 Euro, 2003er Dernauer Pfarrwingert, Spätburgunder halbtrocken ab 9 Euro.

Altenahr

Wo sich das Tal canyonartig verengt, liegt Altenahr zu Füßen mächtiger Felsen, um die sich der Fluss in engen Schleifen einen Weg bahnt. Für die Winzer bedeutet das Schweißarbeit in Steillagen. Der bei Ausflüglern sehr beliebte Weinort war lange Zeit durch die schroffen Wände gen Osten regelrecht abgeschnitten, wollte man nicht durchs Wasser waten. Preußens erster Straßentunnel brachte 1834 den Anschluss, die Eisenbahn schaffte 1884 den Durchbruch. Aus den malerischen Gassen führt ein steiler Weg durch ein Waldstück zur Ruine der um 1100 von Graf Theoderich von Are auf Schiefer gebauten **Burg Are.** Welch ein Blick bietet sich von hier oben auf das Flüsschen, das sich um die Felsflanken windet! Die Are ist Geburtsstätte von Konrad von Hochstaden, der als Kölner Erzbischof 1248 den Grundstein für den Dom legte. 1714 wurde die Burg zerstört. Erhalten sind Reste der Wehrmauer, von Türmen und einer Doppelkapelle (um 1200).

Unten im Ort erhebt sich die **Pfarrkirche St. Mariä Verkündigung,** eine dreischiffige romanische Pfeilerbasilika aus dem 12. Jh., deren gotischer Hauptchor 1326 errichtet wurde. Per Sessellift (Talstation am Ende der Seilbahnstraße) kann man sich bequem auf den 354 m hohen Berg **Ditschhardt** bringen lassen, der auch einen prächtigen Blick auf die Felslandschaft und die Eifel bietet. Dem Berg **Engelsley** gegenüber klafft das mannshohe »Teufelsloch« in einer Schieferwand. Der Teufel soll hier ab durch die Mitte gesprungen sein, als Gott einem Eremiten zu Hilfe kam, den der Teufel, als schöne Maid verkleidet, belästigte.

Übernachten

Hotel Zur Post
Brückenstr. 2, 53505 Altenahr,
Tel. 02643/9310, Fax 931200,

DZ ab 67 Euro, Hauptgericht ca. 10 Euro, Dez. und Jan. geschlossen.
Das direkt am Ahrufer gelegene Hotel bietet Zimmer mit zeitgemäßem Komfort. Schwimmbad und Sauna locken zum Entspannen, das Restaurant mit regionaler Küche zum Genießen.

Bad Neuenahr

Ein Wellness-Quell ist der moderne Teil des Doppelorts Bad Neuenahr-Ahrweiler. Hier sprudeln Mineral- und Thermalwasser, bringen ortseigener Eifel-Fango und Wacholder-Massagen Wohlsein. »Sinfonie der Sinne« heißt das Gesundheitszentrum, ein prickelndes »Badekunst«-Erlebnis versprechen die Ahrthermen mit Sprudelliegen und heißen Außenbecken.

Im Kurviertel am rechten Ahrufer herrscht ein mondänes Klima. Die Gäste lustwandeln auf der Promenade und in der großzügigen Parkanlage. Das **Badehaus** von 1899 (heute Sitz der Kurverwaltung) und das **Jugendstil-Kurhaus,** das auch die Salons der Spielbank beherbergt, setzen klassische Akzente eines Nobel-Bads.

Drei Dörfer, Beul, Wadenheim und Hemmessen, haben sich 1875 unter dem Namen der alten Grafenburg Neuenahr zusammengeschlossen, von der nach mehreren Zerstörungen kaum ein Stein auf dem 340 m hohen Berg südlich der Stadt übrig blieb. Den Weg zum Heilbad hatte 1852 Winzer Georg Kreuzberg geebnet, als er wegen schwindender Erträge seinen Wingert auf dem Wadenheimer Kesselberg mal so richtig durchpflügte. Plötzlich dampfte und sprudelte es und kohlensäurehaltiges Mineralwasser trat zu Tage, und der Winzer wurde zum Wassermann. Neben der Quelle stand schon damals eine Statue des heiligen Apollinaris, sein Name steht heute als Synonym für die »Königin der Tafelwasser«. Als in Beul zusätzlich zwei heiße Quellen entdeckt wurden, war die Karriere der Dörfer vorprogrammiert. Die Preußen-Prinzessin Augusta taufte 1858 persönlich die nach ihr und ihrer Schwiegertochter benannten **Augusta- und Viktoria-Quellen.** Das Apollinaris-Abfüllwerk steht links der Ahr an der A 61, nicht weit von der Quelle, deren Standort die Fontänen markieren (Vorsicht: Hier sprudelt kein Mineralwasser). Das Wasser stiehlt dem Wein die Schau, der um den Kurort in den Lagen Kirchtürmchen, Schieferley und Sonnenberg wächst.

Übernachten

Ringhotel Giffels Goldener Anker
Mittelstraße 14,
53474 Bad Neuenahr-Ahrweiler,
Tel. 02641/8040, Fax 804400,
www.GiffelsGoldenerAnker.de,
DZ ab 115 Euro.
Das familiengeführte Hotel (vier Sterne) liegt 2 Gehminuten von den

Ganz in Rotwein

Wohlsein mit Rosen und Wein bringt eine der Wellness-Pauschalen in Bad Neuenahr. Ein Galamenü, eine Flasche Ahrwein und ein Spielbank-Besuch schaffen die richtige Voraussetzung für ein Trester-Peeling mit Traubenkernöl und eine Ganzmassage mit Rotwein und Rosenöl. Info und Buchung: Tourismus und Service Ahr Rhein Eifel (Adresse s. S. 21).

Kuranlagen entfernt. Komfortable Zimmer, eine Weinstube, eine Liegewiese und der hauseigene Wellness-Bereich mit Hallenbad und Sauna sorgen für Entspannung. Besonders ›geschmackvoll‹ sind Pauschalen wie »Schlemmertage im Ahrtal«.

Übernachten / Essen & Trinken

Steinheuers Restaurant Zur Alten Post, Landgasthof Poststuben und **Steinheuers Landhaus**
Landskroner Str. 110,
53474 Bad Neuenahr-Ahrweiler (Heppingen),
Tel. 02641/94860, Fax 948610,
Hauptgericht ab 40 Euro (Landgasthof ab 25 Euro), DZ ab 125 Euro, geschlossen während der Sommer-Schulferien, Restaurant-Ruhetage: Di, Mi.
Hier steht der Top-Koch der Ahr am Herd. Zwei Michelin-Sterne hatte Hans Stefan Steinheuer schon, da hob der Gault-Millau 2004 den »Virtuosen der Variationen« mit 19 von 20 Punkten und vier Hauben endgültig in den Olymp der Weltbesten seiner Zunft, und die Zeitschrift »Der Feinschmecker« garnierte den Jubel mit dem Titel »Koch des Jahres«. Bürgerlicher und günstiger speist man im zweiten Restaurant des Hauses, dem »Landgasthof Poststuben«, und nebenan, in »Steinheuers Landhaus«, lässt es sich schick nächtigen.

Weinfest

Sommernacht der Rose: letztes Juni-Wochenende
Wie das duftet, wenn sich der Kurpark in ein rosarotes Blütenmeer verwandelt! Bad Neuenahrs Rosenkönigin lädt zum Tanz, bis nachts ein Feuerwerk funkelnde Blumen in den Himmel zaubert.

Dernau

Mit einem großen Bogen um den dicken Buckel des Krausbergs bei Dernau schlägt die Ahr die richtige Richtung zum Rhein ein. Der Krausberg, 368 m hoch und turmgekrönt, ist Dernaus Wahrzeichen und beliebtes Wanderziel wegen des grandiosen Rundum-Panoramas. Der Blick reicht vom Neuenahrer Berg bis zum Steinerberg bei Rech, und wenn das Wetter mitspielt, erscheint am Horizont der Kölner Dom. Weht am Turm eine weiße Fahne, ist die Krausberg-Hütte (Ausflugslokal) offen und man hat einen Grund mehr hinaufzusteigen. Bei guter Thermik segeln Gleitschirmflieger vom Krausberg ins Tal.

Auf der anderen Flussseite säumen Buckel und steile breite Hänge mit Reben den Ahrbogen. Sie steigen dicht beim Ort empor. Die beste Lage heißt Dernauer Pfarrwingert. Bei der Kirche säumen Fachwerkhäuser die Gassen des größten Weinorts der Mittelahr.

Weingut, Essen & Trinken

Weingut Meyer-Näkel
Hardtbergstr. 20 (Eingang Friedrichsstraße 15),
53507 Dernau, Tel. 02643/1628,
www.meyer-naekel.de,
Weinprobe und -verkauf nach Vereinbarung.
Gutsschänke Hofgarten
Bachstr. 26, 53507 Dernau,
Tel. 02643/1540, tgl. 11–23 Uhr,
Hauptgericht ab 9 Euro.
Für sein Lebenswerk wurde Werner Näkel vom Gault-Millau-Wineguide zum »Winzer des Jahres« gekürt. Näkel hat als erster die Spätburgunder von der Ahr ins Rampenlicht der Wein-Welt gestellt und wurde in den letzten Jahren mit Auszeichnungen

überschüttet. Die edlen Roten sind allerdings schnell ausverkauft. Spätburgunder ab 10,50 Euro. In der Gutsschänke oberhalb der Kirche gibt's regionale Küche mit mediterranem Touch.

Heimersheim

In Heimersheim ist man zwischen Ahr, A 61, A 571 und B 266 daheim. Den ersten Weinort an der Unterahr zieren die spätromanische **Basilika St. Mauritius** mit alten Kirchenfenstern (13. Jh.), das wieder aufgebaute **Westtor** der Stadtbefestigung und der **Zehnthof.**

Auf der nördlichen Flussseite erhebt sich ein alter Vulkankegel, gekrönt von der Ruine der **Burg Landskrone** (13. Jh.). Entsprechend feurige Weine gedeihen hier auf Basalt. Unterhalb des Gipfels leuchtet weit die weiß gestrichene schiefergedeckte **Kapelle der fünf Jungfrauen.**

Weinfest

Historisches Weinfest: Mitte August
Das Mittelalter erlebt alljährlich in Heimersheim eine Renaissance. Höhepunkte sind ein lateinischer Festgottesdienst, ein Feuerwerk und ein historischer Umzug. Die frisch gekürte Heimersheimer Weinkönigin führt hier das kunterbunte fahrende Völkchen von Gauklern, Musikanten, Marketendern durch die Straßen.

Marienthal

An einer Ahrschleife zwischen Walporzheim und Dernau zweigt ein von Rebhängen gerahmtes Seitental ab. Blickfang ist die mächtige Kirchenruine des **Klosters Marienthal,** nach dem auch der Ort am Taleingang benannt wurde, der nur aus ein paar Häusern besteht. 1137 gründeten die Augustinerinnen die Abtei Marienthal. Weinbau und vermutlich auch Weingenuss gehörten hier gleich von Anfang an zum Klosterleben. Nach Verwüstungen und Zerstörungen im 17. Jh. wurde das Kloster 1802 säkularisiert. Aus dem Weingut machte Preußen 1925 eine Staatsdomäne mit »Rotweinmuster- und Versuchsbetrieb«, 1952 ging die Domäne an Rheinland-Pfalz.

Weingut

Staatliche Weinbaudomäne
Klosterstraße 3, 53507 Marienthal,
Tel. 02641/98060,
Kellerbesichtigung und Weinprobe nach Vereinbarung, Ruhetage: Sa, So
Die Domäne ist der staatlichen Lehr- und Versuchsanstalt in Bad Neu-

Alarm am Trotzenberg

Wenn friedlich zwischen Reben wandernde Weinfreunde oberhalb der Marienthaler Klosterruine plötzlich ins Visier von Überwachungskameras geraten, dann nicht, weil sie Trauben klauen könnten, sondern weil sie sich einem von fünf stacheldrahtumzäunten Eingängen zur »Dienststelle Marienthal« nähern, dem ehemaligen Regierungsbunker im Trotzenberg. Wäre der Kalte Krieg doch einmal zu heiß gelaufen, hätten sich hier die Überlebenswürdigen der Bonner Republik im Schiefer verschanzt. Ob sie in dem 19 km langen Röhrensystem auch Wein bunkerten (und welche Marke), ist streng geheim.

enahr-Ahrweiler angegliedert. Auf 20 ha, überwiegend Steil- und Terrassenlagen mit Schieferverwitterungsböden, wird fast ausschließlich Rotwein produziert. Damit der Staatsweinbau nicht zu trocken abläuft, wird Kultur geboten mit »Jazz im Weingut« und »Marienthaler Lichterabenden«.

Mayschoß

In Mayschoß wurde 1868 die erste deutsche Winzergenossenschaft gegründet, um Lagerhaltung und Vermarktung der Weine zu verbessern. Der Mitgliedsbeitrag kostete 1 Groschen pro Monat. Mayschosser Mönchberg heißt hier die beste Lage. Mayschoß liegt in einem Talkessel inmitten von mit Wein und Wald bewachsenen Buckeln.

Am Rand des Weinorts steht auf einem Hang, umgeben von Reben, die neoromanische **Pfarrkirche St. Nikolaus.** Sie birgt neben Ausstattungsstücken des Klosters Marienthal das Marmorgrabmal (1646) der Gräfin Katharina von der Mark, Herrin zu Saffenburg. Die **Saffenburg** wurde im 11. Jh. auf der anderen Uferseite in Spornlage auf einem Felsen errichtet, der sich wie eine Sperrwand von Süden ins Tal schiebt und die Ahr zu einer weiteren engen Schleife zwingt. Heute umranken Brombeeren die spärlichen Mauerreste.

Weingüter

Winzergenossenschaft Mayschoß-Altenahr
Ahrrotweinstraße 42,
53508 Mayschoß,
Tel. 02643/93600,
www.wg-mayschoss.de,
tgl. 9–18 Uhr.
In den weitläufigen Kellern der ältesten deutschen Winzergenossenschaft lagern 2 Mio. Liter Wein in Stahltanks und 300 000 Liter in Holzfässern. Die Genossen bieten Keller-

Bei Rech führt eine alte Bogenbrücke über die Ahr

führungen, Weinseminare und -proben an. Portugieser ab 5,10 Euro.

Weingut Deutzerhof
Deutzerwiese 2, 53508 Mayschoß,
Tel. 02643/7264,
www.weingut-deutzerhof.de,
Weinprobe und -verkauf nach Vereinbarung.

Das Weingut der Familie Cossmann-Hehle gehört zu den Spitzenbetrieben an der Ahr. Der Spätburgunder »Melchior C« war einer der Siegerweine beim »Pinot Noir Cup 2003«. Die mächtigen Rotweine werden in Eichenholzfässern ausgebaut. Hervorragende Rieslinge, Dornfelder und der einzige Ahr-Chardonnay er-

gänzen die Kollektion. Spätburgunder ab 8,50 Euro.

Rech

Schmuckstück des Weindorfs ist die 1759 aus Backsteinen erbaute **Bogenbrücke,** die ein Standbild und den Namen des hl. Nepomuk trägt. Die kleine **Dorfkirche** ist der hl. Lucia geweiht. Das **»Alte Pfarrhaus«** nebenan wurde zur Weinwirtschaft umfunktioniert.

Bei Rech verengt sich das Flusstal Richtung Mayschoß, bietet aber davor in einer Weitung Platz für eine ebene Weinlage, die »Recher Blume«. Hier gedeihen leichte duftige Weine auf Sand- und Lehmböden.

Extra: Bunte Kuh

Am Eingang des Engtals ragt sie in schwindelnder Höhe über dem Abgrund. Sie ist das Wahrzeichen des Ahrtals, kann sich aber kaum selbst noch halten, die »Bunte Kuh« muss permanent mit Beton und Stahlankern vorm Absturz gerettet werden. Zu dem Felsvorsprung, der einem Tierkopf ähnelnt, gibt es -zig Legenden. Ein Raubritter, weiß eine zu berichten, lag einst dort oben auf der Lauer, kein gewissenloser Schurke allerdings, denn er versank immer im Gebet, wenn er Glockenläuten hörte. Als gerade ein reich bepackter Kaufmann entlang der Ahr kam, bimmelte es plötzlich hinter des Räubers Rücken, der erstarrte und betete. Als er wieder zu sich kam, sah er die Kuh und versuchte sie voll Zorn in den Abgrund zu treiben. Es gibt auch banalere Versionen, wie diese: Des Sonnenkönigs Truppen seien falsch verstanden worden, als sie Ahrwein probierten und urteilten: »Vom Geschmack her ist der gut!« – *»C'est bon de gout!«*

Walporzheim

An Ahrweiler schließt sich im Westen Walporzheim an. Im Ortskern steht seit dem 13. Jh. **Sanct Peter,** das älteste Weinhaus der Gegend. Wie aufgetürmt scheinen die unzähligen winzigen Weinparzellen der terrassierten Steilhänge am Rand von Walporzheim, allesamt sonnenverwöhnte Südhänge. Die Namen der Steillagen Domlay und Pfaffenberg und der Tallage Himmelchen belegen, dass die Walporzheimer Weine schon im Mittelalter den Erzbischöfen von Trier und Köln schmeckten. Dicht kommen die Berge am Ortsausgang zusammen, das Engtal beginnt, markiert durch die **»Bunte Kuh«.**

Weingut / Restaurant

Brogsitters Sanct Peter
Walporzheimer Str. 134,
53474 Bad Neuenahr-Ahrweiler,
Tel. 02641/97750,
Do Ruhetag, Hauptgericht ab 29 Euro (in der Wein-Kirche ab 24 Euro).
Das älteste Wein-Restaurant (1246) im Ahrtal gehört mit einem Michelin-Stern zu den Gourmet-Tempeln der Region. Bodenständiger und günstiger speist man im zweiten Restaurant des Hauses, der »Wein-Kirche«. Zum Familienunternehmen Brogsitter gehört außerdem ein Weingut samt Sektkellerei. Die Gewächse werden auch in der Vinothek des Hauses verkostet und verkauft.

Wege zum Wein

Am Altenahrer Eck

Tour 1: Der Klassiker

Wanderung auf dem Rotweinwanderweg

Länge/Dauer: 15 km/4,5 Std.; mittelschwer
Start/Ziel: Altenahr/Walporzheim
Sehenswert: Das Ahrtal von oben, ein Spektakel mit schluchtartigen Talengen, schroffen Felswänden und steilen terrassierten Weinbergen.

Der Rotweinwanderweg ist der Klassiker unter den Wanderwegen durch Deutschlands Weinregionen und der wohl beliebteste Pfad der Eifel. Im Herbst kann es an einigen Nadelöhren zu regelrechten Wanderer-Staus kommen. Rote Trauben markieren die Strecke, die sich überwiegend entlang steiler Weinhänge oberhalb der Winzerorte durchs Tal schlängelt. Stellenweise werden Waldstücke durchlaufen und schmale Felsgrate passiert. Wer beim Anblick all der Reben weindurstig wird, kann zwischendurch ins nächste Dorf absteigen und einen Schoppen-Stopp einlegen. Dort ist es meistens auch nicht weit zur nächsten Station der Ahrtalbahn. An heißen Tagen kann man auf den schattigeren Ahrtalweg ausweichen (s. Tour 2), der sich auch mit dem Rotweinwanderweg zu einem Rundkurs kombinieren lässt.

Wir starten in **Altenahr** am Bahnhof und gehen rechts über die Ahrbrücke zur Ortsmitte, biegen an der Kreuzung links ab, wo gleich, dem Rathaus schräg gegenüber, auf der rechten Straßenseite der Rotweinwanderweg mit ein paar Stufen beginnt. Es geht steil aufwärts, durch eine Gasse, über einen Querweg hinweg und dann am Waldrand entlang, bis auf bereits beachtlicher Höhe der alte Torturm der **Burg Are** erreicht wird. Wer will, kann der Ruine rechts einen Besuch abstatten, der Rotweinwanderweg führt aber weiter geradeaus, hinauf zum Restaurant Bergfried und zum **Weißen Kreuz.** Das lässt man rechts stehen, steigt noch ein Stück aufwärts, wo es gleich rechts über ein paar Treppen auf einem Felsgrat zum **Altenahrer Eck,** dem ersten Premium-Panorama der Tour, geht. Tief unten windet sich der Fluss um bewaldete Bergkegel und mächtige Felsen.

Die Route führt uns nach rechts an einem Weinhang entlang, an einer Gabelung zunächst rechts abwärts und an der nächsten Gabelung links aufwärts. Wir erreichen ein bewaldetes Seitental, bleiben auf dem links schwenkenden Hauptweg, um bald in einer kleinen Senke rechts runter zum **Tankenbach** zu laufen. Der kleine Platz hier wird überquert, halb-

Weinberg bei Walporzheim

links und leicht ansteigend kommen wir wieder aus dem Wald heraus und mitten in die schönsten Weinberge. Vorne, uns zu Füßen, liegt **Mayschoß.** Um das Örtchen erheben sich kleine Bergkegel, mit Wald und Wein bewachsen, die in Form und Komposition an eine Vulkanlandschaft *en miniature* erinnern. Wir haben Gelegenheit, erst die Kirche von Mayschoß und später die Ruine der Saffenburg aus fast allen Richtungen zu bestaunen, weil das Tal einen großen Bogen beschreibt.

Die Route führt zwischendurch in ein rebenbestandenes Seitental hinein, wo man rechts abbiegt und dann links leicht aufwärts wieder vor zum Haupttal kommt. An einer Gabelung geht's rechts weiter. Wie hängende Gärten wirken die Weinparzellen an den Steilhängen. Der Weg wird ganz schmal, das Tal felsig. Erst Wald, dann Klippen rechts und links, die es schließlich auf Treppen zu überwinden gilt.

Bei **Rech** weitet sich das Tal und auch der Wanderweg. An einer X-Kreuzung gehen wir links aufwärts Richtung Eremitage (ausgeschildert). Noch einmal wird die Piste zum Pfad, wo wieder Wald, wieder Klippen sind. Die **Eremitage,** ein schöner Rastplatz, wartet auf Wanderer. Dahinter geht's abwärts. Wir biegen links auf einen Wirtschaftsweg ein und an der nächsten Gabelung wieder links aufwärts. Unten liegt Dernau. Das Tal bildet einen weiten Bogen, der einige Dellen, Einkerbungen, hat, denen der Rotweinwanderweg folgen muss. An einem Bildstock für den hl. Joseph gilt es eine scharfe Rechtskehre zu beschreiten, die leicht abwärts zu einer Straße führt. Die Straße wird überquert, auf der anderen Seite geht es auf gleicher Höhe durch die nächsten Weinberge. An der nächsten Straße gehen wir rechts runter, vorbei an verrosteten Nato-Drahtrollen an einem Eingang des einstigen Regierungsbunkers. Gleich kann man links nach Dernau hinabsteigen, der Rotweinwanderweg führt aber

rechts zu einem Rastplatz und dort links über ein Brückchen Richtung Marienthal. Über einen Querweg hinweg und zweimal rechts kommt man zum Seitental, wo unten die mächtigen Mauer-Reste des **Klosters Marienthal** stehen. Sie sind unser nächstes Ziel. Wir gehen links in das Seitental hinein und unten rechts zur Ruine, nebenan residiert die Staatliche Weinbaudomäne.

Die Route führt noch ein Stück abwärts, biegt links ab, kommt bald an die Rotweinstraße heran, um aber gleich wieder links auf einem Wirtschaftsweg in die Weinberge weg zu schwenken. Beim ersten Abzweig geht's links aufwärts. In Serpentinen schlängelt sich der Weg wieder nach oben zu einer Hütte. Hier biegen wir rechts ab und halten uns an einer Gabelung abermals rechts. An der nächsten Kreuzung lohnt ein Abstecher zum **Aussichtspunkt Fischley** (rechts), wo es einen sehr schönen Blick auf die Talenge der »Bunten Kuh« gibt, die wir uns übrigens gleich noch mal von unten anschauen werden.

Der Hauptweg verläuft halblinks talwärts und stößt auf ein Sträßchen. Hier trennen wir uns vom Rotweinwanderweg und biegen auf dem Weg A 10 rechts Richtung Walporzheim ab. Unten am **Restaurant »Bunte Kuh«** geht's links ein Stück an der Rotweinstraße entlang, unterhalb des tierkopfähnlichen Felsvorsprungs. Nach 600 m unterquert man rechts die Bahn, kann dann rechts auf dem Ahrtalweg zurück nach **Altenahr** wandern (10 km, s. Tour 2) oder links nach **Walporzheim** hinein, um sich gegebenenfalls vom Zug zurückbringen zu lassen.

Tour 2: Der stille Weg am Wasser

Der Ahrtalweg von Walporzheim nach Altenahr

Länge/Dauer: 11 km/3,5 Std.; leicht
Start/Ziel: Walporzheim/Altenahr
Sehenswert: das mal lauschige, mal schluchtartige Ahrtal von unten

Der Weg ganz nah an der Ahr ist die reizvolle Alternative oder Ergänzung zum Rotweinwanderweg (Tour 1). Schattiger, ebener, weniger frequentiert, führt er als uriger schmaler Pfad durch eine stille, üppig grüne Landschaft aus Wald und Wiesen am manchmal rauschenden Flüsschen entlang.

Wir starten am Bahnhof in **Walporzheim,** gehen ein Stück geradeaus, biegen rechts in die Walporzheimer Straße und dann links in die Josefstraße ein. Sie führt uns zur Ahr. Vor der Josefbrücke biegt man rechts in die Ahruferstraße ein, wo ein »A« fortan unsere Route markiert. Die Uferstraße geht in einen Teerweg über, der direkt ins Grüne leitet. Am Fußgängertunnel unter der Bahn trifft die Route der Tour 1 auf unseren Weg. Wir unterqueren aber nicht die Bahnstrecke, sondern überqueren die Ahr auf einer schmalen Brücke und bleiben auf der nun erreichten Uferseite bis Altenahr.

Die Markierung führt uns rechts zum schmalen »Bergpfad«, der an einem steilen, mit schroffen Schieferfelsen gespickten Waldhang entlang läuft. Ein schöner Waldweg, nur die Schilder: »Vorsicht Steinschlag« irritieren. Am Ausgang des Waldes erreichen wir ein Sträßchen, das abwärts nach **Dernau** führt, wo wir links ganz nah an die Ahr kommen. Auf einem lauschigen Pfad, von Bäumen gesäumt, über Wiesen, an Weinhängen vorbei, wird **Rech** erreicht. Wir gehen zur Kirche und dahinter links, bald an einer Gabelung rechts und an der nächsten Gabelung links aufwärts. Es geht beständig, aber sanft ansteigend durch einen Wald bis zum **Saffenburger Sattel.** Hier lohnt ein Abstecher rechts zur **Ruine Saffenburg** mit grandiosem Blick auf Mayschoß und die steilen terrassierten Weinberge im Hintergrund.

Der Hauptweg führt links abwärts Richtung **Mayschoß.** Unten gehen wir auf dem Brückchen über die Bahnstrecke und biegen links auf den neuen Weg, der rechts vom Gleis verläuft. Der Weg schwenkt schließlich von der Bahn weg und kommt wieder ganz nah an die Ahr, wo am anderen Ufer schroffe Felsen am Fluss emporsteigen. Der Weg wird wieder zum engen Pfad zwischen steilen, bewaldeten, mit Schiefer gespickten Hängen und dem rauschenden Wasser. Für einen idyllischen Zieleinlauf bleibt man weiter auf der gewohnten Flussseite, folgt der Ahrschleife bis zu ihrem Südpunkt und wechselt dort auf einer Brücke ans andere Ufer.

Extra-Tour: Rast auf dem Vulkan

Ausflug in den Vulkanpark Brohltal/Laacher See

Lage/Anreise: 15 km südlich von Bad Neuenahr, erreichbar über die A 61 oder mit der Schmalspurbahn »Vulkan-Express« ab Brohl (Rheintal); Betriebszeiten: Ostern–Ende Okt. an Wochenenden, ab Mai auch Di und Do).
Sehenswert: Benediktinerabtei Maria Laach, Laacher See, Vulkankegel und Tuffsteinwände im Brohltal

Am Anfang steht eine friedvolle Runde: die in vollendeter Romanik glänzende Basilika der Benediktinerabtei **Maria Laach** inmitten von Wiesen und Wäldern am glitzernden See. Nur manchmal blubbert der See Gasblasen, als atme noch der Vulkan, der vor gerade mal 13000 Jahren die Gegend in eine Mondlandschaft verwandelt hat.

Pfalzgraf Heinrich II. gründete 1093 das Kloster, die herrliche Kirche wurde 1156 geweiht. Ihre Doppelchoranlage wird im Westen und Osten von je einem Vierungsturm und je zwei Flankentürmen beherrscht. Der Glanz der Romanik empfängt einen schon in der Vorhalle mit ihren Bogengängen und dem »Laacher Paradies«, einer symbolischen Darstellung des Gartens Eden. Im Innern imponieren der Hochaltar und das gotische Grabmal des Stifters im Westchor.

Nach Aufhebung der Abtei 1802 belebten sie Brüder der Beuroner Kongregation 1892 wieder. Heute beten und arbeiten hier 65 Mönche. Zum Kloster gehören ein landwirtschaftlicher Betrieb mit Rinderzucht, Kunstwerkstätten und ein Kunstverlag.

Das Kloster mag ein noch so friedliches Flair verströmen – der Ausflug kann ganz schnell zu einer heißen Sache werden, wenn man den **Steinlehrpfad** und den **Geologischen Lehrpfad** betritt. Die Wege führen in die Zeit, als in der Gegend Vulkane spuckten. Eine Zeit mit einem infernalischen Finale, das dort ausbrach, wo der Laacher See seine tiefste Stelle hat. Eine gigantische Eruptionssäule schoss Gesteins- und Aschemassen empor, Glutlawinen walzten über das Land. Der Lorenzfelsen am Ufer gegenüber der Abtei ist ein erstarrter Basaltstrom. Mehrere Schichten vulkanischer Gesteine kann man an der Wingertsbergwand südlich vom See Richtung Mendig sehen. Im oberen Brohltal zeugen steil abfallende Tuffsteinwände von dem heißen Kapitel der Erdgeschichte.

Von **Niederzissen** führt ein Geopfad zum hufeisenförmigen erloschenen Vulkan **Bausenberg.** Besonders Kinder mögen den **Geo-Spiel-Garten** am Bahnhof Engeln, wo Dinos wie der Eifel-Saurus aus der Trias nachgebaut sind. Der Bahnhof ist Endstation der Schmalspur-Dampfbahn »Vulkan-Express«, die zwischen Brohl (Rheintal) und Engeln verkehrt.

Baden
0
5
10 km
Badische Weinstraße
Markgräfler Wii-Wegli
Darmstadt
Rhein
Oden-
wald
Buchen (Odw.)
Weinheim
Mannheim
Eberbach
Ludwigshafen
Kaiserslautern
Heidelberg
Wiesloch
Neckar
Kraichgau
Heilbronn
Bruchsal
Karlsruhe
Ludwigsburg
FRANKREICH
Pforzheim
Stuttgart
Baden-Baden
Sindelfingen
Böblingen
Strasbourg
Sasbachwalden
Tübingen
Oberkirch
Offenburg
Reutli
Gengenbach
BADEN
WÜRTTEMBERG
Ettenheim
Schwarzwald
Rottweil
Vogtsburg
Kaiserstuhl
Breisach
Ihringen
Villingen-
-Schwenningen
Donau
Merdingen
Freiburg
Breisgau
Neustadt
Donaueschingen
Staufen
Überlingen
Badenweiler
Mulhouse
Markgräfler Land
Schaffhausen
Waldshut
Bad Säckingen
Konstanz
Basel
SCHWEIZ
St. Galle

BADEN

Baden-Baden
Badenweiler
Breisach
Bruchsal
Ettenheim
Freiburg
Gengenbach
Ihringen
Meersburg
Merdingen
Oberkirch
Sasbachwalden
Staufen
Tauberbischofsheim
Vogtsburg
Weinheim

Baden

Freiburg

Beim Wein blieb Badenern und Schwaben die Zwangsfusion erspart. Baden, wo die Wälder rauschen und die Sonne sengt, hat schon ohne Württemberg mit 15 917 ha die drittgrößte Rebfläche in Deutschland. Die Weinregion erstreckt sich über eine Länge von 400 km, vom Bodensee entlang der Oberrheinischen Tiefebene über den Kraichgau bis zur Badischen Bergstraße und nach Tauberfranken. So vielfältig die Höhen-, Boden- und Klimaverhältnisse auf einem so weiten Feld sind, so verschiedenartige Weine werden in den neun badischen Bereichen geerntet. »Seewein« vom Bodensee wächst auf den südlichsten Weinbergen auf über 400 m Höhe. Am Hohentwiel bei Singen liegt gar der höchste Weinhang der Republik (570 m). Badens Krönung ist der Kaiserstuhl in Deutschlands heißester Ecke zwischen Freiburg und dem Rhein, hier gedeihen vor allem glutvolle wuchtige Weine der Burgunderfamilie. Auf die Sonnenbank des Oberrheingrabens strömt mediterrane Luft durch die »Burgundische Pforte«. Spätburgunder – Pinot noir, wie die französischen Nachbarn sagen – ist die beliebteste Rebe in Baden und belegt 34,3% der Anbaufläche, gefolgt von Müller-Thurgau (22,2%) und Grauburgunder (Pinot gris) (9,4%). In der Ortenau zwischen Baden-Baden und Ettenheim wird gern Riesling gepflanzt, der mancherorts Klingelberger heißt. Im Markgräflerland zwischen Freiburg und der Grenze zur Schweiz ist der milde Gutedel die typische Rebe. Wegen des überdurchschnittlich warmen Klimas ist Baden das einzige deutsche Anbaugebiet, das zur EU-Weinbauzone B gehört – wie Savoyen, die Champagne und das Loiretal. Daher sind z. B. bei Tafel- und Qualitätsweinen höhere Mindestmostgewichte maßgeblich, was freilich den Winzern im Taubertal im Norden, deren Bereich in die Region Franken hineinragt, die Arbeit nicht gerade erleichtert. Die Bereiche Ortenau, Breisgau und Markgräflerland liegen an der Westflanke des zur Oberrheinebene abfallenden Schwarzwaldes. Hier trifft ein Weinauf ein Naturparadies – mit einer der besten Küchen Deutschlands. Die Luft duftet nach Obst und blühenden Reben, ein Stockwerk höher nach Tannen, Fichten, Harz, und aus dem Gasthof am Wegesrand nach Kirschwasser und Schinken. Ein Weinland ganz nah am Klischee, wo immer noch Bollenhüte und Kuckucksuhren locken, aber besonders »düsterer Tann«, »liebliche Täler« und Höhen wie Hornisgrinde und Blauen.

Baden-Infos

Information

Tourismus Südlicher Schwarzwald
Stadtstr. 2, 79104 Freiburg,
Tel. 0761/218 73 04, Fax 218 75 34,
www.schwarzwald-sued.de

Wichtige Feste

Freiburger Fasnet: Feb./März
»Narri Narroo« – der Schlachtruf der alemannischen Fasnet schallt durchs Schwarzwaldhauptstädtchen, wenn am Rosenmontag 5000 Narren mit bunten zotteligen Kostümen unter holzgeschnitzten Larven ihren wilden Mummenschanz treiben.

Freiburger Weinfest: Anfang Juli
Die frisch gekürte badische Weinkönigin eröffnet das bacchische Spektakel rund um das altehrwürdige erzbischöfliche Münster. Bei Livemusik von Dixieland bis Rock wird aufgetischt, was die Küche im Dreiländereck hergibt, z. B. Flammkuchen und geschmorte Lammhäxle. Dazu kommen über 400 verschiedene badische Weine zum Ausschank.

Baden mit der Bahn

Baden-Baden, Freiburg und Weinheim sind an das überregionale Streckennetz angeschlossen. Ab Freiburg fahren Stadtbusse zum Tuniberg (Merdingen), Regionalbahnen ins Markgräflerland (Staufen) und über Ihrigen nach Breisach (Busanschluss zu den Weinorten im Kaiserstuhl). Auch viele Weinorte der Ortenau sind gut mit Lokalzügen (Gengenbach, Oberkirch) oder Bussen zu erreichen. Tauberbischofsheim hat ebenfalls einen Bahnhof. Die schönste Anreise nach Meersburg ist die über den Bodensee mit der Fähre ab Konstanz (Busse vom Hauptbahnhof zum Fährhafen).

Fahrplanauskunft Baden-Württemberg: Tel. 01805/779966 (0,12 Euro pro Min.).

Höhepunkte in Baden

Baden-Baden: Deutschlands Weltbad Nr. 1 leuchtet immer noch mit seinen weißen und honigfarbenen Fassaden der Belle Epoque.
Freiburg: Relaxen heißt hier, nach einem Viertele sich wie die »Bächle« durch die Altstadt treiben lassen.
Meersburg: Seewein aus Meersburg ist die Zutat für ein »Götterleben« am »Schwäbischen Meer«.
Sasbachwalden: Badens Bilderbuch-Weindorf mit blumengeschmückten Fachwerkhäusern an einem schönen Schwarzwaldhang.
Vogtsburg: Das Herz der Weinregion schlägt in Vogtsburg am heißen Kaiserstuhl, wo vor allem Burgunder auf Riesen-Terrassen wachsen.

Neue Trinkhalle in Baden-Baden

Baden-Baden

Baden-Baden, das klingt nach goldenen Sprudelbrunnen, rollenden Elfenbeinkugeln, der Zweiten Sinfonie von Brahms und den donnernden Hufen von Rennpferden. Die einstige »Sommerhauptstadt Europas« am Fuße des Nordschwarzwaldes ist immer noch eine mondäne Erscheinung. Weiß und honigfarben glänzen die Fassaden der Villen und Grand-Hotels der Belle Epoque rund um die Oos. An ihrem rechten Ufer zieht sich die Altstadt am Schlossberg entlang. Ihr Mittelpunkt ist die ehemalige **Stiftskirche** (heute Pfarrkirche St. Peter und Paul) mit einem imposanten Sandsteinkruzifix vor dem Chor. Das gotische Gotteshaus steht auf den zugeschütteten Resten der römischen Kaiserbäder, die sich bis unter das Alte Dampfbad nördlich der Kirche erstrecken. Ins **Friedrichsbad** nebenan lockt ein antik anmutender Wellnessbereich mit Kuppelsälen und Mosaiken. An die freigelegten Reste **römischer Soldatenbäder** unter dem Römerplatz schließt sich heute eine Tiefgarage an. Ein heißes Badevergnügen bietet die nah gelegene **Caracalla-Therme.** Den besten Blick über das Bäderviertel hat man vom **Neuen Schloss,** einst Stammsitz der Zähringer. Wer weiter auf den Berg Battert hinaufsteigt, erreicht die Ruine des **Alten Schlosses** (Schloss Hohenbaden).

Gegenüber der engen Altstadt wirken die Kuranlagen links der Oos weit und befreiend. Hier schlendert man durch die **Kurhaus-Kolonnaden** und den **Kurpark,** testet in der Trinkhalle das Wasser der Friedrichsquelle, lauscht dem Promenadenkonzert und wandert dann unter den rauschenden Baumwipfeln der Lichtentaler Allee von der **Kunsthalle** zum (noch bestehenden) **Zisterzienserinnen-Kloster** (Gründung 1243). Im Stadtteil Lichtental verbrachte Johannes Brahms die Sommer der Jahre 1856–74 und komponierte hier u. a. seine Zweite Sinfonie (**Brahmshaus,** Maximilianstr. 85, geschl. Di, Do, Sa). Das Grande Finale eines Rundgangs bescheren die Galopprennen in **Iffezheim,** das **Festspielhaus** mit seinem hochkarätigen Programm, das **Casino,** in dem schon Dostojewski in Verzweiflung ausbrach, und nicht zuletzt der Wein, der vor den Toren des Weltbads im »Rebland« wächst.

Information

Kur- & Tourismus GmbH
Solmsstr. 1, 76530 Baden-Baden, Tel. 07221/275200, Fax 275202, www.baden-baden.com

Übernachten

Landhotel Traube
Mauerbergstr. 107,
76534 Baden-Baden (Neuweier),
Tel. 07223/968 20, Fax 96 82 82,
DZ ab 86 Euro.
Das am Fuße eines Weinbergs in Baden-Baden gelegene Landhotel bietet behagliche Zimmer, u. a. eine Himmelbett-Suite, familienfreundlichen Service und spezielle Hochzeitsarrangements.

Essen & Trinken

Zum Alde Gott
Weinstr. 10,
76534 Baden-Baden (Neuweier),
Tel. 07223/5513,
geschl. Do. u. ein weiterer Tag (variabel), Hauptgericht ab 24 Euro.
Mitten in den Reben sitzt man auf der Sommerterrasse des Landhauses in »Baden-Badens Toskana«. Der Blick über die Rheinebene zu den Vogesen garniert das ausgezeichnete Ess-Erlebnis.

Weingut

Schloss Neuweier
Mauerbergstr. 21,
76534 Baden-Baden (Neuweier),
Tel. 07223/96670,
www.weingut-schloss-neuweier.de,
Mo–Fr 9–12, 13–17, Sa 9–13 Uhr.
Das Traditionsweingut in einem denkmalgeschützten Schloss zählt zu den besten Adressen Badens. Top-Lagen sind der Neuweierer Schlossberg und das »Goldene Loch«. 2003er Neuweierer Mauerberg Riesling Kabinett trocken für 9 Euro.

Weinfest

Mittelalterliche Winzertage: 2. Wochenende im Juni
Trinken, singen, lachen zusammen mit Gauklern, Rittern, Burgfräulein, das kann man alljährlich im Stadtteil Steinbach. Zum Festprogramm gehören Lesungen in Mittelhochdeutsch und Mundart, Konzerte mit Harfen und Lauten, Ritterspiele.

Badenweiler

Östlich von Müllheim im Markgräflerland liegt schön an einem Hang des 1065 m hohen Blauen der bekannte Kurort Badenweiler. Schon die Römer aalten sich hier im Wasser der warmen Quellen. Im Kurpark sind zwischen Mammutbäumen die Überreste ihres Badehauses aus dem 1. Jh. zu sehen. Heute lässt man sich von den Warmwasser-Spielen der **Cassiopeia-Therme** verwöhnen. Alleen, Villen, das Belvedere und das ehemalige Großherzogliche Palais halten Badenweilers mondänes Flair wach, das Kurgäste wie Thomas Mann, Nietzsche, Hesse und Anton Tschechow anzog. Die Ruine der alten **Zähringerburg** überragt die Szenerie, im Hintergrund schimmern grün die Reben der Lage Römerberg und blau der Blauen, von dem sich ein phantastischer Blick über die Oberrheinebene zu den Vogesen und über den Südschwarzwald zu den Schweizer Alpen eröffnet.

Weingut

Weingut Dörflinger
Mühlenstr. 7, 79379 Müllheim,
Tel. 07631/2207,
www.weingut-doerflinger.de,
Mo–Fr 8–18.30, Sa 9–16 Uhr.
Burgunder vom Römerberg in Badenweiler und von der Müllheimer Sonnenhalde, aber auch das Markgräfler Leibgetränk Gutedel sind die Hausmarken des Traditionsbetriebs. 2003er Müllheimer Reggenhag Gutedel trocken für 4,90 Euro.

Breisach

Weithin sichtbar thront Breisachs **Stephansmünster** auf einem steilen Felsen über dem Rhein, der hier die Grenze zu Frankreich bildet. Am Anfang der Straße, die hinauf zum Münster führt, steht das **Gutgesell-tor,** weiter oben der **Hagenbach-turm.** Um 1200 wurde mit dem Bau der doppeltürmigen Kathedrale begonnen. Das Langhaus ist romanisch, der Chor gotisch. Im Inneren finden sich Kunstschätze wie die Weltgericht-Fresken auf den Hallenwänden, ein mit zierlichen Baldachinen versehener Lettner und ein geschnitzter dreiflügeliger Hochaltar (1526), den ein unbekannter Künstlers mit den Initialen H.L. geschaffen hat. Das beste Panorama auf die Stadt und den Münsterberg, auf dem schon die Kelten einen Fürstensitz gründeten, hat man vom benachbarten, mit Reben bedeckten Eckartsberg. Breisach, das am Rand des Bereichs Kaiserstuhl liegt, ist eine Weinmetropole. Eine der größten Kellereien Europas hat hier ihren Sitz.

Wein-Fabrik

Der **Badische Winzerkeller** in Breisach gewährt Einblick in die fabrikähnlichen Ausmaße einer der größten Kellereien Europas. Nach einer Dia-Show über die Weinregion und die Arbeit der Winzer folgt man dem Weg der Trauben von der Annahme über die Keltersta-tion, das Tank- und Fasslager, die Weinabfüllanlage, das Flaschenlager bis zum Verkaufsraum (im Angebot: 500 verschiedene Weine, auch Bio-Weine). Kellerführung mit 3-er Weinprobe: 3 Euro pro Person.
Zum Kaiserstuhl 16,
Info-Tel. 07667/9000,
www.badischer-winzerkeller.de

Weinfest

Bereichsweinfest: letztes August-Wochenende
Höhepunkt ist die Krönung der Weinkönigin vom Kaiserstuhl. Sie feiert mit ihrem weinseligen Volk auf dem Festgelände (mit Vergnügungspark) am Rheinufer.

Breisach

Bruchsal

Bruchsal am Rand des Kraichgaus besitzt ein Schatzkästlein: das im 18. Jh. für die Fürstbischöfe von Speyer errichtete **Barockschloss.** Außen glänzt es mit einer farbenfrohen, prunkvollen Fassade, im Inneren mit einem kolossalen ovalen Treppenhaus des Meisters Balthasar Neumann und phantastisch illusionistischen Fresken. Die aus 50 Einzelgebäuden bestehende Schlossanlage wurde 1945 zerstört und bis 1975 wieder aufgebaut. Sie beherbergt mehrere Museen, u. a. eine Sammlung selbst spielender Musikinstrumente von der Spieldose bis zur Orgel (geschl. Mo). Balthasar Neumann entwarf auch die **Barockkirche St. Peter** im Süden der Stadt. Vom nahen Michaelsberg, auf dem eine Wallfahrtskapelle thront, hat man einen guten Blick auf die Rheinebene. Bruchsals beste Weinlage ist der Klosterberg. Ins Hinterland locken die Weinbaugemeinden im Angelbachtal und Östringen.

Ettenheim

Die Strahlkraft des anmutigen Barockstädtchens am Südrand der Ortenau wirkte einst bis nach Straßburg. Der wiederbelebte Kardinal Rohan, vor 200 Jahren Straßburger Fürstbischof, schildert intensiv seine Liebe zu der kleinen, winkeligen Welt, wenn er heute Touristen durch Ettenheim führt (Mitte Mai–Anfang Okt., tgl. 19 Uhr). Man trifft Rohan vor dem Rathaus am Bärenbrunnen, der eigentlich ein Löwenbrunnen ist. Von dort geht es zum ehemaligen **Palais des Fürstbischofs** und dann zur spätbarocken **Pfarrkirche St. Bartholomäus,** die mit ihrer warm-rot-zartgelben Fassade auf einem Buckel über dem denkmalgeschützten Stadtkern thront. Urige Fachwerkhäuser geben den Gassen etwas Heimeliges, mal abgesehen von der wenig erquickenden Tatsache, dass in einem der schmucksten Balkenbauten einst der Scharfrichter wohnte. Streuobstwiesen, Wälder und Wein locken vor die Tore der Stadt. Am Fuße des Heubergturms klärt ein Rebsortengarten über die Vielfalt der Wein-Gewächse auf. Wem das alles zu beschaulich ist, der macht 7 km westlich blitzschnell ein paar Loopings im **Europa-Park Rust.**

Freiburg

Wie ein feiner steinerner Finger zeigt der Turm des Freiburger Münsters vor der Kulisse des Südschwarzwaldes gen Himmel. Der »schönste Turm der Christenheit«, so der Basler Kunsthistoriker Jacob Burckhardt, ist Wahrzeichen und Mittelpunkt der Stadt. Freitags um 11 Uhr bimmelt im Geläut die »Hosanna«-Glocke von 1258, die »Knöpfleglocke«, damit die Köchinnen und Köche rechtzeitig Wasser für die Knöpfle (Spätzle) aufsetzen. Unten bimmeln Fahrradklingeln und Straßenbahnen auf der Kaiser-Joseph-Straße, der »Kajo« oder »Große Gass«, wie das »Bobbele« sagt, der Ureinwohner Freiburgs. Benannt ist die autofreie Nord-Süd-Achse, an der auch das schöne **Martinstor** steht, nach Kaiser Joseph II., aus Dank für eine Stippvisite. Die Habsburger haben es den Freiburgern offensichtlich angetan, über 400 Jahre stellten sie sich unter deren Protektorat. Die **Albertina,** eine der ersten Universitäten Österreichs, wurde

1457 in Freiburg gegründet, benannt nach Erzherzog Albrecht VI. Heute ist fast jeder Fünfte der knapp 200 000 Einwohner Student, was sich in der eng gebauten Stadt deutlich bemerkbar macht. Dabei liebt es das »Bobbele« eher ordentlich als lotterhaft und öko, »Musterländle« meinte einst die mustergültige Verwaltung des Großherzogtums Baden. »Z'Friburg in dr Stadt suffer ischs un glatt« (nicht nur sauber, blitzeblank ist es hier), stand jahrelang auf den Freiburger Müllautos.

Mitten auf der Kreuzung der schnurgeraden Kajo mit der alten krummen Salzstraße, die in die Bertoldstraße übergeht, steht der **Bertoldsbrunnen,** ein Reitermonument für den Stadtgründer (1120), Herzog Bertold II. von Zähringen. Die »Bächle«, die offen fließenden Wasserrinnen am Rand der Straßen und Gässle, geben der Stadt etwas Pikantes. Wer unbeabsichtigt hineintappt, kommt nie wieder von Freiburg los, sagt man – wie viele Bänderrisse auf das Konto der »Bächle« gehen, sagt man nicht. Ein Seitenkanal der Dreisam speist die Rinnen, die früher als Viehtränke, zum Fischen und Löschen und manchmal auch für Abwässer genutzt wurden.

Wie die Bächle kann sich auch der Besucher durch die Altstadt treiben lassen. Ein guter Ausgangspunkt ist das alte Universitätsgebäude an der Bertoldstraße, das mit der anschließenden Kirche im 17. Jh. als Kollegium für den Jesuitenorden errichtet wurde. Dahinter liegt der Rathausplatz mit einem Denkmal für den

Freiburg, Schwabentor und Martinstor

Franziskanermönch Bertold Schwarz, der in Freiburg 1353 das nach ihm benannte Schießpulver zusammengemixt haben soll. Über das Alte und das Neue Rathaus erhebt sich die gotische **St.-Martins-Kirche.** Auf dem **Münsterplatz** türmen sich zu Marktzeiten Rüble und Salädle, Schinken, Speck und Tannenhonig im Schatten des um 1200 begonnenen Meisterwerks gotischer Baukunst. Gegenüber glänzt rot das **Historische Kaufhaus** (1532), flankiert von zwei Erkern mit Spitzhauben. Die Gässle hintan führen nach **Oberlinden,** einem lauschigen Platz am Schwabentor. Wer es beschaulich mag, für den hat Freiburg noch dreierlei parat: das Viertel zwischen Schwabentor und Martinstor mit **Gerberau** und **Fischerau;** den **Schlossberg,** wo Wein und Wald wachsen und der Blick auf die Altstadt betört; die **Dreisam,** die drauß' vom Schwarzwald herangerauscht kommt, an Sommerabenden durch ein Spalier von Lagerfeuern.

Information

Freiburg-Information
Rotteckring 14, 79098 Freiburg,
Tel. 0761/3881880, Fax 37003,
www.freiburg.de.

Übernachten

Hotel zum Roten Bären
Oberlinden 12, 79098 Freiburg,
Tel. 0761/387870, Fax 26688,
DZ 118 Euro.
Die Geschichte des Bären in der Altstadt lässt sich bis ins 12. Jh. zurückverfolgen. Heute bietet das Ringhotel zeitgemäßen Komfort auf hohem Niveau.

Gengenbach

Das hübsche Narrenstädtchen liegt unweit von Offenburg am Eingang

Alte Wache

Einen kompakten Geschmackstest der Vielfalt badischer Weine ermöglicht das **Haus der Badischen Weine** in der Alten Wache in Freiburg, wo mit Blick auf den Freiburger Münsterplatz über 100 Weine von mehr als 30 Weingütern und Genossenschaften verkostet werden.
Alte Wache, Münsterplatz 38,
Tel. 0761/202870,
www.alte-wache.com,
Mo–Fr 10–19, Sa 10–18 Uhr.

zum Kinzigtal. Im alten **Niggelturm** hat man den Narren, die alljährlich ihren wilden Mummenschanz unter holzgeschnitzten Larven (Masken) treiben, ein Museum eingerichtet. Vom **Obertorturm** und vom **Kinzigtorturm** laufen von Fachwerkhäusern gesäumte Straßen auf den Marktplatz zu. Sehenswert sind das klassizistische **Rathaus,** das **Löwenberg-Palais** und die **Klosterkirche** der ehemaligen Benediktinerabtei.

Übernachten

Schwarzwaldhotel
Berghauptener Straße,
77723 Gengenbach,
Tel. 07803/93900, Fax 939099, www.schwarzwaldhotel-gengenbach.de,
DZ 102 Euro.
Elegant und behaglich sind die Zimmer des Hotels, in dem man auch Entspannung auf der Terrasse, im Schwimmbecken, im Dampfbad oder im Restaurant »Zur Kirsche« findet.

Ihringen

In sengender Sonne flirrende Luft gehört hier zum Sommer. Ihringen am Südrand des Kaiserstuhls ist der heißeste Ort Deutschlands, das haben langjährige Messungen ergeben. Den Sträßchen geben alte Winzerhöfe mit großen runden Toreinfahrten ein behäbig-behagliches Flair. Besonders reizvoll: der **Stockbrunnen** von 1740. Auf dem Hausberg **Lenzenberg,** wo die Terrasse eines Ausflugslokals zum Verweilen lädt, kommt man der Sonne noch etwas näher. Wanderwege führen zum höchsten Punkt des Kaiserstuhls, dem **Totenkopf** (557 m), und ins **Liliental** mit Mammutbäumen und Orchideen.

Bio-Weingut

Weingut Pix
Eisenbahnstr. 19, 79241 Ihringen,
Tel. 07668/879,
www.weingut-pix.de,
Weinprobe und -verkauf n. V.

Inseln in Deutschlands Südsee

Im subtropischen Wundergarten der Blumeninsel **Mainau** taucht man in ein Blütenmeer, in dem sich Farben, Formen und Düfte aus unzähligen Ländern vereinen. Mit einem Küchengarten fing alles an. Die Mainau ist in Familienbesitz, seit Großherzog Friedrich I. von Baden sie 1853 erwarb und Arboretum, Rosengarten und Orangerie begründete. Nach den Eisheiligen im Mai werden die Zitruspflanzen ins Freie gestellt und verströmen im Schlosspark ihre betörenden Düfte. Im Winter brauchen sie eine warme Stube, nur die robuste Bitterorange steht ganzjährig im Freien. Wie viele Blumen im Mai auf dem Eiland um die Wette blühen, zählt niemand, man schätzt eine Million.

Während auf der Mainau ein Blumenmeer sprießt, gedeiht auf der **Reichenau** tonnenweise Gemüse, jährlich 17 Mio. kg werden auf der 4,3 km² kleinen, mitten im Untersee gelegenen Insel geerntet. Die Touristen kommen allerdings wegen der drei Klosterkirchen, die architektonisch als Meisterwerke frühromanischer Kunst und kulturgeschichtlich als »geistige Vororte des Abendlandes« zum Weltkulturerbe der Unesco erkoren wurden. Schon 724 entdeckte der irische Wanderbischof Pirmin mit seinen Mönchen die »Reiche Au« und gründete hier ein Kloster.

Muße in Meersburg

Nichts geht über die Öko-Kollektion der Familie Pix, die ihren Bauern- und Winzerhof nach den Bioland-Richtlinien bewirtschaftet. Die Bio-Burgunder und -Gewürztraminer schmecken einfach köstlich. 2002er Ihringer Fohrenberg Weißburgunder Kabinett für 7,50 Euro.

Meersburg

»Wir haben doch hier ein Götterleben geführt«, schrieb 1842 die Dichterin Annette von Droste-Hülshoff, die bis zu ihrem Tod in den Turmzimmern des Alten Schlosses in Meersburg am Bodensee gewohnt hat. Das **Alte Schloss,** die älteste bewohnte Burg Deutschlands (Ursprung im 7. Jh.), überragt mit seinem Dagobertsturm und vier mächtigen Ecktürmen das Bilderbuchstädtchen am nördlichen Ufer des »Schwäbischen Meers«. Dem Alten Schloss zur Seite steht das im 18. Jh. nach Plänen von Balthasar Neumann für die Konstanzer Fürstbischöfe gebaute **Neue Schloss.** Von der Schlossterrasse schweift der Blick übers Wasser, über Schiffe und Inseln bis hin zu den schneebedeckten Schweizer Alpen – wahrlich eine Gegend zum Aufblühen. Mörike schrieb sieben Gesänge auf die »Idylle vom Bodensee«. Vom Schlossplatz erreicht man den hübschen Marktplatz, dem das rote **Obertor** einen besonders malerischen Akzent schenkt. Hier und an der Uferpromenade der aus einem Fischerdorf entstandenen Unterstadt stauen sich manchmal im Sommer die Touristen.

Seewein wächst vor allem an den Steilhängen bei Meersburg, aber auch bei Hagnau, Immenstaad, Salem, der Wallfahrtskirche Birnau und auf der Insel Reichenau.

Übernachten / Essen & Trinken

Seehotel Off
Uferpromenade 51, 88709 Meersburg
Tel. 07532/44740, Fax 447444,
geschl. Jan.,
DZ ab 92, Hauptgericht ab 19 Euro.
Das von Reben eingerahmte Hotel steht an der Uferpromenade und bietet einen herrlichen Blick auf den Bodensee. Im Restaurant gibt's fri-

sche Fische aus dem »Schwäbischen Meer«. Selbstverständlich dominieren Seegewächse die Weinkarte.

Weingut

Staatsweingut Meersburg
Seminarstr. 6, 88709 Meersburg, Tel. 07532/357, www.staatsweingut-meersburg.de, Mo–Fr 9–18, Sa 9–16 Uhr.
Neben Seegewächsen vom Bodensee hat das Staatsweingut auch Tropfen von Deutschlands höchstem Weinhang am Hohentwiel bei Singen im Angebot. In Anbetracht des Hausherrn – das Finanzministerium Baden-Württemberg! – sind die Preise (im Durchschnitt) moderat. 2003er Hohentwieler Olgaberg Weißburgunder trocken für 9,90 Euro.

Merdingen

Tour-de-France-Sieger Jan Ullrich hat Merdingen am Tuniberg als seine Wahlheimat bekannt gemacht. Schmucke Barockbauten zieren den Ort: die Kirche, das Rathaus, das Gasthaus Zur Sonne und der Dorfbrunnen. Der Tuniberg, der kleine Bruder vom Kaiserstuhl, ist eine Kalksteinbank aus der Zeit des Jura, die später von einem Lössmantel umhüllt wurde. Neben Wein gedeiht hier vorzüglicher Spargel.

Oberkirch

Im Renchtal in der Ortenau am Fuß der Burgruine Schauenberg liegt das Wein- und Obststädtchen Oberkirch. Auf der einst mächtigen Burg der Herzöge von Zähringen lebte Uta, die Stifterin des Klosters Allerheiligen. Im Ort ist die Gerbergasse mit einer Reihe denkmalgeschützter Fachwerkhäuser besonders hübsch anzusehen.

Feste

Beim **Erdbeerfest** (letztes Mai-Wochenende) gibt's kulinarische Genüsse rund um das süße Früchtchen, vor allem natürlich Ortenauer Erdbeer-Torte und Bowle. Anfang September steigt das überregional bekannte Renchtäler **Wein- und Volksfest.**

Sasbachwalden

Das schönste Dorf der Ortenau, von Reben umrahmt, mit Blumen geschmückt, liegt auf einer Anhöhe unterhalb der **Hornisgrinde** (1164 m), des höchsten Berges des Nordschwarzwaldes. Der Kern des Luft- und Kneippkurorts mit den herausgeputzten Fachwerkhäusern steht unter Denkmalschutz. Sasbachwalden reizt Schwarzwaldtouristen besonders als Basis für Exkursionen in die Berge und zum romantischen **Mummelsee,** in dem murmelnde Mümmeln (Nixen) leben sollen.

Übernachten / Essen & Trinken

Hotel Talmühle, Restaurant Fallert
Talstr. 36, 77887 Sasbachwalden, Tel. 07841/628290, Fax 6282999, www.talmuehle.de, DZ ab 90 Euro, Hauptgericht ab 25 Euro.
Ein Hotel zum Wohlfühlen auf höherem Niveau mit schönem Garten und exquisitem Restaurant, in dem beste badische Küche aufgetischt wird.

Fest

Erntedank- und Weinfest: 1. Oktoberwochenende
Nach dem Erntedank-Gottesdienst bringt ein Festumzug mit Blaskapellen, Trachtengruppen und Blumen-

wagen dem Weinort eine frühlingshaft farbenfrohe Blüte.

Staufen

Auf einem rebenumwachsenen Bergkegel thront die Burgruine von Staufen, Blickfang des sonnenverwöhnten Markgräflerlands. Die Burg aus dem 12. Jh. war Wohnsitz der Freiherren von Staufen und wurde Anfang des 17. Jh. zerstört. Das Städtchen zu Füßen des Bergs am Eingang des malerischen Münstertals hat einen mittelalterlichen Kern mit einem spätgotischen Rathaus und der spätgotischen **Kirche St. Martin.** Im **Gasthof Kreuz-Post** (Hauptstr. 65) gründete 1844 der Wirt Sixtus Schladerer seine berühmte Destille. Ein Hingucker ist das **Gasthaus Löwen** (16. Jh.) mit dem Wandgemälde von Fritz Geiges, das zeigt, wie Mephistopheles dem Faust an die Gurgel geht. Der Alchimist, den Goethe weltbekannt machte, soll in einer Nacht des Jahres 1539 im Zimmer Nr. 5 gemeuchelt worden sein, vom flüchtenden Teufel persönlich stammt angeblich der Fußabdruck auf der obersten Stufe des Rathausturms.

Übernachten / Essen & Trinken

Hotel Gasthaus Am Felsenkeller
Albert-Hugard-Str. 47,
79219 Staufen,
Tel. 07633/6285, Fax 981400,
DZ ab 74, Hauptgericht ab 10 Euro,
Mo geschl.
Das ruhig am Waldrand gelegene Hotel (mit Liegewiese) bietet behagliche Zimmer. Die Küche verwöhnt mit Gerichten aus umweltschonendem Anbau. Die Weine lagern in einem alten, an das Haus anschließenden Bergstollen.

Tauberbischofsheim

Der nördlichste Zipfel der Weinregion, der badische Teil des Taubertals, ragt ins Bocksbeutelland Franken. Einen »fränkischen« Charakter haben die Weine hier zwischen Wertheim am Main und Bad Mergentheim. Mitten im Bereich Tauberfranken liegt Tauberbischofsheim an einer breiten, rebenreichen Stelle des Tals. Die einstige Amtsresidenz der Kurmainzer Erzbischöfe macht heute als Hochburg des Fechtsports von sich reden. Im Zentrum ragt ihr Wahrzeichen empor, der frei stehende, knapp 30 m hohe, runde weiße **Türmersturm** (13. Jh.), um den sich die Fachwerkbauten des ehemaligen Kurmainzer Schlosses gruppieren (heute Landschaftsmuseum, Mo geschl.). Der zweite mächtige Turm der Stadt gehört zur katholischen **Pfarrkirche St. Martin,** einem Neubau aus dem frühen 20. Jh., finanziert mit dem Verkauf eines Altars von Matthias Grünewald an die Kunsthalle Karlsruhe. Die Fußgängerzone führt zum Marktplatz mit der **Liobakirche** (17. Jh.), die im 18. Jh. barock erweitert wurde. Alte Patrizierhäuser und das einstige Domizil der Thurn- und Taxis'schen Post säumen den Platz. Schmuckstück der Hauptstraße ist das prächtige Barockpalais des Weinhändlers Bögner.

Vogtsburg (Kaiserstuhl)

Im Westen des Kaiserstuhls wirkt die Landschaft wie ein mit Wein begrüntes Bauwerk. Die Hänge des Vulkangebirges sind zu breiten Rebterrassen abgestuft, als seien sie die Treppen zum Thron eines Riesen. Sieben

Zwerge, sieben Winzerdörfer, zu seinen Füßen und an den Hängen des Gebirges haben sich hier zur größten baden-württembergischen Weinbaugemeinde zusammengetan – unter dem Namen des kleinsten und abgelegensten Nests der Gegend: Vogtsburg. Die Großterrassen wurden während der Flurbereinigung in den 1970er Jahren angelegt, um die maschinelle Bearbeitung zu erleichtern und den Ertrag zu steigern. Dabei ging eine kleinparzellige Weinlandschaft mit unzähligen schmalen, von Mäuerchen gestützten Rebgärten unter. Der Achkarrener Schlossberg vermittelt einen guten Eindruck davon, wie die Gegend vor der Flurbereinigung ausgesehen hat, die Terrassen, die sich über Oberrotweil erheben, zeigen gut den Status danach. In **Niederrotweil** steht die gotische St. Michael-Kirche, die einen Schnitzaltar des namentlich unbekannten Künstlers »H. L.« birgt. Zur Großgemeinde Vogtsburg gehören auch das mittelalterliche, fachwerkreiche Burkheim und Oberbergen mit der bekanntesten Weinlage am Kaiserstuhl namens Bassgeige. Diesen Tropfen gibt's als Spätlese sogar in Flaschen in Bassgeigenform.

Übernachten beim Winzer

Weingut Vogel
Ruländerweg 7,
79235 Vogtsburg-Oberbergen,
Tel. 07662/80271, Fax 947964,
FeWo für 2 Personen ab 40 Euro/Tag.
Die Reben ringsum wachsen fast in die Zimmer der Ferienwohnungen des Weinguts Vogel in Oberbergen. In der Straußwirtschaft »Vogelstrauße« werden hauseigene Weine zu badisch-alemannischen Leckereien gereicht (Ende März–Mitte Juni, Ende Aug.–Anfang Nov.).

Essen & Trinken

Gasthaus zum Kaiserstuhl
Niederrotweil 4,
79235 Vogtsburg-Niederrotweil,
Tel. 07662/237,
geschl. So abend, Mo,
Hauptgericht ab 10 Euro.
Hier kocht die Familie Koch Gerichte der Region, z. B. Winzerpastete mit Fenchel, die auch Schlemmerzungen verwöhnen. Zum Auftakt gibt's hausgemachten Johannisbeerwein.

Der Kaiserstuhl bei Oberrotweil

Rebenbummler

Wer mal so richtig Dampf ablassen, gleichzeitig aber Wein fassen möchte, macht einen Trip mit dem Museumsdampfzug Rebenbummler durch den Kaiserstuhl. Eine Henschel-Lok von 1927 zieht die 100 Jahre alten Wagen der Holzklasse von Riegel nach Breisach und zurück. Im historischen ›Bord-Bistro‹ werden Kaiserstuhl-Weine und Riegeler Biere serviert. Mai–Okt.jeden 3. So, Preis: 14 Euro, Familienkarte 40 Euro. Rollende Weinproben und Erlebnisfahrten mit Stadtführung in Endingen und Mittagessen zu Sonderterminen. Info: Kaiserstühler Verkehrsbüro, Tel. 07642/68990, www.rebenbummler.de.

Weingut

Weingut Michel
Winzerweg 24,
79235 Vogtsburg-Achkarren,
Tel. 07662/429, Mo–Fr 8.30–12, 13–17, Sa 8.30–14 Uhr.
Am Kaiserstuhl gibt es eine ganze Reihe von Spitzenwinzern. Josef Michel ist auch bundesweit einer der Besten, der seine edlen Burgunder zu fairen Preisen anbietet. 2003er Achkarrer Castellberg Grauburgunder Kabinett trocken für 5,80 Euro. Zum Weingut gehört auch eine Straußwirtschaft.

Weinheim

Exotische Pflanzen sprießen in Weinheim am Nordrand des Bereichs Badische Bergstraße, an den sich die 1971 gegründete Weinregion Hessische Bergstraße anschließt. Am Fuß der Weinberge wächst ein Exotenwald, im Schlosspark gedeihen Libanon-, Atlas- und Himalajazeder, und der Marktplatz hat ein Dach aus Blättern japanischer Schnurbäume. Einen schönen Blick auf die Altstadt und das üppige Grün ferner Länder hat man von der Ruine der **Burg Windeck.** Sie wurde im 12. Jh. vom Kloster Lorsch zum Schutz seiner Besitzungen errichtet. Oberhalb der Ruine erhebt sich die 1913 im Auftrag ehemaliger Corpsstudenten erbaute **Wachenburg.** Steigt man vom Burgberg herab nach Weinheim, geht's durch das mit seinen Fachwerkhäusern reizvolle **Gerberviertel.** Besonders sehenswert sind der Büdinger Hof in der Judengasse und das Kerwehaus (Münzgasse 18). Nahe beim Marktplatz stehen die gotische **Ulnerkapelle** (14. Jh.) und die neuromanische **St.-Laurentius-Kirche.** Herausragende Relikte der mittelalterlichen Stadtbefestigung sind der **Hexenturm,** der **Rote Turm** und der **Blaue Hut.** Das Obertor wurde dem **Berckheimschen Schloss** angegliedert.

Fidel-Buddel

Badens bestes Souvenir für Weinliebhaber ist ein edler Tropfen der bekannten Lage Oberbergener Bassgeige in einer Flasche in Form eines Kontrabasses. Wie die Lage zu ihrem Namen kam? Vor der Flurbereinigung hatte sie diese Form, die in der Flasche fortlebt. Eine Bassgeige (Spätlese-Qualität) ab 11,95 Euro. Winzergenossenschaft Oberbergen, Badbergstr. 2, 79235 Vogtsburg-Oberbergen, Tel. 07662/94600.

Kirchhofen

Tour 1: Durchs Gutedel-Land

Wanderung auf dem Wii-Wegli

Länge/Dauer: ca. 22 km/6 Std.; mittelschwer
Start/Ziel: Staufen/Freiburg-St. Georgen
Markierung: gelbe Traube in roter Raute
Sehenswert: Staufen, Markgräflerland

Durchs Markgräflerland in der Vorbergzone des südlichen Schwarzwaldes führt das »Wii-Wegli«, das Wein-Weglein. Obstgärten, Wein und dunkle Wälder prägen die sanfte Hügellandschaft, in der der milde Gutedel zu Hause ist. Im Frühling, wenn die Obstbäume blühen, während auf den Höhen noch Schnee liegt, hat die Gegend einen besonderen Reiz. In voller Länge bringt es das Wii-Wegli auf 73 km. Die Tagesetappe von Staufen nach Freiburg folgt zunächst dem Bettlerpfad (einer ehemaligen Hauptroute der Bettlermönche zu deren Freiburger Kloster) durch den Wald, schwingt sich dann über mächtige Weinberge, um schließlich kurz vor Freiburg noch mal in den Wald einzutauchen. Der Weg verläuft teilweise auf Asphalt.

Wir starten in **Staufen** hinter der Kirche St. Martin und wandern auf der ansteigenden Bötzenstraße aus Staufen hinaus. Links öffnet sich ein imposantes Panorama mit dem Schlossberg, der Rheinebene und, im Hintergrund, Tuniberg und Kaiserstuhl. Am Waldrand entlang gelangt man zum **Gotthardhof** (Straußwirtschaft), taucht dahinter in den Wald ein, wo bald am Wegesrand der **Rothof** und damit die nächste Straußwirtschaft zum Pausieren lockt.

Gleich danach geht's rechts ab an einer Schranke vorbei. Wir schlängeln uns durch den Wald, biegen links in den Jägermattenweg ein, marschieren durch einen Wiesengrund, wieder in den Wald hinein und – Achtung! – biegen rechts vom Hauptweg ab auf einen vom Waldesgrün verdeckten schmalen Seitenpfad. Das Wegli führt zum **Lehenhof,** dahinter geht's auf Stufen hinunter zu einer bezaubernden Stelle, wo ein Bildstock im Schutz hoher Bäume an einem plätschernden Bach steht und auf der anderen Seite im Sonnenlicht schimmernde Wiesen locken.

Die Route stößt auf einen asphaltierten Weg, leitet links zu einem Sträßchen und einem Bach, die überquert werden, und steigt dann links auf einem ganz schmalen, fast zugewachsenen Waldpfad einen Hügel hinauf. Oben grüßen Reben, die ab sofort das Landschaftsbild bestimmen. Wir wandern links oberhalb der Pfarrkirche von **Ehrenstetten** und dann bergab in den Ort, biegen rechts ab und kommen bald an den Siedlungsrand.

Auf dem Weinberg, der nun vor uns liegt, folgen wir dem Weg nach **Kirchhofen,** laufen dort auf den Kirchturm zu, dann auf der Batzenbergstraße zum Ortsausgang und auf der Badischen Weinstraße über ein Brückchen den mächtigen, von Reben übersäten **Batzenberg** hinauf. Am ersten großen Kreuz geht's rechts vorbei, am zweiten links, so wird der Aussichtspunkt **Reblausdenkmal** erreicht, der ein Rundum-Panorama bietet: Rheinebene, Kaiserstuhl, Vogesen, Schwarzwald.

Weiter geht's den Kamm des Batzenbergs entlang, hinter der Schutzhütte rechts ein Stück abwärts und gleich links auf dem unbefestigten Weinlehrpfad zu einem asphaltierten Wirtschaftsweg, der abwärts zur Bahnstrecke am Rand von **Schallstadt** führt. Wir halten uns zunächst rechts und kommen über ein Brückchen und einen Weinberg nach **Ebringen,** das wir (wie die besser ausgeschilderten Rad-Routen) durchqueren und auf der Sonnenbergstraße verlassen. Dieser Sonnenberg hat es in sich, es geht noch mal kräftig aufwärts auf seinen steilen Rebenhängen, aber oben links wieder in den kühlen Wald hinein. Jetzt ist es ein Leichtes, durchs üppige Grün und dann steil abwärts den Freiburger Stadtteil **St. Georgen** zu erreichen.

Von der Bushaltestelle Schneeburgstraße fährt die Linie 11 in die Innenstadt.

Tour 2: Durchs Klingelberger-Land

Autotour auf der Badischen Weinstraße

Länge/Dauer: ca. 60 km/Halbtagestour
Start/Ziel: Baden-Baden/Gengenbach
Sehenswert: Weinorte der Ortenau

Am 20. Mai 1954 wurde die Badische Weinstraße, die damals nur durch die Ortenau verlief, mit einer feierlichen Busfahrt von Baden-Baden nach Gengenbach eröffnet. Wir wollen dieser historischen Route durchs Land des Klingelbergers (Riesling) folgen, auf Schmusekurs mit dem Schwarzwald, auf dessen Höhen die Schwarzwald-Hochstraße fast parallel verläuft. Die Tour ist beliebig ausbaufähig, denn 1965 wurde die Badische Weinstraße über die Bereiche Breisgau, Kaiserstuhl, Tuniberg und Markgräflerland bis zur Schweizer Grenze verlängert (Gesamtlänge ca. 165 km).
Die Badische Weinstraße beginnt am Alleehaus in **Baden-Baden** und führt durchs »Rebland« der Vororte Varnhalt, Steinbach-Umweg und Neuweier. Via Eisental wird **Affental** erreicht, bekannt für den Affentaler Spätburgunder, den es exklusiv in einer dreieckigen Flasche gibt, dem »Trotzbeutel«. Weiter geht's nach Altschweier, wo man links abbiegt ins Bühlertal. Die Weinstraße durchkreuzt das Zwetschgenland via Neusatz und Neusatzeck, um am Ortsrand von Ottersweier links nach Lauf und weiter nach Sasbach zu führen. Links liegt auf einer Anhöhe das blumige Sasbachwalden. Der Rotweinort **Kappelrodeck** wird dann angesteuert, wo die sagenhafte Hex vom Dasenstein Namensgeberin für ei-

Die Lichtentaler Allee in Baden-Baden

nen sanften Roten ist. Von der Höh' grüßt Schloss Rodeck.

Wir fahren weiter südwärts über Waldulm zur Erdbeer-Hochburg **Oberkirch** am Eingang des Renchtals. Die Route wird kurvig, steigt auf und ab nach **Durbach,** der Heimat des Clevners (Traminer) und des Klingelbergers (Riesling). Rammersweier naht, hier lohnt ein Abstecher in die Wein-Hauptstadt der Ortenau: **Offenburg.** Nur noch ein Katzensprung ist es dann via Ohlsbach nach **Gengenbach,** dem Ziel der Tour am Eingang des Kinzigtals.

Extra-Tour: Dem Steppenwolf auf der Spur

Ausflug in die Heimat von Hermann Hesse

Anreise: Calw liegt ca. 50 km östlich von Baden-Baden (via Bad Herrenalb, Bad Wildbad) Richtung Stuttgart

Das Fachwerkstädtchen **Calw** ist die Geburtsstadt Hermann Hesses (1877–1962). Von hier sind auch die anderen wichtigen Stationen im Leben des jungen Hermann Hesse leicht zu erreichen: Tübingen, wo er eine Buchhändlerlehre machte (s. S. 276), und Maulbronn, wo er zuvor in der Klosterschule war.

Die Heimat des Autors von »Steppenwolf« liegt im Nordschwarzwald, im engen Nagoldtal zwischen Kurorten und Klöstern. In »Gerbersau«, einer Sammlung von Erzählungen aus seiner Heimat, schrieb er: »Wenn ich als Dichter vom Wald oder vom Fluss, vom Wiesental, vom Kastanienschatten oder Tannenduft spreche, so ist es der Wald um Calw, ist es die Calwer Nagold, sind es die Tannenwälder und die Kastanien von Calw, die gemeint sind...«. Wer erst einmal den Betonkomplex aus Bahnhof und Parkhaus hinter sich gelassen hat, findet noch heute Hesses altes Quartier. Die steinerne Nikolausbrücke über die Nagold und ihre auf einem Brückenpfeiler ruhende schmale mittelalterliche Nikolauskapelle sind die markantesten Bauwerke des Schwarzwaldstädtchens. Gleich hinter der Brücke trägt ein Platz den Namen des Autors, war dies ihm doch der »liebste Platz im Städtchen«. Am Marktplatz dominieren Holzbalken die Fassaden. Hübsch herausgeputzte Fachwerkhäuser stehen dicht an dicht und zeugen von der Zeit, als Calw durch Handel mit Holz, Tuch und Salz eine der reichsten Städte des Landes war. Gegenüber dem Rathaus, am Marktplatz 6, steht Hermann Hesses Geburtshaus. Ein paar Häuser weiter finden Hesse-Pilger im klassizistischen »Schützschen Haus«, am Markt 30, das »Hermann-Hesse-Museum« mit der weltweit umfangreichsten Hesse-Ausstellung. Zu den Exponaten gehören Erinnerungsstücke wie Aquarelle und Briefe des Künstlers, der Koffer seiner Indienreise und sein Malerstühlchen.

Im nordöstlich von Calw gelegenen **Maulbronn** besuchte Hermann Hesse als 14-jähriger die evangelische Klosterschule, die noch heute besteht und zu deren berühmten Zöglingen auch Johannes Kepler und Friedrich Hölderlin gehören. Als die am vollständigsten erhaltene mittelalterliche Klosteranlage nördlich der Alpen wurde das Kloster 1993 zum Unesco-Weltkulturgut ernannt.

Für den Schüler Hermann Hesse begann hier allerdings eine Zeit innerer Krisen und Konflikte, 1892 flüchtete er aus Maulbronn. Die Klosterschule hat in den Romanen »Unterm Rad«, »Narziss und Goldmund« (als Kloster Mariabronn) und »Das Glasperlenspiel« deutliche Spuren hinterlassen.

»Eng und winkelig, mittelalterlich romantisch, voll Richter'scher Bildchen, aber auch etwas dunstig und schmutzig« – so beschrieb Hermann Hesse **Tübingen.** Nicht als Student kam er 1895 in die schwäbische Universitätsstadt am Neckar, sondern um eine Buchhändlerlehre zu absolvieren. Die »Sturm-und-Drangzeit« hatte sich im Gemüt des 21-Jährigen mittlerweile gelegt.

Hermann Hesse bewohnte ein Erdgeschosszimmer in der Herrenberger Straße 28, in dem Haus ist heute eine private Musikakademie untergebracht. Unter dem Pseudonym Hermann Lauscher schrieb er seine ersten Gedichte. In der Gaststätte Rebstock (früher »Schwarzer Walfisch«), Ammergasse 12, spielt die Erzählung »Novembernacht«. Unbedingt anschauen sollte man Hesses damalige Lehrstelle, die noch bestehende Hekkenhauersche Buchhandlung gegenüber der Stiftskirche, ein altmodisches Lädchen mit Antiquariat.

FRANKEN

Castell
Dettelbach
Iphofen
Karlstadt
Kitzingen
Mainbernheim
Marktbreit
Miltenberg
Ochsenfurt
Randersacker
Prichsenstadt
Sommerhausen
Sulzfeld
Veitshöchheim
Volkacher Mainschleife
Würzburg

Franken
0
10
20 km
Maintal-Radwanderweg
Autotour
Bad Kissingen
Hammelburg
Gemünden am Main
Schweinfurt
Haßfurt
Main
Karlstadt
BAYERN
Steigerwald
Bamberg
Volkach
Veitshöchheim
Dettelbach
Prichsenstadt
Würzburg
Randersacker
Kitzingen
Mainbern-heim
Castell
Iphofen
Sommerhausen
Sulzfeld
Höchstadt an der Aisch
Tauber-bischofsheim
Ochsenfurt
Marktbreit
Erlangen
Neustadt an der Aisch
Herzogen-aurach
Lauda-Königshofen
Bad Windsheim
Langenzenn
Bad Mergentheim
Fürth
7
70
73
22
8
3
81
13

Franken

Escherndorf

»Grieß di Gott«, willkommen im Bocksbeutelland. Die bauchige Flasche suggeriert schon, dass Frankenwein ein ganz besonderer Tropfen ist. Frankenwein der Lage Würzburger Stein war Goethes »Lieblingstrank«, und Kurt Tucholsky bedauerte, dass man diese Köstlichkeit »nicht streicheln kann«. Frankens 6041 ha große Rebfläche liegt überwiegend am Main zwischen Aschaffenburg und Schweinfurt, in Mainfranken, in Weinfranken. Das Herz der Weinregion schlägt an der Volkacher Mainschleife, wo Bildneben Rebstock steht und die Dörfer noch ihre Barockgiebel haben und ihren mittelalterlichen Mauerring, hinter dem man einst frank, das heißt frei, zu leben versuchte.

Mainfranken ist ein bäuerliches Land, allerdings übersät mit Kunstschätzen. Tilman Riemenschneider (1460–1531) stattete das »Madonnenland« mit seinen großartigen Skulpturen aus Holz und Stein aus. Vergelt's Gott. Balthasar Neumann (1687–1753) baute für die Fürstbischöfe Kirchen und Paläste in der Provinz und in der Metropole Würzburg. Die Würzburger Residenz steht übrigens auf einem der schönsten Weinkeller Deutschlands.

Die Weinregion Franken ist in drei Bereiche eingeteilt: Zwischen Aschaffenburg im Nordwesten und Marktheidenfeld liegt der Bereich **Mainviereck** mit Frankens Rotweinecke rund um Bürgstadt und Miltenberg. Zu dem östlich anschließenden Bereich **Maindreieck** gehören die Weinberge zwischen Karlstadt und Schweinfurt mit so bekannten Weinorten wie Escherndorf, Kitzingen, Sommerach, Sommerhausen, Volkach und Würzburg. Der dritte Bereich, **Steigerwald,** liegt östlich des Maindreiecks. Müller-Thurgau ist der Frankenwinzer liebste Rebe, sie belegt 37,5% der Anbaufläche. Silvaner dominierte bis in die 1960er Jahre die Produktion und rangiert jetzt auf Platz 2 (20,6%) vor Bacchus (12,5%). Abgenommen hat der »fränkisch trockene« Ausbau, bei dem die Weine nicht einmal halb so viel Restzucker hatten, wie es das deutsche Weingesetz erlaubt.

Bei all dem Wein könnte man glatt vergessen, dass Franken in Bayern liegt, im Land der Maß-Menschen. Aber die Übergänge vom Wein zum Bier sind fließend wie der »Weißwurst-Äquator«, der Main. Würzburg und Kitzingen haben ihre Brauerei, und selbst rund ums oberfränkische Bamberg, der Region mit der größten Brauereidichte der Republik, gibt es Bayern, die Main-Wein am liebsten streicheln würden.

Franken-Infos

Information

Tourismusverband Fränkisches Weinland
Am Congress Centrum,
97070 Würzburg,
Tel. 0931/372335, Fax 373652,
www.fraenkisches-weinland.de.

Wichtige Feste

Feste in der Würzburger Residenz und im Hofgarten: Mitte Mai bis Anfang Oktober
Die **Italienische Nacht** beginnt Mitte Mai unter dem Freskenhimmel des Venezianers Tiepolo mit einem Sektempfang. Im Kaisersaal erklingt Musik und dann flanieren die Gäste, ausgestattet mit italienischen Köstlichkeiten, im Hofgarten.
Ein fürstbischöflicher Genuss ist das **Barockfest** (Christi Himmelfahrt), wo zu Meisterwerken der Barockmusik geschlemmt wird wie bei Königs. Klassische Höhepunkte der Konzertreihe **Mozartfest** (Juni) sind die Nachtmusiken im festlich illuminierten Hofgarten (auch in den Schlössern und Gärten von Werneck und Veitshöchheim). Ende Juni steigt das **Hofgarten-Weinfest** des Staatlichen Hofkellers und Anfang Oktober schließlich die **Residenznacht** – noch ein Schmaus für Gaumen, Augen, Ohren.
Kiliani-Volksfest: Würzburg: 16 Tage ab dem 1. Julisonntag
Im Namen des als Märtyrer verehrten irischen Missionsbischofs Kilian wird am Kilianstag (8. Juli) nicht nur eine Wallfahrt zu seinen Gebeinen in der Neumünsterkirche veranstaltet, sondern auch das größte Volksfest Mainfrankens. Ein historischer Festzug eröffnet das Spektakel, dann locken ein Vergnügungspark auf den Festplatz – und ein 5000 Leute fassendes Bierzelt! Wie prunkvoll das zum Ausklang von den Schaustellern bezahlte Feuerwerk wird, hängt von ihrem Umsatz ab.

Franken mit der Bahn

Weinfrankens Bahnknotenpunkt ist der Würzburger Hauptbahnhof mit ICE- und IC-Verbindungen in alle Ecken der Republik. Die Rotweinecke am Untermain ist am besten mit Regionalbahnen ab Aschaffenburg zu erreichen. Ab Würzburg fahren Nahverkehrszüge entlang des westlichen Schenkels des Maindreiecks mit Halt u. a. in Karlstadt und Veitshöchheim. Richtung Ansbach verkehren Regionalbahnen via Ochsenfurt und Marktbreit, Richtung Nürnberg über Kitzingen und Iphofen. Zur Volkacher Mainschleife fahren Busse ab Würzburg.
Hotlines
Würzburger Verkehrs-Verbund:
Tel. 0931/362320, www.wvv.de.
Omnibusverkehr Franken:
Tel. 0931/352890.

Höhepunkte in Franken

Dettelbach: Das wehrhafte Städtchen hat eine mittelalterliche Mauer mit 36 Türmen. Mit der Wallfahrtskirche Maria im Sand steht das Weinstädtchen auf Frankens frommer Seite.
Volkacher Mainschleife: Das Herz der Weinregion Franken schlägt an der Volkacher Mainschleife, wo der Fluss in einen so kurvigen Verlauf gerät, dass er sich fast im Kreis dreht.
Würzburg: Frankens Weinmetropole bietet bacchische Höhepunkte zwischen Minnesang und Barock.

Weinreiseziele

Würzburg, Festung Marienberg

Castell

Das Weindorf am Westrand des Steigerwalds ist Stammsitz der Fürsten zu Castell-Castell. Von weitem schon zieht die über dem Ort thronende klassizistische **Grafschaftskirche** die Blicke an. Aus ihrer Fassade mit geschweiftem Ziergiebel wächst ein Turm mit welscher Haube. Auf dem Schlossberg steht die **Alte Burg,** an seinem Fuß liegt das **Neue Schloss,** eine barocke Dreiflügelanlage aus dem 17. Jh., in der noch heute die Fürstenfamilie wohnt.

Essen & Trinken / Weingut

Fürstlich Castell'sches Domänenamt
Schlossplatz 5, 97355 Castell,
Tel. 09325/60160,
Mo–Fr 8–18, Sa 10–16.
Restaurant Weinstall
Tel. 09325/902561, Mo, Di Ruhetag, Hauptgericht ab 15 Euro.
Das traditionsreiche Weingut befand sich bereits im 13. Jh. im Besitz der Fürstenfamilie zu Castell-Castell. Die Weine, die aus den Reben rund ums Schloss gezaubert werden, sind ein fürstlicher Genuss. Kabinettwein ab 8 Euro.

Weinfest

Fürstlich Castell'sches Weinfest:
3. und 4. Juliwochenende.
Beim Fest im Englischen Schlosspark mischt sich die Fürstenfamilie unters weinselige Volk.

Dettelbach

Dettelbach gehört zu Frankens frommer Seite. Vor den Toren der alten Stadt (erste Erwähnung 742) erhebt sich die **Wallfahrtskirche Maria im Sand.** Sie wurde 1610 über einer spätgotischen Pietà errichtet, die damals bereits seit hundert Jahren in Notfällen angerufen wurde und im Ruf stand, unglaubliche Wunder und Gebetserhörungen zu wirken. Noch heute zieht die Kirche Wallfahrer an, aber auch Kunstpilger, die ihr prunkvolles Hauptportal, den Gnadenaltar und die prächtige Kanzel besuchen. Die Dettelbacher Bäcker kreierten ein extra würziges Gebäck namens »Muskazinen«, um den Pilgern eine pikante Brotzeit zu bescheren.

Das Weinstädtchen selbst hat einen engen Ortskern, eingerahmt von einer gut erhaltenen **Stadtbefestigung** aus dem 15. Jh. mit 36 Wehrtürmen und 2 mächtigen Toren. Aus den alten Gassen ragt die barock umgebaute **Pfarrkirche St. Augustinus** mit einem schrägen Verbindungsgang zwischen ihrem runden und ihrem viereckigen Turm. Das spätgotische **Rathaus** wurde über den Schnepfenbach gebaut.

Weinfest

Brennpunkt des **Altstadtweinfests** (Fronleichnam) ist die Bocksbeutel-Bar am Rathaus. Bei der **Einholung der letzten Fuhre** (Oktober) gibt's Frei-Bremser (Federweißen) für alle (solange der Vorrat reicht).

Iphofen

Wo sich der Steigerwald zur Mainebene niedersenkt, liegt, am Fuße des Schwanbergs, das Weinstädtchen Iphofen, einst Amtskellerei der Würzburger Fürstbischöfe. Bekannteste Weinlage ist der Julius-Echter-Berg. Die gut erhaltene **Stadtbefestigung** verleiht Iphofen ein mittelalterliches Flair. Schmuckstück unter den Türmen und Toren ist das von allen Seiten hübsch anzusehende **Rödelseer Tor** mit seinen verschachtelten Fachwerkan- und -aufbauten, Erkern, Giebeln und spitzer Haube. Nahe beim Rödelseer Tor erhebt sich die katholische **Kirche St. Veit,** die wertvolle Glasgemälde von 1420 und eine Johannes-Figur von Tilman Riemenschneider birgt. Das barocke **Rathaus** dominiert den Marktplatz. Das benachbarte **Knauf-Museum** im ehemaligen fürstbischöflichen Rentamt von 1693 zeigt Abgüsse von Reliefs aus Mesopotamien, Ägypten u. a. (1. April–31. Okt., tgl. außer Mo).

Franken anno 1920

In Iphofens Stadtteil Mönchsondheim (Kirchstr. 7) veranschaulicht das **Kirchenburgmuseum** das Leben von Bauern und Handwerkern in Franken anno 1920 mit einem historischen Gasthaus, einer Bäckerei, einer Trachtenausstellung und einem Kräutergarten.
Mitte März–Mitte Dez., Mo geschlossen, Tel. 09326/1224.

Übernachten / Essen & Trinken

Zehntkeller
Bahnhofstr. 12, 97346 Iphofen,
Tel. 09323/8440, Fax 844123,
www.zehntkeller.de,
Hauptgericht ab 14 Euro,
DZ ab 108 Euro.
Im holzverkleideten Restaurant des 400 Jahre alten Zehntkellers werden klassische fränkische Gerichte und hauseigene Weine serviert. Die Hotelzimmer sind stilvoll eingerichtet, einige mit Antiquitäten ausstaffiert.

Karlstadt

Als Würzburgs nördliches Bollwerk gegen die Bischöfe von Fulda und Mainz wurde Karlstadt um 1200 als abgerundetes Rechteck mit Straßen im Schachbrettmuster am Reißbrett entworfen. Am Mainufer ist die alte **Stadtmauer** mit einem schlanken, spitzhütigen Turm gut erhalten. Wie in Würzburg die Marienburg, erhebt sich die **Karlsburg** gegenüber der Altstadt auf der anderen Mainseite. Die Karlsburg war ebenfalls eine Residenz der Würzburger Fürstbischöfe, bis sie 1525 im Bauernkrieg zerstört wurde. Wein hat Karlstadt Wohlstand gebracht. Blickfang des quadratischen Marktplatzes ist das gotische **Rathaus** (1422) mit Staffelgiebel und doppelläufiger Treppe. Dahinter erhebt sich die **Pfarrkirche St. Andreas,** eine dreischiffige, gotische Hallenkirche mit romanischen Teilen aus dem frühen 13. Jh. In den

Bocksbeutel – Herkunft unbekannt

Ob die Form der bauchigen, abgeplatteten Flasche tatsächlich dem Hodensack eines Geißbocks nachgebildet wurde, ist umstritten. Der Name könnte von »Bux« abstammen, der Hose, an die sich Landsknechte die Flasche als Wegzehrung hängten, oder vom niederdeutschen »Booksbüdel«, dem Beutel fürs Gebetsbuch. Erste Tongefäße dieser Form stammen aus der Keltenzeit. Verwandte Exemplare dienten als Medizin- oder Feldflasche. 1726 beschloss der Würzburger Stadtrat, den Stein-Wein des Spitzenjahrgangs 1718 in Bocksbeutel zu füllen und amtlich versiegeln zu lassen, um einem besonderen Tropfen ein Gesicht in der Menge zu geben – eine bis heute streng überwachte und verteidigte Marketingstrategie.

Straßen glänzen behäbige Bürgerhäuser mit ihren aufwendigen Fachwerkfassaden.

Übernachten / Essen & Trinken

Weinstube Schwalbennest
Am Mühlbach 1,
97753 Karlstadt-Mühlbach,
Tel. 09353/9090100, Fax 9090195,
DZ 52 Euro.
In der Straußwirtschaft (März–Mai, Sept.–Nov.) gibt's fränkische Brotzeiten. Außerdem werden Führungen auf dem Weinsortenlehrpfad angeboten. Die Gäste des rustikalen Domizils im Dorf Mühlbach dürfen bei der Weinlese mithelfen.

Kitzingen

Hübscher Hingucker der »Weinstadt mit Charme« ist schon von weitem der 52 m hohe **Falterturm** (15. Jh.), dessen Dachlaube unzweifelhaft deswegen ein wenig schief geraten ist, weil der Mörtel mit Wein vermischt wurde. Der Turm beherbergt ein **Fastnachtsmuseum.** Zu Kitzingens turmreicher Silhouette gehören außerdem der kräftige Turm am dreigeschossigen **Renaissance-Rathaus,** der spitze Turm der katholischen **Pfarrkirche St. Johannes** und der hohe Turm mit gezogener Haube der **evangelischen Pfarrkirche.** Der Italiener Antonio Petrini entwarf die Barockkirche mit einer wuchtigen Schaufassade im 17. Jh. für die Ursulinen. Am Mainufer (Landwehrstr. 1) ist die restaurierte **Synagoge** sehenswert.

Kitzingen, der neben Würzburg zweite große Handelsplatz für Frankenwein, liegt in einer fruchtbaren Talweitung. Wein kann man am besten im **Alten Klosterkeller** probieren, einem der ältesten Weinkeller Deutschlands (Alte Poststraße 6, Do, Fr ab 13, Sa ab 10 Uhr). Auch der Weingenuss direkt am Fluss erquickt, und wer auf die romantische Art abtauchen will, geht ins Freibad auf der Mondseeinsel.

Zum Stadtteil **Etwashausen** jenseits des Mains schwingt eine steinerne Bogenbrücke. An der Brückenauffahrt in Etwashausen steht die **Kreuzkapelle,** geplant von Frankens Hofarchitekt Balthasar Neumann.

Weingut

GWF-Erlebnismarkt
Alte Reichsstraße 70,
97318 Kitzingen-Repperndorf,
Tel. 09321/70050,

www.GWF-Frankenwein.de.
Der Erlebnismarkt offeriert ein vielfältiges Wein-Sortiment der Gebiets-Winzergenossenschaft Franken (auch Bio-Weine), Weinpräsente und Brände und veranstaltet Touren durch die Weinberge (z. B. »Franken-Wein-Safari«). Kabinettswein ab 4 Euro, Bio-Wein ab 6 Euro.

Mainbernheim

Das malerische Mainbernheim zwischen Kitzingen und Iphofen würde bei einem Wettbewerb unter Frankens Dorf-Schönheiten weit vorn liegen. Grüne Gärten an der turmreichen mittelalterlichen Mauer bilden einen schmucken Ring um den Ort. Rauputz verleiht seinen Häusern einen ganz eigenen Charme. Mainbernheims Maskottchen, ein Bär, ziert auch den Turm der barock ausgebauten Kirche.

Marktbreit

In dem einst wohlhabenden Handelsstädtchen fasziniert vor allem der **Malerwinkel:** Am Breitbach hockt ein schmales, spitzgiebeliges, ockergelbes Fachwerkhaus, das Malerwinkelhaus, auf der Ufermauer, im Hintergrund schlägt das von einem Türmchen gekrönte, treppengiebelige **Maintor** einen Bogen über das Wasser. Ans Maintor schließt das **Rathaus** (1579) an mit einem hübschen Giebel, vom Standbild des Schutzheiligen St. Georg gekrönt. Die benachbarte ehemalige Schwarzenbergische Herberge **»Hotel Löwen«,** ein hochgiebeliges Fachwerkhaus, gilt als zweitältester Gasthof Bayerns. Als Umschlagplatz für Kolonialwaren wie Kaffee, Tee und Gewürze am südöstlichen Punkt des Maindreiecks erlebte Marktbreit seinen größten wirtschaftlichen Aufschwung unter den Fürsten Schwarzenberg im 17. Jh. An diese Zeit erinnern zwei prächtige barocke **Handelshäuser** am Marktplatz und der mächtige **Verladekran** am Mainufer (1784). Das **Renaissance-Schloss** der Grafen von Seinsheim entstand um 1600. Daneben erhebt sich die spätgotische **Nikolaikirche.** Auf dem **Kapellenberg** bei Marktbreit wurden Reste eines römischen Legionärslagers gefunden.

Übernachten / Essen & Trinken

Hotel Löwen
Marktstraße 8, 97340 Marktbreit,
Tel. 09332/50540, Fax 9438,
www.loewen-marktbreit.de,
Nov.–März, Mo Ruhetag, Hauptgericht ab 7 Euro, DZ ab 74 Euro.
Die Geschichte des in einem imposanten Fachwerkhaus residierenden Löwen reicht bis ins 15. Jh. zurück. Unter den Hotelzimmern (Mittelklasse) sind Nichtraucher- und »Romantik«-Räume. In der historischen Gaststube wird fränkische Küche geboten mit ein paar internationalen Exkursen.

Miltenberg

Am Untermain um Miltenberg liegt die Rotweinecke des Frankenlandes. »Klingenberger Schlossberg«, »Bürgstädter Centgrafenberg« und »Miltenberger Steingrübler« sind hier die Renommierlagen. Die Landschaft wird allerdings weniger durch die Weinberge als durch die waldreichen Hügel von Spessart und Odenwald geprägt. Von der rechten Mainseite sieht man, wie Miltenberg auf einem schmalen ansteigenden Ufer-

streifen gequetscht ist. Rechts ragen die beiden Rotsandstein-Türme der **Pfarrkirche St. Jakobus** empor und oberhalb erhebt sich die **Mildenburg** (schöner Aussichtspunkt) aus dem Buchenwald. Sie diente als Grenzfestung der Erzbischöfe von Mainz gegen die Würzburger Konkurrenz. Über die Mainbrücke gelangt man in die Altstadt. Den **Marktplatz** im Zentrum ziert ein roter Sandsteinbrunnen mit schlanker Säule und Gerechtigkeitsfigur. »Schnatterloch« wird der ansteigende Südwinkel des Platzes genannt, den hübsche Fachwerkhäuser bilden. Im **Gasthof Riesen** (1590), einem Fachwerkhaus an der Hauptstraße, stiegen einst zahlreiche Fürsten ab, heute wirbt die »älteste Fürstenherberge Deutschlands« auch um die Gunst bürgerlicher Gäste.

Weingut

Weingut Rudolf Fürst
Hohenlindenweg 46,
63927 Bürgstadt,
Tel. 09371/8642,
www.weingut-rudolf-fuerst.de.
Mo–Fr 9–12, 14–18, Sa 10–15 Uhr.
Paul Fürst ist Frankens Rotweinkönig, er produziert aber auch fantastische Weißweine und Edelobstbrände. 2003 wurde er zum Winzer des Jahres gekürt (Gault-Millau). Bürgstadt ist Miltenbergs Nachbarort mainaufwärts. Tipp: 2003er Bürgstädter Centgrafenberg Weißburgunder Qualitätswein trocken für 10 Euro.

Miltenberg mit Main und der Pfarrkirche St. Jakobus

Ochsenfurt

An der Südspitze des Maindreiecks liegt das altfränkische Städtchen Ochsenfurt. Wahrzeichen ist sein rot gestrichenes spätgotisches **Rathaus** (erbaut 1497), auf dessen Uhrturm stündlich ein mechanisches Spektakel *en miniature* stattfindet: Ochsen stoßen aufeinander, Ratsherren drehen sich im Kreise. An der Hauptstraße stehen prächtige Fachwerkhäuser. Die katholische **Pfarrkirche St. Andreas** birgt eine St.-Nikolaus-Figur von Tilman Riemenschneider. Den romantischen Rahmen bilden die Reste der einst doppelten Ummauerung mit Türmen und drei Toren. Am Stadtrand dominieren heute Gewerbe und Industrie.

Randersacker

In Randersacker scheint Wein Flügel zu verleihen, jedenfalls heißen die Lagen »Sonnenstuhl«, »Marsberg« und »Ewig Leben«. In dem bekannten Weinort vor den Toren Würzburgs wurde Weinbau erstmals 779 erwähnt. Auf dem Pfülben zeigt ein **Altfränkischer Museumswengert** Weinbau anno dazumal, als die Rebstöcke der klassischen Sorten Riesling, Traminer und Gutedel noch nicht am Drahtrahmen und ganz ohne chemische Hilfsmittel himmelwärts wuchsen. Vom Pfülben aus hat man auch einen guten Blick über den Ort mit seinem romanischen Kirchturm und den Bürgerhäusern bis weit in das Maintal. Randersackers Schmuckstück steht beim Gasthof Zum Bären: ein **Gartenpavillon** aus gelbem Sandstein von Balthasar Neumann.

Prichsenstadt

Das hübsche Weinstädtchen auf dem Lande südöstlich von Volkach hat sein historisches Gesicht eines »wehrhaften Zwergs« bewahrt. Dicke Rundtürme flankieren das malerische Westtor der Stadtbefestigung. In der Ortsmitte ragt der innere **Torturm** empor, durch den die Hauptstraße führt. Fachwerkhäuser setzen altehrwürdige Akzente in den Gassen. Eine Rarität ist der **Freihof,** wo das Städtchen Verfolgten Asylrecht gewährte, sehr zum Ärger der Würzburger Fürstbischöfe.

Sommerhausen

Sommer in Sommerhausen: Der Klatschmohn blüht, golden wogt das Korn und die Reben sprießen um Frankens Künstlerkolonie. In den verwinkelten, von einer historischen Stadtmauer umfassten Gassen des Weinorts reihen sich Galerien und Antiquitätengeschäfte aneinander. Bekannt wurde Sommerhausen aber durch das **Torturmtheater** (TTT), eine winzige, intime Bühne im **Würzburger Tor**, deren Inszenierungen immer wieder für Furore sorgen. Kleinkunst bietet Sommerhausens zweite Bühne **Art und Weise** in der Katharinengasse. Die **Stadtkirche St. Bartholomäus** mit ihrem Turm aus dem 13. Jh., das **Schloss** der Schenken von Limpurg-Rechteren-Speckfeld und das **Rathaus** (mit der Bibliothek des Nürnberger Kartäuserklosters) überragen die roten Dächer von Sommerhausen.

Übernachten / Essen & Trinken

Weinhaus Düll
Maingasse 5, 97286 Sommerhausen
Tel. 09333/220, Fax 8208,
www.weinhaus-duell.de,
DZ ab 56 Euro.
Das fränkische Weinhaus aus dem 16. Jh. bietet ruhige, rustikale Zimmer. Im Restaurant wird bodenständig gekocht, gern Wild, Ente und Lamm.

Sulzfeld

Auf dem schmalsten Platz des kleinen Weinorts südlich von Kitzingen steht ein großes **Renaissance-Rathaus,** 1609 unter Fürstbischof Julius Echter vollendet. Auch Sulzfeld hat noch seine mittelalterliche Wehranlage, die mit den kopfsteingepflasterten Gassen, den Ziergiebeln und Heiligenfiguren an den Bürger- und Winzerhäusern malerische Winkel bildet. Sulzfelds Weinberge sind den Lagen Maustal und Cyriakusberg zugeteilt. Albrecht Dürer zeichnete einst Sulzfelds Mainpartie.

Veitshöchheim

Eine wahre Lust: der **Lustgarten** von Veitshöchheim. Die Anlage in dem Weinort 7 km mainabwärts von Würzburg (Bootsverbindung) gilt als Deutschlands schönster Rokokogarten. Hunderte Figuren von antiken Göttern, Musen, Putten, Tänzerinnen erwarten die Besucher. Ein künstlicher See mit Wasserspielen und einer von Pegasus gekrönten Skulpturengruppe, lauschige Laubengänge, Heckenkabinette, Pavillons und Grotten locken zum Verweilen. Am Rand des Parks steht das im 17. Jh. erbaute und im 18. Jh. nach Plänen von Balthasar Neumann ausgebaute **Schloss,** einst Sommersitz der Würzburger Fürstbischöfe.

Im Ortskern von Veitshöchheim sind besonders die restaurierte **Synagoge** und das **Jüdische Kulturzentrum** sehenswert (Do 15–18, So 14–17 Uhr, Tel. 0931/960851). Ganz ungestört kann man im Park und in der Umgebung von Veitshöchheim nicht mehr lustwandeln, denn eine gigantische Betonbrücke der ICE-Strecke Fulda–Würzburg über den Main zerschneidet das Landschaftsbild.

Volkacher Mainschleife

Das Herz der Weinregion Franken schlägt an der Volkacher Mainschleife, wo der Fluss in einen so

Wallfahrtskirche Maria in Vineis

kurvigen Verlauf gerät, dass er sich fast im Kreis dreht. Die Schlangenlinien erklärt man hier so, dass der Main wohl einen über den Durst getrunken habe. Die Namen der Weinorte an der Mainschleife, Volkach, Escherndorf, Sommerach, klingen Weinfreunden süß wie Sirenengesang in den Ohren. Der Aussichtspunkt **Vogelsburg** (an der Straße Würzburg–Volkach) bietet den besten Blick auf die Mainschleife. Reben über Reben bedecken die Muschelkalkhänge an seinen sonnigen Ufern – fast 40% der bayerischen Weinproduktion stammen aus der Gegend. Die **Wallfahrtskirche Maria in Vineis** (»Maria im Weingarten«) zwischen Volkach und Fahr ist der Glanzpunkt der Landschaft. Ein Kreuzweg führt zu ihr hinauf, den gleichermaßen Pilger wie Kunstreisende erklimmen, denn das Kirchlein birgt ein Meisterwerk Tilman Riemenschneiders, die »Madonna im Rosenkranz« (1521/22). Die liebliche Figur mit dem Jesuskind steht in einem ovalen Kranz geschnitzter Rosen. Engel umschweben sie, lodernde Strahlen umzüngeln sie, um die Gläubigen zu entzünden.

Ein Marienbrunnen schmückt den Marktplatz von **Volkach,** dem neben Würzburg wohl bekanntesten Weinort Frankens. Das Renaissance-Rathaus ähnelt den Rathäusern in Dettelbach, Ochsenfurt und Karlstadt. Im Erdgeschoss waren Kaufläden eingerichtet, eine doppelläufige Freitreppe führt zum Eingang, den ein spitz gedeckter Erker krönt. Herausragend sind auch die Stadtpfarrkirche und das barocke Schelfenhaus (Schelfengasse 1), in dem das Heimatmuseum eingerichtet ist, und das Obere oder Sommeracher Tor.

Flussabwärts von Volkach liegt das eng gebaute **Escherndorf** mit der berühmten Lage Lump rundum, und auf der Escherndorf gegenüber liegenden Mainseite **Nordheim,** die auf die Rebfläche bezogen größte Weinbaugemeinde Frankens, deren Top-Lage »Vögelein« heißt.

Bildstöcke weisen den Weg flussabwärts zu dem hübschen Weinort **Sommerach,** z. B. die »Viersäulenmarter« (um 1700)aus Richtung Vol-

Würzburg zieht Touristen aus aller Welt an

kach und der spätgotische figurenreiche Bildstock »Graue Marter« (Kopie) aus Richtung Schwarzach. Eine mittelalterliche Mauer umfängt den Ort, in dem fachwerkverzierte Winzerhöfe, barocke Bürgerhäuser und die Kirche St. Eucharius auffallen. Der »Winzerkeller« ist die älteste Winzergenossenschaft Frankens, gegründet 1901. Durch die Weinberge führt ein 1,7 km langer Rebsorten-Lehrpfad.

Übernachten / Essen & Trinken

Zur Schwane
Romantikhotel, Restaurant und Weingut,
Hauptstr. 12, 97332 Volkach,
Tel. 09381/80660, Fax 806666,
www.schwane.de, Mo Mittag geschlossen, Hauptgericht ab 24 Euro, DZ ab 90 Euro.
Anfang des 15. Jh. gründete eine Familie Schwan das Wirtshaus gegenüber der Kirche. In der Gaststube mit Kachelofen wird gehobene regionale Küche aufgetischt (z. B. Volkacher Forelle), sommers auch im Innenhof. Dazu gibt's köstliche Weine vom hauseigenen Gut (VDP). Gute Nacht! heißt es nach dem Speisen in den behaglich und zeitgemäß eingerichteten Zimmern.

Weingut

Weingut Horst Sauer
Bocksbeutelstr. 14,
97332 Volkach-Escherndorf,
Tel. 09381/4364, Mo–Fr 9–18, Sa 10.30–17, So 10–12 Uhr.
Sauers edelsüße Silvaner aus der Edellage Escherndorfer Lump gehören zu den besten der Republik, was bei der Bundesweinprämierung 2004 mit einem Ehrenpreis in Silber honoriert wurde. 2003er Escherndorfer Forstenberg Müller-Thurgau Kabinett trocken für 4,80 Euro.

Weinfeste

Am 1. Augustwochenende werden Probierstände in den Weinbergen rund um Escherndorf aufgestellt.
Beim **Fränkischen Weinfest** in Volkach (Mitte August) präsentieren die Weingüter der Mainschleife die Vielfalt ihrer Gewächse, und ein großer Aufzug mit Musikkapellen und den Weinprinzessinnen der Gegend schreitet einher.

Würzburg

In der Weinmetropole Mainfrankens wächst ein Top-Tropfen, der Stein-Wein. Goethe orderte ihn ohmweise (1 Ohm=150 l), schrieb an seine Frau Christiane: »Ich bin verdrießlich, wenn mir mein gewohnter Lieblingstrank ausgeht.« Reben umgeben die quirlige Bischofsstadt am Mittelmain, und selbst ihr Wahrzeichen, die **Festung Marienberg,** krönt einen Weinberg. »In castello Virteburch«, heißt es in der ersten urkundlichen Erwähnung Würzburgs vom 1. Mai 704. Die Festung auf der linken, der Altstadt gegenüber liegenden Mainseite ist Blickfang der Stadt. Sie beherbergt das **Mittelfränkische Museum** mit Werken von Tilman Riemenschneider.

Dort oben liegen einem alle Sehenswürdigkeiten zu Füßen: Direkt unterhalb des Steilhangs die romanische **Basilika St. Burkhard,** benannt nach Würzburgs erstem Bischof. Links unten ziehen Touristen-Pulks über die alte **Mainbrücke** (1133), die von überlebensgroßen steinernen Heiligenfiguren geschmückt wird. Türme überragen die Altstadt. An der großen Achse von der alten Mainbrücke zum Dom erhebt sich links der romanische **Geschlechterturm,** der zum Rathauskomplex, genannt Grafeneck, gehört. Dahinter ragt die zweitürmige Westfassade des romanischen **Kiliansdoms** empor (geweiht 1189), an dessen nördliches Querhaus 1721 Balthasar Neumann die Schönbornkapelle baute (innen u. a. von Tilman Riemenschneider geschaffene Grabmäler für Würzburger Bischöfe). Links neben dem Dom prangen die barocke Kuppel und der Turm der **Wallfahrtskirche Neumünster,** die über der Grabstätte der irischen Mönche Kilian, Kolonat und Totman erbaut wurde. Wer sich das prächtige Gotteshaus näher anschaut, beachte die Madonna von Riemenschneider, aufgestellt in einer Pfeilernische unter der Kuppel. Verlässt man die Neumünster-

Bacchische Höhepunkte in Würzburg

Die **Fürstbischöfliche Residenz** steht auf einem der schönsten Weinkeller der Republik. Die Kellergänge sind 891 m lang, die Mauern 5 m dick, die alten Holzfässer im Spalier fassen 700 000 l. Am Wochenende werden Führungen inklusive 1 Glas Wein angeboten (Anfang März–Ende Nov., Preis: 5 Euro).

Deutschlands größter Holzfasskeller gehört zum bekannten Weingut **Bürgerspital zum Heiligen Geist.** Hier gibt's nach der Führung 0,375 l Frankenwein im Bocksbeutel (Theaterstr. 19, Ende März–Ende Okt., Sa 14 Uhr, Preis: 5 Euro). Auch das traditionsreiche Weingut **Juliusspital** bietet Führungen mit Besichtigung des historischen Fasskellers und einem Gläschen Wein an (Treffpunkt Innenhof, Eingang: Juliuspromenade 19, Anfang März–Mitte Nov., Fr 15 Uhr, Preis: 5 Euro).

Im **Haus des Frankenweins** am Alten Kranen flussabwärts der alten Mainbrücke am rechten Ufer offeriert der Fränkische Weinbauverband über 100 typische Frankenweine.

Durch die berühmte Würzburger Lage Stein, wo Goethes Lieblingstropfen wuchs, führt der 4 km lange **Stein-Wein-Lehrpfad** (nordwestlich des Hauptbahnhofs, Zufahrt über Stadtring-Nord).

kirche durch die nördliche Seitentür, gelangt man zum **Lusamgärtlein,** wo ein Gedenkstein für den Minnesänger Walther von der Vogelweide steht, der hier wahrscheinlich beigesetzt worden ist. Nordöstlich am Marktplatz weist der filigrane Turm der gotischen **Marienkapelle** himmelwärts. Diese **Bürgerkirche** aus dem 14. Jh. birgt das Grab von Balthasar Neumann.

Die Würzburger **Residenz,** die als »einer der strahlendsten Fürstenhöfe Europas« zum Weltkulturerbe der Unesco zählt, erreicht man durch die Hofstraße hinter dem Dom. Für diese Barock-Perle (1720–1744 errichtet) steuerten die angesehensten Künstler ihrer Zeit Entwürfe bei. Balthasar Neumann, Hofbaumeister der Fürstbischöfe, übernahm die Bauleitung, der Venezianer Giovanni Battista Tiepolo schuf das weltgrößte Deckengemälde im kolossalen Treppenhaus und die Wandgemälde des Kaisersaals.

Am linken Mainufer, südlich des Marienbergs, thront die mit schönen Stuckaturen und Fresken ausgestaltete Wallfahrtskirche **Käppele,** Balthasar Neumanns letzter Bau in Würzburg. Hinauf führt ein steiler Treppenweg unter Platanen. Pilger pausieren betend vor den 14 Bildstöcken am Wegesrand.

Walther ›live‹

»Tandaradei,/seht wie rot mir ist der munt.« Wer Lieder und Rezitationen von und über Walther von der Vogelweide, den berühmten Minnesänger, in Mittelhochdeutsch und Neuhochdeutsch auf Originalinstrumenten und in Originalgewandungen erleben möchte, der gehe ins **Lusamgärtlein** (Zugang über die Martinstraße) um 16 Uhr (Juni–Sept., 1. und 3. Sa im Monat, 6 Euro).

Übernachten / Essen & Trinken

Hotel Rebstock
Neubaustr. 7, 97070 Würzburg, Tel. 0931/30930, Fax 3093100, www.rebstock.com, So Ruhetag (Restaurant), Hauptgericht ab 20 Euro, DZ ab 148 Euro.
Hinter der hellgelben Rokokofassade von 1737 logiert man in luxuriösen Zimmern. Die Küche des erstklassigen Restaurants konzentriert sich auf Mediterranes.

Essen & Trinken

Juliusspital-Weinstuben
Juliuspromenade 19, 97070 Würzburg, Tel. 0931/54080, www.juliusspital.de, tgl. 10–24 Uhr, Hauptgericht ab 9 Euro.
Das traditionsreiche Wirtshaus in der Würzburger Innenstadt gehört zu einem der größten Weingüter Deutschlands, entsprechend lang ist die Karte hauseigener Weine zur klassisch fränkischen Küche.

Weingut, Essen & Trinken

Weingut Am Stein Ludwig Knoll
Mittlerer Steinbergweg 5, 97080 Würzburg, Tel. 0931/25808, www.weingut-am-stein.de, Mo–Fr 10–12.30, 14–18, Sa 10–14 Uhr
Restaurant Weinstein
Tel. 0931/286901, So Ruhetag.
Das Weingut liegt mitten in den Reben der berühmten Lage Stein, von der Goethe seinen »Lieblingstrank« bezog. Neben Gewächsen erster Güte wird hier auch Kunst und Kultur geboten (Jazz-Konzerte, Hoffeste, Weinproben mit Rahmenprogramm). Tipp: 2002er Würzburger Stein Silvaner Spätlese trocken für 12 Euro.

Wege zum Wein

Blick über den Main auf Kitzingen

Tour 1: Mai-Way

Radtour auf dem Maintal-Radwanderweg

Länge/Dauer: 68 km / Tagestour; leicht
Start/Ziel: Schweinfurt/Ochsenfurt
Sehenswert: Volkach, Kitzingen, Marktbreit, Ochsenfurt
Markierung: weißes »MR« auf grünem Grund
Fahrrad-Verleih: Radsport Hofmann, Friedrich-Stein-Str. 12, 97421 Schweinfurt, Tel. 09721/24862 Preis pro Tag: 6 Euro.

Im Zentrum des fränkischen Rebenreviers formt der Lauf des Mains ein Dreieck, mit wilden Schlingen bei Volkach und einer Wende bei Ochsenfurt. Buschige Ufer, weite Felder, weinbewachsene Hügel am Rand, altfränkische Orte, aber auch Industrieanlagen prägen die Landschaft. Dem Fluss folgt der Maintal-Radweg auf gut ausgebauten Feld- oder Fahrradwegen, nahe, aber überwiegend nicht unmittelbar am Wasser.

Wir starten in **Schweinfurt** am Hauptbahnhof und radeln links parallel zu den Bahngleisen, die wir nach ein paar hundert Metern durch eine Unterführung queren. An einer großen Kreuzung geht's links zum Main, wo eine Rampe auf den Fahrradweg der Autobahnbrücke führt. Auf der anderen Flussseite rollt man in einer Schleife abwärts unter der Autobahnbrücke hindurch und auf einem Weg am Damm entlang. Vorne taucht das Ungetüm des Atomkraftwerks Grafenrheinfeld auf, das wir aber geschickt umfahren, indem wir am Ortsrand von **Grafenrheinfeld** links in die Brückenstraße einbiegen, vor der Kirche noch mal nach links schwenken, um danach rechts auf der Straße An der Haak wieder hinaus auf die Felder und nach **Röthlein** zu radeln.

Röthleins Hauptstraße mündet rechts in die Landstraße, an deren Seite wir bis zur Volkacher Mainschleife bleiben. Zunächst geht's durch **Heidenfeld** (ehemaliges Augustinerchorherrenstift von Balthasar Neumann), dann durch **Hirschfeld** und am **Kloster St. Ludwig** und **Stammheim** vorbei. Kurz vor **Fahr** überquert man die Landstraße und kommt durch Obstplantagen direkt ans Wasser. Ein stiller Platz am Fahrer Fähranleger lädt zum Pausieren ein. Durch ein Waldstück bringt uns die Route wieder an die Landstraße, die hier unterhalb mächtiger rebenbewachsener Hänge verläuft. Oben grüßt die Wallfahrtskirche Maria im Weingarten.

Wir kommen nach **Volkach.** Der

Radweg schwenkt nach rechts und verläuft hinter den Wiesen des Freibads, dann wieder rechts unterhalb der Böschung zum Main, dort links unter der Brücke durch zum Hafengebiet. Ein Weg am stillen Mainkanal führt dann im Schatten dicht stehender Bäume bis auf Höhe von **Schwarzach** (bekannte Benediktinerabtei im Ortsteil Münsterschwarzach). Auf einem unbefestigten Pfad holpern wir an die Mainbrücke der B 22 heran, die unterquert wird, um dahinter links und dann hinter der Kläranlage rechts auf einem Feldweg nach **Mainsondheim** zu radeln. Unterwegs warnt ein Schild vor tief fliegenden Golfbällen. In Mainsondheim biegen wir rechts ab Richtung Fähre (Übersetz-Möglichkeit nach Dettelbach), lenken bald aber links zur Ortsmitte, rechts in den Haschenweg aus dem Ort heraus, unter der Autobahnbrücke durch und weiter am Ufer nach **Albertshofen.** Schnell geht's dann nach **Etwashausen** (Heiligkreuzkirche von Balthasar Neumann). Kitzingen grüßt mit seiner schiefen Turmhaube über den Fluss.

Erst ein Stück auf separatem Radweg an der Landstraße und dann über Felder führt die Route nach **Marktsteft,** das durch die Tiefenstockheimer Straße verlassen wird. Außerhalb unterqueren wir die Umgehungsstraße und erreichen gleich **Marktbreit.** Hier sollte man unbedingt einen Zwischenstopp einlegen, um die malerischen Winkel des hübschen alten Marktfleckens zu Fuß zu erkunden.

Durchs Hafengebiet am südlichen Ortsende, dann ein Stück parallel zur Landstraße und schließlich zwischen Main und einem Fabrikgelände wird das Ziel am Südpunkt des Maindreiecks erreicht: **Ochsenfurt.**

Tour 2: Durchs Bocksbeutel-Land

Autotour entlang des Maindreiecks und zum Steigerwald

Länge/Dauer: ca. 110 km/Tagestour
Start/Ziel: Würzburg
Sehenswert: Ochsenfurt, Marktbreit, Kitzingen, Mainbernheim, Iphofen, Castell, Prichsenstadt, Volkach, Dettelbach

Wir verlassen Würzburg rechts des Mains flussabwärts auf der B 13 und kommen durch die Weinorte **Randersacker** und **Sommerhausen** nach **Kleinochsenfurt** und über die Mainbrücke ins altfränkische Städtchen **Ochsenfurt.** Hinter der Bahnstrecke links geht's dann entlang der Südspitze des Maindreiecks durchs malerische **Marktbreit** und weiter parallel zum Fluss nordwärts durch Marktsteft nach **Etwashausen.** Am anderen Ufer verführt **Kitzingen** zu einem Exkurs. Die Tour entfernt sich nun vom Main nach Osten in Richtung Naturpark Steigerwald, indem man ab Etwashausen auf der B 8 nach **Mainbernheim** fährt, einem schönen mittelalterlichen Flecken mit Mauerring. Nächste Station ist **Iphofen,** bevor wir am Rand des Naturparks durch Rödelsee und Wiesenbronn zum fürstlichen **Castell** steuern. Weiter geht's auf der B 286 via Prichsenstadt nach **Gerolzhofen** und dort links übers Land Richtung Volkach zurück zum Main. Hier schwenkt die Tour südwärts parallel zum Mainkanal nach **Schwarzach,** wo das Wasser auf der B 22 überquert wird. Krönender Abschluss ist das schöne **Dettelbach,** bevor auf der B 22 und der B 8 wieder Würzburg erreicht wird.

Extra-Tour: Heldenhafte Halunken

Ausflug zum Wirtshaus im Spessart

Anreise: A 3 Frankfurt–Würzburg, Ausfahrt Weibersbrunn/Mespelbrunn. Mit der Bahn bis Aschaffenburg, dann Linienbus.

Legenden erzählen von bösen Banditen im Spessart. Der letzte Postkutschen-Raubzug liegt allerdings schon lange zurück. Das muss nicht so bleiben: Rund ums Wasserschloss Mespelbrunn kann man sich jetzt einen Überfall buchen.

So schnell werden aus bösen Banditen interessante Männer: Kaum war in den dichten Wäldern bei Aschaffenburg 1811 die letzte Postkutsche überfallen worden, beschwor Schriftsteller Wilhelm Hauff mit dem »Wirtshaus im Spessart« die Räuberromantik. Die Verfilmung (mit Liselotte Pulver als Komtess) machte die Gegend noch populärer, und wer heute dorthin fährt, will vor allem eines sehen: Räuber. Kein Problem im Elsavatal zwischen Aschaffenburg und Rohrbrunn. Hier steht das bekannte **Wasserschloss Mespelbrunn,** das bei der Verfilmung des »Wirtshaus im Spessart« Kulisse war, und in seiner Umgebung kann man Überfälle auf Reisegruppen, Schulklassen oder Tagungsgäste buchen. Beim Versöhnungsvespern im Räuberlager gibt's Wurst, Schnaps und Apfelwein. Auf dem Weg zum Spessarträuber-Mekka hat Mespelbrunn noch einen weiteren Trumpf in der Hand. Im Ortsteil Hessenthal steht das **Gasthaus zur Post.** Heimatforscher haben es als das wahre von Hauff beschriebene »Wirtshaus im Spessart« identifiziert. Wilhelm Hauff fuhr 1826 in einer Postkutsche durch die Gegend, hatte in Hessenthal einen fahrplanmäßigen Halt und könnte dort Geschichten über die wilden Räuberbanden aufgeschnappt haben, die noch kurze Zeit vorher die Strecke unsicher machten. Direkt am Gasthaus Post zweigt steil nach unten die Straße Richtung Mespelbrunn ab, vorbei an der Wallfahrtskirche von Hessenthal, die Holzplastiken von Riemenschneider schmücken. Bald biegt ein Weg ab in den dunklen Wald zum Schloss, das sich märchenhaft aus einem stillen See erhebt. Die Reichsgräfliche Familie von Echter wohnt noch heute in der Anlage mit dem wuchtigen Rundturm. Von hier führen viele Wanderwege in die dichten Spessartwälder. Dort kann man nicht nur Rehe und Wildschweine treffen – sondern vielleicht auch auch eine Horde echter Spessarträuber.

Info: Fremdenverkehrsverein, Hauptstr. 164, 63875 Mespelbrunn, Tel. 06092/319.

Steinerner Wächter vor dem Schloss

Schloss Mespelbrunn ▷

Büttel-
born
Weiterstadt
67
5
Dieburg
Darmbach
Darmstadt
26
Griesheim
Groß-Zimmern
Oberramstadt
Reinheim
Eberstadt
426
Pfungstadt
426
Groß-
Bieberau
O
d
e
n
w
3
Seeheim-
-Jugenheim
Bickenbach
Alsbach
Melibokus
517 m
HESSEN
Zwingenberg
Reichelsheim
Auerbach
47
Bensheim
Lindenfels
Weschnitz
47
5
Kloster
Lorsch
Lorsch
Fürth
Heppenheim
67
3
Rimbach
Laudenbach

HESSISCHE BERGSTRASSE

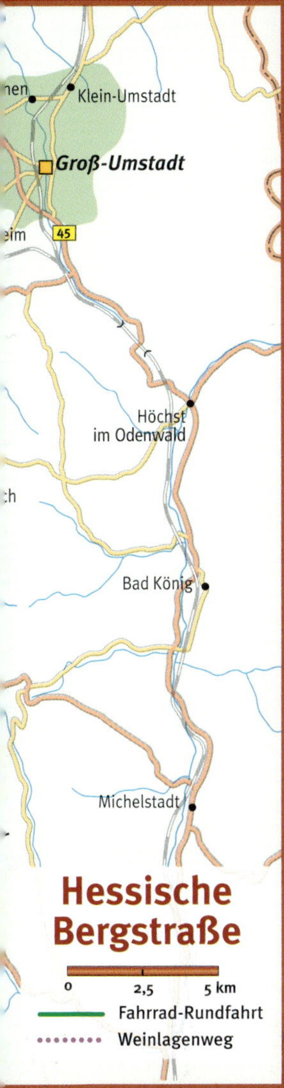

Alsbach
Auerbach
Bensheim
Groß-Umstadt
Heppenheim
Kloster Lorsch
Seeheim-Jugenheim
Zwingenberg

Hessische Bergstraße

Bei Heppenheim

Im »Frühlingsgarten Deutschlands« blühen bereits die Mandelbäume, wenn es in anderen Gegenden noch friert, und hier, wo sommers selbst Pfirsiche, Aprikosen und Feigen gedeihen, ist der Wein kräftig und körperreich und hat zugleich ganz feine Aromen. »Hier fängt Deutschland an, Italien zu werden«, soll der Habsburger-Kaiser Joseph II. angesichts der frühen Blütenpracht ausgerufen haben. Die Region ist seit Urzeiten beliebt und bewohnt: 1907 wurde ein Stück südlich der Bergstraße ein 500 000 Jahre alter Kieferknochen des »Homo Heidelbergensis« entdeckt, und ein paar Kilometer weiter nördlich, in der Grube Messel, fand man die Reste einer ganzen Horde von Urpferden – das einzige deutsche Naturdenkmal auf der Unesco-Welterbeliste, einige Fundstücke sind im Landesmuseum Darmstadt ausgestellt.

Strata montana nannten die Römer den alten Handelsweg am Ostrand der Rheinebene, wo sich die Berge des Odenwalds erheben, und setzten gleich die ersten Reben auf die sonnenverwöhnten Hänge neben der Straße. Daraus entwickelte sich das Anbaugebiet Bergstraße, ein schmaler Rebstreifen zwischen Heidelberg und Darmstadt. Das Weingesetz von 1971 machte allerdings einen Strich durch die Region: die Landesgrenzen galten fortan auch für die Weinregionen. Die Weinberge südlich von Heppenheim (bis Wiesloch) gehören nun also zur Weinregion Baden, die Reben zwischen Heppenheim und Seeheim-Jugenheim zur neu gegründeten »Weinregion Hessische Bergstraße«. Bis 1989 war dies Deutschlands kleinste Weinregion, dann ging der Titel an Sachsen.

Heute wird in der Region Hessische Bergstraße auf 452 ha Wein angebaut. 52,4 % der Fläche sind mit Riesling-Reben bestockt, gefolgt von Müller-Thurgau (9,7 %) und Grauburgunder (8,4 %). Der Bereich Starkenburg, die Kernzone der Region, erstreckt sich von Heppenheim über Bensheim, Auerbach und Zwingenberg nach Seeheim-Jugenheim. Dazu kommt die Enklave der »Odenwälder Weininsel« um das kleine Groß-Umstadt im Hinterland östlich von Darmstadt.

Der Weg von der Rheinebene in den Odenwald ist wie ein stufenweises Abtauchen in die Einsamkeit. Erst Autobahnen und Industrie, dann lebhafte Fachwerkorte am Fuße der Bergsträßer Hügelkette, auf der romantische Ruinen thronen, und schließlich der tiefe Odenwald mit vielen stillen Tälern und Höhen.

Hessische Bergstraße-Info

Information

Werbegemeinschaft Bergstraße
(Tourist-Information Bensheim), Hauptstr. 39, 64625 Bensheim, Tel. 06251/5826314, Fax 5826331, www.ferienstrasse-bergstrasse.de.
Weinbauverband Hessische Bergstraße
Kettelerstr. 29, 64646 Heppenheim, Tel. 06252/75654, Fax 788256, www.bergstraesser-wein.de.

Wichtige Feste

Bergsträßer Weinlagenwanderung: 1. Mai
Wer wollte nicht schon mal, durch die Weinberge wandernd, gleich kosten, was da wächst? Bei der Bergsträßer Weinlagenwanderung (20 km) bauen die Jungwinzer in den Weinbergen zwischen Zwingenberg und Heppenheim acht Probierstände mit Weinen aus 14 Einzellagen auf. Wer mindestens sechs Stände ansteuert, kann etwas gewinnen. Zur Stärkung gibt's Winzerbrötchen und geräucherte Bratwürste.
Bergsträßer Weinfrühling: letzte April- und erste Maiwoche
Zum Auftakt werden 120 Weine und Sekte verkostet. Dann stehen Kultur und Kulinarik auf dem Programm: eine Swinging-Wine-Time, Spargel- und Käse-Menüs zu Wein, Sensorik-Seminare, die Präsentation des neuen Wein-Jahrgangs und die Kür des »Großherzog-Ernst-Ludwig-Weins«.
Bergsträßer Winzerfest: erste Septemberwoche
Das größte Winzerfest der Bergstraße dauert neun Tage und findet auf dem Bensheimer Marktplatz statt, wo ein Winzerdorf aufgebaut ist. Höhepunkte: Weinprobe, Winzerfestumzug, Feuerwerk.

Hessische Bergstraße mit der Bahn

Intercitys auf der Strecke (Frankfurt–)Darmstadt–Heidelberg halten in Bensheim. Stündlich verkehren **Regionalbahnen** auf der Strecke Frankfurt–Darmstadt–Mannheim/Heidelberg mit Halt in Bickenbach, Hähnlein-Alsbach, Zwingenberg, Bensheim-Auerbach, Bensheim und Heppenheim. Nach Alsbach via Seeheim-Jugenheim fährt ab Darmstadt-Innenstadt (Luisenplatz) die **Straßenbahnlinie 8.** Nach Lorsch fahren Regionalbahnen auf der Strecke Bensheim–Worms. Bis Alsbach-Hähnlein erstreckt sich der **Rhein-Main-Verkehrsverbund** (www.rmv.de, Tel. 01805/7684636, 0,12 Euro/Min.), südlich davon **Verkehrsverbund Rhein-Neckar** (www.vrn.de, Tel. 01805/ 8764636, 0,12 Euro/Min.).

Höhepunkte der Hessischen Bergstraße

Auerbach: Das Auerbacher Schloss ist der Hingucker der gesamten Bergsträßer Hügelkette, in einem verschwiegenen Tal nahebei haben sich die Darmstädter Landgrafen ein fürstliches Ferienlager mit Landschaftspark eingerichtet.
Kloster Lorsch: Die kostbaren Relikte des einst glorreichen Reichsklosters stehen auf der Unesco-Welterbeliste. Die Krönung: die Königshalle, ein Kleinod aus karolingischer Zeit.
Zwingenberg: Über dem Fachwerk-Örtchen mit seinen verwinkelten Gassen und lauschigen Winkeln thront ein strahlend weißes Kirchlein.

Auerbacher Schloss

Alsbach

»Als emol nach Alsbach mit de Acht«, ist das Ausflugs-Motto vieler Darmstädter. Sie können sich nämlich von der Stadtmitte mit der Straßenbahn der Linie 8 entlang der Bergstraße via Seeheim-Jugenheim zur Wander-Basis Alsbach chauffieren lassen, wo es ortseigenen Wein der Lage Schöntal gibt. Hier steigen sie auf den Hausberg zum **Alsbacher Schloss,** wie die (restaurierte) Ruine der Burg Bickenbach aus dem 13. Jh. genannt wird. Mauerlöcher bieten einen Ausguck übers Land. Im lauschigen Burghof versorgt eine Gaststätte die Wandersleut. Wer noch höher hinaus will, wandert weiter zum **Melibokus,** der den besten Blick auf Bergstraße und Rheinebene bietet.

Auerbach

Auf nach Auerbach! Bei Ausflüglern ist das heute zu Bensheim gehörende Örtchen dank zweier Attraktionen äußerst beliebt. Das Auerbacher Schloss thront als Blickfang der gesamten Bergstraße auf dem in die Rheinische Tiefebene hineinragenden Hausberg, und hinter einem Bergkegel versteckt in einem schmalen Tal findet man ein fürstliches Refugium, die einstige Sommerresidenz der Landgrafen von Hessen-Darmstadt, bescheiden Fürstenlager genannt.

Auerbacher Schloss ist allerdings eine schmeichelhafte Bezeichnung für die imposanten Ruine einer Burg, die die Grafen von Katzenelnbogen im 13. Jh. errichten ließen. Im 17. Jh. zerstörten die Franzosen die Burg und richteten ein Blutbad unter der Bevölkerung an, die hierher geflüchtet war. Die Ruine, die auf ihrem 300 m hohen Bergsporn immer noch die Szenerie beherrscht, entwickelte sich zur Zeit der Romantik zu einer viel besuchten Destination besonders für Maler. Erhalten sind zwei fast gleich hohe Türme (einer dient als Aussichtsturm), Verteidigungsmauern und Fassaden des Palas. Im Sommer ist die Anlage Schauplatz mittelalterlicher Spektakel. Ausflügler, Mountainbiker und Wandersleut stärken sich in der Burgschänke. Auf lauschigen Waldwegen kann man zum höchsten Berg der Bergstraße, dem **Melibokus** (517 m), wandern.

Der schönste Weg zum **Fürstenlager** führt von Auerbach, wo der Bach offen am Rand der Bachgasse fließt, durch eine über 100 Jahre alte Lindenallee. Wie ein Freilichtmuseum wirken die Häuser in dem stillen schmalen Tal. Vorbei an Gästehaus,

Kavaliersbau, Prinzen- und Damenhaus gelangt man zum Zentrum des Fürstenlagers, dem schlossartigen Herrenhaus am runden Gesundbrunnen. Landluft macht frei, dachte sich Landgraf Ludwig III., der nach der Entdeckung einer angeblichen Heilquelle im 18. Jh. auf die Idee kam, hier eine ungezwungene, wenn auch fürstliche Kur- und Sommerresidenz samt 36 ha großem Landschaftspark einzurichten.

Gegenüber dem Herrenhaus (heute Hotel-Restaurant) schwingt sich die Herrenwiese auf die Höh', auf der der Efeutempel steht. Einige Exoten sind unter den mächtigen Bäumen im Park, z. B. der kalifornische Mammutbaum *(Sequoia gigantea)*. Geht man am Efeutempel weiter aufwärts zur oberen Hangkante, steht man vor einem Rebfeld, das von den Bergen des Odenwalds umkränzt ist. Weiter westlich steht das Ausguckhäuschen »Altarbergtempel«, bei dem sich ein phantastischer Blick auf die Rheinebene bis zur Pfalz öffnet. Als noch Landgrafen hier lustwandelten, stand anstelle des »Tempels« ein Teehaus.

Übernachten

Hotel-Restaurant Parkhotel Herrenhaus
Im Staatspark Fürstenlager,
64625 Bensheim-Auerbach,
Tel. 06251/70900, Fax 78473,
www.parkhotel-herrenhaus.de,
DZ ab 120, Hauptgericht ab 12 Euro.
Die Lage des Herrenhauses im Landschaftspark des Fürstenlagers besticht. Hier kann man fürstlich Ferien machen mit einem Bett im Biedermeierzimmer, und vorm Fenster blühen die Mammutbäume. Das Restaurant des Hauses ist auch bei Ausflüglern beliebt, geboten werden u. a. kulinarische Weinproben.

Essen & Trinken

Ausflugs-Gaststätte Auerbacher Schloss
64625 Bensheim-Auerbach,
Tel. 06251/72923,
www.schloss-auerbach.de,
tgl. außer Mo, Di; Jan., Feb. geschlossen.
Die Burgschänke bietet eine gutbürgerliche Küche. Sommers werden auf der Ruine Spektakel veranstaltet, Rittermahle, nächtliche Turniere und allerlei Theater.

Bensheim

Bensheim lädt zum Bummeln ein. Die größte Stadt des Kreises Bergstraße (38000 Einwohner) ist auch sein wirtschaftliches Zentrum. Geschäftig geht es in der Fußgängerzone zu, daneben finden sich aber auch heimelige Ecken unterm Fachwerk der Altstadt, etwa am Marktplatz, am Bürgerwehrplatz, auf dem sich die Bäume um einen hübschen Brunnen gruppieren, und am Flüsschen Lauter mit seinen kleinen Brücken. Der **Rote Turm** in der Obergasse und der **Rinnentorturm** am südwestlichen Eckpunkt der Altstadt sind die markanten Reste der Stadtbefestigung. Zahlreiche Adelshöfe schmücken die Gassen: in der Obergasse der lang gestreckte **Waldendorffer Hof** mit einem vorkragenden Obergeschoss, das auf Holzkonsolen ruht. Der barocke, palaisartige **Rodensteiner Hof** wurde vor den Toren der Stadt gebaut (Darmstädter Straße). Sein Garten ist heute Stadtpark. Hier beginnt der Weinlehrpfad zum **Kirchberg** (Gaststätte Kirchberghäuschen), wo man den besten Blick über die Weinberge und die Stadt hat. Über 140 ha der Gemarkung sind mit Reben bestockt, seine

Ausflugstipp Felsenmeer

Von Jugenheim, Zwingenberg, Auerbach und Bensheim führen schöne Wanderwege durch den Wald zum **Felsberg** bei Lautertal (mit dem Auto auf der B 47 ab Bensheim). Ein Hang des Felsbergs ist mit hinkelsteingroßem Geröll bedeckt, das Werk von Riesen, sagt man – und ein Kletterparadies vor allem für Kinder.

Bedeutung in der Weinwelt verdankt Bensheim aber vor allem dem **Staatsweingut Bergstraße,** einst ein großherzoglicher Lehr- und Versuchsbetrieb.

Ein Abstecher in die Stadtteile lohnt sich. Neben **Auerbach** mit Schloss und Fürstenlager (s. S. 80) sind besonders die zu Bensheim gehörenden Odenwald-Dörfer sehenswert, z. B. **Gronau** im Meerbachtal, dessen gesamter alter Ortskern unter Denkmalschutz steht, und die Weinbaugemeinde **Schönberg** im Lautertal (Lage Herrnwingert), das vom »Schloss« der Grafen von Erbach-Schönberg überragt wird.

Weingut

Domäne Bergstraße
Grieselstr. 34–36, 64625 Bensheim,
Tel. 06251/3107,
www.staatsweingueterhessen.de,
Mo–Fr 7.30–12, 13.30–17,
Sa 9.30–13 Uhr.
Die Domäne, eine von sechs Domänen der Hessischen Staatsweingüter, ging aus einem Kammerbesitz des Großherzogs von Hessen-Darmstadt hervor. Der Lehr- und Versuchs-Weinbau stand damals im Mittelpunkt und noch heute ist die Domäne ein Musterbetrieb, der konstant hervorragende Weine liefert. Zu den 35 ha Anbaufläche gehört die Spitzenlage Heppenheimer Centgericht (2003er Heppenheimer Centgericht Riesling Kabinett trocken, 5,60 Euro).

Essen & Trinken

Ausflugs-Gaststätte Kirchberghäuschen
Außerhalb 2, 64625 Bensheim,
Tel. 06251/3267,
www.kirchberghaeuschen.de,
Mo Ruhetag,
Hauptgericht ab 6 Euro.
Ist die Fahne oben, hat das Kirchberghäuschen offen und die Bensheimer haben einen Grund mehr, auf ihren Hausberg zu steigen. An der rustikalen Oase mit Säulenfront (als »Lusthaus« 1852 erbaut) und Terrasse endet hoch über der Stadt der Bensheimer Weinlehrpfad. Spezialitäten des Häuschens sind der Odenwälder Kochkäse und die Bensheimer Wurstplatte, sonst kleine deftige Speisen. Dazu gibt's heimischen Wein, Obstwein – und Bier.

Groß-Umstadt

Wer Darmstadt ostwärts verlässt, fährt erst einmal kilometerweit durch eine Hügellandschaft mit Wiesen, Wäldern, Feldern und eingestreuten Dörfern, bis plötzlich auch Reben auftauchen und die »Odenwälder Weininsel« erreicht ist. Die Weinbau-Enklave ist der Bergstraße zugeordnet und umfasst 50 ha Weinberge der Lagen Groß-Umstädter Herrnberg und Steingerück, Klein-Umstädter Stachelberg und Roßdorfer Roßberg. Für Touristen das Größte im kleinen Groß-Umstadt ist sein **Marktplatz** mit einem hübschen Renaissance-Rathaus und einem Brunnen aus Rotsandstein. Schlösschen (ein Pfälzer Schloss aus dem 15. Jh. und ein Darmstädter Schloss aus dem frühen 18. Jh.), Adelshöfe und Fachwerkhäuser verfeinern das Stadtbild genauso wie die frühgotische, im 15. Jh. umgebaute **Kirche.** Groß-Umstadt ist ein idealer Ausgangspunkt für ausgedehnte Radtouren und Wanderungen im Naturpark Odenwald. Oberhalb des Nachbarorts Lengfeld bietet die **Veste Otzberg** einen weiten Blick über die Landschaft. Nicht weit entfernt sind Breuberg (Burg aus dem 12. Jh. mit Jugendherberge und Museum u. a. zum mittelalterlichen Weinbau), Seligenstadt (Fachwerk-Altstadt und imposante Einhardsbasilika) und Aschaffenburg, das zur Weinregion Franken gehört.

Weingut

Odenwälder Winzergenossenschaft
Riegelgartenweg 1,
64823 Groß-Umstadt,
Tel. 06078/2349,
www.owg-umstadt.de,
Mo–Fr 9–12.30, 15–18, Sa 9–14, So 14–19 Uhr.
Weil das Gute so nah liegt, werden auf der Odenwälder Weininsel die Trauben autark verarbeitet, der Wein abgefüllt, gelagert und getrunken. Über 100 Winzergenossen haben sich hier zusammengetan, ihr Produkt ist eine erfolgreiche Rarität. Bei der Bundesweinprämierung 2004 gab es dreimal Gold, u. a. für einen 2001er Umstädter Dornfelder.

Essen & Trinken

Farmerhaus
Röntgenstr. 35,
64823 Groß-Umstadt,
Tel. 06078/911191,
www.farmerhaus.de,
So, Mo Ruhetag,
Hauptgericht ab 18 Euro.
Außen eine Villa in den Weinbergen, innen Afrika. »Essthetik« auf die exotische Art bietet das afrikanische Restaurant. Zwischen ausgestopften Tieren der Savanne werden südafrikanische Wildspezialitäten und Weine vom Kap serviert und lassen die Sinne auf kulinarische Safari gehen.

Heppenheim

Wie magisch ziehen die zwei- und dreigeschossigen Fachwerkschönheiten um den madonnengekrönten Brunnen am **Marktplatz** der Kreisstadt die Besucher an. Die Untergeschosse der schmucken Bauten stammen noch aus dem 16. Jh., als die Pfälzer hier das Sagen hatten und Heppenheim einen Aufschwung erlebte, die Obergeschosse mussten nach einem von den Franzosen entzündeten Stadtbrand (1693) erneuert werden. Im Fokus: das dreiteilige **Rathaus** mit seiner steinernen Renaissancehalle und einem zweigeschossigen Fachwerkaufbau, aus dessen Mittelerker ein hoher, schiefergedeckter Glockenturm wächst. Gegenüber steht das etwas kleinere Gegenstück mit gleicher Fassadengliederung, die **Liebig-Apotheke.** In der Apotheke absolvierte der Chemiker Justus Liebig 1818 ein Lehrjahr. Er ist nicht die einzige bekannte Persönlichkeit, die in Heppenheim wirkte. 1916 zog der jüdische Religionsphilosoph Martin Buber von Berlin nach Heppenheim. Sein Haus ist heute Sitz des **Internationalen Rates der Christen und Juden.** Auf den Marktplatz münden sieben Gassen, die den Ort sternförmig erschließen. Links hinterm Rathaus erheben sich die Türme des »Bergsträßer Doms«, den man durch die Kirchengasse erreicht.

Die Nibelungen – bei Festen in Heppenheim immer noch gern gesehene Gäste

Der neugotische **Dom,** eigentlich Pfarrkirche St. Peter, wurde 1900–1904 erbaut, nur Teile des Nordturms stammen aus dem 11. Jh. Die Vorgängerkirche machte Heppenheim erstmals aktenkundig, als am 17. Juli 755 der Ackerbürger Marcharius seinen Besitz der *»basilica sancti Petri«* vermachte. 773 schenkte Karl der Große Heppenheim *»cum silva«,* also samt der dazu gehörenden Waldmark, dem Kloster Lorsch. Vom Marktplatz durch die Amtsgasse erreicht man Heppenheims nächsten Prachtbau, den **Kurmainzer Amtshof** (Winzerkeller, Museum für Stadtgeschichte und Volkskunde), den sich die Mainzer Erzbischöfe bauten, die ab 1232 die Region Starkenburg regierten. Der vordere lang gestreckte Bau (um 1400) ist der älteste Teil mit hübschen Wandmalereien im Kurfürstensaal. Den schönsten Blick auf die Altstadt bietet der **Schlossberg,** auf dem die Ruine der Starkenburg steht. Das Kloster Lorsch ließ die Burg 1065 errichten, als Erzbischof Adalbert von Bremen und Hamburg anrückte. Der Bergfried wurde 1924 gesprengt und etwas versetzt wieder aufgebaut (heute Jugendherberge). Reben prägen das Stadtbild, auch am Schlossberg gedeihen sie prächtig. Heppenheim hat die größte Weinbaufläche der Region mit 230 ha am Stadtzentrum und in den Vororten Hambach und Erbach.

Weingut

Bergsträßer Winzer
Darmstädter Str. 56,
64646 Heppenheim,
Tel. 06252/79940,
Mo–Fr 8–19 Uhr, Sa 8.30–15, So 10–15 Uhr.

500 Winzer, die meisten betreiben Weinbau im Nebenerwerb, liefern ihre Trauben bei der Genossenschaft ab. In der modernen Kellerei werden knapp 1,8 Mio. Liter jährlich abgefüllt, auch badische Weine, denn die Winzer der Badischen Bergstraße vertrauen ihr Lesegut den Hessen an. Riesling, klar und süffig, dominiert die Produktion. 2003er Heppenheimer Spätlese für 5,20 Euro.

Übernachten

Hotel Goldener Engel
Großer Markt 2,
64646 Heppenheim,
Tel. 06252/2563, Fax 4071,
November–März Sa, So Ruhetag, 20. Dez.–10. Jan. geschlossen, DZ ab 67 Euro.
Das hübsche Fachwerkhotel am historischen Marktplatz rechts neben dem Rathaus war einst Zunftherberge der Schneider, bietet aber heute deutlich mehr Komfort.

Essen & Trinken

Weinlokal Winzerkeller
Amtsgasse 5, 64646 Heppenheim,
Tel. 06252/5228,
www.winzerkeller-heppenheim.de,
Hauptgericht ab 6 Euro.
Das Weinlokal mit historischem Flair ist im Kurmainzer Amtshof eingerichtet. Zu Bergsträßer Weinen kann man es sich gut bürgerlich gut gehen lassen, z. B. bei einer Bergsträßer Platte (9 Euro).

Kloster Lorsch

Rheinwärts von Heppenheim zwischen den Autobahnen 5 und 67 steht der Fachwerkort Lorsch. Auf einer Düne des alten Flusstals steht noch ein kostbarer Rest seines einst mächtigen **Reichsklosters** mit dem architektonischen Kleinod der **Königshalle** als Krönung. Die Unesco hat die Königshalle als besterhaltenes Relikt vorromanischer, nämlich karolingischer Baukunst 1991 in die Weltkulturerbeliste eingetragen.

Das Bauwerk könnte als Triumphtor errichtet worden sein. Auf seinen drei Bögen ruht ein mit einem Mosaik aus roten und weißen Steinchen reich geschmücktes Obergeschoss, das ein steiles Dach mit einem zierlichen Glockentürmchen deckt. Klostergründer waren der Oberrheingau-Graf Cancor und seine Mutter Williswinda zur Regierungszeit Pippins des Kurzen (751–768). Zahlreiche Schenkungen brachten rasche Blüte, das Kloster war bald Begräbnisplatz karolingischer Könige, gewann auch immense kulturelle und politische Bedeutung. Bekannt und noch heute ein Fundus für Forscher sind das Urkundenbuch Lorscher Kodex, das Lorscher Arzneibuch und das Lorscher Evangeliar. Nach der Reformation wurde die Abtei aufgelöst, im Dreißigjährigen Krieg zerstört und später als Steinbruch missbraucht. In der Ruine der Klosterkirche trockneten die Lorscher noch vor 100 Jahren ihren Tabak, was den Sakralbau aber vor dem endgültigen Verfall bewahrte. Die Königshalle blieb dagegen weitgehend unangetastet. Neben dem Abteigelände hat man 1982 einen Kräutergarten angelegt.

Im **Museumszentrum** am Benediktinerplatz wird die Geschichte des Klosters dokumentiert – und die der Tabakverarbeitung. Bis in die 1930er Jahre war das in Lorsch der wichtigste Wirtschaftszweig, was eine bronzene »Tabaknäherin« vor dem Rathaus plastisch unterstreicht. Das Rathaus wird Besuchern bekannt vorkommen, die vorher das Heppenheimer gesehen haben – das Lorscher ist ein schmalerer und steilerer Nachbau. In beiden Städtchen steht eine hübsche Runde Fachwerkhäuser um den Markt.

Seeheim-Jugenheim

Die 1977 vereinigten Gemeinden Seheim und Jugenheim liegen am nördlichen Rand der Bergsträßer Weinbau-Zone, Mundklingen heißt die

Seeheimer Lage. Oberhalb des Ortes steht die Ruine der **Burg Tannenberg.** Das Seeheimer **Rathaus** (1599) ist einer der schönsten Fachwerkbauten weit und breit, dessen feine Balken-Komposition ein opulentes Ornament ergibt. Östlich von Jugenheim steigen dicht bei den Häusern bewaldete Hänge empor. Jugenheims Hausberg, den **Heiligenberg,** ziert das gleichnamige Schloss derer von Battenberg/Mountbatten. Auf dem Heiligenberg wurde auch das **Mausoleum** der Adelsfamilie errichtet. Die **Bergkirche** auf halber Höhe zum Schloss stiftete 1263 Konrad II. von Bickenbach. An der Westkante des Heiligenbergs steht die **Kirchenruine** eines Nonnenklosters, das im 13. Jh. gegründet und 200 Jahre später wieder aufgelöst wurde. Die **Linde** am Zaun der Ruine dürfte schon knapp 1000 Jahre alt sein. Mehr uralte Baumriesen stehen an den Wegen, die vom Heiligenberg tief in den Odenwald führen, sehr empfehlenswert ist der Waldweg zur Kaiserbuche.

Zwingenberg

Mit seinen lauschigen Winkeln gehört Zwingenberg einfach zwingend zu den schönsten Ausflugszielen der Region. Da werden sommers Tische und Bänke in die autofreien Gassen vor die alten Winzerhöfe gestellt, da plätschern Brunnen vor hübschen Fachwerkhäusern, da lässt es sich nett unter rauschenden Bäumen plauschen, z. B. unter der Linde am **Renaissance-Jagdschloss** (1561–63), vom Marktplatz durch die Obertor-Gasse zu erreichen.

Strahlend weiß thront das **Bergkirchlein** aus dem 13. Jh. zwischen Weinbergterrassen auf seiner gemauerten Erhebung über der Unterstadt, steile Stiegen steigen aus verschachtelten Gassen zu ihm empor.

Zwingenberg wurde als erster Ort an der Bergstraße mit Stadtrechten ausgestattet. Teile der **mittelalterlichen Stadtbefestigung** sind u. a. am »Pass« (B 3) erhalten, der alten Ortsumgehung, auf der die Händler sich den Zwingenberger Zoll sparen wollten. Ein Turm der Stadtbefestigung wurde zum Treppenturm des **Schlösschens** (16. Jh.) an der Nordwest-Ecke der Altstadt umfunktioniert. Das alte **Rathaus** steht am Marktplatz, ihm zur Seite die **Hofapotheke,** die die Darmstädter Landgrafen in ihrem Auerbacher Ferienlager versorgte. Schmucke Winzer- und Adelshöfe zieren die Altstadt, z. B. der einstige Burgsitz derer von Wallbrunn »Am großen Berg«, und über die Gasse »Am kleinen Berg« gelangt man zum Freisitz der Herren von Hardenau. Außerhalb der einstigen Stadtmauern liegt die Scheuer-

Zwingenberg

gasse (Scheunengasse). Aus Brandschutzgründen wurden die Scheunen von der Wohnzone separiert. Saniert beherbergen sie heute Galerien, Wohnungen, Wirtschaften und das Heimatmuseum.

Weinfest

Zwingenberger Weinfest: Pfingsten Wein, Tanz und Musik bringen die Zwingenberger und ihre Gäste auf dem historischen Marktplatz in fröhliche Pfingst-Stimmung.

Weingut

Weingut Simon-Bürkle
Wiesenpromenade 13,
64673 Zwingenberg,
Tel. 06251/76446,
www.simon-buerkle.de,
Weinprobe und -verkauf Mo–Fr 9–12, 15–18, Sa 9–13 Uhr u. n. Vereinb.
Bei den »Best of Bergstraße« wäre das Weingut mit seinen fruchtigen Rieslingen, weißen Burgundersorten und Rotweinen in der ersten Reihe.
Kauftipp: 2003er Zwingenberger Alte Burg Riesling Kabinett trocken für 5,50 Euro.

Übernachten

Hotel garni Zur Bergstraße
Bahnhofstr. 8–10,
64673 Zwingenberg,
Tel. 06251/76035, Fax 178555,
www.hotel-zur-bergstrasse.de,
geschlossen Weihnachten bis Silvester, DZ ab 93 Euro.
Das familiengeführte Komfort-Hotel bietet helle Zimmer mit Sonderausstattung wie überlange Betten. Zu Weinfesten und Wanderwochenenden gibt's Pauschalangebote.

Essen & Trinken

Weinstube Piano
Obertor. 6,
64673 Zwingenberg,
Tel. 06251/75516,
www.weinstube-piano.de,
Mo–Sa ab 18, So und Fei ab 12 Uhr, Hauptgericht ab 10 Euro.
Die Weinstube Piano gehört zum Weingut Simon-Bürkle. Zu den exzellenten weißen und roten hauseigenen Weinen gibt's in der gemütlichen Stube Flammkuchen und leckere Salate, manchmal spielt dazu jemand Piano.

Wege zum Wein

Tour 1: Zu Fuß auf der Bergstraße

Wanderung auf dem Weinlagenweg

Länge/Dauer: ca. 20 km/6 Std.; mittelschwer
Start/Ziel: Zwingenberg/Heppenheim
Sehenswert: Zwingenberg, Fürstenlager, Heppenheim

Der Bergsträßer Weinlagenweg führt entlang der Hügelkette von Alsbach zur hessisch-badischen Landesgrenze durch Weinlagen, Obstplantagen und Waldstücke. Wir gehen die 20 km lange Strecke zwischen Zwingenberg und Heppenheim, die alljährlich bei der großen offiziellen Weinlagenwanderung am 1. Mai die halbe Bergstraße in Bewegung bringt. Die Bergstraße macht auf dem Weinlagenweg ihrem Namen alle Ehre, es sind einige anspruchsvolle Steigungen zu bewältigen. Wem eine knapp 10 km lange Strecke reicht, dem sei der Teil von Zwingenberg nach Bensheim empfohlen. Auf den Höhen belohnen immer wieder weite Blicke auf die Rheinebene oder den Odenwald. Der Weinlagenweg ist überwiegend gut markiert (weißer Kelch auf grünem Grund), nur an wenigen Kreuzungen fehlt das Symbol oder ist verblasst. Größtenteils ist der Weinlagenweg identisch mit dem Blütenweg (Markierung B).

Wir starten in **Bensheim** am Löwenplatz, laufen geradeaus die Gasse Wetzbach hinauf, oben rechts und gleich wieder links die steile Abzweigung Richtung Wald und Weinlehrpfad. Im Wald führt der Weg rechts zu den klein parzellierten Weinbergen der Lage »Alte Burg« oberhalb von Zwingenberg und schraubt sich in kurzen Serpentinen weiter hoch. Am Rand stehen Lehrtafeln, auf denen man alles Wesentliche zum Wein und zum Anbaugebiet erfährt, z. B. dass die Sonne hier 1600 Stunden pro Jahr scheint.

Leicht abwärts geht es durch eine Einkerbung, hinter der sich links ein Postkarten-Panorama mit Weinbergen (Lage Höllberg) und der alles überragenden Ruine Auerbacher Schloss auftut. Über ein paar Treppen gelangt man zu einer Senke und an Gärten vorbei zu einem Sträßchen. Hier gehen wir rechts und gleich darauf den links abzweigenden Weg nach **Auerbach.** Die Markierung führt ein Stück durch den Ort, die Martinstraße hinunter bis zu den Poststuben, zweimal links in die Weidgasse und dann rechts das schmale, kräftig ansteigende Sträßchen zum **Bergkirchlein** hinauf. Die

Route führt nun rechts durch einen Hohlweg und dann durch Weinberge (Lage Fürstenlager) am Rand des Parks der **Landgräflichen Kur- und Sommerresidenz** entlang, deren **Efeutempel** man bald links etwas unterhalb des Wegs sieht. Imposant ist das Panorama hier oben mit Odenwald und Rheinebene.

Wir gehen zunächst östlich Richtung Odenwald, biegen dann rechts ab und gelangen durch eine Senke zur Lage Schönberger Herrnwingert. Hier endet die Großlage Auerbacher Rott. Abwechslung und Abkühlung bietet nun ein Waldstück, das man immer geradeaus durchläuft, um schließlich den Gipfel des **Kirchbergs,** hoch über Bensheim, zu erreichen. Rechts des Wegs sorgt das an Sommerwochenenden überlaufene Ausflugslokal **Kirchberghäuschen** für Stärkung.

Weiter geht's in großen Schwüngen über die Renommierlage Kalkgasse bergab nach **Bensheim.** Durch die mit kleinen Steinen gepflasterte Kalkgasse wird eine verkehrsreiche Straße erreicht, an der man ein Stück nach links geht, um dann rechts in die Platanenallee einzubiegen. Hinter der St.-Georgs-Kirche biegen wir dann links ab und gleich darauf rechts in die Hunsrückstraße. Treppen führen zur höher gelegenen Siedlung, die es ansteigend zu durchqueren gilt. Darauf steigt man über 237 schmale Stufen ab zur nächsten Siedlung, geht dort erst rechts, dann links abwärts ins **Meerbachtal.** Ein Stück am Meerbach stadteinwärts und dann links wird ansteigend der **Hemsberg** erreicht. Vor uns liegt nun eine Weinberglandschaft wie aus dem Bilderbuch. Hügel mit Reben über Reben, eingesprenkelt ein paar Obstbäume und schmale Winzerhäuschen, gestaffelt bis zum hintersten Hügel, wo sich mächtig der hohe Turm der Starkenburg erhebt. Durch eine Senke wird die Lage Stemmler erreicht, wo sich der Weg durch die Rebenreihen schlängelt, die Weinbergshäuschen stehen Spalier. Ein schöner Pausenpunkt ist die **Winzerrast** am **Steinkopf.**

Die letzte Etappe führt steil hinunter ins Hambachtal, genauso steil wieder hinauf zum Schlossberg und dann wieder hinunter nach Heppenheim. Im Detail: im **Hambacher Tal** gehen wir ein Stück aufwärts an der Straße, biegen rechts ab Richtung Sportplatz (19 % Steigung) und noch mal rechts einen sehr steilen Hohlweg durch den Wald zum **Schlossberg** hinauf. Oben gibt's zur Belohnung einen schönen Blick in den Odenwald, dessen runde Wiesenhügel mit ihren bewaldeten Gipfeln hier wie Hüte aussehen. Auf dem Gipfel des Schlossbergs steht die große Halbkugel der Starkenburg-Sternwarte. Wir gehen links am Bergrand zunächst Richtung Hinterland, bis rechts westwärts und abwärts unser Weg abzweigt. Gleich taucht der »Bergsträßer Dom« zwischen Büschen und Bäumen auf, und auf einem schönen Pfad mit Blick auf die Altstadt kommt man hinunter nach **Heppenheim.**

Tour 2: Ode an den Wald

Fahrrad-Rundfahrt zwischen Bergstraße und Odenwald

Länge/Dauer: 25 km/2 Stunden; mittelschwer
Start/Ziel: Bensheim
Sehenswert: Fürstenlager Auerbach, Odenwald, Schloss Heiligenberg, Bergsträßer Hügelkette

Fahrradverleih:
Tourist-Information Bensheim,
Hauptstr. 39, 64625 Bensheim,
Tel. 06251/5826314,
www.bensheim.de,
1. Tag: 10 Euro, dann 5 Euro pro Tag.

Die Tour gibt einen guten Einblick in den Charakter des Odenwalds und zeigt, wie das Gebirge im Westen, an der Bergstraße, abrupt abfällt. Grüne Idyllen wird man auf den Höhen sehen, das Hinterland-Feeling stört manchmal unerwartet reger Verkehr auf den kleinen Straßen.

Wir starten in **Bensheim** und fahren flach auf dem Radweg an der Darmstädter Straße 2 km nach **Auerbach.** Dort biegen wir rechts ab Richtung Hochstädten und Fürstenlager. Durch die Bachgasse entlang des offen fließenden Bächleins und an der Bergkirche vorbei geht's zum Ortsrand, wo rechts ein Sträßchen zum **Fürstenlager** abzweigt. Wer die hübsche Sommerresidenz der Landgrafen noch nicht gesehen hat, sollte hier unbedingt einen Abstecher machen. Ansonsten bleibt man auf der Straße, die sanft ansteigend zunächst nach Hochstädten führt. (Damit keine Illusionen aufkommen: Die nächsten 5 km, bis Balkhausen, verläuft das Sträßchen aufwärts, meist nur leicht, aber stellenweise, wie kurz vor Balkhausen, auch steil.) Das lang gezogene **Hochstädten** wird geradeaus durchfahren. Rechts und links der Strecke erheben sich Hügel mit Wiesen und Wäldern.

Kurz vor Balkhausen schwingt sich eine Fußgängerbrücke über die Straße, hier ist der topographische und landschaftliche Höhepunkt der Route erreicht. Der Wanderweg Melibokus–Felsberg führt über die Brücke, hinter der man einen schönen Blick in den Odenwald hat, auf

Wiesen mit Obstbäumen und bewaldete Kuppen. Nun geht es abwärts und in **Balkhausen** dann links Richtung Seeheim-Jugenheim. Man rollt durchs hübsche Balkhäuser Tal zwischen Marienberg und Bayernhöhe. Parallel zur Straße verläuft auch ein Wanderweg. Kurvig geht's weiter, rechts liegt der Waldparkplatz Nonnenbrunnen. Zum **Schloss Heiligenberg** sind es nur ein paar hundert Meter.

Die Straße führt schnell bergab nach **Jugenheim,** wo wir an der Am-

Auerbach, Fürstenlager

pel kurz vor den Straßenbahngleisen links in die Alte Bergstraße Richtung Zwingenberg abbiegen. Hier geht es eben nach Bensheim zurück, zwischen den Orten auf separaten Radwegen. Die Alte Bergstraße verläuft am Fuß der Hügelkette. Erst wird **Alsbach** durchfahren, auf dem Hausberg thront die Ruine Alsbacher Schloss, dann **Zwingenberg** (links Richtung Bensheim abbiegen) und schließlich wieder **Auerbach,** das schon weit vorab durch sein »Schloss« angekündigt wird.

Extra-Tour für Schöngeister

Darmstadt

Jugendstil-Juwelen, Beuys-Block, Hundertwasser-Haus – Darmstadt, das »Tor zu Bergstraße und Odenwald«, bietet Kunst in jeder Stilart.

Um den ersten Blick auf Darmstadts Musenhügel, die Mathildenhöhe, zu werfen, sollte man vom Odenwald her kommen. Beim Oberfeld ragt ein Backsteinturm mit einem ungewöhnlich geformten Abschluss aus dem Grün. Gleich einer Hand scheinen seine fünf symmetrisch abgestuften Zinnen dem Reisenden zuzuwinken. Der **Fünffingerturm** ist ein Werk des Architekten Joseph Maria Olbrich aus dem Jahr 1908. Keine zehn Jahre zuvor hatte er mit dem Bau der Wiener Sezession Weltruhm errungen und seinem Freundeskreis noch Größeres verkündet: »Eine Stadt müssen wir erbauen, eine ganze Stadt! Alles andere ist nichts.« In Darmstadt fand er dann in Großherzog Ernst Ludwig (1868–1937) einen fürstlichen Förderer und bekam »ein leeres weites Feld« zur Verfügung gestellt, 10 000 m^2, auf denen der Architekt mit sechs anderen Künstlern die Ideale einer schöneren Welt verwirklichen konnte.

Über die Rosenhöhe und durch das Löwentor gelangt man zur Künstlerkolonie auf der **Mathildenhöhe.** Einem Freilichtmuseum ähnelt die damals geschaffene Anlage, die Darmstadt neben Glasgow, Nancy, Paris und Wien zu einem Zentrum der europäischen Stilkunstbewegung machte. Am Hang der Mathildenhöhe stehen mehrere Künstlervillen. Ein Fries aus blau-weißen Flie-

Darmstadt, Mathildenhöhe

sen umgürtet Olbrichs (im Krieg zerstörtes und verändert wieder aufgebautes) Haus, die (am besten erhaltene) Villa von Peter Behrens glänzt mit grünlich glasierten Mauerstreifen. Auf dem höchsten Punkt des Musenhügels thront das tempelartige **Ernst-Ludwig-Haus,** das den Künstlern als Ateliergebäude diente und heute ein **Jugendstil-Museum** beherbergt. Die zwei Figuren davor, »Mann und Weib«, sind Werke des Bildhauers Ludwig Habich. Als die Anlage 1901 in einer Ausstellung der Öffentlichkeit präsentiert wurde, war das eine Sensation. Zeitgenossen tadelten den »Oberpriester« Olbrich, andere schwärmten, »dass es so viel Behagen, so viel Heiterkeit und Anmut geben kann, wo künstlerischer Geschmack die Wege weist«.

Die monumentalen Ausstellungshallen am Fünffingerturm stammen von 1908. Ganz aus dem Rahmen fällt die **Russische Kapelle,** die mit farbenfroh gekachelter Fassade und vergoldeten Zwiebeltürmen der Silhouette des Musenhügels einen malerischen Akzent gibt. Errichtet wurde das Kirchlein 1897 vom Petersburger Hofarchitekten Louis Benois auf mitgebrachter russischer Erde.

Wer die Verbindung von Kunst und Natur sucht, sollte den **Platanenhain** besuchen. Bernhard Hoetger hat den im 19. Jh. angelegten Baumgarten für die letzte Ausstellung der Künstlerkolonie 1914 mit einem Skulpturenprogramm vom ewigen Kreislauf des Werdens, Seins und Vergehens ausgeschmückt.

Von der Mathildenhöhe wandert man über die Erich-Ollenhauer-Anlage hinunter in die Stadt, im Kopf die Worte von Hermann Bahr am alten Atelierhaus: »Seine Welt zeige der Künstler, die niemals war noch jemals sein wird.« Mittelpunkt der Stadt ist das großherzogliche **Schloss,** das von Darmstadts Highlights umgeben ist: Westlich erhebt sich auf dem Luisenplatz die 40 m hohe Sandsteinsäule **»Langer Ludwig«,** ein Monument für Großherzog Ludwig I. Südlich stehen das **Renaissance-Rathaus** und die **Stadtpfarrkirche** (14. Jh.), nördlich das

klassizistische **Alte Theater** (heute Stadt- und Staatsarchiv) und das **Hessische Landesmuseum** (Mo geschlossen), dessen Sammlungen mehrerer Fachdisziplinen von der Ur- und Frühgeschichte (Funde aus der Grube Messel) bis zur Gegenwart (Werkkomplex Joseph Beuys) reichen. Hinter dem Museum liegt der **Herrengarten** und an dessen nordöstlichem Rand der schöne blumenreiche **Prinz-Georg-Garten**. Am Rand der Innenstadt, im Bürgerparkviertel (Büdinger/Friedberger Str.), steht seit dem Sommer 2000 die **»Waldspirale«,** die Natur in die Stadt bringt, ja ins Haus: Pflanzen wuchern an, aus, über dem vielfarbigen verschachtelten Wohnblock aus Recycling-Beton, den goldene Zwiebeltürme krönen und dessen Fenster aus der Reihe tanzen. Friedensreich Hundertwasser ließ das Kunsthaus bauen für eine schönere Welt, die vielleicht »niemals war noch jemals sein wird«.

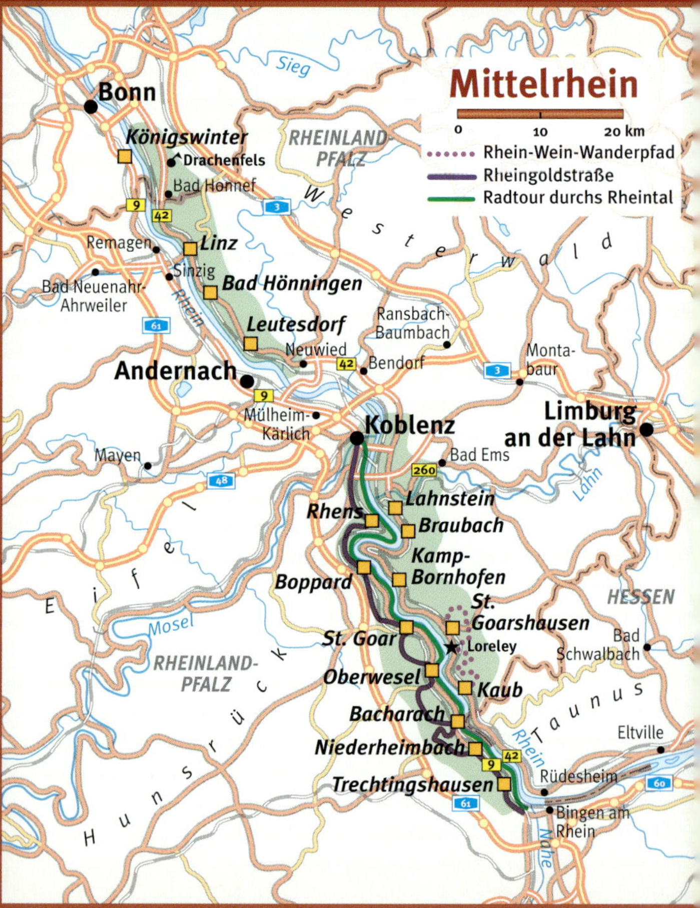
Mittelrhein
0
10
20 km
Rhein-Wein-Wanderpfad
Rheingoldstraße
Radtour durchs Rheintal
Bonn
Sieg
Königswinter
Drachenfels
Bad Honnef
RHEINLAND-PFALZ
Westerwald
Remagen
Linz
Sinzig
Bad Neuenahr-Ahrweiler
Bad Hönningen
Rhein
Leutesdorf
Ransbach-Baumbach
Neuwied
Bendorf
Monta-baur
Andernach
Mülheim-Kärlich
Koblenz
Limburg an der Lahn
Mayen
Bad Ems
Lahn
Lahnstein
Rhens
Braubach
Kamp-Bornhofen
Boppard
Eifel
St. Goarshausen
HESSEN
Mosel
St. Goar
Loreley
Bad Schwalbach
RHEINLAND-PFALZ
Oberwesel
Kaub
Bacharach
Taunus
Eltville
Niederheimbach
Rüdesheim
Trechtingshausen
Bingen am Rhein
Nahe
Hunsrück
9
42
3
61
48
260
60

MITTELRHEIN

Bacharach
Bad Hönningen
Boppard
Braubach
Drachenfels und
Königswinter
Kamp-Bornhofen
Kaub
Lahnstein
Leutesdorf
Linz
Niederheimbach
Oberwesel
Rhens
St. Goar
St. Goarshausen und
die Loreley
Trechtingshausen

Mittelrhein

Gutenfels und Pfalzgrafenstein

Romantik in Weinkultur. Das enge Rheintal zwischen Bingen und Koblenz ist das klassische Weinbaugebiet, mit steilen Weinhängen, viel besungenen Felsen, Burgen und Ruinen, malerischen mittelalterlichen Winzerdörfern und Weinstuben mit Butzenscheiben. Einmal am Mittelrhein reinen Wein bei Kerzenschein einzuschenken ist aber nicht nur etwas für Genießer deutscher Gemütlichkeit. Zur Faszination der Flusslandschaft gehören längst auch Gleitschirmflüge, schwimmende Theaterbühnen, Diskotheken und »Magic Nights« im Schein bengalischer Lichter. Im Juni 2002 wurde die sehr vom Weinbau geprägte Landschaft mit der einmaligen Dichte von 50 Burgen und Schlössern an einem 65 Kilometer langen Flussstück von der Unesco als Welterbe anerkannt.

»Bacharacher Schloss Stahleck«, »Bopparder Hamm«, »Kauber Pfalzgrafenstein« und »St. Goarer Burg Rheinfels« sind touristische Destinationen und gleichzeitig klangvolle Namen hervorragender Weinlagen. Für Winzer hat das Tal allerdings seine Tücken, sie müssen auf Steil- und Steilstlagen schuften, ein unrentables Geschäft. Allein in den letzten 10 Jahren wurde die Anbaufläche der Weinregion Mittelrhein um 200 auf knapp über 500 ha reduziert – anno 1900 waren es noch 2000 ha.

Problematisch ist auch der Verkehr im Engtal (zwei Bundesstraßen, zwei Bahnstrecken, Schiffe). Wer die Idylle sucht, sollte es wie die Romantiker machen, die sich dem Fluss vor allem von den Höhen und durch die Seitentäler näherten.

Die Tonschieferböden des Tals und die Wärme, die der Fluss tagsüber speichert und nachts abgibt, sind ideal für Rieslingreben, die über 70 % der Anbaufläche dominieren. Die Weine sind charaktervoll, kernig, herzhaft, süffig. Platz 2 belegen Spätburgunder, ein allgemeiner Trend, die Roten sind im Kommen.

Zur Weinregion Mittelrhein gehören die Steilhänge des Engtals (wobei das rechte hessische Ufer zwischen Rüdesheim und Lorchhausen zum Rheingau gerechnet wird), außerdem Lagen an der Lahn bis zu Weinbergen im berühmten Kurstädtchen Bad Ems (s. Extra-Tour S. 116) und Rebhänge auf der rechten Rheinseite von Koblenz bis zum Siebengebirge. Nördlich von Koblenz wird auf Lössböden angebaut, im Siebengebirge auf vulkanischem Grund. Eine Rarität wird aus Trauben vom Drachenfels gepresst: Wein aus Nordrhein-Westfalen. Der Rotwein vom Drachenfels heißt Drachenblut – wohl bekomm's!

Mittelrhein-Infos

Information

Rhein-Touristik im Tal der Loreley
Heerstr. 86,
56329 St. Goar,
Tel. 06741/1300,
www.tal-der-loreley.de.
Mittelrhein-Lahn-Tourismus,
Bahnhofplatz 7,
56068 Koblenz,
Tel. 0261/3038834,
www.mittelrhein-lahn.de.

Wichtige Feste

Rhein in Flammen: zweiter Samstag im August
Hunderttausende Zuschauer kommen, wenn der »Rhein in Flammen« steht. Die Großfeuerwerke über dem Wasser werden an verschiedenen Terminen und Flussabschnitten gezündet. Am spektakulärsten ist das Event, wenn ein Korso aus 70 Schiffen von Braubach nach Koblenz fährt, die Uferpromenaden, Burgen und Schlösser im bengalischen Licht erstrahlen und acht Feuerwerke das Rheintal leuchten lassen.
Tal total: Ende Juni
Breite Pisten statt schmaler Randstreifen, da schlagen Radlerherzen schneller. Alljährlich wird das Mittelrheintal einen Sonntag lang für Autos dichtgemacht, und Wanderer, Radler, Skater kurven kreuz und quer auf den Bundesstraßen rechts und links des Rheins. Dem Welterbe steht die deutliche Lärm- und Abgasreduzierung gut. Nur in den Orten im Sperrgebiet geht es etwas lauter zu, hier herrscht Volksfeststimmung.

Mit der Bahn durchs Rheintal

Deutschlands bekannteste Bahnstrecke führt durchs Mittelrheintal. Wenn die Intercitys bei Bingen oder Koblenz in das Engtal einfahren, wechseln viele Passagiere zu den Fenstern mit Flussblick. Wer mit der Regionalbahn fährt, kann zwischendurch einen Schoppen trinken, der Streckenplan liest sich wie ein Lexikon der schönsten Rhein-Weinorte: Bacharach, Oberwesel, St. Goar. Zur Hauptverkehrszeit fährt fast stündlich eine Regionalbahn auf der Strecke Mainz–Bingen–Koblenz. Am rechten Ufer verläuft die Strecke Wiesbaden–Rüdesheim–Koblenz (nur Nahverkehrs- und Güterzüge).
Info: Nahverkehr rund um Koblenz, Tel. 01805/986986 (0,12 Euro/Min.).

Höhepunkte am Mittelrhein

Bacharach: Ein romantischer Bilderbuch-Weinort, eng, gemütlich, mit knorzigen Fachwerkschänken und steilen Weinbergen ringsum.
Burg Pfalzgrafenstein: Das fantastischste mittelalterliche Bauwerk am Mittelrhein ist die weiß-lachsfarbene Burg auf einer Mini-Insel mitten im Fluss.
Drachenfels: Das Touristen-Mekka am romantischen Rhein ist ein sagenhafter Ort, denn hier soll Siegfried den Drachen besiegt haben. Dessen Blut fließt noch immer – als Rotwein.
Loreley: An der Blonden mit dem Kamm kommt keiner vorbei. Noch heute drosseln die Schiffe hier ehrfurchtsvoll das Tempo. Auf dem Felsplateau kann man der Fee mittlerweile in einem Multimedia-Mythosraum näher kommen.

Bacharach

Ein Bilderbuch-Weinort mit mittelalterlichen Mauern, Türmen und knorzigen Fachwerkschänken zu Füßen steiler Weinberge, und als Krönung eine Burg. Das ist Romantik in Weinkultur. Eine Sage brachte Bacharach sogar mit dem römischen Weingott in Verbindung: Ein aus dem Rhein ragender (mittlerweile gesprengter) Schieferfelsen sei ein Opfer-Altar für Bacchus, *»Bacchi ara«*, daher auch der Name Bacharach.

Unter den vielen Fachwerkhäusern in den gemütlich engen Gassen ist ein Juwel: das **Alte Haus** von 1568 mit vier Giebeln und einem hübschen Eckturm. Der turmreiche Teil der **Stadtmauer** zur Rheinseite ist vollständig begehbar. Im Vierländereck der Rheingrafen war guter Schutz gefragt. Die Pfalzgrafen hielten die Nordgrenze ihres Herrschaftsgebiets mit einem Bollwerk aus fünf Burgen dicht: Gutenfels und Pfalzgrafenstein bei Kaub, Burg Fürstenberg bei Rheindiebach, Burg Stahleck über Bacharach und Burg Stahlberg (heute Ruine) im Ortsteil Steeg im Steeger Tal. Mit den Einnahmen aus Zoll, Holz- und Weinhandel konnte man es sich in Bacharach ganz gemütlich machen. Ewas oberhalb der Kirche **St. Peter** (wertvolle mittelalterliche Fresken) steht die rote Sandsteinruine der gotischen **Werner-Kapelle,** ein Lieblingsmotiv der Rheinromantiker und ein Mahnmal. Ihr Namenspatron Werner war ein Junge, der im 13. Jh. in Oberwesel angeblich von jüdischen Bürgern ermordet wurde, was in der Gegend Judenverfolgungen auslöste. Zu Werners sterblichen Überresten dagegen wurden Wallfahrten veranstaltet und man mühte sich um seine Heiligsprechung.

Essen & Trinken

Altes Haus
Oberstr. 61, 55422 Bacharach,
Tel. 06743 1209,
Hauptgericht ab 8 Euro.
Geöffnet von Ostern bis Anfang Dezember, Mi Ruhetag
In einem der schönsten Fachwerkhäuser am Rhein, das schon Victor Hugo zeichnete, schmeckt das Essen besonders gut. Hier wird zum Bacharacher Riesling noch eine Riesling-Suppe serviert.

Übernachten

Jugendherberge Burg Stahleck
55422 Bacharach,
Tel. 06743/1266, Fax 2684,
DZ ab 41,80 Euro (nur für DJH-Mitglieder).
Burg Stahleck gehört zu den Post-

karten-Panoramen des Rheintals und zu Deutschlands beliebtesten Jugendherbergen. Im Dreißigjährigen Krieg von den Franzosen zerstört, wurde sie ab 1925 wieder aufgebaut. Innen: Zimmer mit kleinen Fenstern hinter dicken Mauern, einfach, aber modern ausgestattet, die meisten mit Dusche und WC. Tagsüber wird im Rittersaal getagt und am hauseigenen Konzertflügel musiziert, nachts: ein Hauch von Burgenromantik im Etagenbett.

Pension Haus Stahlberg
Borbachstr. 57,
55422 Bacharach-Steeg,
Tel. 06743/1395, Fax 2843,
DZ ab 46 Euro.
Am Fuße der Burgruine Stahlberg im stillen Bacharacher Ortsteil Steeg steht das historische Fachwerkhaus mit gemütlichen Zimmern. Wanderwege in die Wälder und auf die Rheinhöhen führen quasi an der Haustür vorbei.

Weingut
Hahnenhof Toni Jost
Oberstr. 14, 55422 Bacharach,
Tel. 06743/1216
Weinprobe und -verkauf nach Vereinbarung, Kauftipp: 2002er Bacharacher Riesling Kabinett für 6,50 Euro.
Der Hahnenhof gehört seit Jahren zu den besten Weingütern am Mittelrhein. Rieslinge der Toplage Bacharacher Hahn werden mit exzellenter Fruchtfülle ausgebaut. Zum Gut gehören auch 3 ha im Rheingauort Walluf. In einer gemütlichen Weinstube kann man die Tropfen ausgiebig testen.

Wanderung nach Steeg

Eine schöne Wanderung führt am Münzbach entlang nach Steeg, dort rechts durch ein Waldstück in die Weinberge und oben zurück Richtung Bacharach. Oben hat man einen herrlichen Blick über den Ort, die Burg und weit ins Rheintal. Die Wanderung lässt sich nach Oberwesel fortsetzen (Markierung: Trauben).

Bad Hönningen

Zu dem Weinort nördlich von Koblenz gehören 10 ha Rebfläche mit einem Ertrag von 60 000 Litern. Blickfang in den Weinbergen ist das neugotische **Schloss Arenfels.** Aussichtsreich: die Café-Terrasse mit Blick auf den Rhein. Im Ort kann man im Thermalbad oder im Kurpark relaxen, durch die moderne Fußgängerzone spazieren – oder eine Tour auf der Limesstraße starten. Im Nachbarort **Rheinbrohl** steht eine Rekonstruktion des Limes-Wachturms Nummer 1.

Boppard

Boppard verdankt seine Popularität den Römern, die am »nassen Limes« Rhein das große Kastell *Bodobrica* errichteten. Beeindruckende Reste dieses Kastells mit wuchtigen Türmen sind im **archäologischen Park** mitten in der Stadt zu sehen. Die **St. -Severus-Kirche** mit den weißen Doppeltürmen steht auf Fundamenten einer römischen Therme. Boppard ist Geschichte zum Anfassen. Hier Römermauern, dort Reste der

Rheinschleife bei Boppard ▷

mittelalterlichen Stadtbefestigung mit dem Schmuckstück **Binger Tor,** der **Bergfried** der kurtrierischen Burg, ein spätgotisches **Burghaus** (Ritter-Schwalbach-Haus) und Barockbauten wie die Kirche **St. Pankratius.** Ein anderes Highlight ist der Aussichtspunkt an der größten Schleife, die der Rhein zwischen Quelle und Mündung macht.

Wem die Perspektive nicht weit genug ist, der schaut sich die Flussbiegung bei einem Drachen- oder Gleitschirmflug an. Entlang dieser Schleife zieht sich am Bopparder Hamm die mit 75 ha größte zusammenhängende Rebfläche des Mittelrheins (5 km lang), ein Weinlehrpfad führt hindurch. Der Bopparder Hamm wird auch von Winzern aus Spay, das am anderen Ende der großen Rheinschleife liegt, und von Winzern aus Osterspai auf der anderen Rheinseite betreut. Ihre Weine sind mittlerweile die besten vom Mittelrhein.

Übernachten

Hotel Jakobsberg
56154 Boppard,
Tel. 06742/8080,
www.jakobsberg.de,
DZ ab 150 Euro.
Schick und sportlich geht's auf den Rheinhöhen nördlich von Boppard zu. Dem noblen Hotel Jakobsberg ist ein Golfclub angeschlossen (18-Loch-Gelände, Indoor-Facilities), außerdem gibt's einen großzügigen Wellness-Bereich, Tennisplätze und für ganz Schnelle einen Hubschrauberlandeplatz. Die Hotelzimmer sind hell, elegant, geräumig, haben Balkon oder Terrasse.

Zum »Robin Hood vom Hunsrück«

Eine Fahrt mit der Bimmelbahn von Boppard nach Emmelshausen ist die reizvollste Art, auf die Hunsrückhöhen zu kommen. Zwei Viadukte, einer davon 50 m hoch über einer Schlucht, mehrere Brücken, fünf Tunnel und ein Höhenunterschied von 300 m auf einer 8 km langen Teilstrecke, das sind die Daten der spannenden Fahrt mit der Hunsrückbahn durch die Wälder des zerklüfteten Mühltals bei Boppard. Wanderer und Radfahrer lassen sich gerne hinaufchauffieren. Von der Mittelstation in Buchholz gibt es mehrere Wanderwege nach Boppard runter (beispielsweise Weg 23 über Sabelskopf, 4,5 km). Lieblingsstrecke der Radler ist der 38 km lange **Schinderhannes-Radweg,** der auf der ehemaligen Bahntrasse verläuft. Der Weg führt auf den Hunsrückhöhen durch kleine Orte und Wälder von Emmelshausen via Kastellaun nach Simmern (leicht zu fahren). Sehenswert in **Emmelshausen:** das Bauernmuseum und der Kleinkunstbahnhof. In **Kastellaun** kann man die auf hohem Fels über der Stadt gelegene Burgruine besichtigen oder durch den Schlossgarten bummeln. Ziel ist das eher geschäftige **Simmern** mit Fußgängerzone, Schloss und dem Schinderhannesturm. Hier saß der legendäre Räuberhauptmann, der »Robin Hood vom Hunsrück«, ein halbes Jahr im Gefängnis, bevor ihm seine spektakuläre Flucht gelang.
30 Min. alpine Bahnfahrt, 38 km Radweg
Fahrrad-Verleih: Lüdicke-Fahrradstudio, Oberstr. 105, 56154 Boppard, Tel. 06742/4736, Rad pro Tag 6,50 Euro.

Landgasthof Eiserner Ritter
Zur Peterskirche 10,
56154 Boppard-Weiler,
Tel. 06742/93000,
www.eiserner-ritter.de,
DZ ab 54 Euro.
Familiär geführtes Hotel auf den Bopparder Rheinhöhen mit gemütlichen Zimmern, einige mit Balkon.

Hotel Ebertor
Heerstr. 172, 56154 Boppard,
Tel. 06742/8070, Fax 807100,
www.ebertor.de, DZ ab 85 Euro,
Hauptgericht ab 14 Euro.
Stadthotel im alten Turm direkt am Rheinufer mit 700 Jahre altem Klosterkeller, Gartenterrasse, Schiffsanleger.

Weingüter

Weingut Didinger
Rheinuferstr. 13, 56340 Osterspai,
Tel. 02627/512,
Weinprobe und -verkauf nach Vereinbarung; Kauftipp: 2003er Bopparder Hamm Feuerlay Riesling Spätlese trocken für 4,80 Euro.
Beim internationalen Wettbewerb »Best of Riesling« kam der Eiswein des Weinguts auf Platz 1. Zu seinen Reben am Bopparder Hamm (insgesamt arbeiten hier 15 Winzer) muss Jens Didinger aus dem rechtsrheinischen Osterspai mit der Fähre übersetzen, dafür hat er seine Trauben am Bopparder Hamm immer im Blick.

Weingut Matthias Müller
Mainzer Str. 45, 56322 Spay,
Tel. 02628/8741
Kauftipp: 2003 Bopparder Hamm Mandelstein Riesling Hochgewächs trocken für 3,90 Euro.
Matthias Müller ist der Spitzenwinzer vom Mittelrhein. Auf seinen sonnigen Hängen am Bopparder Hamm setzt er auf Ertragsreduzierung, um Spitzenweine zu gewinnen. Überwiegend werden Rieslinge angebaut, besondere Tropfen gehen als »Edition MM« über die Theke.

Fest

Mittelrheinischer Weinfrühling: letzter Sonntag im April
Tischlein deck dich! heißt es alljährlich mitten in den Weinbergen. Am Bopparder Hamm entlang der Rheinschleife bringen Winzer und Köche das Beste aus Keller und Küche zu einem Picknick der Extraklasse.

Braubach

Alte Gassen mit schmucken Winkeln zieren das Weinstädtchen am Fuß der weit bekannten Marksburg. Sommers lädt die Rosenanlage am Rhein zur Siesta ein. Prägende Punkte im Stadtbild sind die **Barbara-Kirche,** deren Turm zur Stadtbefestigung gehörte, das **Obertor** mit einem Stadtmauerrest und, am Südeingang von Braubach, die **Philippsburg.** Alles überragt jedoch die **Marksburg,** die einzige unzerstörte Höhenburg am Mittelrhein. Nirgends ist das Mittelalter besser konserviert, wird klarer, wie die Rittersleut' gelebt haben, hautnah zu erleben bei Spektakeln wie Bardentreffen und Kinder-Ritterturnieren. Die Burg ist mit jährlich 160 000 Besuchern die meistbesuchte am Rhein. Wer gern selbst eine Burg besitzen will, braucht nur auf der Marksburg anzufragen, hier hat die Deutsche Burgenvereinigung ihren Sitz.

Übernachten / Essen & Trinken

Zum Weißen Schwanen
Brunnenstr. 4, 56338 Braubach,
Tel. 02627/9820, Fax 8802,

Rundgang durch die Marksburg

Am Burgtor der Marksburg beginnt eine spannende Zeitreise ins 13. Jh., als die Grafen von Katzenelnbogen der Burg ihr heutiges Erscheinungsbild mit den zahlreichen Türmen und Erkern gaben. Über einem hängt eine »Pechnase«, durch die ungebetene Gäste mit brühheißem Pech und Öl begossen wurden. Rechts die **Geschützbatterien** aus der Zeit des Dreißigjährigen Krieges, links der **romanische Palas** und in der Mitte des Burghofs der **Bergfried,** der 40 m hohe Hauptturm, der Form nach ein »Butterfassturm«. Seine Funktion: letzte Zuflucht bei einer etwaigen Einnahme der Burg. Der Turmeingang befindet sich in 10 m Höhe und ist nur über eine Leiter erreichbar. Unten im Bergfried ist ein 2 m² kleines Burgverlies eingebaut. In einem anderen Turm auf der Angriffsseite des Berges befindet sich eine **Kapelle,** die Sankt Markus geweiht ist, der auch seit dem 16. Jh. der Marksburg ihren Namen gibt. In der **Rüstkammer** kann man die Entwicklung des gepanzerten Kriegers und im ehemaligen **Pferdestall** eine Sammlung von Foltergeräten anschauen. Gartenfreunde werden sich zwischen den Kräuterbeeten des oberen Zwingers tummeln, dort wachsen 170 verschiedene Nutz-, Heil- und Zauberpflanzen. Idealer Pausenplatz sind die Fensterbänke der 4,5 m dicken Außenwand der gotischen Burgküche, wo jeweils bis zu zehn Personen Platz finden und sich bei Kaminfeuer und Kerzenschein »süßen Gelüsten, Tafeleyen, Schlemmereyen« hingeben können.

Hauptgericht ab 14 Euro, DZ ab 90 Euro.
Ein Schmuckstück ist der Landgasthof »Zum Weißen Schwanen« am Fuß der Marksburg. Das Fachwerkhaus von 1693 ist mit Antiquitäten ausgestattet, in der Mühlenstube dreht sich ein Mahlwerk aus dem 17. Jh. Die Küche serviert Ragout von Westerwälder Weidelämmern und Kinder kriegen ein Biene-Maja-Menü. Im Hotel schläft sich's am besten im Baldachinbett der Müllerstube.

Fest

Mittelalterfest: Marksburg, alle 2 Jahre (2005) von Christi Himmelfahrt bis zum folgenden Sonntag.
Handwerker, Gaukler, Barden sorgen für Kurzweil und man kann wie im Mittelalter in einem Bottich baden, während sich die Kinder beim Ritterturnier austoben.

Drachenfels und Königswinter

Wein aus Nordrhein-Westfalen? Diese Rarität wächst auf vulkanischem Grund am **Drachenfels,** der zur Weinregion Mittelrhein gehört. Der Rote heißt »Drachenblut«, denn der Drache aus der Nibelungensage soll hier von Siegfried besiegt worden sein. Die Höhle des Drachens ist auf halber Berghöhe zu besichtigen und nebenan kann man gleich die leibhaftigen Nachfahren im **Reptilienzoo** besuchen, etwa den 3,50 m langen Mississippi-Alligator »Heinrich von Drachenfels« (15. März–15. Nov. tgl., sonst nur an Wochenenden). Ebenfalls auf halber Höhe steht das neugotische Schloss **Drachenburg** (erbaut 1879–84), und auf dem Gipfel thront die **Ruine** einer mittelalterlichen Trutzburg, ein Lieblingsmotiv der Rheinromantiker. Fantastisch ist die Aussicht von oben auf Rheintal, Eifel und Siebengebirge. Das **Siebengebirge,** ältestes Naturschutzgebiet Deutschlands (1922), ist mit seinen 200 km Wanderwegen das Naherholungsrevier der Köln-Bonner, der Drachenfels ein Touristen-Mekka (jahrelang »der höchste Berg Hollands«). Für den bequemen Aufstieg sorgt die älteste **Zahnradbahn** Deutschlands von 1883, deren Strecke mit bis zu 22 % Steigung heute elektrische Triebwagen bedienen. Als »Aufstiegshilfen« stehen auch Droschken und Esel bereit.

Am Fuße des Gebirges liegt **Königswinter,** wo man, nach einem Spaziergang durch die verwinkelten Gassen und auf der schönen Rheinpromenade, das Drachenblut probieren kann. Der Name Königswinter wird vom lateinischen *Vinitorium* (Winzerort) abgeleitet, der Wortteil »Königs-« bezieht sich auf Karl den Großen, der hier seine Weindomäne hatte. Im Ortsteil **Oberdollendorf** ist ein 2,2 km langer Weinwanderweg markiert. Zu Königswinters Schmuckstücken gehören die Kirche **St. Remigius,** der Fachwerkbau der Kölner Jesuiten und prächtige Häuser aus der Zeit, als die ersten Touristen hierher strömten und die allein schon für ein gewisses Ferien-Flair sorgen.

Essen & Trinken

Gasthaus Sutorius
Oehlinghovener Str. 7,
53639 Königswinter-Stieldorf,
Tel. 02244/91 22 40,
www.sutorius.de,
So abends und Mo geschlossen,
Hauptgericht ab 15 Euro.
Das schöne Fachwerkhaus von 1699 ist etwas für Gourmets. Unter einer balkendurchzogenen Decke wird man mit feinsten Speisen verwöhnt, z. B. einem exzellenten Wildteller.

Weingut

Pieper im Jesuiter Hof
Hauptstr. 458, 53639 Königswinter,
Tel. 02223/22650,
www.weingut-pieper.de
Kauftipp: »Drachenblut«, 6,50 Euro
Im 300 Jahre alten Jesuiter Hof gibt's »Drachenblut«, den Rotwein vom Drachenfels. Der rote Tropfen ist auch im nahen Rhöndorfer Weinhaus »Im Drachenloch« zu haben.

Kamp-Bornhofen

Weit leuchtet das Weiß von Kamp-Bornhofen. Unten im Ort strahlt die weiße **Wallfahrtskirche** um die Wette mit der ebenfalls weiß gestrichenen **Burg Sterrenberg** oben auf dem Fels. Burg Sterrenberg teilt sich den schmalen Grat mit **Burg Liebenstein.** Eigentlich ein krasser Kontrast: ein friedlicher Wallfahrtsort, der höchs-

1 Ticket – 10 Burgen

Wer nicht gerade burgensüchtig ist, wird es zu schätzen wissen, dass das Ticket 2 Jahre gilt. Damit kann man über 50 % sparen und bekommt das Sesam-öffne-dich fürs Mittelalter – 1 Ticket als Eintrittskarte für 10 Burgen am Mittelrhein. Die Top Drei sind selbstverständlich dabei: Pfalzgrafenstein, Marksburg, Stolzenfels.
Preis: 14 Euro.
Info: Deutsche Burgenvereinigung, Tel. 02627/536, www.burgen-am-rhein.de

tens von Pilgerscharen eingenommen wurde, und zwei durch Mauer und Graben getrennten Burgen, die der Volksmund »feindliche Brüder« taufte und mit grausamen Sagen umrankte. In den Burgen sind heute Restaurants. Sehenswert ist das Flößer- und Schiffermuseum im Ort, das zeigt, was vor 150 Jahren auf dem Fluss los war.

Kaub

Einst mächtige Zollstätte, heute wichtiger Weinort mit mittelalterlichem Gesicht. Alte Türme, Tore, Mauern und **Burg Gutenfels,** die am Gipfel steiler Weinparzellen über dem Ort thront. An die legendäre Rheinüberquerung bei Kaub in der Neujahrsnacht 1813/14 unter Feldmarschall Blücher erinnern ein Denkmal in den Rheinanlagen und ein Museum in Blüchers damaligem Hauptquartier. Kaubs eigentliche Attraktion ist aber die weiß-lachsfarben angestrichene Burg **Pfalzgrafenstein,** kurz »Pfalz«, die ab 1325 erbaut und nie zerstört wurde. So sah früher ein Mauthäuschen aus, denn die auf einer Mini-Insel mitten im Wasser stehende Burg diente der Sicherung des Rheinzolls. Den sechsgeschossigen, fünfeckigen Mittelturm umgibt unten eine Ringmauer mit vielen Türmchen und Erkern und der Form eines spitz zulaufenden Schiffrumpfes. Spannend ist eine Besichtigung (Anfahrt mit der Fähre). Der Eingang befindet sich im 3. Stockwerk, der Boden des alten Burgverlieses kann je nach Wasserstand gehoben und gesenkt werden.

Mit der Fähre übern Rhein zur Burg Gutenfels über Kaub

Lahnstein

Am Zusammenfluss von Rhein und Lahn liegen Ober- (links der Lahn) und Niederlahnstein (rechts der Lahn). Über Oberlahnstein erhebt sich die kurmainzische **Burg Lahneck,** unten am Rhein steht die ehemalige Zollstation **Martinsburg.** Der **Salhof** mit seinem Glockenspiel und der **Hexenturm** (Heimatmuseum) sind Oberlahnsteins andere Sehenswürdigkeiten. In Niederlahnstein sollte man sich die romanische **Johanniskirche** und das von Goethe zitierte **Wirtshaus an der Lahn,** einen schönen Fachwerkbau von 1697, anschauen.

Leutesdorf

Auf der Sonnenseite des Rheins nördlich von Koblenz liegt der alte Weinort Leutesdorf. Neben einigen gotischen und barocken Häusern sind Reste der **Stadtmauer** (am Rhein) erhalten. Sehenswert sind die Leutesdorfer Kirchen: die **Pfarrkirche Laurentius** mit romanischem Turm und Taufstein und die **Kreuzkirche** mit einer interessanten Krypta. Vom Ort führt ein Riesling-Wanderweg nach Hammerstein durch Weinberge auf vulkanischen Böden.

Linz

Die »bunte Stadt am Rhein« nördlich von Koblenz ist ein einziges Fachwerkjuwel. Rund um den Markt mit seinem schönen Rathaus, dessen 23 Glocken täglich erklingen, drängen sich farbenfroh bemalte Balkenhäuser. Die Weinproduktion des Städtchens ist zwar klein, dafür lässt sich der Rebensaft in Weinstuben mit hübsch altertümlichem Ambiente genießen. Jedes Haus hat seinen Gewölbekeller, das spart den Kühlschrank. Schmale Hauseingänge, schiefe Böden, niedrige Decken, Flaschenzüge, all das zieht Touristen an. Als das nahe Bonn noch Hauptstadt war, mischte sich täglich Polit-Prominenz unters Publikum.

Übernachten

Gut Frühscheid
Am Frühscheid,
53545 Linz am Rhein,
Tel. 02644/9801181, DZ ab 70 Euro, geschlossen Dez. und Jan.
Das Hotel garni liegt außerhalb der Stadt im Grünen, bietet komfortable Zimmer, Sauna und Terrasse.

Niederheimbach

Das schmale, lang gestreckte Weindorf wird überragt von der Kurmainzer Heimburg am »Frohen Weingarten«. Durchs Heimbachtal, in dem großflächig Wein angebaut wird, gelangt man zum idyllisch gelegenen Weindorf **Oberheimbach**.

Oberwesel

Burg und Kirche sind in Oberwesel rot angestrichen, nicht nur das macht den Schiffer- und Weinort unverwechselbar. Oberwesel ist die Stadt der Türme. Die **Stadtmauer** mit 16 von einst 21 Türmen ist die am vollständigsten erhaltene am Mittelrhein. Dazu kommt der schlanke Turm der gotischen **Liebfrauenkirche,** die vor allem wegen ihrer barocken Orgel und eines kostbaren Hochaltars sehr sehenswert ist. Die »Weiße« heißt dagegen die Kirche **St. Martin** wegen ihres weiß verputzten Wehrturms. Die schöne Burg auf der Höh' heißt **Schönburg** und war einst Familiendomizil mehrerer Zweige derer von Schönburg. Freiligrath nannte Oberwesel angesichts all der Anmut denn auch »schönsten Zufluchtsort der Romantik«.

Essen & Trinken

Historische Weinwirtschaft
Liebfrauenstr. 17, 55430 Oberwesel,
Tel. 06744/8186,
www.historische-weinwirtschaft.de,
Di Ruhetag, Jan. geschlossen,
Hauptgericht ab 8 Euro.
In dem 500 Jahre alten Fachwerkhaus wird Regionales lecker zubereitet, etwa mit Leberwurst gefüllte Kartoffelklöße. Pfiffig ist die Weinkarte auf einer Magnum-Flasche, das mittelrheinische Wein-Spektrum wird von Bacharach über Oberwesel bis Boppard abgedeckt.

Übernachten

Reit- und Ferienhof Hardthöhe
55430 Oberwesel,
Tel. 06744/7271, Fax 7420,
www.ferienhof-hardthoehe.de,
Blockhaus (4–5 Personen) ab 55 Euro pro Tag.
Das Top-Domizil für Familien, die Ferien auf dem Bauernhof lieben. Der Hof liegt auf einem Hochplateau oberhalb von Oberwesel. Hier gibt's alles, was zu einem kleinen Abenteuerurlaub gehört: Kinderspielscheune, Reitplatz und -halle, Streichelzoo, Grillstelle. Geschlafen wird in (komfortablen) Blockhäusern. Der Wein kommt vom hauseigenen Gut.

Übernachten / Essen & Trinken

Burghotel Auf Schönburg
55430 Oberwesel,
Tel. 06744/93930, Fax 1613,
geschlossen Jan. bis Ende März,
Menü ab 28 Euro, DZ ab 150 Euro.

Oberwesel mit St. Martin, Liebfrauenkirche und Schönburg

Über Nacht ins Mittelalter? Im Burghotel Auf Schönburg geht das auf die romantisch-komfortable Art. Abends im Restaurant »Ritterstuben« bei Kerzenlicht Wachtelkeulchen knabbern, danach ins knisternde Kaminzimmer wechseln und schließlich im Himmelbett der Turm-Suite landen.

Weinfest

Weinmarkt Oberwesel: Anfang September
Ein typisches buntes Weinfest mit gleich zwei Highlights: dem großen Winzerumzug und der »Nacht der tausend Feuer« mit Fackeln und Feuerwerk.

Rhens

In dem kleinen Städtchen wurde Geschichte geschrieben: Hier beschloss 1338 der Kurverein, nach der Wahl eines Königs durch die Kurfürsten auf die Bestätigung durch den Papst zu verzichten. Stattdessen bestätigten die Kurfürsten ihre Wahl am Rhenser Königsstuhl, der einst am Rhein stand, 1843 aber oberhalb der Stadt wieder aufgebaut wurde. Rhens gebührte die Ehre wegen seiner verkehrsgünstigen Lage im Vierländereck der rheinischen Kurfürsten. Im Ort stehen einige Fachwerkhäuser aus dem 16. und 17. Jh. und ein schmuckes Rathaus.

Nördlich von Rhens erhebt sich das ockerfarbene neugotische »Märchenschloss« **Stolzenfels.** Preußen-Kronprinz Friedrich Wilhelm formte hier unter seinem Hofbaumeister Schinkel mit Türmchen, Zinnen und Erkern sein Mittelalter-Bild aus den Ruinen einer Zollburg.

St. Goar

Im Mittelalter kamen die Pilgerscharen zum Grab des heiligen Goar, der im 6. Jh. am Mittelrhein das Evangelium predigte. Heute pilgern die Leute zur größten Ruine im Rheintal, zur **Ruine Rheinfels.** Über der Kapelle des heiligen Goar wurde die **Stiftskirche** mit dem zinnenbekränzten

Ohne sie wäre der Rhein nur halb so berühmt: die Loreley

Turm errichtet. Gotische Wandmalereien schmücken den Innenraum. Die riesige Ruine der Burg Rheinfels sollte man sich auf jeden Fall anschauen, die Wehrgänge, die unterirdischen Minengänge und Kellerhallen beeindrucken.

Fest

Burgenmarkt und Ritterturnier auf Burg Rheinfels, Anfang Juni
Süßer die Klingen nie klingen. Beim Ritterturnier auf der riesigen Rhein-Ruine messen gepanzerte Ritter vor dem gemeinen Volk Kräfte, Geschick und Können.

St. Goarshausen und die Loreley

Zwischen den steil aufragenden Felshängen und dem Strom ist nicht viel Platz für das einstige Fischerdorf. Drei, vier enge Gassen mit einigen Türmen und Fachwerkhäusern drängen sich auf dem schmalen Uferstreifen. Oben thronen »Katz« und »Maus«. Die **Burg Katz** gehörte den hier regierenden Grafen von Katzenelnbogen und bildete zusammen mit deren riesiger Burg Rheinfels auf der anderen Flussseite einen respektablen Sperrriegel. Die vergleichsweise kleine Burg, die die Trierer Erzbischöfe erbauten, nannten sie spöttisch »Maus«. Sonst heißt hier alles »Loreley«: die Apotheke, die Weinstube, der Campingplatz. Schöne Fachwerkhäuser findet man an der Burggasse. Von der **Stadtmauer,** die auch vor Hochwasser und Eisgang schützte, sind der Ost- und der Marktturm erhalten. Der runde Marktturm ist der »schiefe Turm von St. Goarshausen«, weil er sich leicht nach Nordost neigt.

Im Sommer kommen Kolonnen von Touristen zum Felsen der Femme fatale am Fluss-Engpass südlich von St. Goarshausen. Die gesamte Szenerie überblickt man am besten vom **Patersberg** (s. Tour 1, S. 112).

Der dramat(urg)ische Höhepunkt

jeder Rheinreise, der Inbegriff der Rheinromantik, die **Loreley,** ist bei Stromkilometer 554 erreicht. Der Fluss verengt sich hier auf 130 m bei einer Tiefe von 22 m, die Felsen drängen sich dicht ans Wasser. Aus den Lautsprechern der Ausflugsschiffe klingt Sirenengesang und dreisprachig Heines Loreley-Gedicht, der Hit vom Rhein. Wir wollen uns das mal aus der Perspektive der Blonden mit dem Kamm anschauen, indem wir über den Kamm des Felsens zu seiner Spitze laufen, auf der uns die flatternden Fahnen schon munter zuwinkten, als wir noch im Ausflugsdampfer durch die berüchtigte Flusspassage an dem Schieferkoloss vorbeischaukelten.

400 Stufen sind es vom Rhein zum Gipfel der 132 m hohen Loreley. Die halbrunde Aussichtskanzel wirkt wenig mystisch. Der Blick aufs Rheintal beeindruckt dagegen sehr. Steil unter uns schleichen spielzeugkleine Schiffe in der scharfen Kurve um den Berg, an der Hafenmole hockt die Loreley aus Bronze. Als im Sommer 2003 der Rhein kaum noch Wasser führte und die sonst ganz verdeckten Klippen zum Vorschein kamen, lief das Ausflugsschiff »Loreley« direkt unterhalb der Loreley auf Grund. Spätestens jetzt war klar: Loreley ist immer noch aktiv!

Erstmals erwähnt hatte Clemens von Brentano die Loreley 1802 in seiner Ballade »Zu Bacharach am Rheine«. Unzählige Male wurde sie als Ziel romantischer Sehnsucht beschrieben und gemalt, mal als Fee, mal als Femme fatale. Um den Mythos lebendig zu halten, wird alle 2 Jahre eine (blonde) Miss Loreley gewählt, die mit Lächeln, Riesenkamm und Zepter für das »Tal der Loreley« wirbt. Das neue Besucherzentrum auf dem Loreley-Plateau hält die Geschichte im Multimedia-Mythosraum wach, in dem man beispielsweise dem Rhein-Rauschen lauschen kann. Neben dem Besucherzentrum liegt die von den Nationalsozialisten errichtete Freilichtbühne, die rege mit Rock-, Pop-, Klassik- und Chor- (Choreley-) Konzerten bespielt wird.

Trechtingshausen

Drei Burgen thronen bei Trechtingshausen über dem Rhein. **Burg Reichenstein** und **Burg Sooneck** (nördlich) waren berüchtigte Raubritter-Nester. Die auf einer Felsnase südlich des Ortes stehende zinnengekrönte **Burg Rheinstein** gehört zu den Symbolen der Rheinromantik und war Sommersitz von Friedrich Ludwig (Cousin von Preußen-Kronprinz Friedrich Wilhelm).

Mit dem Dampfer durchs Rheintal

Wohl die geruhsamste Art, den Rhein kennen zu lernen, ist eine Fahrt wie anno dazumal mit dem »Mühlenschiff« (Raddampfer) »Goethe« durch die »staunenden Rheinfluten«. Gut sechs Stunden dauert die 65 km lange Fahrt von Koblenz nach Rüdesheim mit 13 Zwischenstopps. Wer in beide Richtungen fährt, ist von 9 bis 20 Uhr unterwegs und zahlt 25,60 Euro. Die »Goethe« dampft zwischen Anfang Mai und Anfang Oktober täglich durchs Mittelrheintal. Die Bordküche serviert ein »Unesco-Menü«.
Info: Köln-Düsseldorfer-Rheinschifffahrt, Tel. 01805/805808, www.k-d.com

Tour 1: Am Kamm zur Loreley

Wanderung auf dem Rhein-Wein-Wanderpfad

Länge/Dauer: 22 km/6 Stunden; mittelschwer, einige lange Steigungsstrecken
Start/Ziel: St. Goarshausen/Kaub (Rückfahrt mit dem Zug)
Markierung: RP
Sehenswert: St. Goarshausen, Loreley, Kaub

O wie verführerisch! Auf dem Rhein-Wein-Wanderpfad (Markierung RP) zeigt sich der Rhein von seiner Schokoladenseite, so, wie ihn Dichter und Maler gesehen haben. Wer sich dem Fluss zu Fuß nähert, kann die Schwärmerei der Rheinromantiker am deutlichsten nachempfinden. Geht es unten im Rheintal mit Schiffen, Zügen und Autos oft lebhaft und laut zu, bringen einem 200 m Höhenunterschied oder ein Seitental ganz andere Eindrücke.

Zum Auftakt und zum Schluss der Wanderung gibt es ein Premium-Panorama, dazwischen liegen Schieferfelsen, Hochplateaus, tief eingeschnittene Täler, Wälder und Weinberge. Große Teile der Route bleiben nah am Rhein, führen am Kamm oder direkt auf der Oberkante der vom Fluss aufsteigenden Berge entlang. Immer wieder locken an markanten Stellen überdachte Ausgucke zur Rast. Wer lange Auf- und Abstiege umgehen will, wechselt auf den Rheinhöhenweg, der weiter entfernt vom Rhein und etwas höher verläuft (Markierung R).

Wir marschieren los am Bahnhof von **St. Goarshausen,** durch die Unterführung, gleich dahinter rechts und dann links Richtung Patersberg. Rechts zweigt dann ein Waldweg ab, der bis zum **Dreiburgenblick** gut mit »RP« markiert ist. Wir laufen am Rand des Plateaus zum Ausguck-Häuschen und genießen das Panorama. Gegenüber steht Burg Rheinfels, links geht der Blick weit ins Tal hinein, wo Burg Katz auf einer Felsnase über dem Tal thront und hinten der Rhein in einer scharfen Linkskurve am Loreley-Fels verschwindet.

Weiter geht's nach **Patersberg,** ein Stück durch den Ort und rechts Richtung Loreley ein Sträßchen entlang, das sich in engen Kurven ins Schweizertal hinabschraubt. Unten stoßen wir auf eine andere Straße, auf der wir ein paar Meter nach links gehen, um gleich darauf rechts die Treppe hinauf in den Wald zu nehmen. Oben in der Neubausiedlung **Heide** geht es mit einer Links-rechts-links-Kombination zum Waldsaum und dort rechts hinunter zu einer Ebene. Diese überqueren wir schräg zum linken Rand des gegenüber liegenden Wäldchens (wieder mit einer Links-rechts-links-Kombination) und erreichen leicht hügelabwärts am Wäldchen entlang das **Loreley-Plateau.**

Bei der Felsspitze geht ein Sträßchen ab, an dem wir ein paar hundert Meter entlang laufen, zunächst am **Campingplatz** vorbei. Wir biegen dann rechts ab Richtung **Weinlehrpfad Loreley** und an der folgenden Gabelung wieder rechts. Es tauchen steile Weinberge auf, Tafeln geben Informationen rund um den Rebensaft. Der **Rhein-Wein-Wanderpfad** führt dann an der nächsten Gabelung links durch ein Wein-, Wald- und Wiesenstück und an einem Asphaltweg noch mal links. Bald biegen wir rechts in den Wald und laufen geradewegs zum Rand einer Hochebene, unten rauscht der Bornichbach.

Variante: Wer sich die Durchquerung des Bornichbachtals und des noch viel tiefer eingeschnittenen Urbachtals mit langen Ab- und Anstiegen sparen möchte, geht hier links oberhalb des Bornichbachs nach Bornich und dort auf dem Rheinhöhenweg (Markierung R) nach Dörscheid.

Wir wandern abwärts zum **Bornichbach.** Danach geht es stetig aufwärts, erst links, dann am Hauptweg rechts, an der nächsten Gabelung wieder rechts und dann auf dem Hauptweg bis zu einem **Aussichtshäuschen.** Der Blick geht über den Rhein nach Oberwesel, links liegt ein tiefes Seitental (Urbachtal) – kein Zweifel, da müssen wir durch. Doch zunächst führt uns die RP-Markierung weiter bergan zu einer Hochebene. Etwas versteckt zwischen Büschen muss man hier rechts abbiegen. Weiter geht's halb links am Rand der Hochebene entlang und zweimal rechts, wie auf den Wegpfosten markiert. Von hier führt ein enger Weg, stellenweise über Schiefer, bergab ins **Urbachtal.** Den Bach queren wir unten auf einer Brücke, dahinter geht es links hoch zum Hauptweg, auf den wir rechts einbiegen. Wir schlängeln uns den Berg hinauf, am nächsten Abzweig rechts, danach links und an einer T-Gabelung rechts. Kurz vor Erreichen des Gipfels führt unsere Route rechts auf einen immer schmaler werdenden Seitenweg, der bald aus dem Dickicht heraus- und an der Bergkante oberhalb des Rheins entlangführt. Hier muss man ein Stück über Schiefer steigen und erreicht bald am Rand einer Hochebene ein **Aussichtshäuschen** mit Blick auf Oberwesel.

Der Rhein-Wein-Wanderpfad führt nun über die Hochebene (dreimal rechts halten) zum nächsten hölzernen **Rast- und Aussichtshäuschen** mit noch schönerem Blick auf die Schönburg auf der anderen Rheinseite und ins Rheintal, zur Burg Pfalzgrafenstein auf einer Felseninsel im Wasser. Nach dem Genuss von Pausenbrot und Panorama geht es weiter nach **Dörscheid.** Hier stehen noch die Hühner am Straßenrand und gucken den Wanderern nach. Am **Weingut Sonnenhang** biegen wir rechts ab und gehen leicht abwärts durch eine verbuschte Senke. **Achtung:** Noch bevor der Weg auf der anderen Seite der Senke zur nächsten Hochebene aufsteigt, gehen wir halbrechts in den Weg, der weiterhin oberhalb des Rheins leicht bergab führt. Bis nach Kaub geht es immer leicht abfallend geradeaus, an Büschen und am Mauerwerk stillgelegter Weinberge vorbei bis zu einer Treppe. Es geht treppauf und oben tut sich das nächste Premium-Panorama auf: Burg Gutenfels, die ein gutes Stück über dem Fluss thront und die »Pfalz« bewacht. In den Ort **Kaub** gelangt man schnell über den Wirtschaftsweg, der einen weiten Bogen schlägt, oder über Treppen.

Tour 2: Schatzsuche

Autotour auf der Rheingoldstraße

Länge/Dauer: ca. 70 km/Halbtagestour, linksrheinisch, Berg-und-Tal-Fahrten
Sehenswert: Bacharach, Hunsrückwälder und -dörfer, die »Pfalz« bei Kaub, Oberwesel, Ruine Rheinfels, Loreley, Boppard, Rhens
Markierung: goldener Weinkelch vor Fluss und Burg

»Wenn das Wasser im Rhein goldner Wein wär...« – mit Gold wird der Fluss spätestens seit der Siegfriedsage immer wieder in Verbindung gebracht. Der finstere Hagen soll den Nibelungenschatz just bei der Loreley im Rhein versenkt haben, bisher blieben allerdings alle Tauchgänge ergebnislos. Leichter sind die Schätze der Rheingoldstraße zu finden: Weinorte im Tal und Hunsrückdörfer auf den Höhen, Weinberge, Wälder, Wiesen und Wasser.

Wir starten im 3-Burgen-Ort **Trechtingshausen** und fahren auf der Bundesstraße 9 am Rhein entlang via Niederheimbach nach **Rheindiebach** (Ruine Fürstenberg). Hier biegen wir links ins Manubachtal ein und kommen durch **Oberdiebach** (efeuumrankte Häuser und Kirche St. Mauritius auf einem Hügel) und **Manubach** höher auf den Hunsrück und tiefer in seine Wälder, in denen sich Räuberhäuptling Schinderhannes herumgetrieben hat. An der Bacharacher »Dicken Eiche« geht's rechts kurvig zum verträumten Dörfchen **Steeg.** Die Rheingoldstraße führt durchs Borbachtal auf die Hunsrückhöhen über die Hunsrückorte Breitscheid, Perscheid und Langscheid nach **Oberwesel.** Auf halber Höhe der Straße von Langscheid nach Oberwesel ist rechts der Aussichtspunkt »Pfalzblick« ausgeschildert.

In Oberwesel fahren wir an Marktplatz und Rathaus vorbei und nehmen am anderen Ortsende die Abzweigung nach Urbar. **Urbar** liegt auf der Höhe gegenüber der Loreley und hat einen schönen Aussichtspunkt auf den berühmten Felsen. Von hier geht's zum Backsteinörtchen **Biebernheim** und dann direkt an der riesigen **Ruine Rheinfels** vorbei abwärts nach **St. Goar.** In St. Goar muss man sich links halten, um Richtung Gründelbachtal wieder auf die Höhe nach **Werlau** (Rheingoldbad) und weiter über eine saftig grüne Hügellandschaft via Holzfeld, Rheinbay (mit hübscher Kapelle) und Weiler (Blick auf Burgen Liebenstein und Sterrenberg auf der anderen Rheinseite) wieder talwärts nach **Bad Salzig** zu kommen. In Bad Salzig tut ein Schluck aus der eisenhaltigen Leonorenquelle gut, bevor wir uns über das mit Obstbäumen bestandene Hinterland auf zum römischen Hauptquartier **Boppard** machen.

Hinter Boppard bleibt die Rheingold-Route auf der Bundesstraße am Fluss, folgt dem langen Weinbergsbogen Bopparder Hamm, der Spitzenlage am Mittelrhein. Spay und Brey heißen die nächsten Orte, am Straßenrand wird Obst verkauft,

Mittelalterfest auf der Marksburg

drüben grüßt die Marksburg. In **Rhens** findet die Tour ihren krönenden Abschluss beim Königsstuhl.

Tour 3: Rheinradeln

Radtour durchs Mittelrheintal

Länge/Dauer: 64 km/Tagestour; leicht
Start/Ziel: Bingen/Koblenz
Sehenswert: Bacharach, »Pfalz«, Oberwesel, Loreley, Boppard, Schloss Stolzenfels
Fahrradverleih: Fahrrad-Shop, Koblenzer Str. 43, 55411 Bingen (Bingerbrück), Tel. 06721/922110, Rad pro Tag 10 Euro.
Lüdicke-Fahrradstudio, Oberstr. 105, 56154 Boppard, Tel. 06742/4736, Rad pro Tag 6,50 Euro.

Die linke Rheinseite kann zwischen Bingen und Koblenz fast durchgängig auf ebenen Radwegen befahren werden. Etwa die Hälfte der Strecke (Trechtingshausen–Bacharach und Spay–Koblenz) verläuft direkt am Fluss auf dem alten Leinpfad, hier mal durch eine Kleingartenanlage, dort mal über eine Uferpromenade, das ist sehr schön und entspannend. Stellenweise wird der Radweg allerdings direkt an die zeitweise stark befahrene Bundesstraße 9 geführt. Auf einigen Abschnitten wie Oberwesel–Bacharach ist das kein großes Problem, weil der Radweg breit und deutlich von der Straße separiert ist. Es gibt aber immer noch zwei Stellen (Stadtausfahrt Bingerbrück und das Teilstück zwischen St. Goar und Hirzenach), an denen die Radler entweder auf schmale Gehwege ausweichen oder auf der Bundesstraße fahren müssen. Wem eine knapp 20 km lange Radtour reicht, dem sei die Streck Trechtingshausen–Oberwesel empfohlen.

Extra-Tour: Des Kaisers heiße Quellen

Bad Ems

Anreise: Mit Auto (12 km), Bahn (10 Min.) oder Rad von Niederlahnstein lahnaufwärts nach Bad Ems (Tagesausflug)

Wo schon Kaiser, Könige und Künstler kurten, kann es nur gut sein. Wer der Lahn von ihrer Mündung in den Rhein bei Lahnstein aufwärts Richtung Limburg folgt, wird nach einigen Flussbiegungen das traditionsreiche Kurstädtchen in einem engen Talabschnitt zwischen Taunus und Westerwald erreichen. Am rechten Ufer ragt der **Quellenturm** empor, auf dem schmalen linken Uferstreifen steht das imposante, lang gestreckte **Kurhaus,** eingerahmt von steilen, bewaldeten Hügeln. Die Zwiebeltürme der **Russisch-orthodoxen Kirche** spiegeln sich in der Lahn. Der Charme des einstigen Weltbads ist noch zu spüren im properen **Kurviertel** mit Kurpark, Kurtheater, Spielcasino, prächtigen Portalen, eleganten Kolonnaden und prunkvoll eingefassten Brunnen. Auf der breiten Fußgängerbrücke über der ruhig fließenden Lahn gerät man regelrecht ins Flanieren. Das Kurhaus und die durch Barrieren begrenzte Promenade, damit auch niemand die Kurgäste stört, senden nur eine Botschaft aus: Immer mit der Ruhe.

Im 19. Jh. kurten Adelige aus ganz Europa in Bad Ems, und die Romanciers überboten sich im Komplimentieren: »Paris an der Lahn« hieß es, oder »Sommerhauptstadt«. Auf der Promenade begann sogar ein (verhängnisvolles) Kapitel deutscher Geschichte: 1870 überbrachte hier der französische Botschafter Benedetti dem zur Kur weilenden Preußenkönig Wilhelm I. die Forderung, das Haus Hohenzollern solle auf die spanische Krone verzichten. Wilhelm widersprach energisch. Das Disput-Protokoll ging als »Emser Depesche« an Bismarck, der es in einer provokanten Fassung veröffentlichte. Die Folge: Frankreich erklärte Preußen den Krieg, verlor und Wilhelm wurde Kaiser. Dem Kurhaus gegenüber steht der **Benedetti-Stein** als Erinnerung an das Treffen.

Jeder Kurgast ist heute ein König, wenn er sich nach allen Regeln der Badekunst verwöhnen lässt. In den Innen- und Außenbecken der **Emser**

Kurstadt Bad Ems

Therme kann man untertauchen, sich auf Sprudelliegen, von Schwallbrausen oder von Hand massieren lassen. Im Fitnesscenter »Oxy Parc« lässt sich der Sauerstoffgehalt der Luft auf 40 Prozent erhöhen, das reicht bei jedem für die Voll-Durchblutung beim Training. Die Inhalation der berühmten **Emser Sole** befreit die Atemwege, und eine Trink-Kur mit »alkalisch muriatischen Säuerlingen« der 27–57° C heißen Heilquellen weckt die Lebensgeister.

Draußen lockt der **Kurpark,** in dem schon Richard Wagner gern spazierte. Der Komponist wohnte in dem weißen **Schlösschen Balmoral,** das heute als Künstlerhaus für Stipendiaten und als Konzertraum genutzt wird. Jacques Offenbach lebte zwölf Jahre in Bad Ems. Ihm zu Ehren findet alljährlich im Sommer das Jacques-Offenbach-Festival statt.

Die Gegend um Bad Ems ist ein schönes Wanderrevier. Wem die Hügel zu steil sind, der wandert im Tal oder lässt sich von der **Kurwaldbahn** (Stand-Seilbahn) auf die 240 m hohe **Bismarckhöhe** chauffieren (Talstation gegenüber der Spielbank). Wer die Hügel auf der anderen Lahnseite erklimmt, kommt auf den **Lahnhöhenweg,** der dem Fluss bis Limburg folgt. Unweit des Hügelkamms steht ein rekonstruierter **Römerturm.** Von der Terrasse des Cafés Winterberg nebenan hat man einen schönen Blick auf das Lahntal und das einstige Kaiserbad Ems.

Info: Tourist-Information, Römerstr. 1, 56130 Bad Ems, Tel. 02603/94150, www.bad-ems-touristik.de.

MOSEL – SAAR – RUWER

Alf
Alken
Beilstein
Bernkastel-Kues
Calmont
Cochem
Ediger-Eller
Enkirch
Kobern-Gondorf
Kröv
Moselkern
Neumagen-Dhron
Perl
Piesport
Pünderich
Saarburg
Treis-Karden
Trier
Traben-Trarbach
Trittenheim
Ürzig
Winningen
Zell

Andernach
Neuwied
Mülheim-
Kärlich
Koblenz
Adenau
Mendig
Mayen
Winningen
Bad Ems
Kobern-
Gondorf
Lahnstein
Alken
Burg Eltz
-Karden
Moselkern
Boppard
Rhein
Treis-
Cochem
Calmont
378 m
Beilstein
Bremm
Ediger-Eller
St. Goar
Kastellaun
Alf
Bacharach
Pünderich
Zell
Ürzig
Kröv
Enkirch
Mosel
Traben-
Trarbach
Kirchberg
(Hunsrück)
Simmern
Bernkastel-
Kues
Piesport
Neumagen-Dhron
Trittenheim
Bad Kreuznach
Bad Münster am Stein-
Ebernburg
Kirn
Nahe
Bad
Sobernheim
Hunsrück
Meisenheim
Idar-
Oberstein
Hermeskeil
Birkenfeld
Lauterecken
Baumholder
Rocken-
hausen
Wolfstein
Wadern
Kusel
AARLAND
St. Wendel
48
61
416
49
53
62
1

Mosel-Saar-Ruwer

Cochem

Oh Mosella, Mosella rule the wines! Sie fließen wieder an die internationale Spitze, die spritzig-frischen, feinen Mosel-Rieslinge, so wie um 1900, als hier der teuerste Wein der Welt wuchs.

Mademoiselle Mosel entspringt am Col de Bussang in den südlichen Vogesen und strömt mit viel Schwung in unzähligen Schleifen nach 545 Flusskilometern bei Koblenz in den Rhein. (Per Luftlinie wäre die Entfernung übrigens nur halb so weit!) Rechts nimmt sie vor Trier das Wasser der Saar und hinter Trier das der Ruwer mit. Die Weinorte an der Saar stehen auf rheinland-pfälzischem Boden, Saarlandwein wächst dagegen an der Mosel bei Perl im Dreiländereck Deutschland–Frankreich–Luxemburg.

Eine Spezialität der Obermosel ist der Elbling, ein frischer, trockener Wein und ein altbekannter dazu, schon die Römer liebten ihn. Das Herzstück für klassische Rieslinge ist die Mittelmosel mit dem Zentrum Bernkastel-Kues. Die Untermosel bis zur Mündung wird auch Terrassenmosel genannt, sie ähnelt mit ihren steilen, burgenbestandenen Bergen dem Mittelrheintal.

Vergleichbar ist auch der Rückgang der Rebfläche, der in den letzten Jahren an der Mosel 10 % betrug; wie am Mittelrhein wurden vor allem Steillagen aufgegeben. Die Hälfte der Reben wächst auf steilen Hängen aus Schiefergestein mit einer Steigung von mehr als 30 %. Mit 68 % Steigung ist der Calmont bei Bremm gar Europas steilster Weinberg. Da fließt viel Winzerschweiß, und danach schätzt und feiert man die köstlichen Tropfen besonders. Der Weinfestkalender der Region ist der längste Deutschlands.

5500 ha sind hier mit Riesling-Reben bestockt, so viel wie in keiner anderen Weinregion. Von der Gesamtfläche des Anbaugebiets (9900 ha) sind das aber nur 56 %. Müller-Thurgau ist die Nummer 2 an Mosel, Saar und Ruwer (mit 17 %), Elbling folgt mit 7,7 % auf Rang 3.

Bernkasteler Doctor, Zeller Schwarze Katz, Kröver Nacktarsch – diese Moselweine kennt jeder und die Orte sind mit ihren Weinen und den Anekdoten dazu groß geworden. Antike Geschichte ist derweil an der Mosel allgegenwärtig, das macht die Weinregion zur Destination für Wissensdurstige. Von antiken Traubenkernen über Kelteranlagen bis zum steinernen, weinfassbeladenen Schiff – wer lang genug buddelt, kann sich aus den römischen Relikten ein kleines *Imperium Vinorum* aufbauen.

Mosel-Saar-Ruwer-Info

Information

Mosellandtouristik
Postfach 1310,
54463 Bernkastel-Kues,
Tel. 06531/2091, Fax 2093,
www.mosellandtouristik.de.

Mosel-Saar-Ruwer Wein
Gartenfeldstr. 12a, 54295 Trier,
Tel. 0651/710280, Fax 45443,
www.msr-wein.de.

Wichtige Feste

Wein & Gourmet-Festival: Mitte April–Mitte Mai
Winzer und Köche aus Deutschland, Frankreich und Luxemburg sorgen mit mehr als 80 Feinschmecker-Events zwischen Koblenz und Luxemburg für grenzenlosen Genuss. Im Zentrum steht eine große Weinpräsentation im Römischen Thermenmuseum in Trier, wo man für 18 Euro 400 Weine von 60 Winzern probieren kann.
www.wein-gourmetfestival.com

Happy Mosel: erster Sonntag nach Pfingsten
Happy day für Biker, Skater, Walker, die endlich mal die Landschaft stress-, lärm- und abgasfrei genießen können. Mit fast 150 km ist das die längste Straßensperre Europas. Dazu gibt's ein buntes Kulturprogramm und Versorgungsstände entlang der Strecke.
www.happy-mosel.com

Antikenfestspiele Trier: Mitte Juni–Mitte Juli
Jeden Sommer werden so imposante Bühnen wie die Ruinen der Kaiserthermen bespielt, klassische Stoffe überwiegen. Obendrein heitere Einakter, Lesungen, Symposien, Kulinarien mit römischem Mahl und Antikenweinprobe.
www.antikenfestspiele.de

Mosel-Festwochen: Ende Mai–Anfang Oktober
Forellenquintett im Weinkabinett, Boogie-Woogie beim Winzer, Konzerte in Klöstern und Katakomben – bei den Mosel-Festwochen ist das musikalische Spektrum groß.
www.moselfestwochen.de

Mit der Bahn

Die Strecke Koblenz–Trier verläuft nur bis Bullay am Fluss. Der IC hält in Cochem, Bullay und Wittlich, Stichbahn ab Bullay nach Traben-Trarbach. Ergänzt wird das Angebot durch Regionalexpress-Züge, die auch in Kobern-Gondorf und Treis-Karden halten, und Regionalbahnen mit Halt an allen Stationen. Saar (Saarburg) und Obermosel (Perl-Nennig) erreicht man ab Trier.

Verkehrsverbund Rhein-Mosel: Tel. 01805/986986, www.vrm-info.de.

Verkehrsverbund Region Trier: Tel. 01801/993366, www.vrt-info.de.

Höhepunkte an Mosel, Saar und Ruwer

Beilstein: »Dornröschen der Mosel« heißt das Bilderbuch-Weindorf, dessen schiefergedeckte Häuser sich in einen schmalen Talkessel drängen.

Bernkastel-Kues: Der Fachwerk-Ort ist Heimat eines Universalgelehrten und eines Wunderweins.

Calmont: Wie hängende Gärten sehen die Rebenparzellen an Europas steilstem Weinberg aus: 68 % Steigung!

Trier: Roms Schwester ist mit der Dichte und Qualität ihrer Baudenkmäler die erste Wahl für Wissensdurstige.

Weinreiseziele

Trier, Kurfürstliches Palais

Alf

Wo der Alfbach in die Mosel mündet, steht Alf, mit hübschem Dorfplatz und Fachwerkhäusern. Das Alfbachtal überragt die über 1000 Jahre alte **Burg Arras,** die von den Franzosen zerstört, aber 1907–1910 wieder aufgebaut wurde. Sie beherbergt heute ein Hotelrestaurant und ein Burgmuseum. Herrlicher Blick vom Burgberg u. a. auf den Kondelwald, ein exzellentes Wanderrevier.

Alken

Wer von Koblenz kommt, bekommt bei Alken ein Postkarten-Bild von einem Weintal zu sehen. Am rechten Ufer steht das schmale Dorf mit Schiffsanleger, dickem Rundturm und altem Kirchturm, direkt dahinter steigt die Weinberg-Kulisse empor, gekrönt von der **Burg Thurandt** (um 1200) mit zwei fast identischen Bergfrieden.

Beilstein

Schon seine Lage macht das Dörfchen mit den engen Gässchen zum »Dornröschen der Mosel«. Am rechten Ufer des »Cochemer Krampen«, der Moselschleife zwischen Cochem und Ediger-Eller, geht es verschlafen zu. Die Bundesstraße führt am anderen Ufer entlang, die Bahn spart sich den Krampen ganz und fährt durch den 1877 eröffneten Kaiser-Wilhelm-Tunnel, der ihr einen fast 20 km langen Umweg erspart.

Viele Besucher setzen mit der Fähre vom linken Ufer nach Beilstein über und können sich langsam dem Postkarten-Panorama des Mosel-Kleinods nähern. Schmucke schiefergedeckte Häuser drängeln sich in einem schmalen Talkessel, überragt von einer **Klosterkirche** und, rechts, der Ruine Metternich auf steilen Weinparzellen. Das 160-Seelen-Dorf steht komplett unter Denkmalschutz und diente schon mehrfach als Filmkulisse, u. a. spielte hier Heinz Rühmann. Die Gassen sind so schmal, dass schon mal jemand an ein Fachwerkhaus rammt, wenn sich zwei Touristengruppen begegnen. Vom winzigen Marktplatz führt eine lange Treppe zur Kirche des ehemaligen Karmeliterklosters (17. Jh.), deren Schmuckstück ein Bildnis der »Schwarzen Madonna« ist. Von der Terrasse vor der Kirche hat man einen guten Blick auf den Pulk von Schieferdächern. Durch die steilen Gassen rechts rauf geht's zur Ruine der **Burg Metternich,** die bereits im

12. Jh. erwähnt wurde, 1637 den Freiherren von Metternich zugesprochen, 1689 allerdings von den Franzosen zerstört wurde. Ein Restaurant (geöffnet wie die Ruine April–Okt.) mit Terrasse (schöner Blick auf die Mosel und Ellenz-Poltersdorf am Ufer gegenüber) lädt zum Verweilen ein. Unter alten Bäumen auf der Höhe hinter der Ruine liegt der alte jüdische Friedhof. Ab dem 14. Jh. lebten jüdische Familien in Beilstein.

Übernachten / Essen & Trinken

Hotel-Restaurant Gute Quelle
Marktplatz 34, 56814 Beilstein,
Tel. 02673/1437, Fax 1399,
www.hotel-gute-quelle.de.
März–November, in der Nebensaison Di Ruhetag, DZ ab 56 Euro, Hauptgericht ab 7 Euro.
Ein Quell der Gastlichkeit ist das gutbürgerliche, familiär geführte und familienfreundliche Haus direkt am Marktplatz.

Bernkastel-Kues

An diesem Mittelmosel-Mekka kommt kein Ausflugsdampfer und kein Reisebus vorbei, ohne ausgiebig Station zu machen. **Bernkastel** liegt am rechten Ufer zu Füßen des **Doctor-Weinbergs.** Ein Fässchen Wein dieser Lage soll im 14. Jh. den ernsthaft erkrankten Trierer Erzbischof Boemund, den die Ärzte schon aufgegeben hatten, wieder auf die Beine gebracht haben. Über den Weinbergen steht die Ruine der 1692 zerstörten **Burg Landshut.** Dass hier im Mittelalter prächtig mit Weinhandel und Zoll verdient wurde, zeigen die schmucken Winzerhöfe und der auf einer Seite leicht ansteigende Mini-Marktplatz mit dem **Michaelisbrunnen,** um den sich edle fünfstöckige Fachwerkhäuser und ein **Renaissance-Rathaus** (1608) drängen. Das schiefe »Spitzhäuschen« am Eingang der Karlstraße gehört mit seiner speerspitzenförmigen Front zum Ulkigsten, was man mit Fachwerk machen kann. Das **Graacher Tor** an der Graacher Straße (heute Heimatmuseum) war Teil der Stadtbefestigung, wie auch der später zum Glockenturm umfunktionierte ehemalige Wehrturm an der **Michaeliskirche.** Die spätgotische Kirche ist reich ausgestattet. An einer Säule sind Rekord-Hochwasserstände der letzten Jahrhunderte markiert.

In **Kues** kam 1401 Nikolaus Crypff (Krebs) zur Welt, besser bekannt als Nikolaus Cusanus oder von Kues, Kardinal und Universalgelehrter und Stifter des **Hospitals St. Nikolaus,** das direkt rechts an der Brückenauffahrt steht. Glanzstücke der spätgotischen Anlage sind die Stiftskirche und die Bibliothek mit zahlreichen Handschriften. Im Geburtshaus des Cusanus am Ortsausgang Richtung Trier dokumentiert eine Ausstellung sein Leben und Werk.

Eine Brücke verbindet beide Orte, auf deren Mitte 2001, zum 600. Geburtstag des Nikolaus von Kues, eine kleine Sonnenuhr mit dem Por-

Weinprobe im Hospital

In den historischen Gewölbekellern des St.-Nikolaus-Hospitals in Bernkastel-Kues ist das **Moselweinmuseum** eingerichtet. In der Hospital-Vinothek kann man für 9 Euro nach Herzenslust 130 Weine von Mosel, Saar und Ruwer probieren.

trät des großen Theologen und Wissenschaftlers installiert wurde.

Zu Bernkastel-Kues gehört der renommierte Weinort **Wehlen** mit sehenswerten Fachwerkhäusern und Winzerhöfen und der Spitzenlage Wehlener Sonnenuhr. **Brauneberg** moselaufwärts hieß lange Dusemont (süßer Berg) nach den besonders süßen Trauben der Lage Brauneberger Juffer.

Übernachten beim Winzer

Weingut Kiesgen und Sohn
Zum Niederberg 38, 54470 Lieser,
Tel. 06531/2545, Fax 1545,
weingutkiesgen@t-online.de.
Ein hübsches Basislager für Exkursionen an Mosel und Lieser ist eine Ferienwohnung im Winzerhof der Familie Kiesgen. Tischtennis, Kinderspielplatz, Kicker, Kanu sind die Extras des Hauses.

Essen & Trinken / Übernachten

Hotel-Restaurant Zur Post
Gestade 17,
54470 Bernkastel-Kues,
Tel. 06531/96700, Fax 967050,
DZ 65–80 Euro,
Hauptgericht ab 14 Euro.
Zu Fisch, Fleisch und Lamm kann man aus über 100 Moselweinen wählen, und der Spießbraten wird

mit einer Rieslingsoße verfeinert. Dem historischen Haus ist ein moderner Hoteltrakt mit komfortablen Zimmern angeschlossen.

Weingüter

Weingut Thanisch
Saarallee 31,
54470 Bernkastel-Kues,
Tel. 06531/2282,
Weinprobe und -verkauf nach Vereinbarung.
Wunder gibt es immer wieder. Wer sein Zipperlein wie Erzbischof Boemund mit Wein behandeln will, sollte es mal mit dem Bernkasteler Doctor probieren. Bei Spitzen-Winzerin Sophia Thanisch-Spier gibt's die Medizin rezeptfrei ab 14,50 Euro.

Weingut Markus Molitor
Haus Klosterberg,
54470 Bernkastel-Wehlen,
Tel. 06532/3939,
Weinprobe und -verkauf Mo–Fr 8–17 Uhr und nach Vereinbarung.
Das 40 ha große Gut gehört zur internationalen Spitzenklasse. Besonders die edelsüßen Gewächse von Top-Lagen wie Zeltinger Sonnenuhr und Ürziger Würzgarten machen Furore, haben aber ihren Preis. Gutsriesling ab 6,90 Euro, Zeltinger Himmelreich Riesling Kabinett für 8,10 Euro.

Fest

Weinfest der Mittelmosel: 1. Septemberwochenende
Beim größten Weinfest der Region fließt der Doctor-Wein in Strömen. Feier-Highlights sind ein bunter Festumzug und ein Feuerwerk, das am Bernkasteler Moselufer und von der Ruine Landshut gezündet wird.

Calmont

An manchen Stellen könnten die Winzer hier Steigeisen gebrauchen, wenn sie Trauben lesen. Der Bremmer Calmont (von *calidus mons*, heißer Berg) ist mit 68 % Steigung Europas steilster Weinberg. Wie eine Wand erhebt er sich am linken Ufer himmelwärts, kleine Weinparzellen kleben wie hängende Gärten zwischen den Felsvorsprüngen. Die Calmont-Winzer machen einen Knochenjob, vom Rebensetzen bis zur Traubenlese ist hier alles Handarbeit. Zwischen Eller und Bremm

Steil – steiler – Calmont

kann man über einen Klettersteig am Abhang entlangkraxeln – Alpenfeeling inklusive (s. Tour 1, S. 136). Vom moselaufwärts gelegenen Bremm führt ein Wanderweg zur 380 m hohen Calmont-Spitze, die eine schöne Aussicht auf die schmale Bremmer Moselschleife bietet. Sie umfließt Weinhänge und die einsam stehende Kirchenruine des im 12. Jh. gegründeten Augustinerinnenklosters Stuben.

Weingut

Weingut Franzen
Gartenstr. 14, 56814 Bremm,
Tel. 02675/412,
www.weingut-franzen.de,
Weinprobe und -verkauf nach Vereinbarung.
Spitzenwein von Europas steilstem Weinberg gibt's beim Weingut Franzen. Fast alle Weine werden trocken ausgebaut – an der Mosel eine Besonderheit. 2003er Bremmer Calmont Riesling für 8,50 Euro.

Cochem

In dem Untermosel-Mekka tummeln sich sommers schon mal dreimal so viele Besucher wie Einwohner. Die Gäste sammeln sich an der Uferpromenade, wo reihenweise Busse parken, Ausflugsschiffe von Koblenz kommen und nach Beilstein starten.

Cochem wurde 866 erstmals als *Villa Cuchema* erwähnt und erhielt 1332 Stadtrecht. Von der Promenade spaziert man durch historische Stadttore und fachwerkgesäumte Gassen zum **Marktplatz** mit seinem hübschen Brunnen und Erkerrathaus, zum ehemaligen **Kapuzinerkloster** und zur **Martinskirche** mit der markanten barocken Turmhaube und einer Orgel, deren Klang ein »Riesling-Register« bereichert (2 versteckte Weinflaschen). Die **Reichsburg** beherrscht die Szenerie und ist Höhepunkt jedes Stadtrundgangs. Um 1000 wurde sie erbaut und 1689, wie viele andere Moselburgen, von den Franzosen zerstört, 1868 aber wieder hergerichtet. Der Aufstieg von der Altstadt zum Burgberg dauert 15 Min. Spannend ist eine Führung durch die Reichsburg, wo man alles über Rittersaal, Hexenturm, Verlies und Folterkammer erfährt (geöffnet 15. März–15. Nov., 24. Dezember–1. Jan.). Hinter der Burg führen Wanderwege in den Wald und ein hübscher Pfad unterhalb der Rebenreihen zum Moselufer. Wer von höherer Warte aufs Moseltal blicken will, nimmt den Sessellift zum **Pinner Kreuz** (April–Mitte Nov., Talstation Endertstr. 44). Nicht weit vom Aussichtspunkt bietet der **Freizeitpark Klotten** mit Spielgeräten und Wildgehegen Spaß für die ganze Familie.

Übernachten /Essen & Trinken

Moselromantik Silence-Hotel Weißmühle
Im Enderttal, 56812 Cochem,
Tel. 02671/8955, Fax 8207,
www.weissmuehle.de,
DZ ab 88 Euro, Hauptgericht ab 16 Euro.
Das Haus liegt im Grünen, im Enderttal, 2,5 km außerhalb von Cochem. Eigene Fischteiche sorgen für entsprechend frische Fischgerichte im Restaurant Müllerstube.

Ediger-Eller

Im Licht am Ende des Kaiser-Wilhelm-Tunnels steht Ediger-Eller. Ein fast geschlossenes Ensemble stattlicher Fachwerkhäuser, Adels- und

Winzerhöfe bildet den Kern des Ortsteils **Ediger.** Die schönsten Exemplare reihen sich entlang der Oberbachstraße. Auch von der **Stadtmauer** aus dem 14. Jh. sind große Teile erhalten. Von der **Pfarrkirche St. Martin** führt ein Kreuzweg in die Weinberge hinauf zur **Kreuz-Kapelle,** die das Steinrelief »Christus in der Kelter« birgt, hier ist die Arbeit der Winzer Symbol für das Leiden Christi. Im Ortsteil **Eller** sind die prächtigsten Fachwerkhäuser in der Brunnenstraße versammelt. Sehenswert sind hier auch die **St.-Hilarius-Kirche** und die **Rochus-Kapelle**.

Enkirch

Wo heute in der Nähe von Traben-Trarbach das Bilderbuch-Weindorf mit den vielen Fachwerkhäusern steht, siedelten schon die Kelten. Die Römer hinterließen hier Tempelreste mit einigen Säulen. Die schönste Ansammlung von alten Winzerhöfen und Fachwerkhäusern bieten die Weingasse, die Priestergasse und die Sponheimer Straße. Am Steffensberg 80 lockt Hochprozentiges ins **Schnapsmuseum** (Mo geschlossen). Beste Weinlage ist der Batterieberg.

Kobern-Gondorf

An dem Weinort-Duo am linken Moselufer mit der auffälligen **Wasserburg** derer von Leyen aus dem 13. Jh. führt kein Weg vorbei: Für die Landstraße hat man ins Erdgeschoss der Wasserburg kurzerhand eine Durchfahrt geschlagen, und für die Bahntrasse wurde sogar ein ganzer Gebäudeteil abgerissen. In Kobern sind alte Fachwerkhäuser zu bestaunen, vor allem am Marktplatz rund um den **Tatzelwurmbrunnen,** der die sich schlängelnde Mosel symbolisiert. Der über 500 Jahre alte burgähnliche **Wohnturm** der Herren von Kobern steht in der Peterstraße, und eines der ältesten Fachwerkhäuser des Landes, der **Abteihof St. Marien,** Baujahr 1321, in der Kirchstraße 1. Vom Marktplatz führt ein schöner Fußweg durch die Weinberge zur Ruine der **Niederburg** und ein Kreuzweg weiter aufwärts zur **Oberburg,** von der nur der Bergfried erhalten ist. Eigentlicher Blickfang auf der Höh' ist die romanische **Matthiaskapelle** mit ihren orientalisch anmutenden Elementen – eines der schönsten Bauwerke der Region. Sie wurde als Reliquienschrein für den angeblichen Kopf des Apostels Matthias erbaut, den Kreuzritter Heinrich II. von Isenburg-Kobern aus Unterägypten mitgebracht hatte. Die Reliquie ruht inzwischen in der Abtei St. Matthias zu Trier.

Kröv

Der »Kröver Nacktarsch« ist die Touristenattraktion des alten Weinorts bei Traben-Trarbach. Man gebe einer Großlage einen deftigen Namen, finde eine passende Anekdote dazu, und schwups ist der Wein in aller Munde. Die Geschichte vom »Kröver Nacktarsch« ist auf Flaschenetiketten und Fassaden dargestellt: Ein paar Kröver Lausbuben stiegen heimlich in einen Weinkeller und zapften sich den besten Tropfen, da kam der Winzer und versohlte ihnen den Popo. Wer mehr Fakten mag, leitet sich Nacktarsch von dem keltischen Wort *»nackars«* ab, was »felsige Höhe« heißt. Über Jahrhunderte war der Ort Zentrum des »Kröver Reiches« mit eigener Gerichtsbarkeit. Alte Fachwerkhäuser und Winzerhöfe zieren Kröv, besonders prächtig ist das **Dreigiebelhaus** (ehemaliges Rathaus), ein Musterbau moselfränkischer Fachwerkarchitektur.

Moselkern

Das Winzerdorf wird auf dem Weg zur Burg Eltz meistens schnell durchquert. Dabei verdienen die Gebäude mit den aufgemalten Weinweisheiten Beachtung. Kostprobe vom Weinkeller an der Valeriuskirche: »Traube gestoßen tröstet als Wein.« Die Kirche mit dem romanischen Turm steht am Eingang des Elzbachtals. Sehenswert sind auch das alte **Rathaus** (16. Jh.) und das **Halfenhaus.**

Übernachten

Weingut Brunnenhof
Moselstr. 44, 56332 Hatzenport, Tel. 02605/952485, Fax 952487, www.brunnenhof-hatzenport.de, DZ ab 46 Euro.
Der alte Rundhof an der Untermosel (Hatzenport liegt flussabwärts von Moselkern) bietet richtiges Urlaub-auf-dem-Lande-Ambiente. Einige Zimmer haben Moselblick. In einer ehemaligen (renovierten) Scheune sind Ferienwohnungen eingerichtet. Zum Gut gehört die Straußwirtschaft »Zum Brünnchen« (geöffnet an Wochenenden Mai–September).

Neumagen-Dhron

Mächtig legen sich die Ruderer ins Zeug, nur der Steuermann schaut vergnügt auf dem steinernen **Weinschiff** bei der gotischen Peterskapelle im Zentrum von Neumagen. Das Relief gehörte zum Grab eines römischen Weinhändlers. Das berühmte Neumagener Römerschiff gibt es hier aber nur als Abguss zu sehen, das Original steht im Landesmuseum Trier. An der **Peterskapelle** hat man bei Ausgrabungen die Grundmauern des Kastells *Noviomagus* mit zahlreichen Reliefs gefunden, Markierungen machen heute die Ausdehnung der Anlage deutlich. Abgüsse römischer Bildtafeln zeigen Szenen römischen Lebens.

Weinfest

Weinblütenfest: 3. Juniwochenende
Wer schwitzende Römer ihr Weinschiff live durch die Gegend rudern sehen will, sollte zum Umzug während des Weinblütenfestes kommen. Hier wird man in die Antike gebeamt, und nach ein paar Gläschen gewinnt die karnevalistische Weinschiff-Replik an Authentizität.

Perl

Saarländischer Wein an der Mosel? – der wird in Perl an- und ausgebaut, das im Dreiländereck von Deutschland, Frankreich und Luxemburg liegt und über eine Brücke mit Schengen verbunden ist, wo 1985 das Abkommen zum Abbau der innereuropäischen Grenzkontrollen unterschrieben wurde. Die Winzer pflegen hier die Elbling-Rebe, die schon die Römer zu schätzen wussten. Im Ortsteil **Nennig** hat man eine **römische Villa** ergraben, ihr Prunkstück: der Mosaikboden aus 3 Mio. Teilchen, mit acht Bildmedaillons, die den antiken Alltag zeigen, vor allem Amphitheater-Szenen mit Sklaven, Löwen, Gladiatoren.

Weingut

Matthias Dostert
Weinstr. 5, 54453 Nittel,
Tel. 06584/91450,
www.weingut-matthias-dostert.de,
Weinstube Ostern bis Weihnachten an Wochenenden geöffnet, Weinproben und -verkauf nach Vereinbarung.
Der Elbling-Spezialist baut auf 80 % seiner Weinberge gegenüber von Luxemburg die Römer-Rebe an. Die Tochter des Hauses war 2000/2001 Weinkönigin. Kauftipp: 2003er Elbling Classic für 4,30 Euro.

Piesport

Kein Mangel an Beweisen herrscht in Piesport, dass die Römer hier Wein anbauten. In der berühmten Lage Piesporter Goldtröpfchen hat man 1985 eine riesige **römische Kelteranlage** freigelegt. Die Trauben von etwa 50 ha Rebfläche wurden hier in zehn Räumen und sieben Becken verarbeitet. Sensationell auch der Fund von Traubenkernen aus der Römerzeit. Bei Erdarbeiten bei Erden östlich von Piesport kam schließlich eine zweite römische Kelter aus dem 3. Jh. zum Vorschein.

Weinfest

Römisches Kelterfest: 2. Wochenende im Oktober
Es ist die größte Gaudi beim Kelterfest, wenn Männer und Frauen, nach Römerart mit Toga bekleidet, auf die Traubenberge springen und sie mit den Füßen zermanschen. Die Weinkönigin, ein Cäsar-Double und der Plebs schauen sich das spritzige Vergnügen johlend an. Auf der Via Vinorum, der Straße des Weins, gibt's dazu Spezialitäten wie Honigwein und römisches Gebäck.

Pünderich

Wie gemalt liegt der Winzerort unmittelbar am Moselufer. Mit feinen Schnitzereien verzierte und bunt bemalte Fachwerkhäuser wie das alte **Fährhaus** und das gotische **Rat- und Gerichtshaus** sind Pünderichs Schmuckstücke. In der **Pfarrkirche** erklingt eine Orgel des berühmten Orgelbauers Stumm. Tipp: Ausflug zur schönen Aussicht – mit der Fähre ans andere Ufer übersetzen, dort zur **Marienburg** auf der von der Mosel umflossenen Halbinsel wandern und sich die 300 m schmale Flussschleife Zeller Hamm (= Haken) anschauen.

Saarburg

Klein-Venedig wird das rheinland-pfälzische Weinstädtchen an der Saar gerne genannt. Seit Jahrhunderten ruhen die Häuser am Leukbach auf schweren Eichenpfählen, zwei kleine Brücken verbinden Pferde- und Buttermarkt. Schon im 12. Jh. wurde der Leukbach so durch die Stadt geleitet, dass er als Wasserfall tosend 20 m tief von der Ober- zur Unterstadt stürzt. Von einer kleinen Eisenbrücke kann man das elementare Schauspiel von oben beobachten. Die Kraft des Wassers wurde am Fuße des Falls genutzt, um die Räder der Stadtmühlen anzutreiben: die **Hackenberger Mühle** (heute Museum; geöffnet Anfang April–Ende Okt. tgl. außer Mo) und die **Kurfürstliche Mühle** (»Amüseum« zu Handwerksberufen).

In der Oberstadt reihen sich prachtvolle Fachwerkhäuser und barocke Steinbauten aneinander, in der Unterstadt bunte Häuser, deren Wappen mit Fischen, Ankern, Boots-

Trarbacher Tor in Traben-Trarbach

haken und Rudern zeigen, dass dies einst eine Fischer- und Schiffersiedlung war. Über der Altstadt thront die **Laurentiuskirche** und auf einem Bergrücken hoch über der Saar die Ruine der **Saarburg** (mit Aussichtsplattform), Namensgeberin und Wahrzeichen der Stadt.

Traben-Trarbach

Das Doppelstädtchen hat Stil – Jugendstil. Als nach mehreren Bränden Ende des 19. Jh. hier rege gebaut wurde, gab der Berliner Jugendstil-Architekt Bruno Möhring Traben-Trarbach seine besondere Note. Sein zentrales Bauwerk war die Moselbrücke, von der nach der Zerstörung im Zweiten Weltkrieg nur das **Trarbacher Tor** erhalten ist, eine die Straße überwölbende Galerie, getragen von zwei Türmen mit spitzen Schieferdächern. Bei den Steinmetzarbeiten fallen zwei mit Reben geschmückte Frauenköpfe auf, eine blickt fröhlich moselaufwärts zu den (eigenen) ›guten‹ Lagen, die andere böse moselabwärts. Zu Möhrings Werken gehören auch die Trabener Villen **Hotel Bellevue, Haus Hüsgen** (am Bahnhof 20) und **Haus Breucker** (An der Mosel 7).

Weniger stilvoll haben die Franzosen unter Ludwig XIV. die monumentale Festung **Mont Royal** auf den Trabener Hausberg geklotzt. Nach dem Ende des Pfälzischen Erbfolgekrieges schleiften sie die Festung, in den 1930er Jahren wurden die Reste wieder freigelegt. In Trarbach steht am Weihertorplatz die 1688 für die Versorgung der Festung erbaute **Mont-Royal-Mühle**.

Trarbachs Trümpfe sind das **Palais Haus Böcking** (heute Mittelmoselmuseum), in dem auch Goethe Gast war, Reste der **Stadtmauer** mit Flankenturm und Wehrturm und noch ein Möhring-Werk, die **Kellerei Kayser,** die heute ein Sekthersteller nutzt. Hoch über Trarbach steht die Ruine der **Grevenburg,** die 1735 gesprengt wurde, als die Franzosen mal wieder im Lande waren. Im Stadtteil Wildenstein sprudelt eine Thermalquel-

le, die man am besten in der **Moseltherme** genießen kann, einer »großen Welt aus Wasser und Dampf«.

Essen & Trinken

Brückenschenke
Brückenstr. 30,
56841 Traben-Trarbach,
Tel. 06541/814066,
www.bruecken-schenke.de,
Hauptgericht ab 10 Euro.
Im Jugendstil-Ambiente des Brückentors schmeckt die kleine Auswahl regionaler Speisen zu Wein und Bier besonders.

Übernachten / Essen & Trinken

Hotel Bellevue
Am Moselufer,
56841 Traben-Trarbach,
Tel. 06541/7030, Fax 703400,
www.bellevue-hotel.de,
DZ ab 125 Euro, Hauptgericht ab 22 Euro.

Traben-Trarbacher Rieslingroute

»Der Wein erfreut des Menschen Herz«, so steht es schon in der Bibel. An der Peterskirche von Traben wird man schlauer, wenn es um Wein als »Sinnbild für das Leben« geht. Die Kirche ist eine von 45 Stationen der Traben-Trarbacher Rieslingroute. Der Clou: Dieser Weinlehrpfad führt nicht wie andere durch die Weinberge, sondern durch die Ortsteile zu Winzern, Brennereien, Kneipen, Kirchen und Museen, was die Informationstafeln des begehbaren Wein-Almanachs um einige Stichworte bereichert.

Das schöne Jugendstil-Domizil steht direkt am Moselufer. Die Zimmer sind individuell und stilvoll eingerichtet. Zu den Extras gehören u. a. eine Beautyfarm, Fahrrad- und Kanuverleih. Im Sommer lädt die Terrasse zum Relaxen ein. Das Restaurant bietet eine feine Frischeküche.

Weinfest

Schröterfest: 4. Juli-Wochenende
Sie haben ihre Last mit dem Wein, die Schröter, denn sie müssen die zentnerschweren Fässer an den Mann und die Frau bringen. In Traben-Trarbach ist die Zunft der Wein-Transporteure lebendig geblieben und feiert alljährlich ihr Zunftweinfest mit großem Umzug und Wahl der Stadtweinkönigin.

Treis-Karden

Dicht stehen die Berge bei Karden am rechten Moselufer, wo dem Besucher die mächtige, weiß getünchte dreitürmige **Stiftskirche St. Kastor** schon von weitem entgegenstrahlt. Prächtig ist die Ausstattung des »Moseldoms« im Innern mit wertvollem Dreikönigsaltar und der ältesten erhaltenen Großorgel aus dem Hause Stumm. Das **Stiftsmuseum** nebenan zeigt Kirchenschätze und Funde der Umgebung. Der Ortsteil Treis wird von der **St.-Johann-Baptist-Kirche** überragt. Über einen Kreuzweg an der Rückseite des Ölbergs kann man zum **Zilles-Kapellchen** aufsteigen.

Trier

Roms Schwester ist die erste Wahl für Wissensdurstige. 2000 Schritte durch 2000 Jahre lassen sich hier mit 2000 Tropfen Trierer Wein krönen: Gleich hinter dem Amphitheater beginnen die Weinberge.

Im Jahr 16 v. Chr., unter dem römischen Kaiser Augustus, wurde die älteste Stadt Deutschlands im Land der keltischen Treverer als *Augusta Treverorum* gegründet. Mehrere römische Kaiser residierten hier. Karl der Große machte im 9. Jh. Trier zum Erzbistum. Die Dichte und Qualität der erhaltenen Denkmäler sucht hierzulande ihresgleichen. 1986 nahm die Unesco die Römerbauten und die aus ihren Ruinen erwachsenen christlichen Nachfolgebauten in die Liste des Welterbes auf.

Am Rand der Altstadt steht die **Porta Nigra,** das Schwarze Tor, aus Quadermauerwerk, ein burgähnlicher Bau, dreistöckig mit zwei Durchgängen und zwei halbkreisförmigen vorspringenden Türmen (2. Jh.). Im 11. Jh. machte man daraus eine Kirche für das benachbarte Simeonstift, versetzte jedoch das Tor im 19. Jh. wieder in den alten Zustand. Im **Simeonstift** ist heute das Stadtmuseum eingerichtet, das Gebäude ist besonders wegen seiner Arkaden und des Kreuzgangs sehenswert. Durch die Simeonstraße (Fußgängerzone), vorbei am Dreikönigshaus, gelangt man zum Zentrum der Altstadt, dem **Hauptmarkt** mit Marktkreuz, Petrusbrunnen und prächtigen Häusern aus Gotik, Renaissance, Barock und Klassizismus ringsum. Herausragend: die **Steipe** (Festhaus der Ratsherren), das **Rote Haus** und die **Gangolfkirche** mit ihrem barocken Portal. Links führt die Sternstraße zum Domfreihof und zur Doppelkirchenanlage mit dem **Dom St. Peter**, der aus den Resten eines römischen Kaiserpalasts entstanden ist, und der gotischen **Liebfrauenkirche.** Prachtstück der Domschatzkammer ist der »Heilige Rock«.

Die **Palastaula** (Basilika) beeindruckt mit ihren kolossalen Ausmaßen. Kaiser Konstantin ließ die Prunkhalle 310 errichten, sie war komplett mit Marmor verkleidet, in der Apsis stand der Thron. Im Mittelalter wurde der Bau als Erzbischöfliche Residenz genutzt und seit dem 19. Jh. als Kirche. Die Erzbischöfe bauten sich im 17. und 18. Jh. hinten das **Kurfürstliche Palais** an. Durch den Palastgarten gelangt man zu den **Kaiserthermen,** den Ruinen einer gigantischen antiken Wellnesslandschaft. An der Kaiserstraße stehen auf der linken Seite die Ruinen von Triers zweitem antiken Bäderhaus, den **Barbarathermen.** Fast 20 000 Zuschauer fasste das **Amphitheater,** das teilweise in einen Hang gebaut wurde und in seiner etwas abgetragenen Form auch heute noch als Theater und Konzertarena genutzt wird (Besichtigung möglich, Olewiger Str., etwas außerhalb).

Information

Tourist-Information
an der Porta Nigra,
54290 Trier,
Tel. 0651/978080, Fax 44759,
www.trier.de

Übernachten

Dorint Porta Nigra
Porta-Nigra-Platz 1, 54292 Trier,
Tel. 0651/270 10, Fax 270 11 70,
www.dorint.com, DZ ca. 150 Euro
Wer gern nobel nächtigt und vom Zimmer einen Panoramablick auf die Porta Nigra haben will, ist im Trierer Dorint richtig.

Essen & Trinken

Pfeffermühle
Zurlaubener Ufer 76,
54292 Trier,
Tel. 0651/26133,
geschlossen So und Mo mittags,
Hauptgericht ab 21 Euro.
Das gemütliche Haus mit Terrasse direkt an der Mosel gehört zu den Gourmet-Adressen der Weinregion.

Rent a Roman

Wer will nicht mal von einem richtigen Mann durch die Antike geführt werden? Im Amphitheater kann man sich den Gladiator Valerius mieten, der (in weißer Toga!) von seinem Leben und den blutigsten Kämpfen berichtet und einem die Katakomben zeigt, wo die Löwen auf ihren Auftritt warteten. Ein echter Tribun in Rüstung namens Mallobaudes zeigt die Kaiserthermen, antike Insider-Informationen inklusive. Preis pro Person: 8,50 Euro. Anfang April–Ende Oktober Sa, So 18 Uhr, im Sommer auch Fr 18 Uhr.

Trier, Porta Nigra

Kostprobe aus der Küche mit französischer Note: Wachtel- oder Gänseleber-Variationen.

Trittenheim

Trittenheims beste Tröpfchen kommen von den Lagen Altärchen und Apotheke. Fast jeder hat in dem Ort an der Mosel seine Hausapotheke, schon weil in Trittenheim überdurchschnittlich viele Familien im Weinbau arbeiten. Auf der Moselbrücke steht ein Denkmal für Johannes Zeller, Trittenheims berühmtesten Winzersohn, der sich im 15. Jh. unter dem Namen Trithemius als Universalgelehrter einen Namen machte. Von der **Zummethöhe** hat man einen schönen Blick auf die Moselschleife.

Weingut

Franz-Josef Eifel
Engelbert-Schue-Weg 2,
54349 Trittenheim,
Tel. 06507/70009,
www.fjeifel.de,
Weinprobe und -verkauf nach Vereinbarung, Gästehaus (DZ ab 60 Euro.)
Dass Mosel-Rieslinge wieder Weltspitze sind, ist auch das Verdienst von Franz-Josef Eifel, der seine Top-Tropfen aus den besten Lagen Trittenheimer Apotheke und Altärchen gewinnt und zu moderaten Preisen verkauft.
Kauftipp: Gutsriesling ab 5 Euro, Trittenheimer Apotheke ab 6,50 Euro.

Ürzig

Fernsehgucker werden Ürzig sogleich am **Mönchshof** erkennen, der am Fuße steiler Weinberge steht. Dieser schöne Winzerhof mit der neobarocken Fassade diente der beliebten TV-Serie »Moselbrück« als Kulisse. Über dem Mönchhof erhebt sich die Top-Lage Ürziger Würzgarten. Dem herben Wein fügte man früher gern ein paar aromatische Kräuter hinzu, daher der Name. Im Ort stehen schöne Fachwerkhäuser, und auf einem Felsen in den Weinbergen glänzt die älteste Sonnenuhr im Moseltal.

Winningen

Die Winninger Weinhex zieht alle in ihren Bann. Ihr Bildnis ziert den Brunnen auf dem Weinhof, aus dem alljährlich während eines Festes ihr zu Ehren Wein statt Wasser fließt, Weinberge und Kneipen schmücken sich mit ihrem Namen. Da wird einem die Winzersfrau recht sympathisch, von der erzählt wird, dass sie gern trank und es wagte, ihrem Mann das Fass anzuzapfen, worauf dieser handgreiflich wurde und sie dann »Weinhex« nannte. Das ganze Trara um die Kultfigur hat hier allerdings einen bitteren Beigeschmack: Ein Gedenkstein auf dem Heideberg erinnert daran, dass der Hexenwahn in Winningen besonders intensiv und lange wütete. Noch im 17. Jh. verbrannte man hier 21 Frauen.

Schon 865 wurde Winningen erstmals als *Windiga* erwähnt. Heute säumen stattliche Weinhöfe die Gassen. In der Fährstraße steht das Elternhaus von August Horch (1868–1951), Autobauer und Gründer der Audi-Werke (Horch! heißt auf lateinisch *audi!*). Auf Winninger Gebiet kann man das Moseltal auf einer der höchsten Autobahnbrücken des Landes überqueren.

Weinfest

Winninger Weinfest: letztes August- bis erstes Septemberwochenende. Wenn beim Winninger Weinfest aus dem Weinhexbrunnen Wein statt Wasser fließt, ist das keine Hexerei. Die Winzer wollen den Feiernden solch ausgiebigen Weinkonsum ermöglichen, wie ihn die Weinhex genoss. Dazu gibt's einen Festschmaus, Tanz und Musik.

Zell

Zu Zell an der Mosel gehört die weit bekannte Weinlage **Zeller Schwarze Katz.** Direkt hinter der Kirche St. Peter und Paul steigen die Rebenhänge steil nach oben, wer mit einem Teleobjektiv fotografiert, kann sie fast senkrecht sehen. Ein riesiges Banner zeigt: Hier ist die Schwarze Katz zu Hause, die täglich Tausende Touristen anlockt. Drei Aachener Kaufleute, so erzählt man sich, seien einst zum Weinkaufen nach Zell gereist. Sie probierten und zogen drei Fässer in die engere Wahl, konnten sich aber nicht entscheiden. Da sprang eine schwarze Katze auf das Fass, von dem sie sich just ein zweites Gläschen hatten zapfen wollen, und verteidigte fauchend den Wein. Das Fässchen wurde gekauft, der Wein fand reißenden Absatz, unter welchem Namen, ist klar. Der Schwarzen Katze hat man 1935 einen Brunnen auf dem Marktplatz gegenüber dem historischen Rathaus gebaut.

Die historische Bausubstanz wurde in Zell fast vollständig von Bränden zerstört. Von der Stadtmauer sind der **Balduinsturm** im Bachtal an der alten Poststraße und der **Pulverturm** etwas oberhalb des Orts in den Weinbergen erhalten. Im zweitürmigen **Schloss** (heute Hotel) residierten einst die Trierer Kurfürsten. Es gilt als einer der schönsten Rokoko-Bauten an der Mosel.

Beilstein und Burgruine Metternich

Tour 1: Der steilste Weinberg

Alpine Wanderung auf dem Calmont-Klettersteig

Länge/Dauer: 7 km/2–3 Std.; schwierig, nicht an heißen Sommertagen gehen
Start/Ziel: Ediger-Eller/Bremm
Sehenswert: Ediger-Eller, Calmont, Moselschleife, Bremm

Die Empfehlungen der Tourist-Information Bremm sorgen schon für Spannung, bevor die Wanderung am steilsten Weinberg Europas überhaupt beginnt: »6 Leitern, bis zu 3 m hoch, Sicherungsseile und Steighilfen erwarten an einigen Felspartien den sportlichen, schwindelfreien und trittsicheren Wanderer« und »Immer wieder sind steil aufstehende Felsrippen zu queren«. Auf der Karte stehen Worte wie Galgenlay und Todesangst.

Wir starten in **Eller** beim **Bahnhof** am Ortsausgang Richtung Bremm. Gleich hinter der Eisenbahnbrücke zweigt rechts ein Pfad ab, der uns über wenige Serpentinen an der Seite des Calmonts ruck, zuck auf eine beachtliche Höhe bringt. Schnell ist die **Schutzhütte Galgenlay** erreicht, wo sich schon ein atemberaubender Blick aufs Moseltal bietet. Links führt der Klettersteig leicht abwärts, wir wählen die Alternativroute rechts rauf Richtung Fahne Todesangst. Die Serpentinen werden enger und steiler, wir erreichen den Waldrand, gehen dort links und kommen bald zum Felsvorsprung **Todesangst** mit einer sich drehenden Deutschland-Fahne. Der Ausblick auf die spielzeugkleine Landschaft fasziniert, aber Todesangst ist zum Glück nicht zu spüren. Auf schmalem Pfad geht's abwärts, bis wir wieder auf den weiter unten verlaufenden Klettersteig treffen. Bald erreichen wir zwischen zwei Felsrippen eine enorm steile Einkerbung in der Form einer Riesenrutsche, in der Reben stehen. Ein schmaler Pfad führt oberhalb hinüber. Am Himmel kreisen Greifvögel, im Gebüsch zischt eine Natter.

Nur Spezialisten unter Tieren und Pflanzen, die Hitze und Trockenheit gut vertragen, siedeln am Calmont. Der Buchsbaum, der aus dem Mittelmeerraum stammt, gedeiht hier, seltene Eidechsen huschen über heiße Schieferplatten. Calmont kommt von *calidus mons*, was »heißer Berg« heißt. Wie ein riesiger Parabolspiegel liegt er, gen Süden gerichtet. Es gibt nur wenig

Schatten, deshalb ist der Klettersteig an heißen Sommertagen nicht zu empfehlen.

Weiter geht's in Serpentinen mal auf-, mal abwärts. Zwischendurch gibt's immer wieder Schmankerln, kurze Stücke, an denen man aufpassen muss, weil der Klettersteig sehr schmal oder felsig wird. Wirklich neuralgische Punkte sind aber mit Kletterhilfen ausgestattet, hier ein paar Steigeisen an einem Felsbrocken, dort eine Leiter, die Richtung Hang steht, so dass niemand Todesangst haben muss. Dafür ist der Ausblick während der gesamten Wanderung imposant: die Moselschleife, die sich um die Weinhänge an der Ruine des Klosters Stuben legt, rechts Bremm am Fuße steiler Rebenterrassen. Schwindelerregend ist das Panorama, wenn überhaupt, nur an wenigen Stellen, denn extrem tiefe Abgründe tun sich kaum direkt am Wegesrand auf, an einigen kritischen Stellen versperren Büsche den Blick.

Wir nähern uns Bremm. Kurz vor dem Ende der Wanderung gibt es wieder zwei Möglichkeiten: über einen weiteren steilen Aufstieg rechts zum **Gipfelkreuz** des 380 m hohen Calmont, von wo man die Landschaft mit der Moselschleife von noch höherer Warte betrachten kann, oder halblinks bergab durch Rebenspaliere und über Treppen, die einem nun richtig komfortabel vorkommen, nach **Bremm.** In dem Weinörtchen stärken sich Wanderer nach ihren abenteuerlichen Kraxeleien in Straußwirtschaften und blicken noch mal auf den steilsten Weinberg Europas mit seinen hängenden Weingärten. Wer sich nach Ediger-Eller zurück chauffieren lassen will, nimmt einen Bus der Linie 711.

Tour 2: Tour de Sonnenuhr

Fahrradtour

Länge/Dauer: ca. 30 km/Halbtagestour; leicht
Start/Ziel: Ürzig Bahnhof/Wittlich Hauptbahnhof
Sehenswert: Sonnenuhren, Bernkastel-Kues, Liesertal
Fahrradverleih:
Taxi Brech, Schanzstr. 4,
54539 Ürzig,
Tel. 06532/945027,
April–Okt., Fahrrad 7 Euro pro Tag.

Mach es wie die Sonnenuhr, zähl die heiteren Stunden nur. Die Tour de Sonnenuhr ist was für Radler mit sonnigem Gemüt. An der Mittelmosel gibt es zwischen Ürzig und Filzen eine üppige Ansammlung der Zeitmesswerke mit übergroßem Zifferblatt und dem Schatten eines Stabs als Zeiger. Die meisten der zehn Sonnenuhren an einer knapp 20 km langen Strecke im Moseltal thronen als Blickfang hoch oben in den Weinbergen.

Wir starten am **Bahnhof** von **Ürzig,** der außerhalb auf der Höh' liegt. Am Bahnhof links und an der nächsten Kreuzung wieder links geht's zum Ort. Nach 2 km liegt uns Ürzig im Moseltal zu Füßen, steil abfallend windet sich die Straße in scharfen Kurven zum Fluss hinunter. Wir fahren links zum Ortsausgang an der Uferstraße entlang, kommen am **Mönchhof** (aus der Fernsehserie »Moselbrück«) vorbei und an den Steilhängen der bekannten Lage Ürziger Würzgarten. Ein Stück außerhalb des Ortes, links an einem Mauerrest der Burg zu Layen am schroffen Urlay-Felsen, ist die erste Sonnenuhr aufgemalt, die älteste im Moseltal, ein Prachtexemplar. Lange aufhalten kann man sich hier allerdings nicht, an der Straße (B 53) gibt es nur schmale Seitenstreifen. Wir fahren zurück nach Ürzig und bleiben auf der Uferstraße Richtung Zeltingen. Auf halber Strecke endet der Seitenstreifen und man muss auf die Straße wechseln. Rechts liegt **Kloster Machern** (Weinproben und -verkauf, Museum und Restaurant). Ein paar hundert Meter weiter fahren wir eine Schleife, um auf die Brücke nach **Zeltingen** am anderen Moselufer zu gelangen.

Hier biegen wir rechts auf einen separaten Rad- und Fußweg am Ufer. Außerhalb des Orts thront links in den steilen Weinbergen die **Zeltinger Sonnenuhr,** nach der ein bekannter Wein benannt ist. Kaum 1 km weiter prangt die **Wehlener Sonnenuhr.**

Wir fahren am Rand von **Graach,** teilweise sehr entspannend am Ufer, bis der Radweg wieder an die Straße geführt wird. Bald erreicht man **Bernkastel.** Der schöne Marktplatz, eng umstanden von hohen Fachwerkhäusern, ist nur ein paar Meter links von der Uferstraße entfernt. Weiter geht's über die Brücke nach **Kues.** Auf der Brücke wurde rechts 2001 zum 600. Geburtstag von Nicolaus Cusanus eine unscheinbare kleine Sonnenuhr aus Plexiglas mit dem Porträt des Universalgelehrten installiert. Gleich rechts hinter der Brücke steht das **St.-Nikolaus-Hospital,** auf dessen Fassade die nächste Sonnenuhr aufgemalt ist. Sie ist mit ihren unzähligen feinen Stundenlinien die komplexeste von allen. Vom Hospital fahren wir links am Moselufer weiter flussaufwärts, am Hafen vorbei und dann links auf den Überschwemmungswiesen bis **Lieser.**

Kurz vor der Moselbrücke überqueren wir die Straße und erreichen die Lieser, durch deren idyllisches Tal wir auf dem Mosel-Maare-Radweg bis kurz vor Wittlich fahren wollen.

Zuvor stehen aber noch fünf weitere Sonnenuhren auf dem Programm, die nah beieinander stehen. Die nächste ist die **Juffer Sonnenuhr,** die außerhalb von Lieser, von der Uferstraße flussaufwärts, rechts in den Weinbergen zu sehen ist. Fährt man dann über die Moselbrücke nach **Mülheim** und weiter flussaufwärts via Brauneberg nach **Filzen,** gibt's am **Franziskanerkloster Filzen** gleich drei Sonnenuhren anzugucken. Danach geht's zurück ins Liesertal, ein kurzes Stück am Flüsschen entlang bis auf Höhe der Dorfkirche von **Maring,** dort rechts die Liesertalstraße hoch, an der Feuerwehr links und rechts in die Weingartenstraße. Außerhalb des Orts in den Weinbergen leuchtet uns die **Maring-Noviander Sonnenuhr** entgegen.

Zeitlos schön ist dann, nach dem manchmal hektischen Moseltal, die Fahrt durchs leise Liesertal auf dem Mosel-Maare-Radweg Richtung Wittlich. Hier erwartet uns eine Auenlandschaft mit der rauschenden Lieser, Kuhweiden und Pferdekoppeln. Vor Wittlich öffnet sich das Tal zur **Wittlicher Senke.** Hier geht's bald durch eine Siedlung, dann ein Stück an einer stark befahrenen Straße entlang und unter eine Bahnbrücke. Gleich dahinter zweigt eine Straße zum **Hauptbahnhof Wittlich** ab (der sich im Vorort Wengerohr befindet).

Wer will, kann weiter nach Wittlich fahren oder dem Mosel-Maare-Radweg, einer alten Bahntrasse, 45 km durch Wiesen und Wälder, durch

Tunnel, über Viadukte, vorbei an Maaren bis Daun in der Eifel folgen. Entlang der Strecke fährt im Sommer auch ein Radlerbus.

Weinstraßen an Mosel, Saar und Ruwer

Moselweinstraße

Markierung: stilisiertes M mit Trauben

Die 240 km lange Touristikroute ist der Königsweg durchs Anbaugebiet. Sie beginnt direkt hinter der deutsch-französischen Grenze, führt zunächst rechts der Mosel durchs Elbling-Land nach Trier und weiter, oft die Flussseite wechselnd, entlang der vielen Windungen der Mittel- und Untermosel bis Koblenz.

Elbling-Route

Diese Wein-Touristikstraße verbindet die Orte an der Obermosel, in denen die uralte Elbling-Rebe angebaut wird, von Schloss Thorn bis Wasserliesch und von Igel bis Metzdorf an der Sauer. In den Weindörfern weisen Ortspläne den Weg zu den Winzern.

Saar-Riesling-Straße

Die Saar-Riesling-Straße verläuft durch das Weinbaugebiet von der unteren Saar bei Seerig bis zur Mündung bei Konz.

Ruwer-Riesling-Weinstraße

Auf der Ruwer-Riesling-Weinstraße kann man die Winzerorte zwischen Sommerau und der Ruwer-Mündung ansteuern.

Extra-Tour: Trutz und Traum

Ausflug zur Burg Eltz

Tief im Wald versteckt, auf einer Felsplatte im engen Elzbachtal thront die Traumburg Eltz – wer kennt sie nicht noch vom alten 500-Mark-Schein? Acht bis zu 45 m hohe Wohntürme mit steilen Dächern, spitzen Giebeln und Fachwerk-Erkern drängen sich dicht um einen schmalen Innenhof. Ab 1150 wurde an der Burg gebaut, über 500 Jahre dauerte es, bis sie ihre heutige Gestalt erhielt. Sie vereint romanische, gotische und barocke Elemente. Die Eltz ist seit 33 Generationen im Familienbesitz derer von Eltz und wurde nie zerstört. Im 14. Jh. schlug eine Belagerung durch Kurfürst Balduin von Trier fehl, obwohl auf dem Nachbarhügel extra die **Trutzeltz** (heute Ruine) als Gegenburg gebaut wurde.

Von Moselkern führt eine Straße zum Waldparkplatz und von dort ein schöner Weg durch den Mischwald am Elzbach zur Burg (45 Min.). Imposant, wenn plötzlich hinterm Dickicht die Burg auf dem 70 m hohen Felsen auftaucht. Erst wird der Elzbach auf einer Brücke überquert, dann der Felsen bezwungen. Den schönsten Blick auf die Eltz hat, wer rechts eine steile Serpentine zum Aussichtspunkt hinaufwandert.

Eine Burgbesichtigung (Anfang April–Anfang Nov.) gibt Einblick in die fürstliche Wohnkultur mehrerer Jahrhunderte: Waffenhalle, Rittersaal und Schatzkammer (Gold, Silber, Münzen, Porzellan, Rüstungen). Zwei Burgschänken stärken die Wandersleut.

Burg Eltz ▷

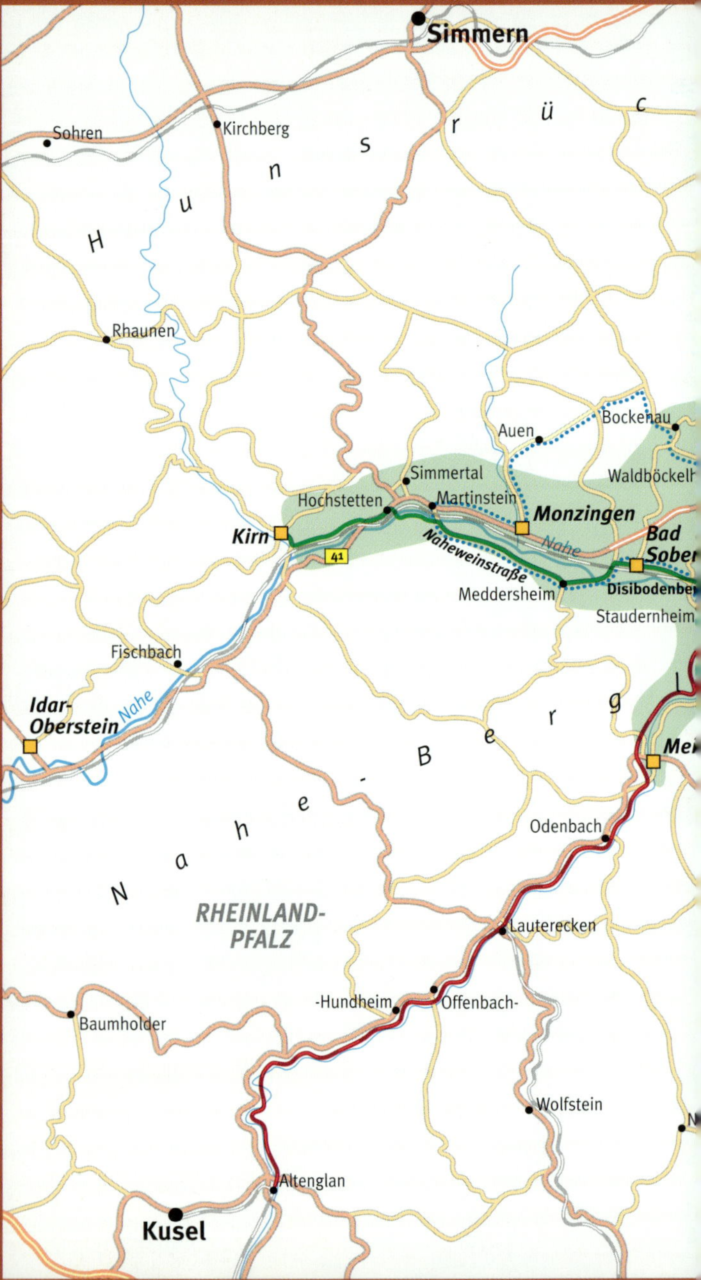
Simmern
Sohren
Kirchberg
H u n s r ü c
Rhaunen
Auen
Bockenau
Waldböckelh
Simmertal
Hochstetten
Martinstein
Monzingen
Bad
Sober
Kirn
41
Naheweinstraße
Nahe
Meddersheim
Disibodenbe
Staudernheim
Fischbach
Idar-
Oberstein
Nahe
N a h e - B e r g l
Mei
Odenbach
RHEINLAND-
PFALZ
Lauterecken
-Hundheim
Offenbach-
Baumholder
Wolfstein
Altenglan
Kusel

NAHE

Bad Kreuznach
Bad Münster am Stein
Bad Sobernheim
Burgsponheim
Disibodenberg
Idar-Oberstein
Kirn
Langenlonsheim
Meisenheim
Monzingen
Niederhausen
Oberhausen
Stromberg

Nahe

Bei einem Gläschen Nahewein kommt man sich nahe, denn der geht »sehr in das Geblüte«, wie ein Kenner schon im 18. Jh. feststellte. Die Weinregion westlich von Bingen ist immer noch ein Geheimtipp, und hier gibt's Spitzenwein zu moderaten Preisen. Der »milde Westen« hat hohe Durchschnittstemperaturen und liegt im Regenschatten von Hunsrück und Soonwald. Wein wird auf 4300 ha angebaut, an der unteren Nahe bis kurz vor der Mündung, flussaufwärts bis kurz vor Kirn, dazu kommen die Lagen an den Nebenflüssen wie Alsenz und Glan. Schon die Römer bauten hier Wein an. Lange Zeit wurden die Tropfen als »Rheinwein« verkauft, erst seit 1971 steht auf dem Etikett »Nahe«. Eine Spitzenlage ist die Traiser Bastei am Fuß des 202 m hohen Rotenfels. Von dieser höchsten Felswand nördlich der Alpen hat man einen atemberaubenden Blick auf das Weinland rund um die Ebernburg des Franz von Sickingen.

Mit 25,5% der Anbaufläche ist der Riesling mittlerweile auch an der Nahe die beliebteste Rebe, gefolgt von Müller-Thurgau (16,6%). Der Nahe-Riesling hat einen frischen, klaren, mineralischen Charakter, dazu kommen mannigfaltige erdige Aromen. Wer sich die Weinbergsböden mal näher betrachtet, wird Grünschiefer, Quarzit, Phyllit, Sandstein, Löss, Gneis und Basalt finden. Die bewegte Erdgeschichte mit Vulkanausbrüchen und dem Einbruch des Nahegrabens ist Grund für den Bodenmischmasch. Dass sich das Terrain oft alle hundert Meter ändert, sorgt wiederum für unzählige Geschmacksnuancen im Nahewein.

Bad Kreuznach, Bad Münster am Stein, Bad Sobernheim – der Kern des Weinbaugebiets ist auch ein an Heilquellen reiches Wellness-Paradies, wo mit Wein und Edelsteinen therapiert wird. Kein Wunder, denn weiter flussaufwärts liegt das Edelstein-Reich von Idar-Oberstein. »Nahewein – ein Edelstein«, heißt der eingängige Slogan, der von der heiligen Hildegard stammen könnte, die im Kloster Disibodenberg bei Odernheim am Glan lebte, bevor sie nach Bingen wechselte. Sie war von positiven Energien der Edelsteine und der Weine überzeugt: »Der Wein heilt und erfreut den Menschen mit seiner gesunden Wärme und seiner großen Kraft.« Die Großlage um den Disibodenberg heißt heute noch Paradiesgarten.

Von seinen Schätzen macht das Naheland nicht viel Aufhebens – so wie der Appelbach, der ruhig durch Hügeln, Erlendickicht, Wiesen und Weinbergen nahewärts kullert.

Nahe-Infos

Information

Naheland-Touristik
Bahnhofstraße 37, 55606 Kirn, Tel. 06752/137610, Fax 137620, www.naheland.net.
Die Nahe-Touristiker vermitteln Wellness-Pauschalen, Paddel-Touren auf dem Glan, Bergwerkstouren, Edelstein-Schleifkurse und zum Thema Wein, kulinarische Weinreisen, Weinwanderungen, geführte Radtouren (»Von Winzerhof zu Winzerhof«) und Winzerspiele.

Wichtige Feste

Bad Kreuznacher Jahrmarkt: 3. Augustwochenende
Zum größten Volksfest der Region kommen alljährlich 500 000 Besucher auf die Kreuznacher Pfingstwiese, um High-Tech-Karussells zu testen oder Naheweine zu verkosten.
Raderlebnistag: Mitte Juni
»Nahe Hit – radl mit!«, heißt es auf dem Nahe-Radweg und den Nebenrouten. In den Orten: Volksfeststimmung, auf der Strecke: Verkehr wie auf der Autobahn, Staus inklusive.
Weinfeste: Mai–Oktober
Winzer- und Hoffeste sind in vielen Weinorten im Naheland der Höhepunkt im Veranstaltungskalender. Beispiele: Am 2. Wochenende im Mai lädt der Prinz zu Salm-Salm zum Rotweinfest in den Hof von Schloss Wallhausen (nördlich von Bad Kreuznach). Mitte Juni feiert Monzingen im historischen Ortskern sein Weinblütenfest, und Ende August steigt ein Weinfest am Meddersheimer Dorfmittelpunkt.

Mit der Bahn

Das untere Nahetal bedienen Regionalzüge der Linie Bingen–Bad Kreuznach–Kaiserslautern. Ab Bad Kreuznach fahren Regionalzüge der Strecke Mainz–Idar-Oberstein–Saarbrücken an der Nahe entlang mit Halt u. a. in Bad Münster am Stein und Bad Sobernheim.
Rhein-Nahe-Nahverkehrsverbund: Tel. 01801 766766, www.rnn.info.

Höhepunkte an der Nahe

Bad Kreuznach: Die Freiluft-Inhalatorien im Salinental sind so groß, dass an ihnen alle Bewohner einer Kleinstadt gleichzeitig therapiert werden könnten.
Bad Münster am Stein: Der Kur- und Weinort liegt am Fuße riesiger purpurrot schimmernder Felswände.
Idar-Oberstein: Im Edelstein-Reich am Zusammenfluss von Idar und Nahe funkelt es wie sonst nirgendwo. Hier steht die größte Schatztruhe des Landes: das Deutsche Edelsteinmuseum. Zu Edelsteinminen und Schau-Schleifereien führt die Deutsche Edelsteinstraße.

Bad Kreuznach

Die Luft im Bad Kreuznacher Salinental befreit wie eine Meeresbrise. Hier heißt es: hinsetzen, tief durchatmen und Sommerfrische in sich spüren. Zu dem riesigen Freiluft-Inhalatorium gehören kilometerlange, acht Meter hohe Holzgerüste mit einem Geflecht aus Schwarzdornzweigen. Auf die Heckenkronen wird salzhaltiges Quellwasser gepumpt, das herunterrieselt und dabei verdunstet, wodurch die Sole konzentrierter wird. Früher wurde das Verfahren zur Salzgewinnung genutzt, heute zu Heilzwecken, denn durch die Verdunstung wird die Luft feucht, salzig, jodhaltig, und das tut jedem gut. In Bad Kreuznach helfen bei rheumatischen Erkrankungen außerdem Bäder in dem solehaltigen Quellwasser und eine Radon-Inhalations-Therapie in einem ehemaligen Quecksilberstollen, dem zweiten »Heil-light« des Kurorts.

Bad Kreuznach ist mit 40 000 Einwohnern die Hauptstadt des Nahelandes. Schon Kelten und Römer siedelten hier, die Römer nannten den Ort *Cruciniacum*. In der Hüffelsheimer Str. 11 hat man Reste einer der größten **römischen Villen** nördlich der Alpen ergraben (das Erdgeschoss hatte über 50 Räume). In der Römerhalle (Scheune eines ehemaligen Ritterguts) neben der Fundstelle können die kostbaren Mosaikböden der Villa besichtigt werden (tgl. außer Mo).

Die Attraktion von Bad Kreuznachs **Altstadt** sind die zwei **Häuser** auf Pfeilern der alten Nahebrücke. Ein paar Ecken weiter, an der Magister-Faust-Gasse 47, steht das Haus, in dem 1507 Dr. Johannes Sabellius Faust gelebt haben soll. Er war angeblich Rektor am Gymnasium der Stadt, wurde aber wegen Ausübung der Schwarzen Magie vertrieben. An der Einmündung des Ellerbachs in die Nahe stehen die früher von Fischern bewohnten Häuser mit hohen weit vorgebauten Balkonen und Erkern, »Klein-Venedig« wird das Eck genannt. Highlife herrscht am **Eiermarkt,** wo man sommers vor den hübschen Bürgerhäusern hockt und einen Nahewein genießt. Ruhiger geht es im **Kurviertel** zu, dessen Zentrum das schlossartige Kurhaus (Hotel) ist. Im Bäderhaus wird multikulturell gekurt: im römischen Bad, maurischen Dampfbad, türkischen Hamam, Scheherezade-Bad und in der finnischen Sauna.

Übernachten / Essen & Trinken

Landhotel Kauzenburg
Auf dem Kauzenberg,

55545 Bad Kreuznach,
Tel. 0671/38000, Fax 3800124,
www.kauzenburg.de, Mo Ruhetag, DZ ab 100 Euro, Hauptgericht ab 10 Euro.
In dem Drei-Sterne-Landhotel kann man bei einem großen Gelage das Mittelalter schmecken: im Restaurant Zille, im Gewölbekeller oder im kleinen Verlies. Die Hotelzimmer der hoch über Bad Kreuznach stehenden Kauzenburg sind komfortabel eingerichtet.

Bad Münster am Stein

In scharfen Kurven windet sich die Nahe durch die Talenge bei Bad Münster. Riesige rötlich schimmernde Felswände steigen senkrecht rechts und links des Flusses empor. Das Radon-Heilbad, der zweitgrößte Kurort der Region mit Salinen und einem Thermal-Solebad, liegt auf einer knieförmigen Fläche am Fluss, der Kurpark am stillen Uferbogen. Jugendstil und Fachwerk charakterisieren das alte Kurmittelhaus, zu dem eine Brunnenanlage gehört. Dem Kurpark gegenüber erhebt sich der 136 m hohe pyramidenförmige Porphyrfelsen **Rheingrafenstein** mit einer Burgruine auf der Spitze, einst Stammsitz der Reichsfreiherren von Stein. Vom Kurviertel zum Huttental am Fuß des Felsens kann man mit einem Nachen übersetzen. Der Fährmann bewegt das Boot, indem er sich an einem über den Fluss gespannten Seil entlanghangelt. Der Fußweg zur Ruine Rheingrafenstein durchs Huttental dauert eine halbe Stunde.

Flussaufwärts am anderen Ufer erhebt sich das noch gewaltigere Massiv des **Rotenfels,** mit 202 m die höchste Steilwand nördlich der Alpen. Oben auf dem Aussichtspunkt Bastei bekommt man ein Dolomiten-Feeling. Beeindruckend ist auch der Blick auf die Felswand von der **Ebernburg** am rechten Naheufer. Die Burg, die auf einem Hügel beim gleichnamigen Stadtteil Bad Münsters steht, ist Geburtsstätte des Ritters Franz von Sickingen (1481–1523), der hier Luther Asyl anbot.

Weingut

Weingut Dr. Crusius
Hauptstr. 2, 55595 Traisen,
Tel. 0671/33953, Weinprobe und -kauf nach Vereinbarung.
Zum Weingut gehört ein Großteil der Spitzenlage Traiser Bastei am Fuß der Wand des Rotenfels. Die von der Wand reflektierte Wärme heizt die Rebenhänge zusätzlich auf, entsprechend feurig und prickelnd sind die Weine. Kauftipp: 2003 Traiser Weißburgunder Auxerrois trocken, für 5,80 Euro.

Weinfest

Mittelalterliches Spektakel: Mitte September
Ritter, Handwerker, Spielleute und allerlei fahrendes Volk verwandeln den Stadtteil Ebernburg in einen mittelalterlichen Marktflecken. Fanfaren kündigen den Höhepunkt an – das Ritterturnier: Am Fuß des Rotenfels stellen sich mehr als 50 wackere Recken auf und wetzen die Schwerter und Lanzen, gehen tapfer aufeinander los und geben alles, denn nur einer kann den Lorbeerkranz aus den Händen einer Prinzessin empfangen.

Bad Sobernheim

Im jüngsten Kurort (Bad seit 1995) von Rheinland-Pfalz kann man nach

Barfußpfad

Raus aus den Schuhen und rein ins Vergnügen. Die Schuhe kommen ins Schließfach, dann geht's auf einem 3,5 km langen Rundweg über Sand, Rinde, Kiesel, Gras und knietief durch ein Schlammloch. Eine schöne Sauerei. »Barfuß durch die Natur«, verschrieb schon Pastor-Doktor Felke seinen Patienten. Das massiert und stimuliert die Reflexzonen. Auf Balancestangen wird gleichzeitig das Gleichgewichtsgefühl gefordert. Die Nahe ist Teil des Parcours, sie kann man durchwaten, auf einer Hängebrücke aus Seilen oder mit einem Nachen überqueren.

Herzenslust im Schlamm baden, ob bei der Heilschlamm-Kur nach »Lehmpastor« Emmanuel Felke, der hier gewirkt hat und Ehrenbürger ist, oder auf dem Barfußpfad. Rund um den Marktplatz stehen einige hübsche Adelshöfe und Bürgerhäuser. Beliebtes Ausflugsziel ist das **Freilichtmuseum** im Nachtigallental (tgl. außer Mo, geschlossen Nov.–März). Hier wurden Gebäude aus allen Ecken von Rheinland-Pfalz in vier Museumsdörfern aufgebaut und innen originalgetreu oder mit Sammlungen von Puppen, zur Weinkultur, Leinen und Gusseisen ausgestattet.

Übernachten / Essen & Trinken

Bollant's im Park
55566 Bad Sobernheim,
Tel. 06751/93390, Fax. 9339269,
www.bollants.de,
Jan. geschlossen,
DZ ab 130 Euro, Menü ab 20, im Feinschmecker-Restaurant ab 45 Euro.
Die Wohlfühl-Villa verwöhnt mit Extra-Kuren wie Saftfasten, einer Vinotherapie mit kalt gepresstem Traubenkernöl oder Baden im Heilschlamm. Zur Anlage gehören drei Häuser mit Interieurs von Landhaus- bis Jugendstil und drei Restaurants, eins mit mediterraner, eins mit Gourmetküche und eins für Edel-Ökos.

Essen & Trinken

Lohmühle
55566 Meddersheim,
Tel. 06751 4574, www.lohmuehle.de
geöffnet Mitte Feb.–Dez., Mo, Di Ruhetag, Hauptgericht vegetarisch ab 8 Euro, Steak 18 Euro.
Leckeres vom Lamm gibt's in der Lohmühle. Küche und Keller bleiben der Region treu, und das auf hohem Niveau. Von der Gartenterrasse am alten Sandsteingebäude blickt man ins hübsche Hottenbachtal.

Burgsponheim

Seine Lage macht das Weindorf besonders anziehend. Burgsponheim thront auf einer Anhöhe über dem idyllischen Ellerbachtal im Hinterland nördlich von Oberhausen, eingerahmt von Wald, Wiesen, Weinbergen. Die Grafen von Sponheim haben sich hier um 1000 eine Burg gebaut, zogen aber im 13. Jh. auf die Kauzenburg in Kreuznach. Im Jahre 1620 zerstörte der spanische Feldherr Spinola die Burg, dem Dorf ist eine (beliebte) Ruine geblieben.

Disibodenberg

Die Klosterruine im moosigen Wald auf dem Disibodenberg zwischen Staudernheim und Odernheim ist ein stiller Ort, inspirierend, zur Meditation ermutigend. Hier hat die Mystikerin Hildegard von Bingen gewirkt. Für viele Pilger auf ihren Spuren ist das ein heiliger Ort, ehrfurchtsvoll stehen sie vor den Mauerresten. Die erste Glaubensgemeinschaft gründete der irische Mönch Disibodus auf dem Berg im 7. Jh.

Weingut

Weingut von Racknitz
55571 Odernheim/Glan,
Tel. 06755/285,
www.disibodenberg.de.
Das Weingut auf dem Disibodenberg unter der Regie von Luise Freiin von Racknitz produziert qualitätsvolle Weine, u. a. Riesling und Schwarzriesling sowie Edeldestillate. Im Hofladen gibt's Dinkelprodukte, eine Probierstube im Biedermeier-Stil lädt zur Verkostung. Riesling ab 4 Euro.

Idar-Oberstein

In dem Hunsrückstädtchen am Zusammenfluss von Idar und Nahe funkelt's wie sonst nirgendwo. Hier steht die größte Schatztruhe des Landes – das **Deutsche Edelsteinmuseum** mit Tausenden von Turmalinen, Diamanten, Rubinen, Saphiren und Smaragden. Zu Schmuckschmieden und Schleifereien der Region führt die **Deutsche Edelsteinstraße,** und in der einzigen zur Besichtigung freigegebenen Edelsteinmine Europas kann man mit etwas Glück selbst eine kleine Kostbarkeit aus dem Berg schlagen.

Die frühlingsgrünen, sommerlich flirrenden oder herbstlich bunten Hunsrückwälder liegen wie ein Kollier um Idar-Oberstein. Über einen geologischen Lehrpfad geht's zur Edelsteinmine, rechts ein Quarzitbrocken, links ein Klotz »Muttergestein« von Achaten und Amethysten, 270 Mio. Jahre alt. In der Ferne hört man emsiges Klopfen. An einem Steilhang, vom Dickicht verdeckt, dann der Eingang zur Mine. Gelb behelmte Schatzsucher balancieren Schubkarren durch das enge Tor in den dunklen Gang hinein.

Im Innern wirkt der Stollen wie eine Höhle. Das Licht dämmert weg, der Boden ist glitschig, im Schein der Taschenlampen sieht man kurz ein Glitzern an den roh behauenen Wänden. Noch eine kleine Windung, dann ist das Ziel erreicht: ein Haufen herausgesprengter Steinbrocken. Die Schatzsucher fischen einige Steine bedächtig aus dem Haufen, als würden sie in eine Lostrommel greifen. Mit dem Schubkarren schaffen sie ih-

Grauburgunder unter Tage

In Idar-Obersteins Nachbarort **Fischbach** kann man eine Weinprobe im Bergwerk machen. Das historische Bergwerk an der Deutschen Edelsteinstraße war einst die größte Kupfermine Europas. Imposant wirken die bunt schillernden, tief in den Berg gehauenen »Weitungen«. Vor der Weinprobe steht eine Besichtigung des ehemaligen Bergwerks auf dem Programm, dann werden in einer der Weitungen Naheweine verkostet. Riesling, Rot- und Roséweine sowie Grauburgunder gehören zur Standardprobe. Festes Schuhwerk und warme Kleidung wird empfohlen (Temperatur im Bergwerk 11° C). Angebot für Gruppen, Preis für 6-teilige Weinprobe 11 Euro pro Person, Info: Naheland-Touristik, Adresse s. S. 145.

ren Fund ans Licht. Kinder hämmern draußen auf Holzblöcken fieberhaft die Steine klein und hoffen, dass dabei ein Edelsteinklumpen herausspringt. Tatsächlich wurde schon manch schönes Stück gefunden.

Diamantenfieber an der Idar. Die Gegend war vor allem für ihre Achatvorkommen bekannt. Im 17. und 18. Jh. erlebte das Schürfen und Schleifen in den Walddörfern hier seine Blüte. Im 19. Jh. ebbte die Ausbeute allmählich ab, clevere Auswanderer sorgten aber für Nachschub aus Südamerika und schickten Smaragde und Diamanten in die Heimat an den Idarbach. Idar-Oberstein entwickelte sich schließlich zum Zentrum der Edelsteinverarbeitung und des Schmuckwarenhandels in Deutschland.

Wie aus einem rohen Klumpen eine funkelnde Kostbarkeit wird, zeigen mehr als 60 Schleifereien an der Deutschen Edelsteinstraße, einer 48 km langen Touristikroute durch schmucke Dörfer rund um Idar-Oberstein. In der historischen Weiherschleife am Ausgang des Stadtteils Idar legt sich der «Schliffer« noch bäuchlings auf einen so genannten »Schleiferkippstuhl« und schleift den Stein mittels eines tonnenschweren Rads aus Sandstein, bis er so richtig funkelt. Ein Schmuckstück an der Route ist die Wasserschleife Biehl in **Asbacherhütte,** eine schöne, original wassergetriebene Edelsteinschleiferei (Schauvorführungen und Verkauf von Schmuckwaren). Der Ort **Kirschweiler** glänzt mit mehreren Edelsteinbetrieben, Hobbyschleifereien und zwei »Edelsteinbrunnen«.

Die größte Schatztruhe des Landes, das **Deutsche Edelsteinmuseum,** ist in einer denkmalgeschützten Gründerzeitvilla im Stadtteil **Idar** untergebracht. Auf drei Etagen glitzern 10 000 Saphire und Smaragde, Brillanten und Kristalle aus aller Welt.

Im **Museum Idar-Oberstein** am alten Obersteiner Marktplatz ist eine bedeutende Mineraliensammlung zu bestaunen. In der angrenzenden Fußgängerzone gibt's bekannte Schleifereien, aber auch Souvenir-Juweliere.

Bis 125 m hohe Melaphyrwände überragen steil das Städtchen. In einer Felsennische auf 60 m Höhe klebt die berühmte **Felsenkirche** (erbaut 1482–84). Tausende Pilger und Touristen kraxeln alljährlich 230 Stufen hoch, die oberen Treppen durch einen in den Fels geschlagenen Tunnel. Im Innern der schlanken Kirche hängt ein »naturgewachsenes« Achatkreuz aus Brasilien. Von der im Jahr 2004 eröffneten Aussichtsplattform neben der Kirche schweift der Blick über den Stadtteil Oberstein, der sich in das enge Tal quetscht und von einer vierspurigen Schnellstraße zerschnitten wird, die mit ihren sanften Kurven an einen Flusslauf erinnert. Tatsächlich wurde mit der Straße die Nahe komplett überbaut – nicht die einzige Bausünde in Idar-Oberstein. In dem Juwelenstädtchen ist nicht alles Gold, was glänzt.

Info

Tourist-Information
Georg-Maus-Straße 2,
55743 Idar-Oberstein,
Tel. 06781/64421,
www.idar-oberstein.de.

Felsenkapelle in Idar-Oberstein

Kirn

Es wäre kein Wunder, liefe einem in Kirn jemand im Kilt (Schottenrock) über den Weg, denn das **Whiskymuseum** in der über der Stadt thronenden **Kyrburg** ist bei Schottland-Fans besonders beliebt. Die Kyrburg war einst Sitz der Wild- und Rheingrafen und ist heute beliebtes Ausflugsziel (mit Restaurant). Im Keller der Burg werden 2500 Whiskysorten gehortet, darunter Spezialitäten wie DDR-Whisky und ein fernöstlicher Schlangen-Whisky. Einige Hochprozentige können probiert und gekauft werden (Tel. 06752/91190, geöffnet wie das Restaurant auf der Kyrburg Do, Fr ab 17 Uhr und am Wochenende, eine Buddel Whisky ist ab 25 Euro zu haben).

In Kirn sind außer der »Whisky-Burg« einige Fachwerkhäuser (16.–18. Jh.) und ein restauriertes **Leder-Walkfass** sehenswert. Sportkletterer können die »Kirner Dolomiten« erklimmen. Bekannt ist Kirn auch wegen seiner Brauerei, deren »Kirner Bier« den Ort in aller Munde bringt.

Übernachten / Essen & Trinken

Silencehotel Forellenhof
55606 Kirn-Rudolfshaus,
Tel. 06544/373, Fax 1080,
www.forellenhof.de,
Ruhetag Mo
(in der Hauptsaison nur Mo nachmittags),
geschlossen Jan., Februar,
Hauptgericht ab 12 Euro,
DZ ab 79 Euro.
Am leise plätschernden Hahnenbach sagen sich Fuchs und Hase gute Nacht. Komfort in der Natur bietet das Hotel. Im Restaurant gibt's Wildspezialitäten und Forellen aus dem hauseigenen Teich.

Langenlonsheim

Im unteren Nahetal zwischen Bad Kreuznach und Bingen liegt links des Flusses die Verbandsgemeinde Langenlonsheim, zu der mehrere kleine Weinorte mit über 100 Winzerbetrieben gehören. Die Hügel nördlich des Nahetals laden zu Wanderungen durch eine Wald- und Weinlandschaft ein. Verkehrsadern, wie die A 61, sind »in greifbarer Nähe, doch wohl verborgen«. Mystisch: Im Wald zwischen Bretzenheim und Guldental gibt es Höhlungen, die wahrscheinlich schon von den Römern als Kult- und Opferstätten genutzt wurden und in denen später Eremiten siedelten. In **Windesheim** zeigt das Orgel-Art-Museum eine Orgelsammlung. Windesheims Wander-Destinationen sind ein 3 km langer **Weinlehrpfad** und die **Kapelle** auf dem Römerberg, von der man einen schönen Blick über das Guldenbachtal hat.

Meisenheim

»Rothenburg am Glan« wird Meisenheim wegen seines intakten altertümlichen Stadtbildes genannt. Reihenweise Fachwerkhäuser bilden enge Gassen, durch die sich – im Gegensatz zu Rothenburg ob der Tauber – reihenweise Autos schieben. Die hübschesten Fachwerk-Ensembles mit Häusern aus dem 15.–18. Jh. stehen in der Ober- und Untergasse. Ein idyllisches Bild gibt das **Untertor** mit der Bogenbrücke am Glan. Die sehenswerte spätgotische **Schlosskirche** überragt das Städtchen. Vom **Schloss** ist der Magdalenenbau erhalten. Seit dem 12. Jh. residierten die Grafen von Veldenz in Meisenheim, ab dem 15. Jh. die Herzöge von Pfalz-Zweibrücken.

Übernachten / Essen & Trinken

Weingut und Hotel-Pension Spindler-Barth
Lindenallee 23,
55590 Meisenheim,
Tel. 06753/5477, Fax 124849,
Mo Ruhetag, Hauptgericht ab 10 Euro, DZ ab 59 Euro.
Die gemütliche Familienpension liegt in der Nähe der Altstadt. In der rustikalen Gutsschänke werden hauseigene Weine verkostet.

Monzingen

»Frühlingsplätzchen« heißt einladend die Top-Lage des Weindorfs bei Bad Sobernheim. Die erste urkundliche Erwähnung 778 protokolliert die Schenkung von Weinbergen an das Kloster Lorsch. Sehenswert ist der altertümliche Ortskern mit einigen Fachwerkhäusern aus dem 16. Jh. und der im 12. Jh. errichteten und im 15. Jh. spätgotisch erneuerten **Pfarrkirche St. Martin.**

Übernachten/Weingut

Weingut Badischer Hof
Hauptstr. 21,
55627 Weiler,
Tel. 06754/408,
Fax 8037,
www.weingut-badischer-hof.de,
geöffnet Mitte April–Mitte Nov.,
DZ ab 30 Euro.
Knarr, knarz: 200 Jahre alt sind die Eichentreppen, über die man zu den Gästezimmern im ehemaligen Adelsgehöft der Markgrafen von Baden gelangt. Im beschaulichen Weindorf Weiler (bei Monzingen) ist der Badische Hof ein ideales Domizil für Ferien auf dem Lande. Bäume und Wiesen umgeben das Haus, in der Winzerstube wird Wein vom eigenen Gut verkostet.

Weingut

Weingut Emrich-Schönleber
Naheweinstr. 10a,
55569 Monzingen,
Tel. 06751/2733,
Weinprobe und -verkauf nach Vereinbarung.
Das zweite Spitzenweingut mit internationalem Format an der Nahe. Lagen wie Monzinger Frühlingsplätzchen und Halenberg bringen überwiegend Rieslinge mit opulenter Fruchtfülle. Kauftipp: 2002er Monzinger Frühlingsplätzchen Riesling Kabinett für 7 Euro.

Niederhausen

Naheaufwärts von Oberhausen liegt Niederhausen am **Nahestausee**. Quer durch alle Lagen des Weindorfs führt ein 4,5 km langer **Weinwanderweg** mit Info-Tafeln, Keltern und Ruhebänken am Rand. Im **Schmittstollen** am Lemberg, einem stillgelegten Quecksilberbergwerk, bekommt man Einblick in den Knochenjob eines Zinnobererz-Abbauers (geöffnet Anfang April–Ende Okt. tgl. außer Mo).

Oberhausen

So hübsch liegt kaum ein anderes Weindorf an der Nahe, was Oberhausen zum beliebten Fotomotiv macht. Ein Kirchlein, rote Ziegeldächer, rundum das Grün bewaldeter Hügel und als i-Tüpfelchen eine alte vielbogige Brücke zu den steilen Weinbergen auf der anderen Naheseite. Die Wingerte zählen zu den Top-Lagen der Weinregion. Am linken Naheufer liegen auch die Weindörfer Schlossböckelheim und auf der Höh' Waldböckelheim.

Weingut
Weingut Dönnhoff
Bahnhofstr. 11, 55585 Oberhausen, Tel. 06755/263,
Weinprobe und -verkauf nach Vereinbarung.
Der Weinführer Gault-Millau und die Gourmet-Zeitschrift »Der Feinschmecker« haben unabhängig voneinander Helmut Dönnhoff zum Winzer des Jahres 1999 gekürt. Seine Weine zählen international zur Spitzenklasse. Zum Weingut gehören Lagen wie Schlossböckelheimer Felsenberg und Oberhauser Brücke. Ausgebaut werden die Wein überwiegend traditionell im Holzfass. Riesling-Qualitätswein ab 6 Euro.

Stromberg

Der Weinort liegt am Rand des Soonwalds zwischen Nahe und Rhein an der A 61. Der helle Rundturm der hoch über Stromberg im Wald liegenden **Stromburg** glänzt einem schon von weitem entgegen. Die im 11. Jh. erstmals erwähnte und im 19. Jh. im romantischen Stil hergerichtete Burg birgt heute ein bekanntes nobles Hotel-Restaurant. Sehenswert sind außerdem die Ruine der **Staufenburg,** der **Schlangenturm** (gehörte zur Stadtbefestigung), die 1725 erbaute **Pfarrkirche** und die neugotische Hallenkirche **St. Jakobus.** Das **Heimatmuseum** in einem ehemaligen Forsthaus gibt Einblick ins Leben um 1900 mit original eingerichteter Uhrmacherwerkstatt, Schusterei, Omas Küche, »gut Stubb« und Musikzimmer, wo zwischen Brautmoden aus dem 19. Jahrhundert romantische Trauungen stattfinden. Das Glockenspiel des Heimatmuseums gibt täglich um 11 und um 17 Uhr alte Volkslieder zum Besten (Do 16–18.30 Uhr, am 2. Sonntag im Monat 14–16 Uhr).

Übernachten / Essen & Trinken
Stromburg
Schlossberg 1,

Am Glan

55442 Stromberg,
Tel. 06724/93100,
Fax. 931090,
www.johannlafer.de,
Le Val d'Or Mo geschlossen, Hauptgericht ab 25 Euro in der Turmstube, ab 35 Euro im Feinschmecker-Restaurant, DZ ab 130 Euro.

Die Stromburg beherbergt das elegante Feinschmecker-Restaurant »Le Val d'Or«, das Zweitrestaurant »Gasthaus Turmstube« mit niedrigeren Preisen und ein Nobel-Hotel mit individuell stilvoll eingerichteten Zimmern – alles unter der Obhut von Fernsehkoch Johann Lafer. Kostprobe: Fischvariationen mit Singapur-Nudeln im Thaisud.

Rotenfels

Tour 1: Radweg mit Fußmassage

Radtour entlang der Nahe

Länge/Dauer: 41 km/Halbtagestour; leicht
Start/Ziel: Kirn/Bad Kreuznach
Sehenswert: Barfußpfad, Blick auf Oberhausen, Bad Münster am Stein-Ebernburg (mit Rotenfels), Salinental
Markierung: Fahrrad mit Richtungspfeil unter dreistreifigem liegendem S (Flusssymbol)
Fahrrad-Verleih
Diakonie, Konrad-Frei-Str. 8, 55545 Bad Kreuznach, Tel. 0671/6053769, Fahrrad ab 5 Euro pro Tag.

Von der Quelle bis zur Mündung kann man die Nahe auf einem 130 km langen Radweg begleiten. Start: Selbach im Saarland, Ziel: Bingen am Rhein. Die wohl beliebteste Teilstrecke folgt dem Fluss von Kirn durch das Weinbaugebiet bis zur Kurmetropole Bad Kreuznach. Der Radweg verläuft auf diesem Abschnitt überwiegend flach, fern großer Straßen und durch eine abwechslungsreiche Landschaft mit Winzerdörfern, Weinbergen, Wäldern, Feldern und Felsen.

Wir starten in **Kirn,** der ehemaligen Residenz der Wild- und Rheingrafen. Am Bahnhof fahren wir rechts auf der parallel zu den Gleisen verlaufenden Straße aus dem Ort heraus und wechseln dann auf den Radweg an der linken Straßenseite, der nach **Hochstetten-Dhaun** hineinführt. An der Fußgängerampel in Hochstetten-Dhaun überquert man die Straße wieder, lenkt schräg links an der Kirche vorbei und kommt an eine Querstraße. Wir fahren hier rechts auf einer Brücke über die Bahngleise und durch ein Gewerbegebiet, überqueren die Nahe, fahren durch das Dörfchen **Hochstädten** links zum Ortsausgang und weiter zu einem idyllischen Weg zwischen Wald und Wasser. Idyllisch, bis rechts Raubfische auftauchen – auf einer Schautafel, denn wir befinden uns auf einem **Angellehrpfad.** Der Weg führt an eine Straße, der wir rechts des Flusses folgen, um sie dann zu überqueren und auf einem Radweg nach **Merxheim** zu kommen. Im Zentrum des Dorfs biegen wir links ab und sind gleich wieder draußen, wo es auf einem Radweg über wellige Felder nach **Meddersheim** geht. In Meddersheim begrüßt uns Landluft, hier kehren die Leute samstags noch die Gassen. An der Kirche fahren wir links, wechseln dann die Bachseite rechts über ein Brückchen und verlassen das Dorf.

Weiter geht's hinterm Meddersheimer Ortsausgang über die Nahebrücke, gleich dahinter rechts, am Hahnenbach entlang, und schon sind wir am Rand von **Bad Sobernheim,** wo an der ehemaligen Papiermühle ein lauschiges Plätzchen zum Pausieren einlädt. Weiter führt die Route am Bach entlang, an einer Gabelung links, dann unter einem Brückchen durch, so erreicht man Bad Sobernheims Freizeitzentrum mit Minigolf-Anlage und (ein Stück weiter) **Barfußpfad.** Hier zieht es einem förmlich die Schuhe aus. Den Rundweg (Dauer ca. 1 Std.) wollen gerade müde Radler-Füße nicht missen, denn die prickelnde Massage durch Matsch und Kies sorgt für neuen Schwung.

Die Route führt weiter auf dem Alleenweg zwischen Bahndamm und Naheufer, immer geradeaus, an Staudernheim und der Draisine-Station vorbei und unter einer Brücke der Draisine-Strecke durch. Den vorne liegenden Hügel umfahren wir in einem weiten Bogen rechts und kommen über Felder zu einer **Kleingartenanlage** (die Siedlung heißt Boos). Dann unterquert man die Bahnstrecke und erreicht ein Sträßchen, steuert rechts Richtung Schlossböckelheim und bald wieder rechts Richtung Niederhausen. Das Tal wird enger, das Sträßchen wechselt zweimal die Bahnseite und klebt immer dichter an den Weinbergen, wird enger, steiler und noch mal steiler – hier ist Schieben erlaubt. Schließlich zweigt rechts ein Weg zur Gutsverwaltung **Schlossböckelheim** ab. Er führt im Halbkreis um das Anwesen und so auf die mittlere Etage steiler Weinberge. Hier erwartet uns ein Bilderbuch-Panorama hoch über dem hübschen Oberhausen auf der anderen Naheseite mit seiner alten Bogenbrücke. Selbstverständlich gibt's auch eine ordentliche Abfahrt, wenn man das Gut durch ein (hoffentlich) immer offenes Tor verlassen hat und rechts auf die steil abfallende Straße biegt. Unten geht es hinter der Bahnbrücke links an der Straße entlang nach **Niederhausen,** durch den Ort, bis rechts ein Weg schräg nach oben abzweigt, der über eine Brücke übers Stauwerk führt. Hinter der Brücke geht's links entlang einer Kanu-Trainingsstrecke, dann über die Brücke und wieder links auf einer unasphaltierten, aber gut zu fahrenden Radler-Piste durchs Tal, bis vor einem die mächtigen Wände des **Rotenfels** stehen und Bad **Münster am Stein-Ebernburg** erreicht ist.

Wir kommen hier an eine Straße, fahren über die Brücke, gleich dahinter rechts auf den Weg am Fluss, unter zwei Brücken durch und direkt hinter der zweiten (einer Hängebrücke) links hoch ins Kurviertel. An den Wasserspielen führt die Route rechts zum Naheufer und dort links am Fluss entlang zum Ziel **Bad Kreuznach.** Vor Bad Kreuznach wird das Salinental durchfahren, wo man schnell noch mal Meeresluft schnuppern kann.

Tour 2: Alpenfeeling

Wanderung zum Rotenfels

Länge/Dauer: 10 km/3 Std.; leicht, auf Teilstück steiler Abstieg
Start/Ziel: Bad Kreuznach
Sehenswert: Bastei, Bad Münster am Stein, Salinental

Südlich vom Kurpark (naheaufwärts) schwingt sich Bad Kreuznachs schmale **Hängebrücke** über den Fluss, auf der man sogar ein wenig wippen kann. Die Treppen zum Wald bei der Hängebrücke sind der Startpunkt für mehrere Wanderungen rund um das Kurstädtchen. Wir nutzen bis zur Bastei, dem schönsten Aussichtspunkt auf dem Rotenfels, die Markierung KH 3, gehen über die Treppen am Waldrand hügelaufwärts. Wer mag, kann oben am Aussichtstempelchen einen Blick auf die Stadt werfen, dann geht es links an den Weinhängen vorbei und über ein Wiesenstück zum Wald. Links zweigt der Höhenrandweg ab, wir gehen geradeaus aufwärts und stoßen bald, nach abgestuftem Waldboden, auf

Radtour an der Nahe

den Europäischen Fernwanderweg 8, auf den wir nach links einbiegen.

Es geht weiter aufwärts. An einer Gabelung führt unsere Route halb links, dann strikt geradeaus bis zu einer Wegkreuzung, wo ein Schild »Bastei links« die Richtung vorgibt. Bald geht's auf einem asphaltierten Wegstück weiter, an einem Funkturm vorbei. Dann verlassen wir den rechts schwenkenden Asphaltweg und halten uns geradeaus abwärts. An einer **Gaststätte** führt die Route nach rechts zu einem Waldparkplatz, den man überquert und dann links über eine Hochebene zum Höhepunkt der Wanderung kommt. Plötzlich tut sich vor uns ein kraterähnlicher Abgrund auf, der sich aber beim Nähertreten als zumindest oben harmlos abfallendes Gelände erweist. Rechts führt der Weg am Rand des Plateaus zur Bastei, und gleich gibt's ein wirklich spektakuläres Panorama. Steil stürzen die rötlich schimmernden Porphyrfelsen ins Tal, wo Bad Münster unterhalb des Rheingrafensteins auf dem Flussknie und rechts die Ebernburg auf dem Hügel über dem gleichnamigen Stadtteil steht. Felseinschnitte wechseln mit Felsvorsprüngen, in einigen Nischen wächst eine filigrane Flora, u. a. Orchideen. Wo die Felswand am weitesten nach vorne ragt, bietet der Aussichtspunkt **Bastei** den besten Blick über das Landschaftsszenario.

Von der Bastei gehen wir zurück am oberen Rand des Rotenfels, biegen aber nicht wieder Richtung Waldparkplatz ab, sondern wandern weiter geradeaus, bis rechts ein Pfad in den Wald abzweigt (zunächst als Rundwanderweg 10 markiert). Bald geht's halb rechts an einer Schutzhütte vorbei und in stellenweise steilen Serpentinen abwärts, an einer Ruhebank geradeaus weiter, zu den Weinhängen oberhalb von Bad Münster. Von hier gesehen wirkt die gegenüber auf ihrem Hügel thronende Ebernburg noch beeindruckender. Wir wandern zwischen Weinhängen, Kurs: Kirchturm. In **Bad Münster** geht's hinter der Kirche über die Brücke weiter runter, rechts zum Kurbezirk und dort links an der Saline entlang zum hübschen Alten Kurmittelhaus am Naheufer. Gegenüber erhebt sich der Rheingrafenstein.

Wenn man links am Naheufer entlanggeht, kommt man wieder zur Hängebrücke in **Bad Kreuznach.** Der Uferweg führt durchs Kreuznacher Salinental, für alle, die zwischendurch noch mal kurz inhalieren möchten.

Tour 3: Die Naheweinstraße

Autotour entlang der Nahe

Länge/Dauer: 130 km/Tagestour
Start/Ziel: Martinstein
Sehenswert: Mittleres und unteres Nahetal mit Wein- und Kurorten, Disibodenberg, Rotenfels, Weinorte auf den Höhen im nördlichen Hinterland
Markierung: Blaues N mit weißen Trauben

Auf einem 130 km langen Rundkurs verbindet die Naheweinstraße viele Weinorte im Anbaugebiet zwischen Martinstein östlich von Kirn und Münster-Sarmsheim westlich von Bingen. Etwa die Hälfte der Route folgt dem mittleren und unteren Lauf des Flusses, der andere Teil führt nördlich übers Land, auf Höhen, über Felder und Wälder. Die Touristikstraße wurde Anfang der 1970er

Jahre eingerichtet, aus dieser Zeit stammt auch die Beschilderung – sofern sie noch vorhanden ist, es gibt große Lücken. Hilfreich kann sein, dass in manchen Orten die Straße, auf der die Route verläuft, tatsächlich Naheweinstraße heißt.

Wer in **Martinstein** startet, überquert den Fluss und fährt am rechten Ufer naheabwärts via **Merxheim** und **Meddersheim** nach **Bad Sobernheim.** Das Felke-Heilbad wird ostwärts durchquert. Nächste Stationen sind **Staudernheim** und **Odernheim.** Von der Verbindungsstraße zwischen diesen Orten lohnt ein Abstecher zur Klosterruine **Disibodenberg.** Von Odernheim geht's durch **Durchroth** ins schön gelegene **Oberhausen** und über die alte Bogenbrücke nach **Niederhausen** und **Norheim.** Dann ein Highlight: Die Naheweinstraße verläuft direkt am Fuße des Rotenfels nach **Ebernburg**, vorbei an der Top-Lage Traiser Bastei. Danach ist die Strecke bis kurz vor Bingen identisch mit der B 48.

Wer es noch nicht kennt, sollte in **Bad Münster am Stein** Halt machen oder in **Bad Kreuznach,** den nächsten Stationen der Tour. Hinter Bad Kreuznach werden die Winzerorte **Bretzenheim, Langenlonsheim** und **Laubenheim** durchfahren. Kurz vor Bingen verlässt die Strecke das Nahetal und führt übers Hinterland zurück. Möglich ist ein Abstecher zum Weinort Münster-Sarmsheim, ansonsten biegt man von Laubenheim kommend hinter der Autobahnunterführung links ab und fährt etwa parallel zur A 61 via **Burg Layen** und **Waldlaubersheim** nach **Genheim** und wieder unter der Autobahn nach **Schweppenhausen.** Nächste Stationen sind **Windesheim** und **Guldental,** und dann geht's über kleine Sträßchen zum Rand von **Hargesheim**, hier rechts nach **Gutenberg** und **Wallhausen,** dort links via **Sommerloch, Braunweiler, St. Katharinen** und **Mandel** nach **Sponheim.** Dann kommt man ans Ellerbachtal zum hübschen **Burgsponheim,** die Weinhänge und Felder werden weniger, dafür gibt's hier mehr Wald. Der nächste Ort, **Bockenau,** liegt zwischen Sponheimer und Waldböckelheimer Wald. Bockenau verlässt man Richtung Winterburg, biegt aber vor Winterburg links nach **Daubach** ab und fährt dann über **Auen** nach **Monzingen** und rechts auf der B 41 zurück nach Martinstein.

Extra-Tour: Schienen-Rikscha

Draisinentour

Länge/Dauer: 20 oder 40 km/Halbtagestour
Start/Ziel: Altenglan oder Lauterecken/Staudernheim
Sehenswert: Glantal, Meisenheim, Disibodenberg
Betriebssaison: März–Okt. Anmeldung erforderlich. Preis pro Draisine (bis 4 Personen, Familien mit kleinen Kindern auch 5) pro Tag (unabhängig von der gefahrenen Strecke): Mo–Fr 35 Euro, Sa, So, Fei 39 Euro. Sonderkonditionen für die parallel verlaufende Busstrecke auf Anfrage.
Info: Naheland-Touristik (Adresse s. oben, S. 145) und im Internet: www.draisinentour.de.

Die etwas andere Fahrradtour – mit der Draisine durchs Nordpfälzer Bergland. »Ratter, ratter, klack, klack«, klingt es einen Meter unter einem im Takt, aber die Schienen-Rikscha rollt erstaunlich glatt am

Glan entlang, mal rechts, mal links von ihm, mal über ihn drüber, rundum das Panorama des Nordpfälzer Berglands: Wiesen, korngelbe Hügel, Erlendickichte, Rebenreihen. Gerade war Schichtwechsel. Für die zwei eben noch Pausierenden des Vierer-Draisine-Teams heißt es jetzt: aufsatteln, Luft einsaugen, rechtes Bein durchdrücken, Luft auspressen, linkes Bein durchdrücken, einen Rhythmus finden und treten und strampeln, bis der Puls steigt, Schweißperlen über die Stirn rinnen und die Waden kribbeln. Für die anderen beiden wird nach ihrer Strampelei alles leicht und die Tour macht ihnen plötzlich wieder Spaß. Sie nehmen Platz auf einer Bank zwischen den »Tret-Eseln« und lassen sich durch die liebliche Landschaft chauffieren. Die Draisine kommt richtig in Fahrt, nur Schranken können sie noch stoppen, die hier – verkehrte Welt – den Schienenfahrzeugen den Weg versperren, bis sie von der Besatzung eigenhändig geöffnet werden, sobald die zu querende Straße frei ist.

Die Fortbewegung aus eigener Muskelkraft auf Schienen ist eine neue Erfahrung und erinnert an die Pioniertage der Eisenbahn, als Streckenkontrolleure mit ähnlichen Fahrzeugen unterwegs waren. Für die stillgelegte Bahntrasse, auf der man das Glantal auf einer 40 km langen Strecke zwischen Altenglan und Staudernheim erkunden kann, hat der Freizeitspaß den positiven Effekt, dass sie vor dem Zuwuchern bewahrt wird.

An Wochenenden rumpeln die Schienen-Rikschas reihenweise durchs Glantal. Um auf der eingleisigen Strecke Kollisionen zu vermeiden, ist die Fahrtrichtung preußisch klar geregelt: An geraden Tagen fahren alle Richtung Altenglan, an ungeraden alle Richtung Staudernheim. Zur Auswahl stehen eine 20 km lange Schnupperstrecke zwischen dem Mittelpunkt Lauterecken und die komplette, 40 km lange Strecke zwischen Altenglan und Staudernheim. Zurück geht's mit dem Bus der Regio-Linie Bad Sobernheim–Lauterecken–Kusel.

Die Draisine holpert und poltert mächtig, sie ist nicht gefedert, auch fehlt ihr eine Gangschaltung. Nach einer Stunde Strampelei ist man außer Puste und reif für eine Pause. Hinter den Fahrersitzen ist Platz für einen Picknickkorb, man kann auch ein Güterwägelchen an seine Draisine hängen, was allerdings das Vorankommen nicht gerade erleichtert. Der Draisinefahrer ist Kavalier und stemmt deshalb bei längeren Stopps stets sein Vehikel aus den Schienen, um Staus zu vermeiden.

Alle 2 km gibt es Haltestellen mit seitlich aufgepflasterten Parkplätzen in Dörfern oder mitten in der Natur, allesamt ideale Ausgangspunkte für Exkursionen: für einen Galeriebesuch (Mi–So) im »Kleinen Kunstbahnhof« von Eschenau, einem Ortsteil von St. Julian, für einen Spaziergang durch das Mittelalterstädtchen **Meisenheim,** um im Lädchen gleich am Bahnübergang von Raumbach Honig zu kaufen, oder für eine Wanderung von Odernheim durch die Weinberge zur Klosterruine Disibodenberg.

Im Glantal findet man viele ruhige Orte zum Hinsetzen und Durchatmen. Im Weingut auf dem Disibodenberg und im Weingut Klostermühle unten im Tal wird im Herbst frischer Federweißer serviert. Von hier ist es nur noch ein guter Kilometer bis Staudernheim, wo der Glan in die Nahe fließt – Endstation für das hautnahe Landschaftserlebnis.

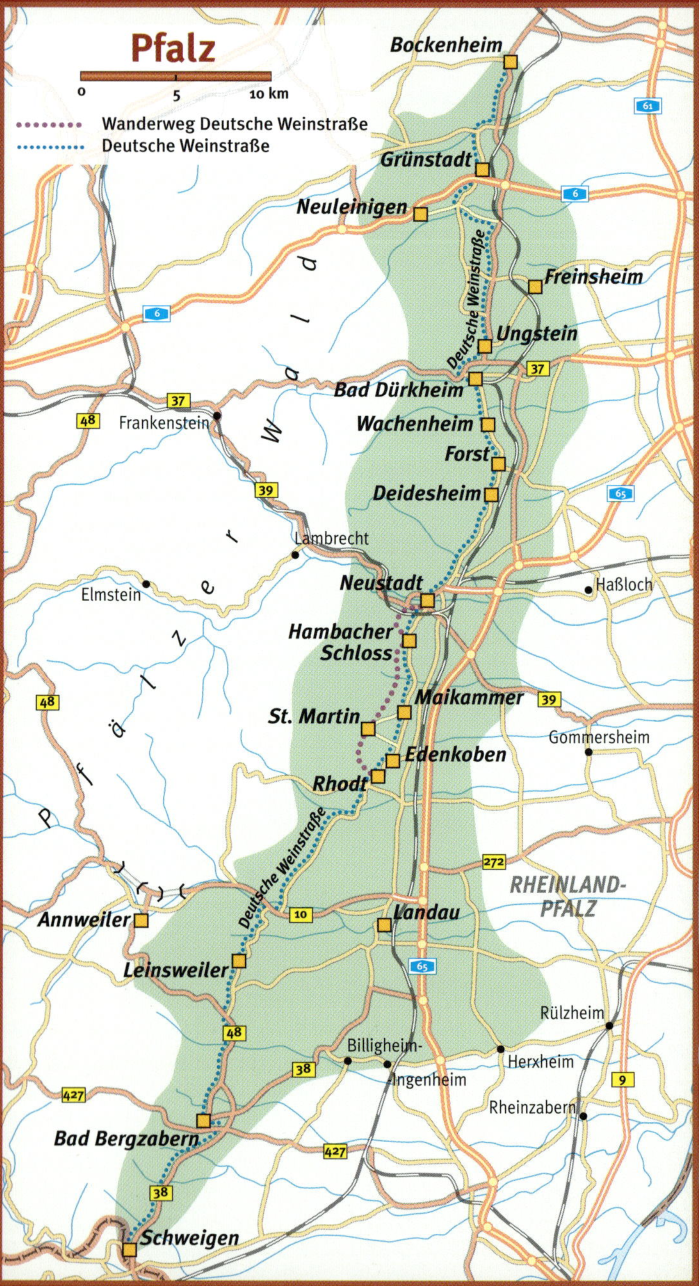
Pfalz
0
5
10 km
Wanderweg Deutsche Weinstraße
Deutsche Weinstraße
Bockenheim
Grünstadt
Neuleinigen
Freinsheim
Ungstein
Bad Dürkheim
Wachenheim
Forst
Deidesheim
Neustadt
Hambacher Schloss
Maikammer
St. Martin
Edenkoben
Rhodt
Landau
Annweiler
Leinsweiler
Bad Bergzabern
Schweigen
Deutsche Weinstraße
Deutsche Weinstraße
Pfälzer Wald
Frankenstein
Lambrecht
Elmstein
Haßloch
Gommersheim
Rülzheim
Billigheim-Ingenheim
Herxheim
Rheinzabern
RHEINLAND-PFALZ
61
6
6
37
37
48
48
39
39
65
65
272
10
48
38
427
427
38
9

PFALZ

Annweiler
Bad Bergzabern
Bad Dürkheim
Bockenheim
Deidesheim
Edenkoben
Forst
Freinsheim
Grünstadt
Hambacher Schloss
Landau
Leinsweiler
Maikammer
Neuleiningen
Neustadt
a. d. Weinstraße
Rhodt unter Rietburg
Schweigen
St. Martin
Wachenheim

Die Pfalz

Weinhof in St. Martin

»Kennst du das Land, wo die Zitronen blühn?« – es ist die Pfalz. Neben Zitronen gedeihen hier Orangen, Dattelpalmen, Zypressen, und Wein wächst in Lagen, die »Mandelgarten«, »Paradiesgarten«, »Herrgottsacker« heißen. Als die Pfalz im 19. Jh. zu Bayern gehörte, nannte König Ludwig I. die Gegend bei Edenkoben die »schönste Quadratmeile meines Königreiches«.

Das mit 23 357 ha nach Rheinhessen zweitgrößte Anbaugebiet erstreckt sich zwischen Bockenheim nahe Ludwigshafen und Schweigen an der elsässischen Grenze. Wo die Weinberge enden, beginnt der hügelige Pfälzerwald, der Wind und Regen abhält. 1800 Sonnenstunden im Jahr verwöhnen die Gegend.

Exoten sind auch die »Pälzer«, deren singende Sprache eindeutig vom Wein geprägt wird. Sie reden von »alla hop« (auf geht's!) und »alla tschüss«, essen »Saumaache« und »schlozze Woi« (schlürfen Wein) aus »Schobbe«-Gläsern, die hier einen halben Liter fassen. Aus den Winzerhöfen klingen die Gläser bis spät in die Nacht. Na, denn mal »broschd«!

Das milde Klima und der Wein wirken positiv aufs Gemüt: In Bad Dürkheim wird alljährlich vor dem weltgrößten Weinfass das weltgrößte Weinfest gefeiert: der Wurstmarkt. Neustadt ist Krönungsstätte der Deutschen Weinkönigin, die sich beim größten Winzerfestumzug der Republik ihrem Volk zeigt. Neustadt-Haardt veranstaltet Olympiaden im »Quetschekern«-Weitspucken, und in Deidesheim wird seit 600 Jahren an jedem Pfingstdienstag ein Geißbock auf dem Marktplatz versteigert.

Zwei Bereiche, Mittelhaardt/Deutsche Weinstraße und Südliche Weinstraße, bilden die Weinregion. In der Mittelhaardt, zwischen Bad Dürkheim und Neustadt, wohnen in den berühmten Weinorten Deidesheim, Forst und Wachenheim einige von Deutschlands Trauben-Baronen. In den letzten Jahren haben allerdings viele Gewächse der Südlichen Weinstraße die Renommier-Tropfen der Mittelhaardt übertrumpft.

Riesling ist auch in der Pfalz die Nummer 1 und belegt 20,6 % der Anbaufläche vor Müller-Thurgau (13,7 %) und dem dunkelroten Dornfelder (11,6 %). Durch das Reben-Revier führt die älteste Wein-Touristikroute der Welt, die 1935 eröffnet wurde und, obwohl sie ausschließlich auf Pfälzer Terrain verläuft, den Namen »Deutsche Weinstraße« erhielt. Quasi am Straßenrand steht die »Wiege der deutschen Demokratie«, das Hambacher Schloss.

Pfalz-Infos

Information

Deutsche Weinstraße/Mittelhaardt
Martin-Luther-Str. 69,
67433 Neustadt an der Weinstraße,
Tel. 06321/912333, Fax 912330,
www.deutsche-weinstrasse.de.

Südliche Weinstraße
An der Kreuzmühle 2,
76829 Landau in der Pfalz,
Tel. 06341/940407, Fax 940502,
www.suedlicheweinstrasse.de.

Wichtige Feste

Erlebnistag Deutsche Weinstraße: letzter Sonntag im August
Der Klassiker unter Deutschlands Straßensperrungen. Einmal im Jahr wird die gesamte Weinstraße zu einem 85 km langen Vergnügungsparcours für Hunderttausende Radfahrer, Inlineskater, Fußgänger.

Bad Dürkheimer Wurstmarkt: 2./3. Septemberwochenende
Eine halbe Mio. Besucher trinken über 300 000 l Wein beim weltgrößten Weinfest vor dem weltgrößten Weinfass. Die Geschichte des Markts beginnt im 15. Jh., als Bauern Pilger auf ihrem Weg zur Michelsberg-Kapelle mit Weck, Worscht un Woi versorgten. Von Jahr zu Jahr gesellten sich mehr Krämer dazu, bald herrschte ein Riesen-Rummel.

Deutsches Weinlesefest: Anfang Oktober, Neustadt
Erst wird die Pfälzer, dann die Deutsche Weinkönigin gekrönt. Das weinselige Volk umjubelt schließlich die eine oder beide beim größten Winzerfestumzug des Landes. Pfälzer Spezialitäten und Tröpfchen aller dreizehn deutschen Anbaugebiete werden derweil in den »Woihaiselscher« verkostet.

Die Pfalz mit der Bahn

In Neustadt steht der Hauptbahnhof der Pfalz. Hier halten ICE- und IC-Züge, S-Bahnen der Linie Heidelberg–Mannheim/Ludwigshafen–Kaiserslautern, Regionalbahnen nach Annweiler und Pirmasens. Nördlich fahren Nahverkehrszüge ab Neustadt entlang der Weinstraße mit Halt u. a. in Mussbach, Deidesheim, Wachenheim, Bad Dürkheim, Freinsheim. Die Südliche Weinstraße erschließt die Strecke Neustadt–Landau–Karlsruhe mit Haltepunkten u. a. in Maikammer-Kirrweiler, von wo es nicht weit nach St. Martin ist, und Edenkoben nahe bei Rhodt. Mit der Straßenbahn (Rhein-Haardt-Bahn) kann man von Mannheim/Ludwigshafen nach Bad Dürkheim fahren.
Auskunft: Verkehrsverbund Rhein-Neckar, Tel. 01805/8764636 (0,12 Euro/Min.), www.vrn.de.

Höhepunkte in der Pfalz

Deidesheim: In dem berühmten Weinort wurde der »Saumaache« zum Galagericht.
Hambacher Schloss: Die »Wiege der deutschen Demokratie« steht in den Reben.
Rhodt unter Rietburg: Eine der Dorf-Schönheiten der Pfalz mit einem rebenumrankten Boulevard liegt auf Bayern-König Ludwigs liebstem Fleckchen Land.
St. Martin: Thront der heilige Martin mahnend, wachend oder lachend über dem malerischen Dorf mit den blumengeschmückten Gassen?

Annweiler am Trifels

Annweiler liegt westlich der Weinstraße im Queichtal und ist nach Speyer die älteste Freie Reichsstadt (1219) der Pfalz. Alte Wasserräder an der Queich und Fachwerk zieren den historischen Kern des Städtchens. Es verdankt seinen Aufstieg der Burg, die oberhalb auf einem schmalen Felsgrat thront: der **Trifels.** In der alten Stauferburg aus dem 11. Jh. wurden die kostbaren Reichsinsignien aufbewahrt: Krone, Kreuz, Schwert, Zepter und Reichsapfel. Berüchtigt war sie als Staatsgefängnis, u. a. saß König Richard Löwenherz hier ein. Auf den Nachbarhügeln stehen die Ruinen der Burgen **Scharfenberg** (11. Jh.) und **Anebos** (12. Jh.).

Bad Bergzabern

Die sonnige Südliche Weinstraße, die Ausläufer des Pfälzerwaldes am Eingang des Erlenbachtals und eine heiße Quelle – das sind ideale Standortfaktoren für einen Kurort. Schon Ende des 19. Jh. wurde hier Kaltwasser-Treten à la Pfarrer Kneipp praktiziert. 1928 vibrierte einem Wünschelrutengänger auch noch der Sensor und man fand am Hausberg Petronell in 450 m Tiefe eine Natrium-Chlorid-Therme. Heute darf sich das ansehnliche Städtchen »Staatsbad« nennen. Die Kurgäste tummeln sich im Thermalbad und flanieren durch den Park und das villenbestandene Kurtal zum **Schwanenweiher,** wo sie bei einer Bootspartie die Seele baumeln lassen können.

Lebendiger geht es auf der Fußgängerzone und dem engen Marktplatz zu. Um den **Marktplatz** gruppieren sich das **Alte Rathaus,** das prächtige barocke **Wilmssche Haus** (1723), das eine Buchhandlung und ein Zinnfigurenmuseum beherbergt, und die protestantische **Marktkirche** (14. Jh.), deren frei stehender Turm einst Wehrturm war. Der **Dicke Turm** in der Turmstraße ist ebenfalls ein Relikt der alten Stadtbefestigung. In der katholischen **Pfarrkirche St. Martin** am Ludwigsplatz wurde die 1998 heiliggesprochene Edith Stein getauft. Weiter westlich an der Königstraße stehen die imposantesten Gebäude des Kurstädtchens: das **Gasthaus Zum Engel,** eine Perle der Renaissance, geschmückt mit Erkern, Voluten, Obelisken, und das vierflügelige **Zweibrücker Schloss** mit zwei vorgesetzten Rundtürmen. Provinziell wirkt dagegen das Berg-Viertel mit der Bergkirche, die 1720–30 nach

Plänen von Jonas Erikson Sundahl errichtet wurde, als Zabern, wie es früher einmal hieß, für ein paar Jahrzehnte schwedisch war.

Bad Dürkheim

In dem Traubenkurort muss man auf das Größte gefasst sein – das größte Weinfass der Welt, das 1,7 Mio. l fassen würde, aber noch nie gefüllt war, weil in ihm eine zweistöckige Weinkneipe eingerichtet ist. Der Küfer Fritz Keller hat es 1934 am Rand des Wurstmarktplatzes gezimmert, wo alljährlich im September das weltgrößte Weinfest gefeiert wird.

Östlich des Riesenfasses sorgt eine Riesensaline, 330 m lang und 16 m hoch, für eine frische Meeresbrise zwischen den Weinbergen. Das **Gradierwerk** wurde 1847 zur Salzgewinnung errichtet und dient jetzt zu Inhalationskuren. In der Brunnenhalle tut ein Glas Heilwasser der **Fronmühlquelle** gut, oder man probiert es mit »Wein in Pillenform«. Traubenkuren sind seit Anfang des 19. Jh. die Spezialität des Badeorts an der Weinstraße. Neuerdings wird Dürkheims Kur-Kultur von Indien inspiriert, werden Körper, Geist und Seele mit ayurvedischen Kräuterbädern, Ölgüssen und Tees miteinander in Einklang gebracht. Durch den mit Baumexoten bestandenen Kurpark kommt man zur Jugendstilanlage des **Ostertagbrunnens.** Nebenan steht die klassizistische **Pfarrkirche St. Ludwig** und dahinter das klassizistische **Kurhaus,** in dem auch eine Spielbank residiert. Vom Schlossplatz vor dem Kurhaus führt eine Gasse zur **Schlosskirche** (1335).

Beliebte Ausflugsziele sind zwei imposante Ruinen bei Bad Dürkheim: Über dem Isenachtal erhebt sich die Ruine der **Hardenburg** über dem gleichnamigen Ort. Die Burg wurde Anfang des 13. Jh. erbaut und 1794 zerstört. Ein Waldweg (blauer Balken) führt von hier in eineinhalb Stunden zur Ruine des ehemaligen **Benediktinerklosters Limburg** (11. Jh.) auf einem schmalen Höhenzug oberhalb des Dürkheimer Ortsteils Grethen. Reste eines römischen Weinguts samt Kelteranlage hat man bei **Ungstein** nördlich von Bad Dürkheim entdeckt.

Weingut

Vier Jahreszeiten Winzer
Limburgstr. 8, 67098 Bad Dürkheim,
Tel. 06322/94900,
Mo–Fr 9–17, Sa 8.30–12.30 Uhr.
Deutschlands Parade-Genossenschaft mit hohen Qualitätsstandards. Bei der Bundesweinprämierung 2004 ging ein Ehrenpreis in Gold für eine besonders gute Gesamtleistung an die Vier-Jahreszeiten-Genossen. Kauftipp: 2003er Dürkheimer Schenkenböhl Riesling Spätlese für 5 Euro.

Bockenheim

An eine Autobahnraststätte erinnert das **Haus der Deutschen Weinstraße,** das in Bockenheim den Beginn der Ferienstraße markiert. Ein Weinlehrpfad am Gasthaus Neuhäusel führt zum Startpunkt des Wanderwegs Deutsche Weinstraße. Erstes Ziel für Weinpilger ist die schöne Traubenmadonna in der **Pfarrkirche St. Lambert** in Großbockenheim.

Deidesheim

Der hübsche Weinort liegt im Zentrum des Bereichs Mittelhaardt,

Garten-Exoten

Rechts und links der Deutschen Weinstraße sprießt Exotisches. Hier drei Gärten, die uns Düfte, Formen und Farben ferner Länder ganz nah bringen:

Deidesheim: Zitronen, Eukalyptus und Lorbeer blühen im Deidesheimer Stadtgarten.

Maikammer: Im »Mediterranen Garten« auf der Südseite des Rathauses sind Lavendel, Thymian, marokkanischer Ginster und eine Libanoneiche zu bewundern.

St. Martin: Pflanzen des Heiligen Landes und aus der christlichen Mythologie gedeihen im »Bibelgarten« hinter der Pfarrkirche St. Martin, neben Weihrauch, Ölbaum und Granatapfel auch die Passionsblume und ein Paternosterbaum, dessen Steinfrüchte traditionell zu Rosenkränzen verarbeitet werden.

nicht weit von Ludwigshafen-Oggersheim. Alt-Kanzler Kohl machte Deidesheim zum Nabel der Welt und den »Saumaache« des Restaurants »Schwarzer Hahn« zum Staatsgericht. Auch »Maggie« und »Gorbi« mussten sich den gefüllten Schweinemagen schmecken lassen.

Seitdem die Staatsgäste ausbleiben, ist wieder die **Geißbockversteigerung** der Höhepunkt des Jahres. Sie steigt vor dem alten **Rathaus,** dem hübschesten Gebäude weit und breit. Die Freitreppe gipfelt in einem Podest, das ein Baldachinaufsatz krönt. Innen ist ein **Museum für Weinkultur** eingerichtet (März–Dezember, Mi–So 16–18 Uhr). Um den **Marktplatz** mit dem Andreasbrunnen reihen sich das Hotel Deidesheimer Hof (zu dem der »Schwarze Hahn« gehört), das alte Wirtshaus »Kanne« und die spätgotische **Pfarrkirche St. Ulrich** (15. Jh.). Vornehme Höfe und Villen zeugen vom Wohlstand einiger Winzer. »Flaschenbarone« nannte der Volksmund den Weinadel.

Ins Umland lockt das verträumte Weindorf **Ruppertsberg.** Im nahen **Meckenheim** werden zur Erntezeit die Hoftore weit geöffnet und am Rand der Gassen türmen sich Obst, Gemüse und Wein.

Übernachten / Essen & Trinken

Restaurant Schwarzer Hahn
im Hotel Deidesheimer Hof
Am Marktplatz 1, 67146 Deidesheim,
Tel. 06326/96870, Fax 7685,
www.deidesheimerhof.de,
Ruhetage: So, Mo, geschlossen Jan. und Mitte Juli–Mitte Aug., Hauptgericht ab 23 Euro, DZ ab 150 Euro.
Die Pfalz auf die exklusive Art. Es ist schon ein paar Jahre her, dass Gorbatschow hier seinen Pfälzer Saumagen aß, aber auch der neue Küchenchef setzt auf Altbewährtes. Wer sich den für Gourmets mit Gänseleber verfeinerten Saumagen hat schmecken lassen, kann sich gleich in den exquisit ausgestatteten Zimmern des Nobel-Hotels Deidesheimer Hof niederlassen.

Weingüter

Reichsrat von Buhl
Weinstr. 16, 67146 Deidesheim,
Tel. 06326/96500,
www.reichsrat-von-buhl.de,
Mo–Fr 8–12, 13–18 Uhr, Sa/So 10–12, 13–17 Uhr.
Eines der weit bekannten altehrwürdigen Weingüter der Pfalz. Lange Zeit war es unter bayerischer Regie, 1989 hat eine japanische Weinhan-

delsfirma das Ruder übernommen und langsam fließen die Weine wieder an die Spitze. 2003er Forster Bischofsgarten Riesling Kabinett (lieblich) für 7,40 Euro.

Bio-Weingut Georg Siben Erben
Weinstr. 21, 67146 Deidesheim,
Tel. 06326/989363,
Weinprobe und -verkauf: Mo–Fr 9–12 und 14–18 Uhr sowie nach Vereinbarung.
Das traditionsreiche Deidesheimer Weingut arbeitet seit 1991 nach Naturland-Richtlinien. Überwiegend werden trockene Rieslinge im Holzfass in einem Keller aus dem 16. Jh. ausgebaut. Gutsriesling 5,20 Euro.

Fest

Geißbockversteigerung: Pfingsten
Seit dem 14. Jh. führt jeden Pfingstdienstag das jüngste Brautpaar des Nachbarorts Lambrecht einen Geißbock durch den Wald zum Deidesheimer Rathaus. Mit dem Bock zahlen die Lambrechter Tribut für einstige Weiderechte auf Deidesheimer Grundbesitz. In Deidesheim kann man dann den Bock ersteigern oder den Versteigerungspreis tippen und ein Wochenende in Deidesheim gewinnen.

Edenkoben, Villa Ludwigshöhe, Rietburg

Auf der »schönsten Quadratmeile seines Königreiches« ließ sich Bayern-König Ludwig I. seinen Alterssitz, **Villa Ludwigshöhe** westlich von Edenkoben, errichten. »Welch milde Luft weht da!«, schwärmte Ludwig, als er und seine Gemahlin 1852 die schlossähnliche Villa bezogen. Nach einem französischen Intermezzo gehörte die Pfalz damals zu Bayern, was in Edenkoben deutliche Spuren hinterlassen hat. Das ehemalige **Königlich Bayerische Amtsgericht** beherbergt heute eine Fachhochschule für Finanzen. Nach König Ludwig hat man einen Platz benannt und ihm dort ein Denkmal gebaut, das während des Weinfestes schon mal ein Schild »Ludwig empfiehlt Dampnudle mit Woisoß« umgehängt bekommt. Mit dem schöngeistigen Monarchen kam auch die Kunst nach Edenkoben. Heute hat die Stadt drei Kunst- und Kulturzentren: **Bergelmühle, Herrenhaus, Künstlerhaus.** In der **Villa Ludwigshöhe** hängen Werke des Impressionisten Max Slevogt, der weiter südlich in Leinsweiler wohnte (tgl. außer Mo, Dez. geschlossen). Nahe bei der Villa schaukelt eine **Sesselbahn** 220 m hinauf zur Aussichtsterrasse der Ruine der um 1200 erbauten **Rietburg** mit schönem Blick über das Weinland Pfalz.

Übernachten / Essen & Trinken

Hotel-Restaurant Pfälzer Hof
Familie Simma,
Weinstr. 85, 67480 Edenkoben,
Tel. 06323/2941, Fax 980505,
www.simma-pfaelzer-hof.de,
Do Ruhetag, Feb. geschlossen, Hauptgericht ab 7 Euro, DZ ab 64 Euro.
Im Sommer schmeckt der hausgemachte Flammkuchen aus dem Holzofen besonders lecker unter den Bäumen des weinbewachsenen Innenhofs. Das Restaurant lädt zu Sonderveranstaltungen wie Weinproben im urigen Keller, Grillen am offenen Kamin und »Ganze Wutz am Spieß«. Die Zimmer des Hotels der Drei-Sterne-Kategorie bieten zeitgemäßen Komfort.

Weingut

Gut Heilsbruck
Klosterstr. 170, 67480 Edenkoben, Tel. 06323/2883, Mo–Fr 11–18, Sa 12–15 Uhr.
Edenkobens Weinkulturerbe ist das Kloster Heilsbruck, das Zisterzienserinnen aus Speyer 1262 als *Pons Salutis* (Brücke zum Heil) am westlichen Ortsende gründeten. Der Schwestern Weingut entwickelte sich zu einem Musterbetrieb, den nach Aufhebung des Klosters 1560 weltliche Winzer übernahmen. Das einstige Refektorium beherbergt heute eine Probierstube. Im Keller unter den Ruinen der Klosterkirche lagert Wein in alten Eichenfässern. Kabinettswein ab 4,50 Euro.

Weinfest

Weinfest der Südlichen Weinstraße: letztes Septemberwochenende. Zum Auftakt spielen die Reblausmusikanten auf dem Edenkobener Ludwigsplatz. Die neuen Weinprinzessinnen der Region stechen den Festwein an, der dann reichlich in Halbliterschoppen fließt, und zum Abschluss gibt's ein großes Feuerwerk.

Die Pfalz in einer Kiste

Pfälzer Spezialitäten kann man sich nach Hause kommen lassen. Saumagen, Feigenkonfitüre, Pfälzer Zigarren, Wein und Brand stecken in der »Großen Pfalzkiste« (77 Euro). Die »Klääne Pälzer Kischd« kostet 30 Euro, ein Pfälzer Rosenkissen mit Wein gibt's ebenfalls für 30 Euro, den Pfälzer Feigenkorb für 25 Euro:
Pfalz Marketing
Martin-Luther-Straße 69, 67433 Neustadt, Tel. 06321/912322, Fax 12881, www.pfalzkiste.de.

Forst

Ganz ungeheuer schmeckt Wein der Lage »Forster Ungeheuer«. »Kirchenstück« und »Jesuitengarten« heißen die nicht minder bekannten Forster Lagen, deren feurige Rieslinge für viele Weinfreunde die besten der Pfalz sind. Forst gehört zu den hübschen Winzerorten, die sich entlang der Weinstraße wie Perlen auf einer Schnur reihen. Wohlhabende Winzer haben hier schmucke barocke und klassizistische Höfe bezogen. Vor den mächtigen Toren wachsen Feigenbäume, auch eine Pfälzer Spezialität.

Weingut

Mosbacher
Weinstr. 27, 67147 Forst, Tel. 06326/329, www.georg-mosbacher.de, Mo–Fr 8–12, 13.30–18, Sa 9–13 Uhr.
Erstklassige Lagen (u. a. Forster Ungeheuer) und ein Top-Winzer-Trio (Vater, Tochter, Schwiegersohn) schaffen köstliche Weine. Besonders munden die fruchtbetonten Rieslinge. 2003er Forster Elster Riesling Kabinett für 6,50 Euro.

Freinsheim

Mittelalterliches Flair umgibt das östlich der Weinstraße, zwischen Bad Dürkheim und Grünstadt gelegene Freinsheim. Rein geht's in das »Rothenburg der Pfalz« durch das **Haintor** oder das von mächtigen Rundtürmen flankierte **Eisentor.** Nach einem Gang entlang der 1,3 km langen Stadtmauer könnte man glauben, gleich käme singender Barde mit »Tandaradei« oder eine Horde Raubritter um die Ecke gelaufen. Hübsch sanierte Häuser und Höfe säumen die krummen buckeligen Gassen, z. B. der alte Herrensitz von Busch-Hof. Die **evangelische Kirche,** im Kern gotisch, aber barock umgebaut, steht beim barocken **Rathaus** (1750) am Marktplatz. Von hier gelangt man durch die Hauptstraße zur katholischen **Kirche St. Peter und Paul** (1780) mit einem hübschen Hochaltar.

Übernachten beim Winzer

Hotel und Weingut Altes Landhaus,
Barbara Reibold-Niederauer,
Hauptstr. 37, 67251 Freinsheim,
Tel. 06353/93630, Fax 936329,
www.altes-landhaus.de,
geschlossen Weihnachten bis Mitte Jan. und drei Wochen im August,
DZ ab 68 Euro.
Wohlfühl-Ferien auf dem Land verspricht der Gasthof mit Garten am Rand der Altstadt. Die Zimmer sind angenehm eingerichtet. Morgens können sich die Gäste auf hausgemachte Marmeladen und Säfte, abends auf selbstgemachte Weine freuen.

Übernachten / Essen & Trinken

Hotel-Restaurant Luther
Hauptstr. 29, 67251 Freinsheim,
Tel. 06353/93480, Fax 934845,
So Ruhetag, Feb. geschlossen,
Hauptgericht ab 22 Euro, DZ ab 90 Euro.
Eine der Pfälzer Gourmet-Adressen. Wie wäre es hier mit einer Taube mit geschmorten Waldpilzen? Edle Weine runden das Ess-Erlebnis ab. Schlaf gut! heißt es danach in den stilvoll eingerichteten Zimmern des Hotels.

Grünstadt

Die pulsierende Kleinstadt im nördlichen Zipfel der Weinregion fungiert seit dem 17. Jh. als Zentrum des Leiningerlandes. Die Leininger Grafen erhoben »Grinstat« zu ihrer Residenz, nachdem ihre Stammburgen, Alt- und Neuleiningen, 1690 im Pfälzischen Erbfolgekrieg zerstört wurden. **Schloss Unterhof** in der Obergasse, eine 1698 auf dem Gelände des klösterlichen Mönchhofs errichtete Dreiflügelanlage, wurde zum Stammhaus der Altleininger. Die Neuleininger bezogen Quartier in **Schloss Oberhof** in der Neugasse. Neben Schloss Unterhof ließen die Adeligen gemeinsam aus den Resten eines gotischen Vorgängerbaus die **Martinskirche** errichten. Heute stehen die Relikte der alten Residenz im Schatten der Einkaufsstraßen im Zentrum und der Industrie am Stadtrand.

Hambacher Schloss

Die »Wiege der deutschen Demokratie«, der deutschen Einheit – und der Europäischen Union – steht in den Reben. Aus weiten Weinfluren beim Neustädter Ortsteil Hambach erhebt sich auf einem Hügel das gleichnamige Schloss. Mit dem Ruf »Hinauf Patrioten, zum Schloss, zum Schloss!« zogen am 27. Mai 1832 über 30 000 Demonstranten mit Fahnen in den verbotenen Burschenschaftsfarben Schwarz-Rot-Gold zur Ruine der salischen »Kästenburg«. Dort forderten sie mehr demokratische Rechte und ein einiges freies Deutschland in einem konföderierten Europa. Die Pfälzer Winzer waren ganz vorne mit dabei und wehrten sich vor allem gegen den »ver-

Hambacher Schloss

dammten Zoll« – im Grunde war das also auch die Geburtsstunde der Europäischen Union. Nach der Demokratie-Demo gab es die ganze Nacht lang ein riesiges Fest, der Pfälzer Wein floss in Strömen. Die Regierung Bayerns, wozu die Pfalz damals gehörte, reagierte auf den »Hambacher Skandal« mit neuen Einschränkungen. Die »Rädelsführer« wurden wegen Majestätsbeleidigung verurteilt. Weil einigen Pfälzern das unschickliche Verhalten ihrer Landsleute etwas peinlich war, schenkten sie als Entschuldigung die Ruine Bayerns Kronprinz Maximilian. Der begann mit dem Ausbau der Burg zu einem »Pfälzischen Hohenschwangau«, brach aber ab und beließ es bei einer schlichteren »Maxburg«. Heute informiert hier ein multimediales Museum in Sachen deutsche demokratische Geschichte.

Landau

In der Rheinebene, abseits der Weinstraße, liegt Landau (41 000 Einwohner), das sich von einer alten Festungsstadt zum munteren Zentrum der Südpfalz gemausert hat. Fußgängerzonen, Parks, ein Zoo und eine Universität beherrschen heute das einst von Militärs geprägte Bild. Seine strategisch günstige Lage wurde Landau zum Verhängnis. Vauban, der Festungsbauer König Ludwigs XIV., machte die Stadt 1689 zu einer der »stärksten Festungen der Christenheit« und ließ dabei einige Stadtviertel niederbrennen, die den Plänen im Weg standen. Das **Deutsche Tor** im Norden und das **Französische Tor** im Süden sind die Relikte der 1867 geschleiften Vauban-Festung. An deren Stelle wurden Ringstraßen und Parks angelegt und neue Wohnviertel mit schmucken Gründerzeit-Villen hochgezogen. Der **Marktplatz** war von Vauban als Paradeplatz angelegt worden, buntes Markttreiben sorgt heute für ein angenehmeres Ambiente. Auf einem hohen Ross thront **Prinzregent Luitpold** über dem Geschehen, eine Erinnerung daran, dass sich auch die Bayern hier mal eingenistet hatten. Dahinter steht das **Neue Rathaus,** die einstige bayerische Kommandantur, und rundum gruppieren sich hübsche Bürgerhäuser. Das **Alte Kaufhaus** wurde zum Kulturzentrum umfunktioniert. Stille Akzente setzen die spätgotische **Augustinerkirche** (schöne Wandmalereien) und die frühgotische **Stiftskirche** (prächtige Barockorgel) in der Marktstraße. Das **Frank-Loebsche-Haus** in der Kaufhausgasse 9 zeigt eine Ausstellung zur Geschichte der Juden und Sinti und erinnert an Martha Saalfeld. Schauplatz ihrer Erzählung »Judengasse« ist das Viertel nördlich vom Marktplatz.

Weingut
Ökonomierat Rebholz
Weinstr. 54, 76833 Siebeldingen, Tel. 06345/3439, www.oekonomierat-rebholz.de, Mo–Sa 9–15 Uhr.
Das traditionsreiche Top-Weingut der Südpfalz sorgt mit Rieslingen, aber auch mit Spätburgundern für Furore. Einen Riesling (Kabinett) gibt es ab 6,50 Euro. Siebeldingen liegt an der Weinstraße westlich von Landau.

Leinsweiler

Intensive Impressionen der Pfälzischen Landschaft schuf der bayerische Maler und Grafiker Max Slevogt (1868–1932). Der Impressionist ließ sich im **Hofgut Neukastel** oberhalb des pittoresken Winzerdorfs Leinsweiler an der südlichen Weinstraße nieder. Im Musikzimmer und in der Bibliothek richtete er ein Atelier ein und bemalte Wände und Decken. Der »Slevogthof« beherbergt heute ein Restaurant. Die Atelierräume können besichtigt werden.

Ein Bild von einem alten Weindorf ist Leinsweiler, das am Eingang des Birnbachtalsliegt: Winzerhöfe, ein stilles Kirchlein, ein Fachwerkrathaus und davor ein plätschernder Brunnen.

Im Landauer durch Landau

Mit Landauern kann man nett einen Schoppen trinken – oder sich auf ihnen durch die Südpfalz kutschieren lassen. Die Typenbezeichnung der zweispännigen Kutschen-Cabrios geht auf eine Fahrt des österreichischen Thronfolgers König Josef I. im Jahr 1702 von Wien nach Landau zurück. Pauschale: »Reisen wie König Josef« mit 2 Übernachtungen, 2 Gourmet-Menüs, Kutschermahl und Picknick für 375 Euro pro Person. Tagesfahrt (ohne Extras) für 4 Personen 290 Euro. Mit dem Landauer durch Landau (30 Min.) für 5 Euro pro Person am 1., 3., 5. Samstag im Monat. Alle Angebote buchbar
Mai–Oktober beim Büro für Tourismus Landau,
Marktstraße 50, 76829 Landau, Tel. 06341/13181.

Maikammer

Winzerhöfe, Patrizierhäuser, die barocke Kirche St. Cosmas und Damian (18. Jh.) und ein mediterraner Garten geben dem blühenden Weinort südlich von Neustadt seinen Reiz. »Kirchenstück« und »Kapellenberg« heißen Maikammers Renommierlagen. Für Kunstfreunde ein Muss: die **Kapelle Mariä Schmerzen** im Ortsteil Alsterweiler mit einem schönen spätgotischen Flügelaltar.

Übernachten / Essen & Trinken

Hotel-Restaurant Waldhaus Wilhelm
Kalmitstr. 6,
67487 Maikammer,
Tel. 06321/58044, Fax 58564,
www.waldhaus-wilhelm.de,
tgl. außer Mo 11.30–14.30, 17.30–24 Uhr,
Hauptgericht ab 7 Euro, DZ ab 74 Euro.
Das gastliche Waldhaus der Familie Wilhelm empfiehlt sich als Basis für Streifzüge durch die nahen Kastanienwälder und Weinberge. Zum Relaxen laden drinnen vornehm-rustikale Zimmer ein und vor dem Haus Garten und Liegewiese. Das Restaurant der Wilhelms ist auf Wild spezialisiert.

Neuleiningen

Weit übers Land glänzt das auf einem Bergvorsprung am Rand der Haardt sitzende Burgdorf Neuleiningen. Gräfin Eva hat die einst mächtige Leininger Kastelburg von 1240 während des Bauernkriegs (1525) vor der Zerstörung bewahrt. Die Historiker streiten sich, ob Eva einfach ihren Charme spielen ließ oder ob sie die gräflichen Weinkeller öffnete, jedenfalls konnte sie die Bauernhorde friedlich stimmen. Sie ist heute die Heldin des Leiningerlandes und wird alljährlich während des Jakobimarktes in Grünstadt (3. Juliwochenende) als Weingräfin wieder belebt. Die Burg wurde 165 Jahre später, im Pfälzischen Erbfolgekrieg, dann doch zerstört. Trotzdem ist sie ein beliebtes Ausflugsziel und man spaziert auch gern durch die Dorfgassen mit den Stadtmauerresten und Fachwerkhäusern. Versteckter im Ekkbachtal hatten schon im 12. Jh. die Altleininger Grafen ihren Stammsitz errichtet. Ihnen fehlte Eva, ihr Domizil wurde im Bauernkrieg zerstört. Ein Neubau beherbergt heute ein Jugendgästehaus.

Neustadt an der Weinstraße

Superlative machen Neustadt zur heimlichen Wein-Hauptstadt. Die größte weinbautreibende Gemeinde im Bundesgebiet ist alljährlich Krönungsstätte der Gebieterin über alle Trauben, der Deutschen Weinkönigin, die sich dann ihrem weinseligen Volk beim größten Winzer-Festumzug des Landes zeigt. Neustadt und die neun dazugehörenden Weindörfer liegen in einem Meer von Reben, die so viel Wein tragen, dass sich jeder der 53 000 Einwohner täglich ein Fläschchen genehmigen könnte.

Der **Marktplatz,** auf dem sich 1832 der Zug zum Hambacher Schloss formierte, ist immer noch das Zentrum der Stadt. Rund um den **Löwenbrunnen** genießt man hier im Sommer einen Schoppen Wein und notfalls auch einen zweiten. Restaurierte Häuser aus Gotik, Renaissance und Barock bilden die Kulisse, das hübscheste unter ihnen ist freilich das alte **Rathaus** (18. Jh.), das einst ein Jesuitenkolleg war. Aufmerksamkeit verdient auch das **Scheffelhaus** gegenüber, ein viergeschossiger Fachwerkbau mit schieferverkleidetem Giebel (16. Jh.). Wer nach oben schaut, wird kaum seinen Augen trauen: Da steht ein Haus auf dem Turm der **Stiftskirche** (14. Jh.). Lange Zeit wohnte in dem barocken Anwesen in luftiger Höhe der Glöckner, der seine Kinder mit einer der größten Gussstahlglocken der Welt wecken konnte.

Erste Adresse für Wein-Reisende ist das **Haus des Weines.** In dem Renaissancebau mit schönem Innenhof werden Weine und Pfälzer Spezialitäten feilgeboten. Das **Casimirianum** links hinter dem Rathaus an der Ludwigstraße war Sitz der ersten Universität der Pfalz. Graf Johann Casimir, besser bekannt als »Jäger aus Kurpfalz«, gab hier von der Universität Heidelberg vertriebenen Calvinisten eine neue Lehrstätte.

Sieht man die hübschen »Haiselscher« in der Mittel- und Hintergasse, fühlt man sich in ein Weindorf versetzt. Der Schein trügt. Neustadt ist vor allem ein geschäftiges Einkaufszentrum mit viel Verkehr rund um die Fußgängerzone – eine Weinmetropole eben.

Essen & Trinken

Weinstube Eselsburg
Kurpfalzstr. 62,
67435 Neustadt-Mussbach,
Tel. 06321/66984,
www.eselsburg.de,
Mi–Sa ab 17 Uhr, Betriebsferien: 2 Wochen im August und um Weihnachten,
Hauptgericht ab 8,50 Euro.
Hier kocht ein echter Künstler, der die gemütliche Gaststube mit seinen Gemälden ausstaffiert. Zu deftigen Pfälzer Spezialitäten wie Saumagen gibt's erlesene heimische Weine.

Kuckucksbähnel

Wenn es an Sommersonntagen am Neustädter Hauptbahnhof zwischen ICEs raucht und zischt und pfeift, startet der Dampfzug »Kuckucksbähnel« ins Speyerbachtal. Im Packwagen versorgt die »Kuckucksschänke« die Passagiere der Holzklasse mit einem Schoppen. Draußen winken Radfahrer und Wanderer, die wie die dicke Schlepptenderlok das Tal entlang des Speyerbachs hinaufschnaufen. Betriebszeiten: Ostern–Oktober So 14-tägig (im Mai jeden Sonntag), Fahrpreis: 12 Euro, Familienkarte 25 Euro, Infos beim Eisenbahnmuseum: Tel. 06321/30390.

Weingut

Weingut Müller-Catoir
Mandelring 25,
67433 Neustadt-Haardt,
Tel. 06321/2815,
Mo–Fr 8–12, 13–17 Uhr.
Seit Jahren gehört das Weingut zu den Spitzenbetrieben der Pfalz. Exzellent munden die Rieslinge mit einem Hauch von Zitrusfrüchten im Duft. 2003er Hambacher Römerbrunnen Riesling Kabinett (lieblich) für 8 Euro.

Weinfest

Haardter Woi- und Quetschekuchekerwe: Christi Himmelfahrt
Höhepunkt des Weinfestes im Neustädter Ortsteil Haardt ist das »Quetschekern«(Zwetschgenkerne)-Weitspucken.

Rhodt unter Rietburg

Das »Schatzkästlein der Pfalz« ergatterte 2003 Gold beim Wettbewerb »Unser Dorf soll schöner werden«. Bei Ausflüglern ist Rhodt nicht nur wegen seines malerischen Dorfbilds beliebt, sondern auch wegen seiner Nähe zum bewirtschafteten einstigen Raubritter-Nest **Rietburg** und zur **Villa Ludwigshöhe.** Therese, die Gemahlin König Ludwigs I., kam sonntags immer in ihrer Kutsche durch die nach ihr benannte Straße herunter ins Dorf gerollt, um dem Gottesdienst in der Georgs-Kirche beizuwohnen.

Die **Theresienstraße** ist Rhodts herausgeputzter Dorf-Boulevard. Schmucke Höfe mit großen Torbogen säumen die Kastanienallee. Hier und in den abzweigenden Gassen finden sich herrschaftliche Weingüter und heimelige Straußwirtschaften.

Die Herrschaft der Markgrafen von Baden-Durlach hat Rhodt ganz besondere Relikte hinterlassen, u. a. ein **Gefängnis** mit dreifachen Gittern und hoheitlichem Mustermaß für Elle und Zoll. 1752 erließen die Badenser für den »Flecken Rhod« das »Gebot gegen das Weinschmieren«, eines der ersten Reinheitsgebote der Welt. Edle Weine liefern seit 400 Jahren die knorrigen Reben eines 8 Ar kleinen, als Naturdenkmal geschützten uralten Wingerts am Rhodter Ortsrand.

Schweigen

Nach Schweigen kommen die Touristen wegen des monumentalen **Weintors,** das den Anfang der Weinstraße markiert, und weil hier im südlichen Zipfel der Pfalz das Elsass lockt. Zum mittelalterlichen **Wissembourg** in der schönen Nachbarregion, die ebenfalls köstlichen Wein kredenzt, ist es nur ein Katzensprung – Genuss ohne Grenzen.

Monumentaler Anfang

An eine Festung erinnert das monumentale »Deutsche Weintor« am südlichen Anfang der Deutschen Weinstraße in Schweigen. Landauer Architekten wollten in Schweigen eigentlich einen weinlaubenähnlichen Eingang bauen, das passte 1935 aber nicht ins Konzept der Nationalsozialisten für die Deutsche Weinstraße.

St. Martin

Eingebettet in eine Talfalte am Osthang des Haardtgebirges liegt St. Martin, eines der schönsten Dörfer der Pfalz. Hinten auf einem Hügel thront die Ruine der **Kropsburg.** Der Kropsbach fließt offen durch den denkmalgeschützten Ortskern. In den blumengeschmückten Gassen mit liebevoll restaurierten Fachwerkhäusern lassen sich viele Motive für Postkarten und Briefmarken finden. Tatsächlich gab es die Schauseite des **Winzerhauses** in der Mühlstraße 27, unter dessen Erker ein Abendmahl-Gemälde angebracht ist, 1947/48 als 20-Pfennig-Marke. Im höher gelegenen nördlichen Ortsteil erhebt sich die katholische **Pfarrkirche,** die hier natürlich St. Martin heißt. Dahinter liegt ein **Bibelgarten.** Eine Figur des Heiligen prangt auf einem Treppenbogen der Kirchenmauer und schaut auf das Dorf

In Rhodt unter Rietburg

– vielleicht mahnend, vielleicht wachend, vielleicht lachend.

Übernachten beim Winzer

Landhaus Weingut Christmann
Riedweg 1, 67487 St. Martin,
Tel. 06323/94270, Fax 942727,
DZ ab 62 Euro.
Für komfortable Ferien beim Winzer sorgen im Landhaus Christmann mit Antiquitäten geschmückte Zimmer, eine Gartenterrasse und ein Gutsausschank.

Wachenheim

Wachenheims Wahrzeichen, die 1156 erbaute **Wachtenburg,** gehört zu den »Balkonen der Pfalz«. Von hier schweift der Blick über das Wein- und Sektstädtchen und das Rebenmeer bis zur Rheinebene. Die 1888 gegründete Sektkellerei Schloss Wachenheim machte den Ort bekannt. Am Marktplatz steht das Stammhaus mit weitläufigen Kellergewölben und einem Kellereimuseum. Noble Winzer-Domizile und alte edle Adelshöfe geben Wachenheims Gassen einen besonderen Reiz. In der Bahnhofsstraße reihen sich Gründerzeitvillen aneinander. Nicht mehr ganz so gut erhalten, aber dennoch kostbar ist die **Villa Rustica** östlich von Wachenheim. Nach Freilegung der Reste dieses römischen Gutshofs aus dem 3. Jh. wurde die Anlage teilweise rekonstruiert.

Kultur im Weingut

Weingut Dr. Bürklin-Wolf
Weinstr. 65, 67157 Wachenheim,
Tel. 06322/95330,
www.buerklin-wolf.de,
Do, Fr 11–18 Uhr, Sa, So 11–16 Uhr.
Das renommierte Weingut öffnet die Tore für Kunst und Musik. Aufführungsorte sind eine »Kulturscheune«, das Kelterhaus und der hübsche Englische Garten mit Seerosenteich. Einen Riesling (Kabinett) gibt's ab 7 Euro.

Mein kleiner grüner Weinstock

Unterhalb der Wachtenburg in Wachenheim kann man einzelne Weinstöcke pachten. Die Pflege übernehmen Profis, aber selbstverständlich ist der persönliche Kontakt zwischen Pächter und Rebe für das Gedeihen unentbehrlich. Die Pacht für einen Weinstock beträgt 56 Euro pro Jahr, dafür gibt's eine Urkunde, ein an der Rebe befestigtes Schild mit Pächtername und Rebnummer, ein jährliches Deputat von 6 Flaschen Wein mit persönlichem Weinetikett und Einladungen zu Pächtertreffen. Infos: Deutsche Weinstraße/Mittelhaardt (Adresse s. S. 165).

Blick vom Hambacher Schloss

Wege zum Wein

Tour 1: Immer den Trauben nach

Wanderweg Deutsche Weinstraße

Länge/Dauer: 14 km/4,5 Std.; leicht
Start/Ziel: Neustadt/Edenkoben
Sehenswert: Hambacher Schloss, St. Martin, Villa Ludwigshöhe, Rhodt
Markierung: grüne Trauben auf weißem Grund

Der Wanderweg Deutsche Weinstraße verläuft durch die Weinberge und am Rand des Pfälzerwaldes von Bockenheim nach Schweigen. Mehrere Höhepunkte reihen sich entlang des Teilstücks zwischen Neustadt und Edenkoben: Schloss Hambach, die Villa des Bayernkönigs Ludwig I. sowie St. Martin und Rhodt, die zu den schönsten Pfälzer Dörfern gehören. Nur vereinzelt sind Steigungen zu bewältigen. Unangenehm ist nur, dass der Wanderweg überwiegend asphaltiert ist.

Wir starten am Hauptbahnhof in **Neustadt,** gehen links und folgen der Straße auf einer Brücke über die Bahngleise. Direkt hinter der Brücke geht's geradeaus aufwärts auf dem Sträßchen Alter Viehberg, oben rechts und dann geradeaus bis zur Frühlingsstraße, hier links. Wir behalten nun bis kurz vorm Ziel der Tour Süden als Hauptmarschrichtung bei.

Zunächst müssen wir uns allerdings durch ein Wohngebiet am Rand von Neustadt schlängeln, abwechselnd rechts und links, durch die Dr.-Wirth-Str., den Römerweg, das Scharfeneck, bis wir rechts ein Stück die Enggasse aufwärts gehen und – Achtung! – links in den Klosterweg einbiegen. Noch mal links und gleich wieder rechts durch den Krichbergweg geht's raus in die Reben. Ein schöner Weg führt uns nun hinter der strahlend weißen Bergkirche Richtung Hambacher Schloss, das vor uns über Wein und Wald thront. Der Weg schwenkt bald in ein Seitental und stößt auf ein Sträßchen, in das wir links einbiegen, sodann nehmen wir den Asphaltweg nach rechts in ein Waldstück, um gleich darauf **Hambach** zu betreten, wo sich am Ortseingang ein Bogen über die Gasse schwingt. Rechts steht ein Wegweiser des »Handwerkerpfads«, dem folgen wir.

Der Handwerkerpfad zweigt bald vom Wanderweg Deutsche Weinstraße ab und leitet rechts durch den Wald zum **Hambacher Schloss.** Ein Abstecher, der sich lohnt, schon wegen des wunderbaren Blicks auf die Weinflur und die 50 km breite Rheinebene bis zum Odenwald. Zurück zum Wanderweg Deutsche Weinstraße, der weiter geradeaus durch die Reben am Fuß des Schlossbergs verläuft und auf eine Siedlung trifft. Am **Gasthof Jägerstübchen** geht's links, außerhalb der Siedlung rechts und gleich wieder links durch ein Meer von Reben. Bis St. Martin bleiben wir zwischen den Weinstöcken und wandern nicht zum Waldrand. Zunächst geht's rechts Richtung Kalmit, bald wird ein Stück des Weinlehrpfads Maikammer Mandelhöhe abgeschritten, dann überquert man eine Straße und kann kurz darauf unter einem prächtigen Kastanienbaum pausieren.

Vor uns liegt eins der schönsten Dörfer der Pfalz: **St. Martin,** das sich hier allerdings zunächst mit einer gewöhnlichen Neubausiedlung präsentiert. Wir gehen geradeaus bis zur Ortsmitte, biegen links in die Bergstraße ein und wieder links in die Gasse, die abwärts an der Kirche St. Martin vorbeiführt. Ein lauschiges Plätzchen findet sich hinter der Kirche, hier wartet auch der Bibelgarten mit Weihrauch und anderen heiligen Raritäten auf Bewunderer. An der abwärts führenden Gasse reihen sich hübsche rebenumrankte Straußwirtschaften aneinander.

Unten am Kropsbach geht's rechts weiter, an einer Gabelung in die Emserstraße und dann durch den Kreuzweg raus aus dem Ort Richtung Ludwigshöhe. In den Weinbergen liegt die nächste Wegkreuzung, wir wandern schräg rechts aufwärts zum Wald. Oben wird die Ruine der **Kropsburg** erreicht. Links führt uns ein Sträßchen lange durch den Wald wieder abwärts. (Wer genug vom Asphaltweg hat, nehme rechts den Waldweg zur Rietburg, die oberhalb der Villa Ludwigshöhe steht, unserem nächsten Ziel.) Das Sträßchen führt zu einem Rastplatz am Waldrand. Wir wandern leicht abwärts an den Bänken vorbei, überqueren bald eine Straße und folgen den Schildern zur Rietburgbahn. An der nächsten Kreuzung geht's rechts an der Straße entlang Richtung Wald und links auf einem Waldweg hinauf zur **Villa Ludwigshöhe,** von wo ein Sessellift höher zur Rietburg führt. Uns zu Füßen liegt **Rhodt,** das man auf einem Pfad durch die Weinberge erreicht. Wir schreiten durch die Theresienstraße, wo die Tour ihren krönenden Abschluss findet. Hier flanierte auch Bayernkönig Ludwig gern mit Frau und Gefolge. Mit Reben bewachsene Bögen schwingen sich über die Kastanienallee, an der hübsche blumengeschmückte Winzerhöfe dicht an dicht stehen.

Mit dem Bus oder zu Fuß auf einem Weg an der Straße kommt man ins Nachbarstädtchen Edenkoben und hier mit dem Zug zurück nach Neustadt.

Tour 2: Durchs gelobte Rebland

Autotour Deutsche Weinstraße

Länge/Dauer: 85 km/Tagestour
Start/Ziel: Bockenheim/Schweigen
Sehenswert: Bad Dürkheim, Deidesheim, Neustadt, Edenkoben, Rhodt, Bad Bergzabern
Markierung: Schwarze Trauben auf gelbem Grund

Mitten durch das gelobte Rebland Pfalz verläuft die Deutsche Weinstraße, 85 km von Bockenheim an der Grenze zur Weinregion Rheinhessen bis Schweigen an der Grenze zu Frankreichs Gourmet-Region Elsass. Die bekannte Touristikroute schwingt sich über weinbewachsene

Hügel zu Weinorten mit rebenumrankten Höfen und mediterranen Gärten.

Die Route beginnt am 1995 eröffneten »Haus der Deutschen Weinstraße« in **Bockenheim.** Auf der B 271 geht's nach **Grünstadt.** Danach macht die Tour eine Schleife über Kleinkarlbach und stößt in Kirchheim wieder auf die B 271. Nun steuern wir Herxheim an. Einen Abstecher lohnt das mittelalterliche **Freinsheim.** Nächste Station ist **Bad Dürkheim,** wo man an den Salinen oder beim weltgrößten Weinfass eine Pause machen kann.

Entlang der bewaldeten Hänge des Haardtgebirges leiten uns dann die schwarzen Trauben ins Zentrum der Weinregion. Weltbekannte Weinorte reihen sich hier wie Perlen auf der Schnur aneinander: **Wachenheim, Forst, Deidesheim.** Durch die Pfälzer Weinmetropole **Neustadt** und vorbei am Schloss im südlichen Stadtteil **Hambach** geht's zur nächsten Riege romantischer Weinorte: **Maikammer, Edenkoben, Rhodt unter Rietburg.** Am Rand des Pfälzerwalds grüßt die schlossähnliche **Villa des Bayernkönigs Ludwig I.**

Die Straße wird schmaler und kurvenreicher. In Hainfeld biegt man rechts nach Burrweiler und gelangt via Siebeldingen, Birkweiler und Ranschbach nach **Leinsweiler.** Wer Max Slevogts Pfalz-Gemälde kennt, wird vielleicht einige Ecken der Gegend wieder erkennen, denn der Maler stellte hier des Öfteren seine Staffelei auf. Hinter Eschbach folgt die Route ein Stück der B 48, durchquert **Bad Bergzabern,** um schließlich auf der B 38 das Ziel, das monumentale Weintor in **Schweigen,** zu erreichen, von wo es nur ein Katzensprung ins mittelalterliche **Wissembourg** ist.

Das Winzerdorf St. Martin

Extra-Tour: Dicke Brocken

Zum Teufelstisch ins Dahner Felsenland

Lage: 16 km westlich von Annweiler
Anreise nach Hinterweidenthal via B 10 oder Bahnstrecke Neustadt–Annweiler–Pirmasens

Warum in die Alpen schweifen? Im Dahner Felsenland, das im Pfälzerwald westlich der Südlichen Weinstraße liegt, ragen rot gefärbte Buntsandstein-Riesen aus dem Grün der Bäume. Sie sind eine Destination für Kletterer und beflügeln die Phantasie. »Teufelstisch« heißt der dickste Brocken, ein 250-Tonner mit einer kolossalen Felsplatte auf haushohen steinernen Beinen. Das Ding steht 300 m außerhalb von Hinterweidenthal. Nebenan kann man sich auf einem Abenteuerspielplatz vergnügen. Andere Felsgestalten wurden Jungfernsprung, Braut und Bräutigam oder Himmelsleiter getauft.

Im Dahner Felsenland sind 37 Felsen als Naturdenkmal ausgewiesen. Die Kletterer arbeiten sich an frei stehenden, bis zu 60 m hohen Türmen empor oder hangeln sich an überhängenden Wänden entlang. Sie brauchen Fingerspitzengefühl, denn der Buntsandstein ist brüchig. Einige Felsen wurden beim Bau von Burgen als Mauer integriert. Auf fünf Felsen klebt das imposante miteinander verbundene Burgen-Trio Altdahn, Grafendahn und Tanstein 1,5 km östlich von Dahn. Dahn erreicht man von Hinterweidenthal zu Fuß auf dem Burgenweg oder mit dem Auto auf der B 427.

Bacharach
Rheingaugebirge
HESSEN
260
Lorchhausen
Lorch
Kloster
Eberbach
Kiedrich
Hallgarten
9
Schloss Vollrads
Oestrich-
Winkel
Erbach
42
Schloss
Johannisberg
Hattenheim
Assmannshausen
Geisenheim
60
Rüdesheim
Rhein
Ingelheim
Bingerbrück
Bingen
Nahe
Gau-Algesheim
41
61
Rheinhessisches

RHEINGAU

Assmannshausen
Eltville
Erbach
Geisenheim
Hallgarten
Hattenheim
Hochheim
Kiedrich
Kloster Eberbach
Lorch
Lorchhausen
Oestrich-Winkel
Rüdesheim
Schloss Johannisberg
Schloss Vollrads
Walluf

Rheingau

Blick über den Rhein auf Bingen

Der Rheingau müsste von der Unesco zum Weinkulturerbe ernannt werden. Über Jahrhunderte dominierten legendäre Adels- und Klostergüter den Weinbau der Region. Kloster Eberbach, bauhistorisch eine der besterhaltenen mittelalterlichen Klosteranlagen Deutschlands, gilt gar als »Wiege der Weinkultur«. Heute ziehen Konzerte, Schlemmer-Galas und Raritätenversteigerungen Besucher an. Im Weingut des nahen Schlosses Johannisberg wurde die Spätlese ›erfunden‹. Schloss Vollrads gehört zu den traditionsreichsten Weingütern in Deutschland. Im Rüdesheimer Stadtteil Eibingen gründete die heilige Hildegard von Bingen ein Kloster mit Weingut in dem »gar anmutig mit Wein und Obst gesegneten Land«.

Wappen, Kronen, bischöfliche Insignien zieren die Etiketten der »Flöten« – so heißen die langen, schmalen Rheingauer Flaschen. In den Winzerdörfern zeugen mächtige Adelshöfe von reicher Geschichte.

Von Deutschlands 102 455 ha bestockter Rebfläche gehören 3004 zum Rheingau. Kern der Weinregion sind die Hügel am berühmten Rheinknie auf der rechten Flussseite westlich von Wiesbaden, ein Ausläufer reicht im Osten bis an den Main bei Flörsheim-Wicker, ein Zipfel im Nordwesten zur rechten Seite des Mittelrheintals bei Lorch.

Die Weinberge sind für Top-Lagen prädestiniert: Überwiegend nach Süden gerichtet, liegen sie in der prallen Sonne, der hier knapp einen Kilometer breite Rhein speichert Wärme und gibt sie dem Boden ab, der Taunus im Norden hält kalte Winde ab. Auf vier Fünfteln der Fläche wächst die »Königin der Reben«, der Riesling, auf 12 % Blauer Spätburgunder. »Qualität statt Masse«, heißt es bei den meisten Rheingau-Winzern, die Durchschnittserträge liegen deutlich unter, die Preise über dem Bundesdurchschnitt. Die Rheingauer Rieslinge sind besonders elegant im Geschmack, ihr Bukett ist fein fruchtig mit einer pikanten Säure.

Zum Ruhm der Weine hat nicht zuletzt die englische Königin Victoria beigetragen. Während einer Reise im Jahre 1850 pflückte sie sich in Hochheim am Main ein paar Rheingauer Trauben. Sie mundeten ihr ganz hervorragend. Fortan ließ sie sich mit Hochheimer Wein versorgen und wusste bald, warum sie so fit blieb: »Good Hock keeps off the Doc.« Den Hochheimern war das ein neugotisches Denkmal für Victoria in den Weinbergen wert und der »Hock« wurde weltweit zum Synonym für guten deutschen Riesling.

Rheingau-Infos

Seilbahn zum Niederwald

Information

Rheingau Taunus Information
An der Basilika 11a,
65375 Oestrich-Winkel,
Tel. 06723/995 50,
www.rheingau-taunus-info.de.

Gesellschaft für Rheingauer Weinkultur
Adam-von-Itzstein-Str. 20,
65375 Oestrich-Winkel (Hallgarten),
Tel. 06723/917 57.

Wichtige Festivals

Gourmet- und Weinfestival: März. Mit Hauben, Sternen oder Kochlöffeln dekorierte Küchenmeister und Top-Winzer aus aller Welt zaubern ein Feuerwerk für die Zungen »genuss-verrückter« Gäste. Schlemmerzentrum ist das Kronenschlösschen, diniert und verkostet wird aber auch in Kloster Eberbach, Schloss Johannisberg, bei Land- und Bootspartien. Preisspanne 2004: 29 Euro (günstigste Weinprobe) bis 1400 Euro (Weinraritäten-Gala mit 6-Gang-Menü).

Rheingau Musik Festival: Ende Juni–Anfang August. Ob Meisterkonzert im Metternichsaal von Schloss Johannisberg, Jazz im Weinkeller oder fahrende Musikanten im Weinberg – das Rheingau Musik Festival sorgt alljährlich von Ende Juni bis Ende August mit 150 Veranstaltungen an 40 Orten zwischen Wiesbaden und Lorch für eine superbe Sommer-Sinfonie.

Glorreiche Rheingau-Tage: Anfang November. Wenn der neue Wein in den Fässern ist, feiern die Winzer ein riesiges Erntedankfest. Die Spitzenweine des Vorjahres werden präsentiert und auf den Gütern werden lukullische Schmankerln geboten, oft untermalt von Musik und Literatur. Höhepunkt ist die »Riesling-Gala« im Laiendormitorium von Kloster Eberbach.

Der Rheingau mit der Bahn

Die Strecke Wiesbaden–Koblenz im Rhein-Main-Verkehrsverbund verläuft parallel zum Rhein durch die Weinregion. Die meisten am Fluss gelegenen Orte haben einen Bahnhof (Regionalbahnhalt).

Info Rhein-Main-Verkehrsverbund: Tel. 01805/768 46 36 (0,12 Euro/Min.

Höhepunkte im Rheingau

Rüdesheim: Die Stadt steht auf der Liste romantischer Weinorte im Rheingau ganz oben – und wird entsprechend besucht.
Kloster Eberbach: Seit dem Mittelalter machten sich die Mönche des Zisterzienserklosters um den Weinbau verdient. Neben einer Klosterbesichtigung kann man hier Wein einkaufen und sogar ersteigern.
Schloss Johannisberg: Die Krönung des Rheingaus.

Weinreiseziele

Lorch im Frühdunst

Assmannshausen

Die »Rotweininsel im Rieslingmeer des Rheingaus« liegt im nordwestlichen Zipfel der Weinregion im engen Rheintal. Enge, steile Gassen, alte Schänken, viel Fachwerk und Butzenscheiben prägen das Rotweindorf. Steile Weinberge stehen den Häusern dicht im Nacken. Auf dem bläulichen Taunus-Phyllitschiefer wachsen exzellente Spätburgunder. Berühmt ist der Rotwein vom Höllenberg, der mit seiner Art, »samtig, mit aromatischem Mandelton und feiner Herbe«, schon die Phantasie der Rheinromantiker beflügelte. Ein höllisch guter Tropfen, dessen Lagenbezeichnung sich allerdings harmlos von »Halde« (Steillage) ableitet. In der Mitte der dem Rhein zugewandten Häuserzeile residiert die »Krone«, im 19. Jh. ein Dichtertreffpunkt. Theodor Fontane, Gottfried Keller, Gerhart Hauptmann waren hier Gäste.

Essen & Trinken

Alte Bauernschänke
Niederwaldstr. 23,
65385 Rüdesheim-Assmannshausen,
Tel. 0672/24 99 90,
www.altebauernschaenke.de,
März–Mitte Nov. geöffnet.
Direkt gegenüber der Talstation der Sesselbahn zum Niederwald liegt das gemütliche Haus an einer arg steilen engen Gasse. In der Weinschänke »anno 1408« stärken sich Ausflügler und Wanderer beim Bauernteller (8,50 Euro) und beim berühmten Assmannshausener Spätburgunder, bevor es wieder auf zum Weinberg oder Niederwald geht.

Eltville am Rhein

Die älteste Stadt im Rheingau (Stadtrechte seit 1332) strahlt immer noch das Flair einer fürstlichen Sommerresidenz aus, besonders an der **Rheinpromenade,** der schönsten Siesta-Meile der Region. Hier flaniert man unter Bäumen, schaut von der Sektterrasse bei Burg Crass den Booten nach oder lässt sich im Garten der **Kurfürstlichen Burg** vom Rosenduft betören. Der spitze, weiß getünchte Wohnturm der Burg war im 14. und 15. Jh. Sommerresidenz der Mainzer Erzbischöfe. Heute beherbergt das Eltviller Wahrzeichen eine Gedenkstätte für Henne Gensfleisch zur Laden, besser bekannt als Johannes Gutenberg, der, im Alter verarmt, hier in Eltville lebte. Immerhin: Vom Mainzer Erzbischof bekam der Erfinder des Buchdrucks jährlich 2000 Liter Wein spendiert.

Herrschaftliche Häuser prägen das Stadtbild, breit gebaute Edelhöfe wie der **Freiherrlich Langwerth von Simmersche Hof** aus dem 16. Jh. oder der **Eltzer Hof,** der den Martinsturm der Stadtmauer mit einschließt. Noch edler als die Höfe ist die spätgotische **Pfarrkirche St. Peter und Paul,** innen fein bemalt und reich ausgestattet. Sie birgt auch den Willigisstein mit einer Inschrift, die besagt, dass das Winzerpaar Reginbraht und Irningart der Kirche mit Zustimmung des Mainzer Erzbischofs Willigis (975–1011) einen Wingert schenkte.

»Stadt der Rosen« nennt sich Eltville, weil sommers über 20 000 Rosenstöcke ihren Duft verströmen. »Stadt des Sekts« ist Eltville seit 1838, als Matheus Müller hier eine Sektkellerei aufmachte. Später kamen die Sektmanufakturen Hoehl, Schloss Vaux und Mumm dazu.

Übernachten / Essen & Trinken

Burg Crass
65343 Eltville,
Tel. 06123/690 60,
www.kellerundkunst.de,
DZ ab 130 Euro,
Hauptgerichte ab 11 Euro.
Eines der lauschigsten Plätzchen zum Plauschen ist die Sekt-Terrasse von Burg Crass direkt am Rhein. Außer Sekt werden Rheingauer Weine und Gewächse aus Frankreich, Italien und Übersee offeriert, dazu gibt es leckeren, saftigen Erdbeerkuchen. Das in warmen Tönen gehaltene Speiselokal in der elegant restaurierten Burg bietet bürgerliche Küche in Festtagslaune. Die Vinothek des Hauses ist nach der Lage der Burg benannt, exakt Rheinkilometer »510,8«.

Im Burghotel haben einige der komfortabel eingerichteten Zimmer Flussblick. Das Restaurant ist nicht täglich geöffnet, in der Nebensaison nur freitags und samstags.

Feste

Sekt- und Biedermeierfest: Anfang Juli.
Die Gassen an der Kurfürstlichen Burg und der alte Leinpfad am Rhein werden jedes Jahr Anfang Juli zum Laufsteg in die Vergangenheit. Damen mit einladend ausladendem Rock und züchtiger Schute (Haube) flanieren mit Herren mit Gehrock und Zylinder. Das originellste Paar wird prämiert. Sekt an jeder Ecke und abends Rockmusik lockern die spießbürgerliche Atmosphäre deutlich auf.

Erbach

Das Weindorf an der Mündung des Eberbachs in den Rhein kann einige respektable Bürgerhäuser und Höfe vorzeigen, berühmt ist es allerdings mit dem Weinberg am Markobrunnen geworden. O-Ton Theodor Fontane: »Welche Püffe das Herz verträgt, wenn man jeden Schlag mit einer Flasche Marcobrunner parieren kann.« Am westlichen Ortsausgang steht das aus drei mittelalterlichen Höfen entstandene **Schloss Reinhartshausen,** heute Weingut und Luxushotel.

Feste

Erbacher Erdbeerfest: alljährlich Mitte Juni
Erbachs zweiter Trumpf neben dem Wein sind Erdbeeren, die hier ebenso vorzüglich gedeihen. Was liegt da näher, als beides zu einer köstlichen Bowle zu mixen? Beim Erbacher Erdbeerfest geschieht das im großen Stil.

Geisenheim

In Geisenheim wurde noch nie gegeizt, sondern schon immer geklotzt, angefangen bei den Adelshöfen, von denen einige schlossartige Dimensionen haben, bis zu den Hochhäusern der ›Lindenstadt‹, die so gar nicht in die Weinberge passen. Die 700 Jahre alte Linde steht vor dem Rathaus, gleich nebenan erhebt sich die spätgotische **Heiligkreuzkirche,** der ›Rheingauer Dom‹. In der Weinbranche genießt Geisenheim einen hervorragenden Ruf dank seiner Wein-Uni, der (Lehr- und-) Forschungsanstalt für Weinbau.

Hallgarten

Sie ist die Lieblichkeit in Ton und ihretwegen nimmt jeder auf der Rieslingroute gern den Umweg die Weinberge rauf und wieder runter in Kauf: die »Madonna mit der Scherbe«. Zu finden ist sie in der **Kirche Mariä Himmelfahrt.** «Scherbe« meint das Tonkrüglein in der rechten Hand der Madonna, auf der linken hat das Jesuskind Platz genommen, das selbst ein paar Trauben trägt. Zweiter Besuchermagnet ist oberhalb des Ortes die **Hallgartener Zange,** der 580 m hohe Rheingauer Hausberg mit Gasthof und Aussichtsturm.

Hattenheim

Hattenheim hat Fachwerkhäuser und prächtige Patrizierhöfe und einen der schönsten Dorfplätze des Rheingaus mit Brunnen und Linde. Etwas außerhalb steht **Schloss Reichartshausen,** ehemals Gut der Abtei Eberbach.

Übernachten

Kronenschlösschen
Rheinallee,
65347 Eltville-Hattenheim,
Tel. 06723/640, Fax 7663,
www.kronenschloesschen.de,
DZ ab 135 Euro.
Erste Adresse für Schlummer-Schlemmer. Edle Zimmer mit Antiquitäten, Kunstwerken, feinen Teppichen, Marmorbadezimmern, einige mit Whirlpool. ›Mutterhaus‹ des 1894 errichteten Schlösschens ist die »Krone« in Assmannshausen. Das Feinschmecker-Restaurant im Haus (1 Gang ab 27 Euro) ist Zentrum des Rheingau Gourmet- und Wein-Festivals (s. S. 185).

Essen & Trinken

Zum Krug
Hauptstr. 34,
65347 Eltville-Hattenheim,
Tel. 06723/996 80,
www.hotel-zum-krug.de,
Mo Ruhetag, Hauptgericht 15 Euro.
In diesem Bauernhaus von 1720 mit Fachwerk könnte man gemütlich und gut speisen, wenn es bloß nicht so oft so voll wäre. Die Weinkarte bietet eine riesige Auswahl, darunter Gewächse vom hauseigenen Gut.

Hochheim (am Main)

Betrachtet man die Stadtsilhouette von unten am Fluss, wäre man bereit, Start oder Ziel der Rheingau-Rundfahrt an den Main zu verlegen. Die Weinberge schwingen sich hoch nach Hochheim, wo einem die Barockkirche **St. Peter und Paul** entgegenglänzt. So ähnlich war das Panorama, das 1850 Queen Victoria sah, als sie hier Trauben naschte. Genauso hübsch wirkt der alte Kern der Wein- und Sektstadt, wenn man

Kiedrich, St.-Valentinus-Kirche

drin ist. Doch wer einen anderen Aussichts- oder Zeitpunkt erwischt, trifft auf Hochheims Weinberg grün getarnte riesige Hochhäuser, die Autobahn 671, die Industriestadt Rüsselsheim, aufsteigende Flugzeuge.

Kiedrich

Das gut erhaltene »gotische Weindorf« liegt in den Weinbergen oberhalb von Eltville. Kiedrich wird von der **Burgruine Scharfenstein** überragt, einer ehemaligen Grenzfeste der Mainzer Erzbischöfe. Das prächtige Renaissance-Rathaus zieht Besucher an, aber in Kiedrich gibt es einen magischeren, stilleren, erhabeneren Ort: den **Kirchhof** bei der Valentinus-Kirche und der Michaelskapelle.

Die **Pfarrkirche St. Valentinus** – man beachte das wunderschöne Westportal und lausche einer der ältesten bespielbaren Orgeln Deutschlands – war über Jahrhunderte Wallfahrtsstätte.

Kloster Eberbach

Kloster Eberbach ist die »Wiege der Weinkultur«. Ach Eberbach, welch Kloster, welch Wein! Die Weine räumen regelmäßig Preise ab und eigentlich hätte das Kloster einen Oscar verdient – als beste Filmkulisse. Regisseur Jean-Jacques Annaud nutzte das architektonische Kleinod bei der Verfilmung von Umberto Ecos Roman »Der Name der Rose«.

Warum ein Eber das Wappentier der Abtei ist? Im Jahre 1136 suchte Bernhard von Clairvaux in der Gegend einen Platz für ein neues Kloster. Im Kisselbachtal sprang plötzlich ein Eber aus dem Dickicht und wühlte die Erde auf – für den großen Mystiker war das der erste Spatenstich. Seine Mönche hatten Rotweinstöcke aus Burgund im Gepäck und bauten bald vom Rheingau aus ein kleines Weinimperium auf. Zeitweise arbeiteten und beteten hier 500 Brüder. Wein, zunehmend Riesling, wurde auf 300 ha angebaut und mit klostereigenen Booten zum klostereigenen Handelshof nach Köln gebracht, der Abt fuhr immer mit, »auf den Fässern reitend«. Seit 1803 ist das Kloster in weltlichem Besitz, seit 1918 Staatsweingut, Anbaufläche heute: 190 ha. Die schmucken mittelalterlichen Gewölbehallen werden für Konzerte, Schlemmerfeste, Weinversteigerungen und -prämierungen genutzt.

Rechts der Straße nach Hattenheim (vom Parkplatz vor dem Kloster sind es ein paar hundert Meter zu laufen) liegt der **Steinberg,** seit jeher einer der Top-Wingerte im Rheingau (heute Staatsweingut). Dass eine 2,5 km lange und 3 m hohe Steinmauer den kompletten Hang umringt, hat zwei Gründe: Erstens haben es Traubendiebe nicht so leicht, es sei denn, sie kommen von oben, und zweitens speichert die Mauer Wärme. Auch an der Innenwand ranken Reben, deren Trauben

Versteigerungern im Kloster

Eine Attraktion sind die Wein-Versteigerungen im Kloster Eberbach, bei denen viele Raritäten unter den Hammer kommen. Es wird ›nass versteigert‹, das heißt, die Weine können vorab probiert werden. Mittelbar kann jeder mitmachen, man muss sich nur einen Kommissionär suchen, der für einen ein Gebot verkündet. Bekannt sind die traditionellen Versteigerungen der Hessischen Staatsweingüter Mitte März und Mitte September und die der VDP-Weingüter, ebenfalls Mitte September.
Info: VDP Rheingau, Mühlberg 5, 65399 Kiedrich,
Tel. 06123 676812, www.vdp-rheingau.de.

Führungen im Kloster Eberbach – eine Zeitreise zu den Zisterziensern

Beim Rundgang durchs ehemalige Kloster und das in der Klausur eingerichtete Abteimuseum bekommt man einen spannenden Einblick ins Dasein eines mittelalterlichen Rheingau-Zisterziensers. Im dunklen, um 1200 errichteten Speisesaal der Laienbrüder stehen mächtige, von den Mönchen selbst gebaute Keltern. »Der Wein ergötzt und erfreut des Menschen Herz«, sagt eine Inschrift – gelebter Glaube nach Psalm 104, Vers 15. Durch den Kreuzgang geht's zu einem mit Schimmel überzogenen Gewölbekeller, der Schatzkammer des Klosters. Hier lagern Weinraritäten, manche 200 Jahre alt. Die architektonische Perle des Klosters und ein frühgotisches Meisterwerk ist die Säulenhalle des Mönchsdormitoriums.
Führungen: Stiftung Kloster Eberbach, 65346 Eltville, Tel. 06723/917 80, www.kloster-eberbach.de, Eintritt: 3 Euro, mit Führung 5 Euro. Führungen in der Hauptsaison (1. April–31. Oktober) tgl. 11 und 15 Uhr, Sa, So, Fei auch 13 Uhr. Führungen mit Weinprobe an jedem ersten und dritten Freitag im Monat (20 Euro) für Gruppen auf Anfrage.

geben den köstlichen »Mauerwein vom Steinberg«.

Übernachten

Gästehaus Kloster Eberbach
Tel. 06723/9930, DZ 110 Euro.
Angenehm nächtigen kann man im schlicht, aber komfortabel eingerichteten Gästehaus, einem Gebäude aus dem 14. Jh.

Essen & Trinken

Klosterschänke
Ausflügler, Wanderer, Pilger treffen sich in der Klosterschänke, einem elegant umgebauten ehemaligen Stall am Rande des Abteigeländes. Zu Rheingauer Gerichten werden Gewächse der Hessischen Staatsweingüter gereicht.

Weinprobe und -verkauf

Vinothek Kloster Eberbach
Tel. 06723/917828
Die Vinothek im Kloster Eberbach verkostet und verkauft Gewächse der Hessischen Staatsdomänen (Qualitätswein ab 5 Euro, Kauftipp: Steinberger ab 5,70 Euro).

Lorch

Richtig romantisch wird's in Lorch, das im Engtal des Rheins an der Mündung der Wisper liegt, die vom Taunus geflossen kommt. Wer möchte nicht mal auf einem rebenumrankten Hof bei einem Glas Wein abends den kühlen Wisperwind über sich streichen lassen, wie es schon die Romantiker besungen haben? Das Stadtbild prägen die alles überragende **Burg Nöllig der Edlen von Lorch** (Aufstieg über die Teufelsleiter) und viele schmucke alte Häuser. Das bekannteste ist das des **Ritters Hilchen** aus dem 16. Jh., hinter dem aber jetzt ein weniger pittoresker Neubau steht. Nicht nur für Pilger und Kunstinteressierte ein Muss ist der schöne Schnitzaltar in der Pfarrkirche **St. Martin.** Mit Lorchs strategisch günstiger Lage ließ sich eine

Kloster Eberbach

Menge Geld verdienen. Um das berüchtigte »Binger Loch« zu umgehen, ließen viele Kaufleute hier ihre Boote entladen und die Waren durchs Wispertal und über einen südlichen Höhenweg weiter transportieren. Im idyllischen Wispertal gibt's Überreste einstiger Grenzburgen des Rheingaus – auf zum Ruinen-Rundgang!

Lorchhausen

Lorchhausen streckt sich ab Lorch kilometerlang zwischen Reben und Rhein an einer Straße in dem engen Tal entlang. Der Ort ist der nördlichste im Rheingau und Ziel (oder Start) der Rieslingroute. Hier hört Hessen auf und beginnt Rheinland-Pfalz, das schon die komplette andere Rheinseite besetzt. Die Gegend hat als kurioses Grenzland Geschichte gemacht: 1919–23 herrschte hier Anarchie. Um ihr Hoheitsgebiet festzulegen, zogen die französischen und amerikanischen Besatzungstruppen mit einem Zirkel einen Kreis um Mainz und einen um Koblenz, dazwischen blieb ein schmales flaschenhalsförmiges Niemandsland. Freistaat-Flaschenhals-Etiketten sind heute eine besondere Auszeichnung für die Weine der Gegend. Beste Lage: Seligmacher – »da klingt der Becher, und Lorcher Wein ist Sorgenbrecher».

Oestrich-Winkel

Der alte Kran am Kai ist das Wahrzeichen von Oestrich-Winkel. Mit dem schiefergedeckten hölzernen Hebezeug am Rhein, Baujahr 1652, wurden Weinfässer auf Schiffe verladen. Einige gingen an Goethe, der gern Gast bei den Brentanos im Nachbarort Winkel war. »Von unserem guten Rotwein konnte er ganz fürchterlich und viel trinken«, so Antonia Brentano 1815, »mein Mann machte ihm oft eine große Freude mit dem Geschenk eines Fässchens Wein«.

Zu dem Doppelort gehört eigentlich noch ein dritter in der Mitte (nahtlos an Winkel angebaut): Mittelheim. Sehr eng wirken alle drei an ihrer Hauptstraße (in Winkel und Mittelheim Einbahnstraße), wo dicht an dicht alte Häuser und Höfe stehen. In der Graugasse von Winkel steht ein Haus aus grauer Vorzeit, das **Graue Haus** (9. Jahrhundert), eines der ältesten Steinhäuser Deutschlands.

Weingüter

Brentanohaus
Am Lindenplatz 2,
65375 Oestrich-Winkel,
Tel. 06723/2068,
(Besichtigung, Weinproben und -verkauf),
Tel. 06723/7426 (Gutsausschank),
Do Ruhetag, in der Nebensaison Mi und Do geschl.
Noch heute wohnen Brentanos in dem Haus, wo Goethe so gern den Kiedricher »Elfer« (1811er) trank. Als Museum sind die Zimmer erhalten, in denen Goethe logierte. Hier veranstalten die Brentanos literarische und musikalische Salonkultur-Abende. Im Gutsausschank und auf der »Italienischen Terrasse« wird die geschützte Hausmarke »Goethewein« kredenzt. Besichtigung der Goethe-Zimmer, Weinprobe und -verkauf auf Anfrage.

Weingut Ohlig
Hauptstr. 68,
65375 Oestrich-Winkel (Ortsteil Oestrich),
Tel. 06723/2012,
www.weingut-ohlig.de.
Hier gibt's guten Wein im Gutsausschank in einem 400 Jahre alten Fachwerkhof. Schnäppchen: 2002er Geisenheimer Kläuserweg Riesling Spätlese für 6 Euro.

Rüdesheim

»Tor zum Welterbe Mittelrheintal« nennt sich Rüdesheim jetzt. Hier kann man sich auf einiges gefasst machen, denn der wohl bekannteste Weinort Deutschlands hat mehr Kultur zu bieten, als das Treiben auf der 3 m breiten Drosselgasse vermuten lässt. Wer sich Rüdesheim nähert, wird zunächst Türme von Burgen und Ruinen an westwärts steiler werdenden Weinbergen sehen, oberhalb der Stadt das Niederwalddenkmal und die Abtei St. Hildegard. Sommers liegen reihenweise Ausflugsschiffe am Kai, Schunkelmusik klingt aus dem Touristentreffpunkt Nummer 1, der Drosselgasse, wo sich Weinlokal an Weinlokal reiht. Der Volksmund sagt, die Gasse sei so eng, um dem angeheiterten Völkchen auf dem Nachhauseweg rechts und links eine Stütze zu geben.

Am Rheinufer steht die 1000 Jahre alte Brömserburg, früher Sitz der Ritter von Rüdesheim, heute Weinmuseum mit raren Flaschen, Kelchen, Keltern, Korkenziehern. Oberhalb der **Brömserburg** liegt Rüdesheims Weinlehrpfad. Man gehe links der Burg zum Stadtausgang am Feldtor und wird dann auf der rechten Seite den Lehrpfad finden. Ein Tipp nicht nur für die Schunkelpause ist die Aussichtsterrasse am **Niederwalddenkmal.** Im Schatten des Bronzekolosses »Germania« liegt einem die ganze Weinlandschaft zu Füßen. Das Monument soll an die Gründung des Deutschen Reiches nach dem Deutsch-Französischen Krieg von 1870/71 erinnern.

Auf der anderen Flussseite sieht man auf einem Hügel die Rochus-Kapelle, unten im Tal Bingen und die Nahemündung. Weiter rechts verengt sich das Tal, die Berge kommen

DROSSELHOF
STÜBCHEN

zusammen und die Weinberge werden deutlich steiler. Der Rhein wird schmal und schwenkt in einer scharfen Kurve gen Norden. In der Rüdesheimer Oberstraße ist die Talstation einer **Seilbahn,** von hier kann man in kleinen silbrigen Zweierkabinen über die Reben schweben – hinauf zum Niederwald!

Reizvoll ist auch eine Wanderung durch die Weinberge, die beliebig verlängert werden kann, beispielsweise auf dem **Rieslingpfad** (Markierung gelber Kelch auf grünem Grund) von Rüdesheim nach Assmannshausen (s. Tour 3) oder in die andere Richtung zur **Abtei St. Hildegard** oberhalb des Stadtteils Eibingen. Die 1900 neu gegründete Abtei führt die Tradition des Klosters der ›Posaune Gottes‹ fort. Sehenswert ist die Kirche der Abtei mit Wandgemälden der Beuroner Kunstschule. Nach Bingen hatte Hildegard in Eibingen ein zweites Kloster gegründet, in dem »gar anmutig mit Wein und Obst reich gesegneten Land«. Von diesem Kloster sind nur noch die Weinkeller (unter der Eibinger Pfarrkirche) erhalten.

Eine Wanderung über die Weinberge nach Assmannshausen (Tour 3) führt am »Binger Loch« vorbei, über Jahrhunderte für Schiffer eine teure und halsbrecherische Stelle. Zum Wildwasser mit Strudeln und quer zum Fahrwasser liegenden Riffen kam der Zoll. Von Burg Ehrenfels (heute Ruine) in den Weinbergen und dem auf einer Felsklippe im Fluss gebauten Mäuseturm kontrollierten seit 1270 die Mainzer Bischöfe die Passage. Den ehemaligen Mautturm machte der Volksmund mit einer passenden Sage zum Mäuseturm.

Rüdesheim, Drosselgasse

Information

Rüdesheim Tourist Center
Geisenheimer Str. 22,
65385 Rüdesheim,
Tel. 067221194 33,
www.ruedesheim.de.

Übernachten / Essen & Trinken

Breuer's Rüdesheimer Schloss
Steingasse 10, 65385 Rüdesheim,
Tel. 06722/905 00,
www.ruedesheimer-schloss.com,
DZ ab 125 Euro.
Im Zentrum des Vergnügens, direkt an der Drosselgasse, steht das Rüdesheimer Schloss. Das Hotel-Restaurant ist in einem Zehnthof von 1729 untergebracht: Innen bieten die Zimmer mit Designermöbeln einen spannenden Kontrast, während das Restaurant im Stil einer alten Weinstube gehalten ist. Der Wein kommt vom zugehörigen Spitzen-Weingut Georg Breuer mit Wingerten in Rüdesheim (Top-Lage Schlossberg) und Rauenthal (Vinothek in der nahen Grabenstraße).

Magdalenenhof
Marienthaler Str. 90,
65385 Rüdesheim,
Tel. 06722/906900,
www.magdalenenhof.de, DZ ab 75 Euro
Der Magdalenenhof liegt in den Weinbergen außerhalb von Eibingen. Hier kann man Urlaub beim Winzer machen. Die Zimmer sind rustikal. Die Weinberge und der Rhein liegen einem zu Füßen, Wein aus eigenem Anbau gibt es im Gutsausschank im alten Kelterhaus.

Übernachten

Ebentaler Hof
65385 Rüdesheim, Tel. 06722/25 18,
www.ebentalerhof.de,
DZ ab 50 Euro.

Rüdesheimer Kaffee mit Asbach

Rüdesheims Souvenir Nummer 1 ist die Original Rüdesheimer Kaffeetasse. Mit ihr kann man daheim bestens den Ferienerinnerungen frönen: Zuckerwürfel in den Becher geben, heißen Asbach darüberschütten, das Ganze entzünden, nach einer Minute mit Kaffee auffüllen und obendrauf ein süßes Sahnehäubchen setzen. Wie der Asbach destilliert wird, erfährt man im **Asbach Besucher Center** gegenüber dem Bahnhof (Tel. 06722/497345, www.asbach.de). In den kupfernen original Asbach Brennblasen wird das Getränk zweifach destilliert. Bei einer Führung erfährt man auch, dass der Hochprozentige 24 Monate in 300-Liter-Fässern aus dem Holz der Limousin-Eiche reift. Eine Tasse inklusive Asbach-Fläschchen kostet im Asbach-Shop 10,70 Euro.

Wer die Zügel mal selbst in die Hand nehmen will, macht Ferien auf dem Ponyhof im Rüdesheimer Hinterland. Die rustikalen Zimmer heißen »Kuh« und »Hase«. Draußen warten kleine Pferde und ein Sulky zum Selbststeuern. In der Gartenwirtschaft gibt's eine zünftige Bauernvesper, selbstgemachten Kuchen und Apfelwein. Alles zu unspektakulär? Der Ebentaler Hof organisiert auch Helikopter-Flüge übers Rheintal.

Weinprobe und -verkauf

Klosterladen Abtei St. Hildegard
65385 Rüdesheim-Eibingen,
Tel. 06722/49 91 16,
www.abtei-st-hildegard.de,
So geschl.
Hier gibt's Wein aus Schwesternhand. Die Reben des 4,5 ha großen Klosterweinguts tragen genug Trauben für 32 400 Flaschen Riesling und 3600 Flaschen Spätburgunder. Die goldgelb leuchtenden Etiketten und Namen wie »Klosterlay«, »Bischofsberg« oder »Magdalenenkreuz« zeigen, unter welch ehrwürdiger Obhut die Wingerte stehen (Qualitätswein ab 5 Euro). Das Lädchen bietet außerdem Dinkelprodukte, Bücher, Kunst und Keramik.

Feste

Hildegardisfest: 17. September. Am Todestag der »Prophetissa teutonica« geleiten alljährlich Tausende Gläubige in einer Prozession den goldenen Schrein mit den sterblichen Überresten der Heiligen durch Eibingen zur Pfarrkirche.
Erntedank: Ende Oktober feiern die Schwestern Erntedank, tuckern mit geschmückten Traktoren durch die Weinberge und die Klosterglocken läuten.

Schloss Johannisberg

»Balkon«, »Symbol«, »Krönung« des Rheingaus – am Johannisberg kam mancher ins Schwärmen, schon weil das schönbrunn-gelbe Schloss so schön auf einem Sockel über den Rebenreihen thront. Von der Aussichtsterrasse (gehört zum Restaurant) gibt's einen Panoramablick auf die berühmten Weinlagen bis nach Rheinhessen.

Ein Platz für Reben, meinte schon Karl der Große, der eines schönen Winters von seinem Palast auf der anderen Rheinseite Richtung Rheingau schaute, wo just am Johannisberg der Schnee zuerst schmolz. 1000 Jahre später wurde hier die Spätlese ›erfunden‹, bei der Verkostung brach Jubel aus: »Solch einen Wein, habe ich noch nicht in den Mund gebracht.« Der Johannisberg war damals Besitz der Fürstäbte von Fulda. Auf den Ruinen eines mittelalterlichen Klosters hatten sie ein Schloss bauen und die Weinberge mit »Rüßlingen« neu bestocken lassen. Es war Usus, dass ein Bote aus Fulda den Startbefehl zur Weinlese überbrachte. 1775 verspätete sich der Meldereiter, die Trauben waren schon am Faulen, wurden aber trotzdem gelesen und verarbeitet – zu einem Spitzenwein.

Eine Skulptur des Spätlesereiters steht im Hof des Schlosses. Den Kurier gibt es mittlerweile auch als Comicfigur mit Kultstatus und mit dem Namen »Karl«. »Mon Dieu«, meinte Heinrich Heine zum Johannisberg, »wenn ich noch so viel Glauben in mir hätte, dass ich Berge versetzen könnte, der Johannisberg wäre just der Berg, den ich mir überall nachkommen ließe.« Die Fürstin von Metternich hat den Berg immer bei sich – sie wohnt im Schloss. Fürst von Metternich hatte das Anwesen für seine Verdienste beim Wiener Kongress erhalten.

Weinprobe und -verkauf

Weinbaudomäne und Gutsrestaurant Schloss Johannisberg
65 366 Geisenheim-Johannisberg,
Tel. 06722/700 90 (Wein-Cabinet),
Tel. 960 90 (Gutsrestaurant),
www.schloss-johannisberg.de

Wein-Cabinet: Hier werden Schloss Johannisberger Qualitätswein ab 9,20 Euro und Gewächse vom benachbarten Gut Mumm ab 5,50 Euro verkauft. Mumm hat auch den berühmten Assmannshäuser Spätburgunder vom Höllenberg im Angebot (2001er für 12,90 Euro).

Gutsrestaurant: Zum Restaurant gehört eine Terrasse, auf der man über dem Rheingau thront, beispielsweise beim rheinischen Sauerbraten für 12,50 Euro.

Schloss Vollrads

Schon von weitem ist der prächtige Wohnturm des Schlosses zu sehen, das über Jahrhunderte Stammsitz der bekannten Rheingauer Adelsfamilie Greiffenclau war. Idyllisch liegt das Schloss am Hang zwischen Wald und Wein. Der Turm erhebt sich aus einem Weiher, den Schlossgarten und -hof umgeben.

Essen & Trinken

Beim Verweilen in der hübschen Anlage kann man sich vielseitig verwöhnen lassen. Im Schlosshof sind Schankstände, Tische und Bänke aufgebaut. In der Orangerie werden regionale Speisen auf hohem Niveau serviert (Hauptgericht ab 10 Euro), im alten Kutscherhaus werden Weine verkostet und verkauft (Qualitätswein ab 6,50 Euro). Das Weingut gehört zur Rheingauer Spitzengruppe.

Walluf

Bei Walluf geht die A 66 in die Richtung Rhein schwenkende B 42 und die nördlich abdrehende B 260 (Bäderstraße) über. Das Straßengeflecht zerschneidet die Rebenlandschaft rund um Walluf. In dem alten Winzerdorf bilden Häuser aus dem 17. und 18. Jh. noch geschlossene Straßenzüge.

Wege zum Wein

Ruine Ehrenfels bei Rüdesheim

Tour 1: Die Rieslingroute

Autotour auf der Rheingauer Rieslingroute

Länge/Dauer: 40 km/ein halber Tag
Start/Ziel: Eltville/Lorchhausen
Markierung: Weißer Römerkelch auf rebgrünem Grund
Sehenswert: Eltville, Kloster Eberbach, Schloss Vollrads, Schloss Johannisberg, Rüdesheim, Assmannshausen, Lorch
Anreise: ab Wiesbadener Kreuz über die Bundesstraße 42 Richtung Rüdesheim

Die Gralsburgen deutscher Weinkultur liegen an der Rheingauer Rieslingroute, die Wicker mit Lorchhausen am Rhein verbindet. Der schönste Teil der Touristikstraße beginnt (oder endet) in Eltville westlich von Wiesbaden, wo sich ein Meer von Reben auf den Südausläufern des Taunus der Sonne regelrecht entgegenstreckt. Der Rhein schlägt hier einen weiten Bogen Richtung Westen, als wolle er vor dem Engtal, durch das der Fluss ab Rüdesheim muss, noch mal so richtig Schwung holen.

Die Rieslingroute verläuft auf alten Chausseen abseits der Bundesstraße 42 und vollzieht einen Zickzackkurs zwischen den Weinbauorten am Rheinufer und den weiter oben, am Waldrand, gelegenen. Entlang der Strecke reihen sich Weingüter, Probierstände und -stübchen wie Perlen an der Schnur. Wer da nicht Nein sagen kann, sollte sich vorab mit seinen Gefährten einigen, wer fährt, wo und wie die Reise enden soll oder ob nicht eine Tour auf dem Riesling-Radweg oder eine Wanderung auf dem Rieslingpfad sinnvoll wäre (siehe unten).

Wir starten in **Eltville.** Erstes Etappenziel ist **Kloster Eberbach,** das man via Kiedrich erreicht (ab Eltville auf der Kiedricher Straße die B 42 überqueren und in Kiedrich links halten). Eine Alternativroute geht via Erbach zum Kloster Eberbach (ab Eltville auf der zwischen Bahn und Rhein verlaufenden Erbacher Straße die B 42 überqueren und in Erbach rechts). Die »Wiege der Weinkultur« liegt etwas versteckt am Waldrand, der Parkplatz ist aber nicht zu verfehlen.

Nach der Klosterbesichtigung fahren wir den Hügel runter Richtung **Hattenheim.** Rechts befindet sich die berühmte, von einer Mauer eingefasste Lage Steinberg. In Hattenheim führt die Rieslingroute ein Stück durch den Ort und dann auf der Bundesstraße 42a westwärts. Bei **Schloss Reichartshausen** fahren wir rechts nach **Hallgarten** in einer Kehre wieder die Weinhügel aufwärts. Die Pfarrkirche Mariä Himmelfahrt steht in der Ortsmitte. Hier sollte man sich unbedingt die liebliche Madonna ansehen.

Über den Oestricher Weg verlassen wir Hallgarten und es geht wieder die Weinhügel abwärts zum Doppelort **Oestrich-Winkel** (in Oestrich gleich am Ortseingang links über die Bahngleise, dann rechts in die Rheingaustraße). Kurz vor Mittelheim schwenkt die Straße nach links, gleich darauf, noch vor der Bundesstraße, biegen wir rechts in den Rheinweg und fahren immer geradeaus am Ortsrand von Mittelheim und dann von Winkel entlang (am Wegesrand: Parkplatz, Weinprobierstand, Rheingau-Taunus-Information).

Weiter geht's, vom Rheinufer weg und durch die Bahnunterführung Richtung **Johannisberg.** Jetzt muss man sich entscheiden, ob Zeit genug ist für den sehr lohnenden Umweg zum **Schloss Vollrads.** Der Wegweiser auf der Schillerstraße (braunes Schild) zeigt nach rechts. Bald geht es links über die Vollradser Allee aus dem Ort heraus.

Das nächste Highlight der Tour, **Schloss Johannisberg** (s. Tour 2), ist von dort gut zu Fuß zu erreichen. Wer gleich mit dem Auto weiter will, muss zurück nach Winkel zum Wegweiser (Schillerstraße) und dort rechts nach Johannisberg fahren. In Johannisberg zweigt links die von Parkplätzen gesäumte Allee zum Schloss ab.

Von Johannisberg nach **Rüdesheim.** Von der Schlossallee hält man sich links und fährt via Kanzler-Metternich-Straße in einem Bogen talwärts zunächst nach Geisenheim. Die Lindenstadt wird durchquert, es ist aber auch möglich, hinter der Bahnunterführung gleich auf die B 42 nach Rüdesheim zu wechseln. In Rüdesheim ist ein Spaziergang durch das Städtchen und die Weinberge die ideale Mittagspause.

Die Rieslingroute hat ihre nächste Station am **Niederwald** (Hinweisschildern ab Rüdesheim folgen). Das Sträßchen führt am Jagdschloss vorbei und schlängelt sich dann talwärts via Aulhausen (hier links in die Hauptstraße einbiegen) nach **Assmannshausen,** das zu Rüdesheim gehört, aber deutlich ruhiger ist.

Von Assmannshausen bis zum Ziel der Tour, Lorchhausen, verläuft die Rieslingroute auf der Rheinuferstraße (B 42).

Tour 2: Geh wie Goethe!

Wanderung von Schloss zu Schloss

Länge/Dauer: 7 km/1.30 Std.; leicht, kaum Steigungen
Start/Ziel: Schloss Vollrads/Schloss Johannisberg und zurück
Sehenswert: Schloss Vollrads, Schloss Johannisberg

Am 2. September 1814 wanderte Goethe vom Brentano-Haus in Winkel über Schloss Vollrads nach Schloss Johannisberg. Wer diese Tour komplett nachgehen möchte, startet in **Winkel** am Weinprobierstand am Rhein, muss allerdings ein ganzes Stück durch den Ort laufen, um auf dem Winkeler Flötenweg durch die Weinfelder zum **Schloss Vollrads** zu gelangen (2,9 km). Richtig schön ist die Tour von Schloss zu Schloss, die zum Rieslingpfad gehört (gelber Kelch auf grünem Grund). Von der Schloss-Umfahrung zweigt an der westlichen Gebäude-Außenseite rampenartig ein Weg in die Weinberge ab, dem folgen wir. An der kommenden Wegkreuzung geht's geradeaus und bald an einer Gabelung links. Eine Senke wird erreicht, hier überqueren wir den ersten Asphaltweg, um dann links mit dem Hauptweg auf den Hügel zu steigen. Oben gehen wir rechts ein Stück an der Straße entlang. Hinter dem Haus überqueren wir die Straße und biegen links in den Weg an der Mauer ein. Der asphaltierte Weg führt hügelabwärts, schwenkt nach rechts, und dann sieht man auch schon das Ziel: die Kirche am **Schloss Johannisberg.**

Tour 3: Vom Rieslingmeer zur Rotweininsel

Rundwanderung

Länge/Dauer: 10 km/3.30 Std.; mittelschwer, einige anstrengende Steigungen
Start/Ziel: Rüdesheim
Sehenswert: Rüdesheim, Ruine Ehrenfels, Assmannshausen, Niederwald

Los geht's in **Rüdesheim** oberhalb der Brömserburg auf dem Sträßchen Am Feldtor, das raus aus der Stadt führt. Nach wenigen Metern zeigt ein Wegweiser: nach Assmannshausen links, wir folgen. Vorbei an den bekannten Rüdesheimer Lagen Berg Rottland und Berg Roseneck führt der Weg geradeaus bergauf. An einer großen Gabelung halten wir uns links und sehen hinten schon den Mäuseturm. An der folgenden Kehre führt der Schotterweg geradeaus direkt an der **Ruine Ehrenfels** vorbei und über steile Treppen wieder zum Hauptweg (oben dann links). Wer sich das Treppensteigen sparen will, bleibt auf dem Hauptweg (Riesling-pfad-Zeichen gelber Kelch auf grünem Grund), der in einer lang gezogenen Serpentine eine Etage höher führt. Eine Pause könnte man oberhalb von Ruine Ehrenfels einlegen. Wie eine Spielzeuglandschaft sieht es aus, wenn unten Schiffe, Autos, Züge vorbeifahren. Nach einem Stück mit Büschen und Bäumen erreicht man eine Gabelung, hier geht es links nach **Assmannshausen,** rechts zum Niederwald. Hinter einer Kurve erscheint das Rotweindorf, das sich an die Weinberge kuschelt.

Rückweg nach Rüdesheim über den Niederwald: Wer will, spart sich den stellenweise steilen Aufstieg und nimmt die Sesselbahn. Die Wanderroute führt zunächst das letzte Stück des Hinwegs zurück bis zur Gabelung, wo wir dem Schild links zum Niederwald folgen. Der Weg schlängelt sich einen Weinberg hinauf zum Wald. Dort läuft man geradewegs Richtung Jagdschloss. Rechts führt ein Weg am Bergkamm entlang zum »romantischen« Park mit der Kunstruine »Rossel« und mehreren Aussichtspunkten aufs Rheintal. Gen Süden schließt sich die Terrasse des **Niederwalddenkmals** an. Etwas unterhalb liegt die Bergstation der Kabinenbahn, kurz davor führen Treppen und Wege über die Weinberge hinunter nach Rüdesheim.

Expressvariante: Wer sich lieber durch andere fortbewegen lässt, kann für den Rundkurs ein Kombiticket kaufen: Schiff, Sessellift, Seilbahn – alles inklusive (9 Euro). Info bei der Seilbahn Rüdesheim, Tel. 06722/24 02.

Picknick über Assmannshausen

Extra-Tour: Auf der Bäderstraße ins Wunderland

Info: Taunus-Wunderland, 65388 Schlangenbad, Tel. 06124/4081, www.taunuswunderland.de.

Ein Kinderparadies mit allen Schikanen ist das **Taunus Wunderland** in **Schlangenbad.** Hier trifft man alte bekannte Märchenfiguren, kann in einem Meer von Bällen toben, sich durch ein dunkles Geisterschloss tasten oder auf der Riesenrutsche talwärts sausen. Kinder, die unter 1 m groß sind, haben freien Eintritt (Tageskarte 12,99 Euro).

Von Eltville führt die B 260, die »Bäderstraße«, nach Schlangenbad. Sie verbindet die Taunus-Badeorte zwischen Wiesbaden und Lahnstein – der ideale Weg, um nach der Rieslingroute Wein und Wellness zu verbinden.

HESSEN
Rhein
Mainz
Main
Bingen
Ingelheim
Selz
Gau-Algesheim
Bodenheim
-Elsheim
Stadecken-
Nackenheim
Nieder-Olm
Nahe
Rheinhessisches Hügelland
Sprendlingen
Saulheim
Bad Kreuznach
Nierstein
Oppenheim
Wörrstadt
Bad Münster-Ebernburg
Eckelsheim
Guntersblum
Alzey
Dittelsheim-
-Heßloch
RHEINLAND-PFALZ
Westhofen
Osthofen
Kirchheimbolanden
Flörsheim-Dalsheim
Worms
60
671
41
61
9
63
420
271
47
Rheinhessen
0
5
10 km
Selztal-Radweg
Rheinterrassen-Wanderweg

RHEINHESSEN

Alzey
Bingen
Bodenheim
Eckelsheim
Flörsheim-Dalsheim
Gau-Algesheim
Guntersblum
Ingelheim
Mainz
Nackenheim
Nierstein
Oppenheim
Westhofen
Worms

Rheinhessen

Nierstein, Kilianskirche

Deutschlands größte Weinbauregion liegt gar nicht in Hessen, sondern in Rheinland-Pfalz, zwischen Bingen, Mainz und Worms, im Norden und Osten von einem Rheinbogen begrenzt. Mit 26 296 ha nimmt Rheinhessen ein Viertel der deutschen Rebfläche ein. Jedes Dorf hat seinen Wingert im »Land der 1000 Hügel«, wo es einiges zu entdecken gibt, etwa die »Trulli«, die an Apulien erinnern, oder die vielen einst als Kuhställe genutzten Weingewölbe.

»Aller erinn – un hocken eich!«, will meinen: »Herzlich willkommen, doch setzt euch erst mal hin!« – und trinkt einen Schoppen »Rhoihessewoi«. Denn »des Gesellische derf net zu kurz komme« – es findet alljährlich im Mainzer Fastnachtstreiben seinen Höhepunkt.

Bei aller Weinseligkeit – dank einiger Spitzenwinzer ist Rheinhessen auf dem Weg zur Renommier-Region. Dominierten lange Zeit große Mengen belangloser Fassweine die Produktion, wird nun der Markt mit Qualität beliefert. Die VDP-Kollektion (Verband Deutscher Prädikatsweingüter) »Große Gewächse Rheinhessen« ist Jahrgang für Jahrgang im Nu ausverkauft. »Selection Rheinhessen« heißt ein anderes Gütesiegel. Viel Lob ernteten die Rheinhessen mit Winzersekten nach der *Méthode Champenoise* und mit feinen Destillaten. Auf dem Etikett der besten Silvaner prangen die Buchstaben »RS« (Rheinhessen-Silvaner). Silvaner ist die rheinhessische Ur-Rebe, die in den 1960er Jahren die Hälfte der Anbaufläche besetzte. Heute belegt sie mit 10,8% (2848 ha) Platz 2 hinter Müller-Thurgau (19%) und vor Dornfelder (10,4%) und Riesling (9,9%) – dies ist die größte Silvaner-Anbaufläche der Welt.

Rebfelder auf sanft gewelltem Land prägen die Weinregion. Steile Weinhänge beherrschen dagegen das Bild der »Rheinterrasse« zwischen Guntersblum nördlich von Worms und Bodenheim südlich von Mainz. Hier liegen reihenweise bekannte Weinorte am schmalen Uferstreifen: Oppenheim, Nierstein, Nackenheim. Als Filetstück gelten die Lagen am »Roten Hang« bei Nierstein, wo Weine auf rotem Schieferboden wachsen, die sich aber erst nach etwas Flaschenreife richtig entfalten: fruchtig, herb, mit blumigem Bukett. Im Kommen sind die Tropfen vom Wonnegau nordwestlich von Worms, die auf Tonmergel- und Kalksteinböden gedeihen. Der Name Wonnegau stammt zwar vom alten Volk der Vangionen, gleichwohl ist es eine Wonne, hier »Rhoihessewoi« zu trinken.

Rheinhessen-Infos

Information

Rheinhessen-Information
Wilhelm-Leuschner-Str. 44,
55218 Ingelheim am Rhein,
Tel. 06132/44170, Fax 441744,
www.rheinhessen-info.de.

Rheinhessenwein
An der Brunnenstube 33–35,
55120 Mainz,
Tel. 06131/99680, Fax 682701,
www.rheinhessenwein.de.

Wichtige Feste

Mainzer Johannisnacht: Ende Juni
Hunderttausende Besucher feiern Gutenbergs Geburtstag. Die Innenstadt wird zu einem riesigen Kirmesplatz mit Büchermarkt am Ballplatz und Künstlermarkt am Rheinufer. Die größte Gaudi ist das »Gautschen«, bei dem frisch gebackene Buchdrucker zur Taufe in einen Wasserbottich getunkt werden.
Wormser Backfischfest: Ende August
Neun Tage lang wird das größte Wein- und Volksfest am Rhein gefeiert. Höhepunkte der einstigen Zunftsause der Rheinfischer sind das Fischerstechen, das Feuerwerk und der Festumzug mit über 100 Wagen und Gruppen.

Rheinhessen mit der Bahn

Der Mainzer Hauptbahnhof bietet Zugverbindungen in alle Ecken des Landes. In Bingen-Hauptbahnhof (Stadtteil Bingerbrück) halten ein paar Intercitys. Auf der Strecke Mainz–Bingen (–Koblenz) fahren stündlich Regionalzüge, die u. a. in Ingelheim, Gau-Algesheim und Bingen-Stadt stoppen. An der Rheinterrasse (Strecke: Mainz–Worms–Ludwigshafen) bedienen Regionalbahnen u. a. die Stationen Bodenheim, Nackenheim, Nierstein, Oppenheim und Guntersblum. Quer durchs Hügelland fahren von Worms Regionalbahnen via Nieder-Flörsheim/Dalsheim und Alzey nach Bingen. Eine weitere Verbindung quer durch Rheinhessen verbindet Alzey mit Mainz (Regionalbahnen). Die Weinregion gehört überwiegend zum Gebiet des Rhein-Nahe-Nahverkehrsverbunds, nur südlich von Alzey und Guntersblum (also Worms und der Wonnegau) sind dem Verkehrsverbund Rhein-Neckar zugeordnet.

Rhein-Nahe-Nahverkehrsverbund (RNN): Tel. 01801/766766, www.rnn.info.
Verkehrsverbund Rhein-Neckar (VRN): Tel. 01805/8764636 (0,12 Euro/Min.), www.vrn.de.

Höhepunkte in Rheinhessen

Mainz: Im »goldenen Mainz«, der Hauptstadt des Weinlands Rheinland-Pfalz, kann man ein blaues Wunder erleben.
Oppenheim: Ein Ort, zwei Welten. Oberirdisch: Fachwerk und feine Gotik, unterirdisch: ein fünf Etagen tiefes Kellerlabyrinth.
Worms: Deutschlands weltweit bekannteste Weinmarke hat ihren Ursprung an der Liebfrauenkirche der Nibelungenstadt.

Mainz, Dom und Altstadt

Alzey

Volker von Alzey, der Sänger mit der Fiedel aus dem Nibelungenlied, hat den Ort mitten in den Weinbergen und Obstplantagen des Hügellandes zwischen Rhein und Nahe berühmt gemacht. Ihm zu Ehren hat die Kreisstadt, die heute von den Autobahnen 61 und 63 in die Zange genommen wird, einen **Brunnen** auf dem Fischmarkt gebaut, und im Turm des alten **Renaissance-Rathauses** von 1586 tanzt eine Volker-Figur zum Glockenspiel. Auf dem **Fischmarkt** boten früher Altrhein-Fischer ihre Ware feil.

Alzeys Kern prägen alte Bauten. Am **Rossmarkt** drängen sich die Balkenhäuser um den Brunnen mit dem dicken Pferd, den der Pfälzer Bildhauer Gernot Rumpf schuf. Von der Stadtbefestigung sind noch Teile erhalten, beispielsweise in der Gasse Hexenbleiche mit Alzeys ältestem Turm, dem **Metzgerturm.** An der Jean-Braun-Straße liegen die Grundmauern eines **Römerkastells** und in der Steinhalle des **Stadtmuseums** sind (außer Mo) Jupitersäulen und antike Altäre zu sehen. Das Alzeyer **Schloss** war ursprünglich eine Reichsburg der Staufer aus dem 12. Jh., die zerstört und Anfang des 20. Jh. nach einem Kupferstich von Merian wieder aufgebaut wurde. Die nahe **Nikolaikirche** entstand ab 1420 im gotischen Stil. Sieben Klöster standen einst in der Stadt, nur vom **Antoniterkloster** in der Antoniterstraße ist ein gotischer Torbogen erhalten.

Trulli

Einen Hauch von Apulien bringen die Trulli ins Rheinhessische Hügelland bei Alzey. Was ist das denn, wird sich manch einer fragen, wenn in den Weinbergen ein Trullo (Plural Trulli), so ein weiß gekalkter Rundbau mit kegelförmigem Spitzdach und winzigen Guckspalten auftaucht. Nirgendwo sonst in Deutschland gibt es diese Weinbergshäuschen, bekannt sind nur ähnliche Bauten in Süditalien. Zur Entstehung der Trulli bei Alzey weiß man wenig, nur dass sie aus dem 18. Jh. datieren. Ein viel fotografiertes Exemplar ist der Flonheimer Trullo.

Übernachten

Winzerhotel Himmelacker
im Weingut Storr,
Westhofer Str. 1,
55232 Alzey-Dautenheim,
Tel. 06731/42112, Fax 42680,
DZ ab 53 Euro.
Das Winzerhotel (11 Zimmer) ist im ehemaligen Heuspeicher eines alten rheinhessischen Hofguts eingerichtet. Böden und Betten sind aus Holz, Wendeltreppen führen in vier zweistöckigen Zimmern zur Schlafetage. Das hauseigene Weingut bietet Weinproben.

Bingen

Beim alten römischen *Bingium* fließt die Nahe in den Rhein, und vier Anbaugebiete treffen hier zusammen: Bingen gehört zu Rheinhessen, die Region Nahe beginnt am Stadtteil Bingerbrück, rheinabwärts liegt die Region Mittelrhein und nach Rüdesheim im Rheingau kann man mit der Fähre übersetzen. Bekannteste Weinlage ist der Scharlachberg, den der hohe Eisenoxid-Anteil scharlachrot färbt.

Bingens Blickfang, der ockerfarbene **Mäuseturm,** steht auf einer Klippe im »Binger Loch«, dem früher bei Schiffern gefürchteten Eingang zum schluchtartigen Mittelrheintal (Unesco-Welterbe). Er bildete zusammen mit der **Burg Ehrenfels** (Ruine auf der Rüdesheimer Seite) eine mächtige Zollanlage und wurde mit einer bekannten Rhein-Sage vom Maut- zum Mäuseturm: Der Mainzer Erzbischof Hatto, der hier die Zollhoheit hatte, hortete angeblich Getreide und ließ sein Volk hungern, bis ihn die Mäuse jagten und auf dem Mautturm bei lebendigem Leibe auffraßen.

Vor über 2000 Jahren errichteten die Römer ein Kastell auf dem Kloppberg, auf dem heute die mehrmals zerstörte und im 19. Jh. wieder aufgebaute **Burg Klopp** thront. Das andere markante Bauwerk hoch über Bingen ist die neugotische **Rochuskapelle** auf dem bewaldeten Hausberg (Rochusberg), errichtet im Pestjahr 1666, später von den Franzosen und vom Blitz getroffen, aber immer wieder hergerichtet. Dem Rochus zu Ehren feiern die Binger alljährlich (Mitte August) ein Fest.

Die heilige Hildegard (1098–1179) kam mit 18 Nonnen im Gefolge vom Kloster Disibodenberg an der Nahe nach Bingen und gründete 1147 auf dem Rupertsberg oberhalb von Bingerbrück ein neues Kloster; die Stätte hatte ihr der Heilige Geist »in einer wahrhaftigen Schau« zugewiesen. Von dem **Rupertsberger Kloster,** das im Dreißigjährigen Krieg von den Schweden geschleift wurde, sind nur noch die Grundmauern übrig. Exponate zu Leben und Werk der großen Mystikerin sind im **Historischen Museum am Strom** zu sehen (Museumstr. 3, tgl. außer Mo 10–17 Uhr).

Bingens berühmtester Sohn ist der Lyriker Stefan George (1868–1933), der im Stadtteil Büdesheim geboren wurde. Ihm ist eine **Gedenkstätte** in Bingen gewidmet (Fachwerkhaus Haferkasten in der Gasse Am Freidhof, geöffnet Di, Do, Sa 14–17 Uhr). Die nahe, 1416 geweihte gotische **Basilika St. Martin** birgt die Krypta (11. Jh.) des romanischen Vorgängerbaus. Flussaufwärts schwingt sich eine der ältesten Steinbrücken Deutschlands über die Nahe. Ansonsten ließen Brände und Kriege der Stadt nur wenig alte Bausubstanz, sie hat ein überwiegend modernes Gesicht.

Bodenheim

Das »Tor zur Rheinterrasse« öffnet innerhalb seiner eigenen Mauern die Türen einer beachtlichen Ansammlung von Straußwirtschaften und ist entsprechend beliebt bei Ausflüglern, die vor allem aus dem nahen Mainz kommen. Beste Weinlage ist der Burgweg. Mehrere Winzer-, Klöster-, Adelshöfe und Fachwerkhäuser geben den Gassen einen historischen Reiz, der im **Fachwerk-Rathaus** von 1608 seinen Höhepunkt findet. In die **Kirche St. Alban** wurden alte Altäre aus dem Mainzer Dom verfrachtet.

Eckelsheim (Rheinhessische Schweiz)

Schweizer Niveau erreichen die Hügel der Wein-, Wald-, und Wiesenlandschaft westlich von Alzey nicht, aber ein intensives Naturerlebnis ist auch hier möglich. Der Weinbau hat eine lange Tradition (erste Erwähnung 771), im 16. Jh. notierten die Mönche vom Eckelsheimer Klosterhof, sie liebten besonders »den vom Stayerberg«.

Ausflugstipps

Planwagenfahrt durch die Rheinhessische Schweiz mit Weinprobe und Vesper (buchbar bei der Rheinhessen-Information, Adresse s. S. 205). Weitere Höhepunkte in der Rheinhessischen Schweiz: der Teufelsrutschfelsen, das hübsch herausgeputzte Flonheim mit Trullo und barockem Rathaus und Neu-Bamberg mit seinem schönen Fachwerktor Kandelpforte.

Wildkräuterwanderungen

Eine Spezialität der Rheinhessischen Schweiz sind Wildkräuterwanderungen, beispielsweise an der Ruine der Beller Kirche bei Eckelsheim oder rund um die Geistermühle im Aulheimer Tal. Mythen und Anekdoten von Küchenkräutern, Heil- und Zauberpflanzen erzählen die Kräuterführerinnen der Kräuterschule Herbula in Wöllstein (Tel. 06703/1510, www.kraeuterschule-herbula.de). Die heilige Hildegard von Bingen, die auch eine exzellente Kräuterkennerin war, wurde im nicht weit entfernten Bermersheim vor der Höhe geboren, wo heute ihre Taufkirche zu besichtigen ist.

Übernachten

Hotel Klosterhof
Hauptstr. 15, 55599 Eckelsheim,
Tel. 06703/3879, Fax 961217,
www.klosterhof-eckelsheim.de,
geöffnet April–Dez., DZ ab 66 Euro.
Im hübsch restaurierten Fachwerkhof mit individuell eingerichteten Zimmern sorgen Holz, Lehm und Solarenergie für ein natürliches Wohlfühl-Klima.

Essen & Trinken

Weingasthaus im Kulturhof Eckelsheim
Kirchstraße, 55599 Eckelsheim,
Tel. 06703/301458,
www.kulturhof-eckelsheim.de,
Mi–So ab 18, So auch 11.30–14 Uhr,
Hauptgericht ab 8 Euro.
In der ehemaligen Scheune des alten rheinhessischen Hofguts wird regionale frische Küche aufgetischt.

Flörsheim-Dalsheim (Wonnegau)

Ein Hauch von Rothenburg ob der Tauber umgibt das Weinort-Duo westlich von Worms. Dalsheims Ortsbefestigung aus dem 14. Jh., die **Fleckenmauer,** ist samt mehreren Wehrtürmen fast vollständig erhalten. Nieder-Flörsheim zieren Fachwerkhäuser und Winzerhöfe. Im **Weinbaumuseum** (So geschlossen) sind bis in die Frankenzeit zurükkreichende Funde aus den Weinbergen zu sehen. Das beeindruckendste Exponat ist eine alte Baumkelter.

Weingut

Klaus Keller
Bahnhofstr. 1,
67592 Flörsheim-Dalsheim,
Tel. 06243/456,
Weinproben und -kauf nach Vereinbarung.
Eines der deutschen Spitzenweingüter, das seit Jahren mit Auszeichnungen überhäuft wird. Bei der Bundesweinprämierung 2004 gab es einen »Goldenen Preis Extra« für die 2002er Dalsheimer Hubacker Riesling-Auslese. Der Gutsriesling kostet 5,50 Euro.

Gau-Algesheim

Bei Bingen zwischen Rhein und Wein liegt das alte Algesheim (seit 1355 mit Stadtrechten ausgestattet). Fotogen ist besonders das barocke Rathaus, davor plätschert ein Brunnen, dahinter erhebt sich die **Pfarrkirche St. Cosmas und Damian** aus dem 19. Jh. Im einst erzbischöflichen **Schloss Ardeck** (15. Jh.) sind heute Drahtesel im **Rheinhessischen Fahrradmuseum** zu sehen (Ostern–Okt. So und Fei).

Guntersblum

Guntersblums Trumpf ist seine Unterwelt. Wegen des hohen Grundwasserspiegels haben die Winzer seit dem 16. Jh. zwei- bis dreistöckige Keller reihenweise in einen Hang am Ortsrand getrieben und darüber Kelterhäuschen errichtet. So entstand der 1 km lange **Kellerweg** mit über 100 Gewölben. Oberirdisch prägen Winzerhöfe und Fachwerkhäuser das Bild des zwischen Oppenheim und Worms gelegenen Dorfs.

Weinfest

Kellerwegfest: vorletztes Augustwochenende
Beim Kellerwegfest kann man den bekannten Guntersblumer Weißburgunder unter Tage kosten. Mehrere Gewölbe öffnen ihre Pforten, die Gäste kaufen sich ein Fest-Glas und ziehen probierenderweise von einem Keller zum anderen.

Ingelheim

Rotwein und Medizin prägen den geschichtsträchtigen Ort zwischen Bingen und Mainz. Eine Stadt in der Stadt ist die riesige Pharma-Firma, die nur durch die Bahngleise von einem bedeutenden Schauplatz karolingischer Geschichte getrennt ist. Im 8. Jh. ließ hier Karl der Große einen fränkischen Königshof zur **Kaiserpfalz** ausbauen, in der später mehrere bedeutende Reichsversammlungen stattfanden. Karl der Große soll auch die Anpflanzung der ersten Burgunderreben verfügt und damit Ingelheim zur Rotweinstadt gemacht haben. Sein Sohn Ludwig der Fromme kam nach Ingelheim, so oft es seine Staatsgeschäfte gestatteten, und Friedrich Barbarossa ließ die Kaiserpfalz zur Reichsburg ausbauen. Von ihr sind Wände und die Apsis der *Aula Regia* (Königshalle) erhalten. Die benachbarte **Saalkirche** ist aus der Palastkapelle entstanden. Im **Museum** an der Kaiserpfalz (Mo geschlossen) werden die Ausgrabungen dokumentiert, die immer noch nicht abgeschlossen sind. Das Kaiserpfalz-Areal liegt in Ingelheim-Mitte, dem einstigen Nieder-Ingelheim (vom Bahnhof auf der Binger Straße ostwärts). Den Charakter eines alten Dorfs hat sich der Stadtteil Süd (einst Ober-Ingelheim) bewahrt, der zwischen Weinhängen nach Süden hin ansteigt. Sein imposantestes Bauwerk ist die **Burgkirche,** zu der ein Wehrkirchhof mit doppeltem Mauerring gehört, der wiederum Teil der Ortsbefestigung war. Einige Mauern der mittelalterlichen Ortsbefestigung sind erhalten, außerdem das **Ufthub-Tor** und das **Ohrenbrücker Tor.**

Übernachten / Essen & Trinken

Pension und Bergrestaurant Waldeck

Am Bismarckturm, 55218 Ingelheim,
Tel. 06725/4313, Fax 5964,
geschlossen 15. Okt.–15. Nov., Mo, Di Ruhetag, Hauptgericht ab 8 Euro, DZ ab 65 Euro.

Mitten in den Weinbergen liegt die Pension mit dem Bergrestaurant Waldeck. Neben 7 Nichtraucherzimmern in der Pension wird auch eine große Ferienwohnung vermietet. Im Restaurant mit Sommerterrasse (Rheingau-Blick) gibt's gutbürgerliche Küche.

Weingut / Übernachten

Wasem & Söhne

Rodensteiner Hof, Edelgasse 5,
55218 Ingelheim,
Tel. 06132/2220,
www.weingut-wasem.de,
Mo–Fr 7.30–11.30, 13–18,
Sa 9–12.30, 14–18 Uhr.

Ingelheimer Rotwein vom Feinsten bietet das traditionsreiche Weingut im Rodensteiner Hof (17. Jh.). Von den 25 ha Rebfläche im Selztal sind 60 % mit roten Sorten bestockt. Einen goldenen DLG-Preis extra gab es 2004 für die 2002er Ingelheimer Horn Frühburgunder-Auslese (trocken), die 15 Euro kostet. Ein Portugieser ist ab 3,80 Euro zu haben. Zum Gut gehört ein Wein-Hotel (Tel. 06132/43370, DZ ab 77 Euro).

Weinfest

Rotweinfest: Ende September

Auf dem Gelände der alten Burgkirche lassen zwanzig Winzer neun Tage lang ihre Weine verkosten. Höhepunkt ist die Krönung der Rotweinkönigin.

Mainz

Moguntia Aurea, goldenes Mainz, hieß im Mittelalter die damals reiche Metropole am Zusammenfluss von Main und Rhein, deren sandsteinernes »Domgebirge« noch heute rotgolden im Abendlicht schimmert. Der **Dom St. Martin und St. Stephan** ist die Krone der Hauptstadt des Weinlands Rheinland-Pfalz. Das romanische Meisterwerk, ein Symbol für die einstige auch weltliche Macht der Mainzer Erzbischöfe, entstand ab 975 unter Erzbischof Willigis, brannte aber schon am Vortag der Einweihung 1009 aus und wurde erst 1239 vollendet. Mitten aus dem quirligen Leben der Altstadt erheben sich die Mauern der dreischiffigen Pfeilerbasilika mit ihren zwei Chören und sechs Türmen. Nach Norden prangt der Dom in voller Breite über

Im Gutenbergmuseum in Mainz

den Häusern am **Marktplatz,** dagegen wirkt der rot-orange **Marktbrunnen** von 1526 filigran. Gegenüber dem Bauwerk des Jahrtausends, an der Ostseite Richtung Rhein, steht das Museum für den Mann des Jahrtausends: Henne (Johannes) Gensfleisch zur Laden, besser bekannt als Johannes Gutenberg, der um 1400 in Mainz geboren wurde. Im **»Weltmuseum der Druckkunst«** sind alte Druckpressen, eine historische Druckerwerkstatt und kostbare Drucke zu sehen. Das Ganze gipfelt in den berühmten 42-zeiligen Gutenberg-Bibeln. Übrigens soll die Idee, Bücher mit beweglichen Lettern zu drucken, Gutenberg beim Beobachten einer Weinpresse gekommen sein (Mo geschlossen).

Vom Museum sind es nur ein paar hundert Meter durch die Fischtorstraße zum **Rheinufer,** wo die Mainzer sommers unter Platanen lustwandeln und joggen. Geht man nach rechts ein Stück am Ufer entlang und die zweite Straße wieder Richtung Altstadt, steht man bald vor dem **Holzturm,** einem Torturm (um 1400) der Stadtbefestigung, in dem der Schinderhannes, der berühmte Räuberhäuptling aus dem Hunsrück, vor seiner Hinrichtung einsaß. Weiter durch die Holzstraße wird gleich der Graben erreicht, von dem sechs Altstadtgassen abzweigen. Scharf links geht's zu einem ganz bezaubernden Mainzer Winkel an der **Rokoko-Kirche St. Ignaz** in der engen alten Kapuzinergasse. Vom Graben rechts zweigt die zentrale Altstadtgasse (Augustinerstraße) ab, an der die Häuser so eng wie fein gegliederte Wände stehen. Recht unscheinbar reiht sich auf der rechten Seite die **Augustinerkirche** (1768) ein, man öffnet die Tür und blickt in eine barocke Pracht. Ein Stück weiter links liegt die gute Stube von Mainz, der kleine **Platz am Kirschgarten** mit einer hübschen Runde Fachwerkhäuser. Hier muss man am Aschermittwoch im Morgengrauen durchgehen, wenn irgendein letzter Napoleon im faden Schein der alten Laternen Oboe spielt. Vorne am Leichhof erhebt sich der hier im Südwesten schlank wirkende Dom.

Riesling zwischen Römerschiffen

Bei Bauarbeiten nahe dem Rhein wurden 1981 in 7,50 m Tiefe unter dem heutigen Straßenniveau elf römische Militärschiffe aus dem 4. Jh. gefunden, fünf sind im Mainzer **Museum für Antike Schifffahrt** ausgestellt (Neutorstr. 2b, nahe Südbahnhof, Mo geschlossen). Beim »Weinforum Rheinhessen« werden über 150 prämierte Rheinhessenweine zwischen den antiken Wracks verkostet (Info: Rheinhessenwein, Tel. 06131/99680, www.rheinhessenwein.de).

Durch die Schöfferstraße geht's zum Boulevard von Mainz namens Ludwigstraße, an dem das Theater steht. Im Hintergrund sind der weiß gestrichene Renaissance-Bau der **Alten Universität** und die orange **Kirche St. Quintin,** die älteste der Mainzer Pfarrkirchen (bereits 744 erwähnt) zu sehen. Dem Theater gegenüber thront das Standbild Gutenbergs über dem Trubel auf dem nach ihm benannten Platz.

Die Ludwigstraße mündet in den Schillerplatz, wo der **Osteiner Hof** und der **Bassenheimer Hof** um ein Hoch auf die »Määnzer Fassenacht« stehen: den **Fastnachtsbrunnen.** Folgt man den Straßenbahnschienen aufwärts, wird bald die **Kirche St. Stephan** erreicht, die eine in Deutschland einmalige künstlerische Köstlichkeit birgt: Marc Chagall schuf ab 1978 die Glasfenster des Chors. Sie zeigen Szenen aus der Bibel und leuchten so intensiv blau, dass es kaum zu glauben ist – das blaue Wunder im goldenen Mainz.

Übernachten / Essen & Trinken

Hotel Schwan und **Altdeutsche Weinstube**
Liebfrauenplatz 7, 55116 Mainz,
Tel. 06131/144920,
www.mainz-hotel-schwan.de,
DZ ab 110 Euro.
Die Zimmer des Hotels in der Mainzer Altstadt haben Namen wie »Riesling« und »Müller-Thurgau« und bieten ein barockes Ambiente. Im Erdgeschoss kann man in der urigen »Altdeutschen Weinstube« einkehren. Dem Hotelier gehört auch die Gaststätte »Specht« von 1594, eine »echt Määnzer Wertschaft«.

Nackenheim

In »Naggenum« (rheinhessisch) ist »Der fröhliche Weinberg« zu Hause. Sein Schöpfer, Carl Zuckmayer, aus dessen Feder auch »Des Teufels General« und »Der Hauptmann von Köpenick« stammen, wurde 1896 in der Weinbergstraße geboren (Haus auf dem Gelände der Kapselfabrik, die sein Vater gründete). Sein Lustspiel »Der fröhliche Weinberg« karikiert das weinselige Völkchen, insbesondere das Nackenheimer Weingut Gunderloch. In der Heimat verstand man lange Zeit überhaupt keinen Spaß und war tief beleidigt. Das Blatt hat sich mittlerweile gewendet: Nackenheim wirbt mit dem berühmten Sohn und die Carl-Zuckmayer-Gesellschaft spielt alljährlich (Ende Mai–Mitte Juli) seine Stücke – im Garten des Weinguts Gunderloch.

Auf den Spuren des Autors verläuft der 6 km lange »Buttenmännje-Wanderweg«. Texte von Carl Zuckmayer ergänzen die Tafeln zu Landschaft und Weinbau. Auf den Rheinhöhen wandert man zum Rothenberg und schaut auf das Dorf, das einige hübsche Fachwerk- und Barockhäuser in seinen Reihen hat und von der barocken **St. Gereon-Kirche** überragt wird. Im ehemaligen Schulgebäude, einem spätklassizistischen Typenbau von 1832, ist das **Ortsmuseum** eingerichtet.

Essen & Trinken

Weingut der Stadt Mainz
Obergasse 3, 55296 Harxheim,
Tel. 06138/980660,
www.weingut-mainz.de,
Hauptgericht ab 9 Euro.
In dem Fachwerkhaus in Harxheim (Nackenheimer Hinterland) wird bodenständige Küche geboten, im ehemaligen Fassweinkeller kann man unterm Kreuzgewölbe feiern und auf der lauschigen Terrasse laue Sommerabende genießen.

Weingut

Gunderloch
Carl-Gunderloch-Platz 1,
55299 Nackenheim,
Tel. 06135/2341,
www.gunderloch.de,
Weinprobe und -verkauf: Mo–Fr 9–17 Uhr und nach Vereinbarung.
Inhaber sind die Nachfahren des Winzers, der eine Hauptrolle im »Fröhlichen Weinberg« spielt. Von den 12,5 ha Rebfläche werden exzellente Weine gewonnen, besonders gelungen: die edelsüßen Rieslinge. Gutsriesling gibt's ab 7,50 Euro.

Nierstein

Niersteins Herz schlägt am **Marktplatz,** um den sich die Marktkirche, das alte Rathaus und Adels- und Winzerhöfe aus dem 18. Jh. reihen. Am Fuße der Lage Ölberg steht auf einer von Reben umgebenen Kuppe die strahlend weiß gestrichene **Kilianskirche.** Vom **Wartturm** oben in den Weinbergen, Niersteins Wahrzeichen, sieht man über die ausgedehnte Reblandschaft am Rhein. Die Gegend ist vor allem für ihre Weine vom **Roten Hang** bekannt, einem mineralstoffreichen Tonschiefer-Verwitterungsboden, der sich vom Niersteiner Ortsteil **Schwabsburg** (im Hinterland gelegen) bis Nackenheim erstreckt. Winzer laden zur Weinbergssause ein, chauffieren Gäste mit ihrem Trecker durch die Gegend, sorgen dabei für musikalische Begleitung und »Weck, Worscht un Woi« (Informationen bei der Ortsverwaltung: Tel. 06133/960506).

In Schwabsburg ist von der gleichnamigen Reichsburg nach der Zerstörung durch die Spanier unter Feldherr Spinola (1620) nur der **Bergfried** übrig geblieben. Interessant ist die Niersteiner Museumslandschaft: An Bord des Museums- (und Restaurant-)Schiffs **Siegfried** gibt's Schiffsmodelle zu sehen und

Europareservat Kühkopf-Knoblochsaue

Zwischen Nierstein und Oppenheim kann man per Fähre auf die hessische Rheinseite übersetzen und hier mit dem Auto via Geinsheim und Leeheim oder direkt mit dem Rad nach Erfelden fahren (auch eine Wanderung ist möglich). Von Erfelden führt eine kleine Fußgängerbrücke zum Europareservat Kühkopf-Knoblochsaue, einer wunderschönen Auenlandschaft an einer alten Rheinschlinge, wo seltene Tier- und Pflanzenarten zu Hause sind.

Oppenheim, Katharinenkirche

im **Paläontologischen Museum** eine konservierte Eintagsfliege, die vor 265 Mio. Jahren gelebt hat.

Übernachten

Wein- & Parkhotel Nierstein
An der Kaiserlinde 1,
55283 Nierstein,
Tel. 06133/5080, Fax 508333,
DZ ab 105 Euro.
Das Hotel der Best-Western-Gruppe bietet moderne Zimmer und organisiert Schiffsausflüge, Ballon-Trips und ein weiniges Rahmenprogramm.

Weingut

Freiherr Heyl zu Herrnsheim
Langgasse 3, 55283 Nierstein,
Tel. 06133/57080,
www.heyl-zu-herrnsheim.de,
Weinprobe und -verkauf nach Vereinbarung.
Exzellentes Öko-Weingut, das beim internationalen Wettbewerb »Riesling du Monde« 2004 eine Goldmedaille für die 2001er Niersteiner Pettental Riesling-Auslese bekam. Zum Besitz gehören beste Lagen am Niersteiner Roten Hang.

Oppenheim

Zwischen Mainz und Worms schmiegt sich die einst Freie Reichsstadt malerisch an die Weinberge mit Lagennamen von Sackträger und Heerkretz bis Zuckerberg. In der Wormser Straße 49 am Rhein hat das **Deutsche Weinbaumuseum** seinen Sitz und zeigt alles von Korkenziehern bis zu Keltern und von Trinkgefäßen bis zu Traktoren (April–Okt. Di–So 14–17, Sa und So auch 10–12 Uhr).

Über der Altstadt thront die **Katharinenkirche,** das Schönste, was es zwischen Kölner Dom und Straßburger Münster in Gotik gibt. Von Fachwerkhäusern gesäumte Gassen steigen vom Rhein zu ihr empor. Glasmalereien schmücken innen den roten Sandsteinbau aus dem 13. Jh. Im Beinhaus nebenan ruhen Skelette von 20 000 Oppenheimer Bürgern aus der Zeit von 1400–1750. Durch ein Waldstück oberhalb der Weinhänge an der Katharinenkirche gelangt man zur **Ruine Landskron.** Die ehemalige Reichsburg wurde

Wandern down under

Vor einigen Jahren riss plötzlich die Pilgerbergsgasse auf, ein zufällig dort abgestellter Polizeiwagen brach ein und landete in einem Keller. Tiefe Risse in Gassen und Gärten sind in Oppenheim keine Seltenheit. Die Altstadt steht auf einer ungeahnten Unterwelt, einem weit verzweigten Labyrinth von Kellern und Gängen, das bis zu fünf Etagen in die Tiefe reicht. Die »Stadt unter der Stadt« ist noch nicht vollständig erforscht, bisher wurden über 600 Einzelanlagen entdeckt. Weil Oppenheim eingezwängt ist zwischen Rhein und Weinbergen, ist wenig Lagerplatz vorhanden. Die Händler im Mittelalter lösten das Problem unterirdisch und wegen der Hanglage der Stadt entstanden dabei mehrere Kellergeschosse übereinander, die in Krisenzeiten miteinander verbunden wurden. Samstags um 12 Uhr starten spannende Rundgänge in die geheimnisvolle Unterwelt.
Informationen beim Tourist- und Festspielbüro: Tel. 06133/490914, www.stadt-oppenheim.de.

1689 im Pfälzischen Erbfolgekrieg zerstört, die Ruine dient heute als Kulisse der Oppenheimer Festspiele. Neuester Spielort des Theaterspektakels (Ende Juni–Mitte Aug.) ist das Kellerlabyrinth unter der Stadt.

Westhofen (Wonnegau)

Wonnegau heißt die sanfte Hügellandschaft bei Worms, in deren Mitte Westhofen mit der bekannten Lage Morstein liegt. Im Ortskern entspringt der von mehreren Mühlen gesäumte Seebach. Ein **Mühlenweg** führt auf Müllers Spuren am Bach entlang, den einst nicht weniger als 22 Mühlen säumten. Alte Gassen mit Winzerhöfen und Fachwerkhäusern münden in den Marktplatz, der auch ein Untergeschoss hat, denn die ausgedehnten Gewölbe der Kellergasse reichen bis hierher.

Kerner in der Kuhkapelle

Kein Grund zum Naserümpfen, denn in den »Kuhkapellen« duftet nur der Wein. Im 18. und 19. Jh. statteten viele Bauern in Rheinhessen ihre Ställe mit Kreuzgewölben aus, eine Architektur, die man aus mittelalterlichen Klöstern kennt. Diese »Kapellen« für die Kühe sollten die Brandgefahr reduzieren. Als sich im 20. Jh. viele Mischbetriebe auf den Weinbau konzentrierten, wurden die schmucken Ställe saniert und zu Weinstuben, Galerien und Konzertsälen umfunktioniert. Bei der Rheinhessen-Information (Adresse s. S. 205) gibt es eine Liste der schönsten »Kuhkapellen«. Ein Kreuzgewölbe von 1740 ist in einer Gastwirtschaft in Westhofen zu bewundern.
Deutsches Haus, Am Markt 1, 67593 Westhofen, Tel. 06244/260, 11.30–14.30, 17–22 Uhr, Mi Ruhetag, Hauptgericht ab 8 Euro.

Worms, Liebfrauenkirche

Weingut

Bio-Weingut Wittmann
Mainzer Str. 19, 67593 Westhofen, Tel. 06244/905036, www.wittmannweingut.com, Weinproben und –verkauf nach Vereinbarung.
Bio-Weine zum Verlieben macht die Familie Wittmann und erntet dabei weltweit Lob. Spitze sind die »Großen Gewächse« von den Lagen Aulerde, Kirchspiel und Morstein, ausgezeichnet auch die Weine der »S«-Kollektion und selbst der Gutsriesling mit feiner Aprikosennote tut gut (7 Euro).

Worms

Deutschlands weltweit bekannteste Weinmarke kommt aus Worms. »Liebfrauenstift Kirchenstück« heißt die Lage direkt an der spätgotischen **Liebfrauenkirche** am Rand der Nibelungenstadt. Unter dem Namen »Liebfrauenmilch« fanden die Weine von hier reißenden Absatz, heute werden weltweit 600 000 Hektoliter exportiert, die natürlich nicht alle vom Wingert an der Liebfrauenkirche stammen. Seit 1904 dürfen alle Weine »Liebfrauenmilch« heißen, die im Umkreis von 20 km wachsen und süß sind.

Worms Weingeschichte steht allerdings im Schatten von Kaisern, Nibelungen und Luther. »Ze Wormez bi dem Rine«, heißt es im Nibelungenlied, in dem die einstige Hauptstadt des Burgunderreichs der wichtigste Schauplatz ist. An der **Rheinpromenade** zeigt ein Standbild den Siegfried-Mörder Hagen von Tronje, wie er den Nibelungenschatz im Fluss versenkt. Namen von Straßen, Plätzen und Pensionen erinnern an die Helden des berühmten Epos des Mittelalters. Das **Nibelungenmuseum** an der Stadtmauer am Fischerpförtchen hält den Mythos multimedial wach (Mo geschlossen).

Die fürs Nibelungenlied bedeutungsvollste Stelle in Worms ist aber das Kaiserportal des **Doms,** denn hier spielte sich der Streit zwischen Kriemhild und Brunhild ab. Die romanische Pfeilerbasilika (12. Jh.) mit vier Türmen und zwei Kuppeln ist der imposante Mittelpunkt der Stadt, und sie lässt ahnen, dass Worms im Mittelalter eine der großen Metropolen Europas war. Das Wormser Konkordat (1122, Einigung zwischen Papst und Kaiser im Investiturstreit) und Martin Luthers Auftritt beim Wormser Reichstag 1521 sind nur zwei Beispiele dafür, dass in Worms Geschichte gemacht wurde. »Hier stehe ich, ich kann nicht anders, Gott helfe mir!«, rief der Reformator Kaiser Karl V. entgegen. Die legen-

dären Worte, mit denen sich Luther weigerte, seine Lehre zu widerrufen, sind am Sockel des kolossalen **Lutherdenkmals** (1868) zu lesen, das ihn riesenhaft über Europas Reformatoren zeigt (Lutherplatz zwischen Hauptbahnhof und Zentrum). Die Reichstagsszene ist auf einem Glasfenster in der barocken **Dreifaltigkeitskirche** am Neumarkt dargestellt (östlich vom Dom via Hofgasse). Auf dem Platz vor der Kirche stehen der **Siegfriedbrunnen** und vor dem benachbarten **Rathaus** von 1958 der **Gerechtigkeitsbrunnen.** Hinter dem Dom lohnt die romanische **Magnuskirche** einen Abstecher, und westlich (zu erreichen via Andreas-Straße) liegt das stillste, unaufdringlichste, aber tief berührende Denkmal der Stadt, der **»Heilige Sand«,** der älteste jüdische Friedhof Europas.

Durchquert man das alte Zentrum von Worms auf der Fußgängerzone (Kämmererstraße), vorbei am **Schicksalsrad** und am **Winzerbrunnen,** wird das restaurierte **ehemalige jüdische Viertel** erreicht. Schon im 11. Jh. stand hier eine Synagoge, die in der Reichpogromnacht 1938 zerstört und 1960 wieder aufgebaut wurde. Das **Jüdische Museum** im Raschi-Haus nebenan veranschaulicht jüdisches Leben und Rituale (Hintere Judengasse 6, Mo geschlossen).

Weingut

Weingut Valckenberg
Weckerlinplatz 1, 67547 Worms,
Tel. 06241/911180,
www.valckenberg.com.
Der hauseigene Weinladen ist Di–Fr 10–18, Do bis 19, Sa 10–15 Uhr geöffnet.
Hier gibt's das Original: Wein von den Reben rund um die Wormser Liebfrauenkirche, wenn auch der Wein entweder »Madonna« heißt und »Liebfrauenmilch« nur klein dabei steht (Kabinett ab 3,10 Euro), oder den Lagennamen »Liebfrauenstift Kirchenstück« trägt (Kabinett ab 7,80 Euro), weil sich das Weingut »vom Massenprodukt abheben« möchte.

Wege zum Wein

Ingelheim, Burgkirche

Tour 1: Querfeldein durch Rheinhessen

Radtour auf dem Selztalradweg

Länge/Dauer: ca. 50 km/5 Std.; leicht
Start/Ziel: Alzey/Ingelheim
Sehenswert: Alzey, Rheinhessisches Hügelland, Ingelheim

Orbis (wie Erdkreis) heißt der kleine Ort südwestlich von Alzey, in dem die Selz entspringt. Die Selz, sie ist mehr Bach als Fluss, kullert von hier 61 km quer durchs Rheinhessische Hügelland, durch Felder, Wiesen, Weinberge und Obstplantagen. Ab Alzey kann man dem Bach auf dem Selztalradweg bis Ingelheim folgen, dabei müssen nur einige sanfte Steigungen überwunden werden. Markiert ist der Radweg mit einem grünen Fahrrad auf weißem Grund und dem Schriftzug »Selztalradweg R 2« plus Richtungspfeil. Abgesehen von zwei verkehrs- und gewerbereichen Stellen, am Alzeyer Stadtrand und bei Nieder-Olm, ist die Tour ein richtiger Landausflug.

Wir starten am Bahnhof von **Alzey,** fahren links die Bahnhofstraße entlang, biegen rechts in die Mainzer Straße, die nach einer Kurve in die Berliner Straße übergeht, und wieder rechts in die Nibelungenstraße (»alle Richtungen«). Kurz darauf lässt man die verkehrsreichen Straßen hinter sich, biegt links Richtung Landwirtschaftskammer, auf der rechten Seite taucht die Selz auf, radelt zwischen den hohen Pfeilern der Autobahnbrücke und durch ein Industriegebiet aus der Stadt heraus. Hinter dem Industriegebiet gibt's den ersten Seitenwechsel, der Bach fließt nun links, Baumreihen begleiten ihn. Nächster Seitenwechsel. Wir erreichen **Framersheim,** biegen rechts ab und gleich wieder links und halten uns dann geradeaus. An Pferdekoppeln vorbei geht's gemütlich auf Wirtschaftswegen übers Land. Bald kommt man an eine Landstraße, biegt hier links nach **Gau-Odernheim** ab. Im Ortsmittelpunkt geht es rechts weiter, am Ortsrand links.

Weg vom Bach folgt der Weg nun den Wellen des Landes. Wir fahren zwischen Reben auf und ab, vorbei am 243 m hohen **Petersberg,** bis wir in ein hübsches Dorf einrollen: **Bechtolsheim.** Alte Häuser und Höfe und ein hübsches Fachwerk-Rathaus säumen die engen, kleingepflasterten Straßen. Im Dorf fahren wir rechts und am Ende an einer Gabelung links und tauchen dann in ein Landidyll. Unter hohen Bäumen steht die **Schanzenmühle,** Vögel zwitschern, Hühner gackern, vor uns liegen weite Felder.

Bis **Friesenheim** sind es 5 km. In dem kleinen Dorf biegt man nach links und kommt zu einem Wäldchen an einem Damm, wo mehrere Radwege zusammentreffen. Hier könnte man alternativ zur Rheinterrasse nach Nierstein fahren. Wir bleiben an der Selz, überqueren den Damm und kommen kurz darauf an eine Bundesstraße, vor der wir aber rechts auf einen Radweg wechseln, um sie durch einen Tunnel zu unterqueren. Weiter geht's am Rand von **Köngernheim,** an einem einsamen hübschen Fachwerkhof vorbei nach **Hahnheim,** dort links zur Dorfmitte und dann rechts nach **Wahlheimer Hof.** In Wahlheimer Hof biegt man links ab und schlängelt sich durch den Weiler wieder raus aufs Land, bis es an einer Kreuzung auf freiem Feld rechts zügig runtergeht und unten noch mal rechts nach **Sörgenloch.** Obstplantagen prägen die Landschaft.

Auf einem Radweg geht's nach **Nieder-Olm,** hier auf einer Brücke über die Bahngleise, direkt dahinter rechts und dann links abwärts. Auf Wirtschaftswegen bleiben wir zunächst am Rand des Städtchens, schlängeln uns abwechselnd links und rechts zu einem Kreisel, fahren dort links, genauso am nächsten Kreisel. Der Radweg führt nun entlang einer stark befahrenen Straße, unter einer Autobahnbrücke, durch ein Gewerbegebiet, bis es rechts wieder an die Selz geht. Bald taucht der Kirchturm von **Stadecken** auf, einem alten Winzerdorf, gute Lagen: Stadecker Lenchen und Spitzberg. Am Ortsrand führt die Route rechts nach **Elsheim,** dort links zur Ortsdurchfahrt und beim Schlecker-Markt links in die Gasse »Im Weinklauer«. Durch Obstplantagen kommt man nach **Schwabenheim,** das es geradeaus zu durchfahren gilt, bis von der Ortsdurchfahrt links ein Weg abwärts nach Großwinternheim abzweigt. Außerhalb biegen wir nach links und erreichen die Selz, um rechts vom Bach nach **Großwinternheim** zu fahren. Geradeaus durch den Ort geht's weiter und dann zum Abschluss bis zur Rotweinstadt **Ingelheim** auf einem sehr schönen schmalen, dicht von Bäumen gesäumten Weg durch das üppig grüne Tal, dessen hübsche Farbtupfer Obstbäume sind.

Tour 2: Blauer Himmel über dem Roten Hang

Wanderung auf der Rheinterrasse

Länge/Dauer: ca. 11 km/3 Std.; leicht
Start/Ziel: Nackenheim/Oppenheim
Sehenswert: Nackenheim, Nierstein, Oppenheim
Die Wanderung führt entlang der Schokoladenseite der Weinregion. Hier steigen die Weinberge dicht am Rhein steil empor und bieten am Roten Hang bei Nierstein beste Lagen. Die Route folgt teilweise dem Rheinhöhenweg (Markierung »R« oder roter Punkt) auf Wirtschaftswegen an der oberen Hangkante. Ein Warnhinweis für den Sommer: Zwischen den Orten wird ausschließlich durch schattenlose Weinberge gewandert.

Wir starten in **Nackenheim** unterhalb der Kirche und laufen die Weinbergstraße aufwärts, bis links ein Weg in die Weinberge abzweigt. Es geht steil, dafür auch schnell nach oben, wo gleich eine Straußwirtschaft mit schönem Blick über Nackenheim und den Rhein zum Verweilen einlädt. Der Weg führt weiter aufwärts, bald links zur oberen Hangkante, hier steht ein »Dankstein« für die Flurbereinigung. Wir laufen parallel zum Rhein, gehen an einer Gabelung links ein Stück abwärts, halten uns dann aber halbrechts etwas unterhalb der Hangkante. Vorne ist am Rhein schon Nierstein zu sehen, die Kilianskirche leuchtet uns entgegen. Bald wird eine Gabelung am **Spiegelberg** erreicht, hier steht eins der Niersteiner Wanderschilder, auf denen ein einheimischer Wandersmann einem den Weg weist. Wir gehen links abwärts unterhalb der Büsche und erreichen den **Brudersberg,** wo die nächste Straußwirtschaft auf durstige Wanderer wartet. Ein Stück weiter liegt vor uns eine Einkerbung, die wir umgehen.

Niersteins »Schauinsland« wird erreicht, ein Aussichtspunkt auf Nierstein, den Rhein und das Hessische Ried. Geht man hier links abwärts an der Rasthütte vorbei, kommt man mitten ins Herz von **Nierstein.** Vorbei an der Kilianskirche und weiter unten am Museum geht's zum Marktplatz mit Rathaus, Adelshöfen und Marktkirche. Wir folgen hier den Wegweisern des Rheinhöhenwegs, gehen links durch die Schmiedgasse und die Bildstockstraße wieder raus aus dem Ort und aufwärts in die Weinberge. An einer Wegkreuzung in den Weinbergen geht's links, an der nächsten Kreuzung rechts weiter ansteigend, bis bald der Gipfel des Hügels erreicht wird. Auf seiner Rückseite, ihm zu Füßen, liegt unser Ziel: **Oppenheim.** Etwas unterhalb des Kammwegs versteckt üppiges Grün die **Ruine Landskron.** Ein schmaler Pfad führt talwärts zur schönen Katharinenkirche.

Variante: Nierstein lässt sich auf dem Drei-Türme-Weg umgehen, der stattdessen durchs Hinterland und den beschaulichen Ortsteil Schwabsburg führt (ca. 4 km extra). Beim Niersteiner »Schauinsland« bleibt man auf der Höhe und wandert zum **Wartturm,** dem Niersteiner Wahrzeichen. Ein Stück abwärts und dann weiter Richtung Hinterland wird die nächste Station erreicht, der **Schlossturm** oberhalb von **Schwabsburg.** Dann steigt man ab in das beschauliche Dörfchen, geht an der Kirche vorbei, an der Feuerwehr links und wieder raus auf die Weinberge. An einer T-Kreuzung geht's links Richtung Nierstein, bis der Wirtschaftsweg an einer stark befahrenen Straße endet, die überquert werden muss. Auf einem Richtung Nierstein rechts von der Straße abzweigenden Weg geht's den Weinberg hoch und oben links kommt man nach Oppenheim.

Extra-Tour: Ins Jagdrevier der Nibelungen

Autotour auf der Nibelungen- und Siegfriedstraße

Länge/Dauer: ca. 170 km/Tagestour
Start/Ziel: Worms
Sehenswert: Kloster Lorsch, Bergstraße, Odenwald mit Michelstadt, Erbach, Amorbach

Ins Jagdrevier der Nibelungen führen diese beiden Touristikstraßen. Um es gleich vorwegzunehmen: Allzu viel bekommt man von den Helden des großen Epos des Mittelalters nicht zu sehen, stattdessen das Herz des Odenwalds mit Fachwerkorten, verschwiegenen Tälern und aussichtsreichen Höhen. Nibelungen- und Siegfriedstraße lassen sich zu einem Rundkurs kombinieren. Eine längere Variante als die hier beschriebene geht über Amorbach hinaus an den Main ins Anbaugebiet Franken bis Würzburg (sie misst insgesamt 310 km).

Wir starten in der Nibelungenstadt **Worms** am westlichen Rand der Rheinebene. Die Nibelungenstraße ist bis zum Tour-Mittelpunkt Amorbach identisch mit der B 47. Von Worms fahren wir über die Nibelungenbrücke auf die andere Rheinseite und via **Lorsch** (s. S. 85 Weinregion Hessische Bergstraße), wo ein Stopp bei der berühmten Königshalle ein Muss ist, auf die Bergsträßer Hügelkette zu, nach **Bensheim.** Östlich von Bensheim steigt die Nibelungenstraße über **Schönberg** steil in den Odenwald hinauf – ins Jagdrevier der Nibelungen. Bei Lautertal liegt links der Route am Felsberg das **Felsenmeer,** ein mit hinkelsteingroßen Brocken bedeckter Hang – das Werk von Riesen, sagt man. Danach kommen wir zum schön gelegenen Kurort **Lindenfels,** der von der Ruine der gleichnamigen Burg (12. Jh.) überragt wird.

Weiter schlängelt sich die Nibelungenstraße berg- und talwärts zum Zentrum des Odenwalds, nach **Michelstadt** und **Erbach**. Berühmt ist das Michelstädter Fachwerk-Rathaus. Wie Hexenhüte sehen die Dächer seiner beiden dem Obergeschoss vorgesetzten Ecktürmchen aus. Die Kreisstadt Erbach war einst Sitz der Grafen von Erbach und glänzt mit Altstadt, barockem Schloss, Orangerie – und den Schmuckstücken im Deutschen Elfenbeinmuseum.

Von Erbach steigt die Straße steil an auf die nächste Höhe, auf der das **Jagdschloss Eulbach** steht und sich im dazugehörigen Wildgehege Bisons und ähnlich possierliche Tierchen herumtreiben. Nächstes Highlight und unser Tourmittelpunkt ist

Lutherdenkmal in Worms

das Barockstädtchen **Amorbach.** Die im Rokoko ausgestattete Kirche der ehemaligen Benediktinerabtei ist optisch, ihre Orgel aus dem Hause Stumm mit über 5100 Pfeifen auch akustisch eine Pracht.

An Amorbachs südlichem Ortsausgang wechseln wir auf die Siegfriedstraße und fahren via Kirchzell und Kailbach nach Hetzbach, biegen dort rechts ab auf die B 45 und kurz darauf links auf die B 460 nach Mossautal. Sommers kann man sich bei einem Bad im **Stausee Marbachtal** erfrischen. Dann geht's weiter zum dramatischen Höhepunkt der Tour, zum **Lindenbrunnen** mitten im Wald bei Hüttenthal, wo Siegfried ermordet worden sein soll. Ganz gesichert ist das nicht – gleich im Nachbarort Grasellenbach gibt's einen **Siegfriedbrunnen,** und die Grasellenbacher behaupten felsenfest, dass hier die Bluttat geschah. Auf der B 460 kommt man schließlich via Fürth und Kirschhausen nach **Heppenheim** hinunter und über die Rheinebene zurück zur Nibelungen-Hauptstadt **Worms.**

Saale-Unstrut
0
5
10 km
Saale-Weinwanderweg
Weinstraße Saale-Unstrut
Saale
Halle (Saale)
14
Lutherstadt Eisleben
Süßer See
Seeburg
180
80
34
38
143
SACHSEN-ANHALT
Schkeuditz
9
Querfurt
Schafstädt
Merseburg
Leipzig
Geiseltalsee (in Flutung)
Bad Dürrenberg
Unstrut
Mücheln
Braunsbedra
Nebra
180
87
Memleben
38
38
Freyburg
176
Weißenfels
SACHSEN
176
Großjena
Saale
87
2
250
Naumburg (Saale)
Eckartsberga
Bad Kösen
Schulpforte
Weiße Elster
Bad Sulza
9
180
Zeitz
Meuselwitz
Apolda
THÜRINGEN
2

SAALE-UNSTRUT

Bad Kösen
Bad Sulza
Eckertsberga
Freyburg
Großjena
Memleben
Naumburg
Schulpforte
Seeburg
Weißenfels
Zeitz

Saale-Unstrut

Naumburger Hussitenkirschfest

Die nördlichste Weinregion Deutschlands liegt überwiegend im Süden Sachsen-Anhalts, wo die Saale in einem großen Bogen um die alte Bischofsstadt Naumburg fließt und das Wasser der Unstrut mit zur Elbe nimmt. Eine grüne Idylle aus uralten Steilterrassen mit Weinberghäuschen, Streuobstwiesen, Hainen und anmutigen Auen bildet die wenig bekannte Seite des Bundeslandes, das lange Zeit mit Leuna, Buna, Bitterfeld Schlagzeilen machte. Bekannter als der Wein ist der Sekt der Gegend: der Rotkäppchen-Sekt aus Freyburg an der Unstrut.

Dabei wird hier Wein seit über 1000 Jahren angebaut. Kaiser Otto III. schenkte 998 dem Kloster Memleben Weinberge, die Urkunde dazu ist der älteste Beleg für Weinbau an Saale und Unstrut. Bis Jena erstreckte sich einst das Anbaugebiet, eine Traube im Stadtwappen weist noch darauf hin. In Thüringen wachsen heute wieder Reben bei Bad Sulza an der Ilm, die der Weinregion Saale-Unstrut zugeordnet sind. Auch Weinberge im Tal der Weißen Elster bei Zeitz gehören zum nördlichsten Anbaugebiet und weitere in Ostdeutschland verstreute Weininseln, nämlich bei Werder westlich von Potsdam, bei Westerhausen nahe Quedlinburg und bei Seeburg am Süßen See. In Zappendorf östlich von Seeburg liegt der ehemalige Weinberg der Familie von Georg Friedrich Händel.

Saale-Unstrut-Wein wird traditionell trocken ausgebaut, typisch sind seine kräftige Säure und sein feinwürziges Bukett. Müller-Thurgau belegt 22,2 % der Anbaufläche, gefolgt von Weißburgunder (11,7 %) und Silvaner (9 %). Die wie in Sachsen erschwerten Bedingungen beim Weinbau nördlich des 51. Breitengrads sind ein Grund für die hohen Preise.

Durchs Kerngebiet rund um die Unstrut-Mündung führen der Saale-Weinwanderweg und die Weinstraße Saale-Unstrut. Der Übergang zur Straße der Romanik ist fließend, sie verbindet viele mittelalterliche architektonische Meisterwerke der Region wie den spätromanisch/frühgotischen Naumburger Dom, das steinalte Romanische Haus in Bad Kösen, die romanische Doppelkapelle der Freyburger Neuenburg und die spätromanische Abtskapelle des Klosters Pforta. Die Schule auf dem Gelände des säkularisierten Klosters besuchten Klopstock, Fichte und Nietzsche. Der Kultur- wird leicht zum Natur-Trip an Saale und Unstrut, weil man sich schnell ins Grüne verkrümeln und von den Flüssen berauschen lassen kann.

Saale-Unstrut-Infos

Information

Saale-Unstrut-Tourismus
Grochlitzer Straße 55,
06618 Naumburg,
Tel. 03445/233790, Fax 233798,
www.saale-unstrut-tourismus.de.

Wichtige Feste

Naumburger Hussitenkirschfest: letztes Juniwochenende
Alljährlich lassen die Naumburger ihre Kinder in frisch gebügelten Kostümen durch die Stadt ziehen und am Markt auf die Knie fallen. Ein buntes mittelalterlich gekleidetes Völkchen begleitet sie zu einem nachgebildeten Hussiten-Heerlager am Stadtrand. Der Zug ist Teil eines historischen Spektakels, mit dem die Naumburger an die Belagerung ihrer Stadt durch die Hussiten im Jahr 1430 erinnern. Ein couragierter Lehrer soll damals Feuer und Gemetzel abgewendet haben, als er mit seiner Schulklasse hinaus zu dem Heerlager marschierte, wo die Kinder vor dem Feldherrn Prokop den Kniefall machten. Der Militär war gerührt, verschonte die Stadt und gab den Kindern auch noch Kirschen mit.

Freyburger Winzerfest: 2. Septemberwochenende
Höhepunkt ist die Proklamation der Gebietsweinkönigin, die anschließend im herzoglichen Weinberg gefeiert wird. Zur Verkostung kommen Weine der gesamten Region. Eine Woche später organisiert ein Brauhaus eine Winzerfestnachlese!

Mit der Bahn an Saale und Unstrut

Naumburg bietet schnelle Verbindungen mit ICE und IC nach Frankfurt, Leipzig, Nürnberg. Regionalbahnen fahren von Naumburg entlang der Saale nach Bad Kösen, Bad Sulza, Weißenfels und nach Freyburg an der Unstrut (Burgenlandbahn).

Personen-Verkehrs-Gesellschaft Saale-Unstrut (PVG):
Tel. 03445/23160,
Burgenlandbahn:
Tel. 03441/212096.

Höhepunkte an Saale und Unstrut

Freyburg: Der bacchische Brennpunkt der Region lockt mit einer süßen Versuchung.
Naumburg: Vom Marientor aus öffnet sich Naumburgs mittelalterliches Panorama mit einem Grande Finale am weltbekannten Dom.
Weißenfels: Am Fuße eines weißen Felsens liegt die einstige Residenzstadt und Heimat bedeutender Künstler.

Weinberg bei Freyburg

Bad Kösen

Schroff steigen die weißen Wände aus Muschelkalk aus dem Saaletal an der »Kösener Pforte« empor. Oben stehen kühn Burg Saaleck und die Rudelsburg und kündigen Bad Kösen an, das hinter einer Flussschleife Erholungssuchende mit seiner Sole lockt. Der Kursächsische Bergingenieur Gottfried Borlach bohrte 1730 einen Soleschacht, der das Holzflößerdorf Kösen zum Salzgewinnungsort und Mitte des 19. Jh. zum Kurstädtchen machte. Franz Liszt, Adolph von Menzel, Max Liebermann, Theodor Fontane kurten hier. Die Salinenanlagen mit Soleschacht, Wasserrad, Kunstgestänge und dem 320 m langen Gradierwerk sind heute technisches Denkmal, dessen rieselndes Salz noch immer die Atemwege erfrischt. Die Kösener Kurpauschalen prägt Wein, z. B. bei einem »Erlebniswochenende Orchideen und Wein« und einer Traubenkur samt Wannenbad und Massage mit Traubenkernöl. Im Kurpark wird promeniert und der Kurkapelle gelauscht und bis in die Puppen getanzt.

Puppen sind übrigens ein weiterer Trumpf von *Cusne*, wie Kösen im Mittelalter hieß. Käthe Kruse (1883–1968) gründete 1912 in Kösen ihre Puppenwerkstatt. In der Kunsthalle des **Romanischen Hauses** sind 200 ihrer goldigen Meisterwerke zu bewundern (tgl. außer Mo, 1. 11.–31. 3. auch Di, Do, Fr geschl., Tel. 034463/27668). Das Romanische Haus (Heimatmuseum) gilt als ältester Profanbau Mitteldeutschlands. Es wurde vor 1100 als Wirtschaftshof der Bischöfe von Naumburg erbaut und ging später an das Kloster Pforta.

Vom Gradierwerk führt ein Wanderweg zur Ruine der im 12. Jh. erbauten **Rudelsburg,** in der Franz Kugler das Lied »An der Saale hellem Strande« schrieb (Burgrestaurant, Jan., Feb., März: Mo geschl.). Eine Schlucht trennt sie vom Felsen mit der **Burgruine Saaleck** (11. Jh.). Beide waren Sperrburgen zur Sicherung des Saaletals und seiner Handelsstraßen.

Übernachten

Museums-Gutshof Sonnekalb
Hauptstr. 4, 06628 Kleinheringen,
Tel. 036461/20359, Fax 20754,
www.sonnekalb.de.
In Kleinheringen zwischen Bad Kösen und Bad Sulza wohnt man auf dem Lande und kann in dem familiengeführten Domizil wählen zwischen Hotelzimmer (DZ ab 49 Euro), Ferienwohnung, Knechtkammer und Strohlager (ab 10 Euro). Zum Haus gehört ein Museum mit landwirt-

schaftlichen Geräten. Am benachbarten Kaatschener Dachsberg lädt ein **Weinlehrpfad** zum Bildungs-Wandern.

Weingut

Landesweingut Kloster Pforta
Saalhäuser, 06628 Bad Kösen,
Tel. 034463/3000.
Das Land Sachsen-Anhalt gründete 1993 dieses Muster- und Demonstrationsweingut, das den Weinbau an Saale und Unstrut fördern will. Zu seinen Weinbergen gehört der Köppelberg, den schon im 12. Jh. die Mönche vom Kloster Pforta berebten. Zur Verkostung locken die gutseigenen **Probierstuben** im ehemaligen Kloster in Schulpforte (tgl. 10–18 Uhr) und in den Saalhäusern (mit Weinstube, April–Okt. 12–22 Uhr u. n. V.), die idyllisch unterhalb der Weinberge links der Saale liegen.
2003er Pfortenser Köppelberg Portugieser trocken für 8 Euro.

Weinfest

3. Augustwochenende
Blasmusikanten eröffnen das Weinfest des Kurstädtchens, bei dem ein Winzertanz und eine Weinwanderung auf dem Programm stehen sowie, als Höhepunkte, die Kür der schönsten Weinhütte und die Krönung der Thüringer Weinprinzessin.

Bad Sulza

Bad Sulza an der Ilm, einem Nebenfluss der Saale, wartet als Zentrum des Thüringer Weinbaus mit zwei bacchischen Attraktionen auf. Das **Thüringische Weintor** beim Gradierwerk markiert Start und Ziel der Weinstraße Saale-Unstrut, ein **Weinwanderweg** führt durch die Reben auf der Sonnenkuppe. Die Geschichte des Weinbaus lässt sich in Sulza bis ins 12. Jh. zurückverfolgen, als eine Äbtissin von Quedlinburg einen Weinberg erwarb.

Schon damals und bis Mitte des 20. Jh. wurde hier Salz gewonnen. Die **salinetechnischen Anlagen** mit Bohrtürmen, Wasserrad, Pumpge-

Gradierwerk in Bad Kösen

stänge und Gradierwerk stehen unter Denkmalschutz. Seit 1847 ist Sulza Solebad. Im Kurpark an der Ilm sprudelt die **Solequelle Carl-Alexander-Sophie.** In der nahen Trinkhalle kann man sich am wohltuenden Wasser laben. Vom Kunstgraben schlängelt sich ein Weg zu **Goethes Gartenhaus 2,** einer Nachbildung des Originals im Ilmpark zu Weimar. Nebenan, an der Wunderwaldstraße, steht Sulzas Sensation, die **Toskana-Therme.** Hier werden Ihre Ohren Augen machen: In sieben Pools lässt warme Sole die Badegäste völlig schwerelos treiben. Stecken sie dann den Kopf ins Wasser, tauchen sie ein in eine Wunderwelt aus wechselndem Licht und Musik, mal Klassik, mal Ethnoklänge, mal Walgesänge. »Liquid Sound«, flüssiger Klang, heißt das Badevergnügen mit den sanften Schwingungen eines pulsierenden Kurlaubs.

Weingut

Thüringer Weingut Sonnenburg
Dorfstr. 17,
99518 Bad Sulza (Sonnendorf),
Tel. 036461/20600,
www.thueringer-wein.de,
Mo–Fr 9–18, Sa 9–17, So 10–13 Uhr.
Das Gut in Sonnendorf bei Bad Sulza offeriert traubenhafte Thüringer Weine, gewachsen auf Muschelkalkböden an den Hängen des Ilmtals. Kauftipp: 2003er Sulzaer Sonnenburg Müller-Thurgau Kabinett trocken für 5,30 Euro.

Eckartsberga

Das westlich von Bad Kösen gelegene Eckartsberga war im Mittelalter über die *Via Regia* zu erreichen, die von Frankfurt nach Leipzig führte. 998 ließ Markgraf Ekkehard hier auf dem Sachsenberg eine Burg errichten, die im 15. Jh. verfiel. Im erhaltenen **Wohnturm** wird mit über 6000 Zinnfiguren die Doppelschlacht von Jena und (dem südöstlich von Eckartsberga gelegenen) Auerstedt (1806) nachgestellt. Als Ausflugsziel ist Eckartsberga auch wegen der Attraktionen neben der Burg beliebt: Irrgarten, Minigolf, Sommerrodelbahn und Ausstellung von Burgen und Schlössern der Region im Maßstab 1 : 75.

Übernachten

Schloss Marienthal
Kastanienallee 15,
06648 Marienthal,
Tel. 034467/61000, Fax 61022,
Jan.–März geschl.,
Appartement ab 60 Euro.
Das neobarocke Schloss bei dem gleichnamigen Dorf nahe Eckartsberga ist eingebettet in einen Park am Waldrand und bietet einen gediegenen Aufenthalt. Billard, Whirlpool, Sauna und Solarium sind die Extras des Hauses.

Irren ist menschlich

Wundern Sie sich nicht, wenn hier jemand nach dem Weg fragt, denn im Irrgarten von Eckartsberga kann man sich irren. Suchende gelangen entweder instinktiv auf direkter Strecke nach 365 m zum Ziel oder bleiben irgendwo auf dem insgesamt 1550 m langen Wegenetz stecken. April–Okt. tgl. 9.30–18 Uhr, Eintritt: 2 Euro. Kombiticket für alle Attraktionen in Eckartsberga: 6 Euro. Tel. 034467/40359.

Herzoglicher Weinberg und Schloss Neuenburg bei Freyburg

Freyburg

Das Städtchen im unteren Unstruttal ist der bacchische Brennpunkt der Region. Hier wird eine der süßesten Versuchungen des Ostens hergestellt: Rotkäppchen-Sekt. Die Weinterrassen der Schweigenberge im Westen der Stadt sind mit ihren Trockenmauern, Treppenanlagen und bis in den Spätbarock zurückreichenden Weinberghäuschen die malerischsten der Gegend, und schon von weitem macht oberhalb des Herzoglichen Weinbergs der »dicke Wilhelm«, der mit einer berocken Haube gedeckte Bergfried, auf **Schloss Neuenburg** aufmerksam. Die Neuenburg wurde im 11. Jh. unter Ludwig dem Springer errichtet und war einst stärkste Burg der Thüringer Landgrafen, das Pendant zur Wartburg im Westen. Später kam sie in wettinischen Besitz und diente im 17. Jh. den Herzögen von Sachsen-Weißenfels als Residenz. Zur Glanzzeit der Neuenburg im 13. Jh. unter den Landgrafen Hermann und Ludwig III., dem Gemahl der später heilig gesprochenen Elisabeth, wurden der dreigeschossige Wohnturm und die Doppelkapelle errichtet. Die Kapelle ist ein architektonisches Kleinod, dessen Kapitelle mit schönen Pflanzen- und Tierornamenten verziert sind. »Zwischen Fest und Alltag – Weinkultur in der Mitte Deutschlands« heißt die Dauerausstellung im **Regionalen Weinmuseum,** das in der Burg eingerichtet ist (Mo geschl.).

Unterhalb des Schlossbergs wohnte der Begründer der Turnbewegung, »Turnvater« Friedrich Ludwig Jahn (1778–1852), der sich nach einem Prozess wegen demagogischer Umtriebe 1825 an die Unstrut zurückzog. Der Hit in seinem zum **Jahnmuseum** umfunktionierten ehemaligen Wohnhaus (Mo geschl.) ist das berühmte Turnpferd, über das der Turnvater 1811 auf dem ersten öffentlichen Turnplatz Berlins hüpfte.

Ein Stadtspaziergang führt über den kleinen Markt mit dem **Rathaus** von 1682 zur **Stadtkirche St. Marien,** einer dreischiffigen romanischen Basilika (13. Jh.), die mit ihrem Chor-

Weinprobe im Herzoglichen Weinberg

Unterhalb von Schloss Neuenburg liegt der Herzogliche Weinberg (Mühlstraße), das Wahrzeichen der Weinregion mit seinen sieben Terrassen und dem markanten Rokoko-Weinberghaus. Der Weinberg ist eine Schauanlage mit typischen und seltenen Rebsorten, die man sich bei einer Führung mit anschließender Verkostung geschmackvoll erläutern lassen kann.
Führung: April–Okt. Fr, Sa, So 16 Uhr, 4,50 Euro p. P. (inkl. ein Glas Wein), Tel. 034461/22086.

turm und vor allem mit ihren beiden Westtürmen stark an den Naumburger Dom erinnert.

Übernachten

Berghotel zum Edelacker
Schloss 25, 06632 Freyburg,
Tel. 034464/350, Fax 35333,
www.weinberghotels.de,
DZ ab 87,50 Euro.
Edel wohnen beim Wein kann man in dem nach der Freyburger Top-Lage benannten Berghotel Edelacker. Für Kurzweil sorgen Restaurants (regionale Spezialitäten), Gartenterrasse, Sauna, Dampfbad und Ausflüge mit hauseigenen Miet-Fahrrädern.

Übernachten / Essen & Trinken

Hotel Unstruttal
Markt 11, 06632 Freyburg,
Tel. 034464/7070, Fax 70741,
www.unstruttal.info,
DZ ab 79 Euro, Hauptgericht ab 9,50 Euro.
Ein Haus zum Wohlfühlen mit gemütlichen Zimmern direkt am Freyburger Markt. Das Restaurant mit hübschem Innenhof bietet gutbürgerliche Küche auf hohem Niveau und mit mediterranem Touch.

Weingut mit Straußwirtschaft

Weingut Pawis
Lauchaer Str. 31c, 06632 Freyburg,
Tel. 034464/28315,
www.weingut-pawis.de,
Mo–Sa 10–18, So 10–12 Uhr.
Bei der Bundesweinprämierung 2004 erhielt der Familienbetrieb für seine Spätlesen die höchsten Auszeichnungen der Region (Silvaner ab 6 Euro). Zum Gut gehört eine Straußwirtschaft (Ehrauberge 12, tgl. ab 14 Uhr, Di geschl.).

Weinfeste

Weinmajestäten eröffnen den **Weinfrühling** im Herzoglichen Weinberg. Dann laden Freyburger Winzer, Gastronomen und die Sektkellerei zur

Süßes bei Rotkäppchen

Bei Rotkäppchen gibt's einiges zu sehen und zu probieren. Architektonisches Schmuckstück der 1856 gegründeten Kellerei ist der 100 Jahre alte Lichthof, der auch gern als Kulisse für Konzerte genutzt wird. Unten locken die fünfgeschossige Kelleranlage und der mächtige Domkeller mit dem 120 000 l fassenden »größten geschnitzten Cuvéefass Deutschlands«.
Sektkellereistr. 5, Führung tgl. 14 Uhr, Sa/So 11 u. 14 Uhr, 4 Euro p. P. (inkl. 1 Glas Sekt), www.rotkaeppchen.de, Tel. 034464/340.

»launigen Weinwanderung« entlang der Ehrauberge, wo ihre Buden und Schankstationen mit Köstlichkeiten wie der Jungwein-Verkostung locken.

Beim mittelalterlichen **Pfingstspektakel** auf Schloss Neuenburg geben sich sachsen-anhaltinische Ahnen ein Stelldichein: Recken, Prinzessinnen, Mägde, Mönche, Ketzer, Scharlatane und Schalmeienspieler.

Großjena

Unweit des Weindorfs an der unteren Unstrut zwischen Freyburg und Naumburg hat ein unbekannter Künstler das **»Steinerne Bilderbuch«** in den Sandstein einer Weinberg-Terrassenwand gehauen. Das 150 m lange Relief von 1722 zeigt 12 Szenen, überwiegend biblische Motive, die mit Wein zu tun haben, wie Christus in der Kelter oder Josua und Kaleb mit der Riesentraube. In den Weinbergen bei Großjena ist außerdem das **Klingerhaus** sehenswert, das für den Leipziger Maler, Grafiker und Bildhauer Max Klinger ab 1903 bis zu seinem Tod 1920 Rückzugsort war. Ein Museum im Atelier des Radierhäuschens veranschaulicht sein Leben und Werk (April–Okt., Mo geschl.).

Memleben

Das Dorf in einer Weitung des Unstruttals hat große historische Bedeutung. Heute ist es Start und Ziel der Weinstraße Saale-Unstrut. Östlich von Memleben steht die Ruine einer um die erste Jahrtausendwende reich mit Gütern ausgestatteten **Benediktinerabtei.** Zu dieser Zeit bestand vermutlich ebenfalls auf dem Klostergelände eine ottonische Kaiserpfalz, in der sich der erste deutsche König, Heinrich I., und Kaiser Otto I. mehrmals aufhielten. Otto III. schenkte dem Kloster 998 Weinberge, was in einer Urkunde notiert wurde, die heute der älteste Beleg für Weinbau an Saale und Unstrut ist. Das ehemalige Abtshaus beherbergt eine Gebietsvinothek.

Stromaufwärts von Memleben steigt schroff der **Wendelstein** mit der gleichnamigen Burgruine (1322 erstmals erwähnt) über der Unstrut auf.

Naumburg

Weltbekannt hat der Dom St. Peter und Paul die historisch geprägte Stadt gemacht, die auf einem Plateau unweit der Unstrutmündung thront. Vom Marientor aus, das zur Stadtbefestigung gehörte und auch zur Kontrolle der Reisenden benutzt wurde, eröffnet sich Naumburgs mittelalterliches Panorama im Crescendo.

Als Ouvertüre führt die krumme, grob gepflasterte Marienstraße zum Marktplatz. Wie ein Paukenschlag überragt dort die mächtige spätgotische **Bürgerkirche St. Wenzel** mit barocker Haube das Ensemble stattlicher Bürgerhäuser aus Barock und Renaissance. Auf einigen der zwei- bis dreigeschossigen Häuser stapeln sich bis zu vier Dachgeschosse, auf deren Böden früher Waid getrocknet wurde. Die Färbepflanze war ein Exportschlager der Kaufleute, die sich im 12. Jh. um den rechteckigen Markt niederließen. Im **Haus Hohe Lilie** (16. Jh.) mit reizvollem Rokoko-Erker ist das **Stadtmuseum** eingerichtet. Das benachbarte **Rathaus** glänzt mit

Naumburger Dom

einem farbenfrohen Renaissanceportal. An der gegenüberliegenden Seite des Platzes stehen die ehemalige **Residenz** des Herzogtums Sachsen-Zeitz und davor ein Brunnen mit einer Figur des Stadtheiligen Wenzel.

Im Schatten der hoch aufragenden Stadtkirche duckt sich das **»Schlösschen«.** Das hohe Innere der **St.-Wenzel-Kirche** birgt u. a. zwei Gemälde aus der Werkstatt von Lucas Cranach d. Ä. Ein Augen- und ein Ohrenschmaus ist die Barockorgel von Zacharias Hildebrand, die 1746 von Johann Sebastian Bach und Gottfried Silbermann abgenommen wurde. Den Kirchturm kann man über eine Wendeltreppe erklimmen. Oben hat man einen prächtigen Blick auf den Dom, der sich mit seinen vier von grünen Helmen bekrönten Türmen über die Altstadt erhebt und harmonisch in den Ton des hügeligen Hinterlandes einfügt. Gut zeichnen sich die zwei Zentren Naumburgs ab: der geistliche Bezirk rund um den Dom und die weltliche Siedlung mit dem Markt als Mittelpunkt.

Zum Grande Finale öffnet sich der Steinweg zum **Domplatz,** den ein mittelalterlicher Brunnen mit einer Sandsteinfigur des Ekkehard ziert. Der spätromanische und frühgotische **Dom** aus dem 13. Jh. legt ein eindringliches Zeugnis von der religiösen Kunst im Mittelalter ab. Vier Türme ragen an den Ecken des aus Langhaus und Querhaus gebildeten Baukörpers empor. Im Inneren geht Strahlkraft besonders von den reich ausgestatteten Chören aus. Im Westchor stehen die weltbekannten 12 lebensgroßen Stifterfiguren, das Hauptwerk des nicht namentlich be-

Nietzsche in Naumburg

Die Familie des großen Philosophen Friedrich Nietzsche wohnte 40 Jahre in einem spätklassizistischen Haus im Südosten Naumburgs (Weingarten 18). Heute ist hier ein Museum zu seinem Leben und Werk eingerichtet. Friedrich Nietzsche ging in Naumburg zur Schule, bevor er ins Elite-Internat im Nachbarort Schulpforte wechselte.
Di–Fr 14–17, Sa/So 10–16 Uhr, Tel. 03445/201638.

kannten Naumburger Meisters, der auch Werke in Frankreich, Mainz und vermutlich Meißen hinterlassen hat. Die Skulpturen wurden nach 1250 in Kalkstein gehauen, nicht idealisiert und zeitenthoben, sondern markant, charaktervoll. Bekannt sind vor allem die Porträts der Hauptstifterpaare, Hermann und Regilindis sowie der über alles erhabene Ekkehard und die edle Uta.

Zwischen 1028 und 1564 war Naumburg Bischofssitz. Auf einem Sandsteinplateau 4 km östlich der Stadt bauten sich die Bischöfe im 12. Jh. die **Schönburg,** von der man einen hübschen Ausblick auf das Saaletal hat. Beliebtestes Naherholungsziel der Naumburger ist aber der **Blütengrund** am Zusammenfluss von Saale und Unstrut, wo ein Ausflugslokal, ein Campingplatz, eine Kanustation, eine kleine Fähre und nicht zuletzt die üppig grüne Landschaft und die stillen Wasser für Ferienstimmung sorgen.

Essen & Trinken

Restaurant Carolus Magnus
Markt 11, 06618 Naumburg,
Tel. 03445/205577,
www.restaurant-carolus-magnus.de,
Hauptgericht ab 9 Euro.
Spezialität des Hauses mitten in der Naumburger Altstadt sind kulinarische Weinproben mit Weinen aus eigenem Anbau im alten Ottonenkeller.

Schulpforte, Klosterkirche

Weingut

Weingut Gussek

Kösener Str. 66, 06618 Naumburg, Tel. 03445/7810366, Weinproben und -verkauf tgl. ab 16 Uhr.

Vom steilen terrassierten Kaatschener Dachsberg und aus der Lage Naumburger Steinmeister werden hier hervorragende Weine gewonnen, vor allem trocken ausgebaute, aber auch edelsüße Tropfen.

2003er Naumburger Steinmeister Müller-Thurgau Kabinett trocken für 5,60 Euro.

Schulpforte

In der sumpfigen Flussniederung zwischen Bad Kösen und Naumburg gründete Bischof Udo I. von Naumburg im 12. Jh. ein Kloster, das dem Weinbau an Saale und Unstrut eine erste Blüte brachte. Die Zisterzienser von **Kloster Pforta** setzten Reben auf den benachbarten Köppelberg und brachten bis zur Säkularisation 1540 über 200 Weinberge in ihren Besitz. 1543 gründete Kurfürst Moritz von Sachsen auf dem ehemaligen Klostergelände eine Fürsten- und Gelehrtenschule, die u. a. Friedrich Gottlieb Klopstock, Johann Gottlieb Fichte und Friedrich Nietzsche besuchten. »Portenser« zu sein erfüllte manche Zöglinge mit Stolz, andere erlebten auf der Musteranstalt die »Hölle«, wie Karl Friedrich Barth. Schulpforte heißt das zu Bad Kösen gehörende, aus dem Gelände des ehemaligen Klosters und ein paar Häusern bestehende Dorf. Eine kilometerlange Mauer umgibt die alte Abtei, die nicht mehr in klösterlicher Abgeschiedenheit liegt – direkt am Torhaus führt die stark befahrene B 87 vorbei. Das **Torhaus** ist ein gotisierender Neubau und beherbergt u. a. eine Probierstube des Landesweinguts Kloster Pforta. In den Gebäuden um den Innenhof ist noch immer eine Schule mit Internat untergebracht. Am Waldrand erhebt sich die prächtige, im 12. und 13. Jh. neu gebaute gotische **Klosterkirche,** ein architektonisches Kleinod wie die benachbarte spätromanische **Abtskapelle** von 1230.

Seeburg

Süßer Wein vom Süßen See ist ein ganz besonderes Geschmackserlebnis. Zur Weinbauregion Saale-Unstrut gehört diese Weininsel im Mansfelder Land, 25 km nördlich von Memleben an der Unstrut. Immerhin addieren sich die kleinen Weinberge zwischen Seeburg am Süßen See und dem Weinbauort Höhnstedt auf 10 % der Anbaufläche der Weinregion Saale-Unstrut. Neben Wein werden in der Gegend vor allem Aprikosen angebaut. Der Süße See, auch »das blaue Auge Mansfelds« genannt, ist ein beliebtes Ausflugsziel (Badestrand, Bootsverleih).

Die **Seeburg** im gleichnamigen Ort thront majestätisch über dem Ostufer. Auf höchster Stelle reckt sich ihr mittelalterlicher Bergfried mit einer barocken Haube empor. Die bereits 743 erwähnte, im 11. Jh. von den Herren von Querfurt und im 15. Jh. von den Grafen von Mansfeld ausgebaute Anlage ist eine der größten Burgen Mitteldeutschlands.

Weißenfels

Am Fuße eines weißen Sandsteinfelsens am Austritt der Saale in die Leipziger Tieflandsbucht liegt die einstige Residenzstadt und Heimat mehrerer bedeutender Künstler. Auf dem Felsen stand im 12. Jh. eine Burg der Wettiner, während die Siedlung mit einem regelmäßigen Grundriss unten auf Saaleschwemmland angelegt wurde. Die größte Bedeutung hatte Weißenfels 90 Jahre lang ab 1656 als Residenz des kurzlebigen Herzogtums Sachsen-Weißenfels. Es war die verschwenderische Epoche des Barock, die dem Saale-Städtchen das pompöse **Schloss Neu-Augustusburg** bescherte, das noch heute die Szenerie beherrscht (Mo geschl.). Im Inneren der Dreiflügelanlage blieb nur die Schlosskapelle erhalten, ein frühbarockes Schmuckstück in den Farben Weiß, Rosa, Apfelgrün. Unter dem Altarraum befindet sich die Gruft der Weißenfelser Herzogsfamilie. Beim Orgelspiel in der Schlosskapelle soll das musikalische Talent des jungen Georg Friedrich Händel entdeckt worden sein. Auch Johann Sebastian Bach, der nach Weißenfels geheiratet hatte und den Herzögen als musikalischer Berater zur Seite stand, ging hier ein und aus. Ein anderer bedeutender Musiker, Heinrich Schütz (1585–1672), der Wegbereiter der deutschen Oper, verbrachte seine Kindheit und hatte seinen Alterssitz in Weißenfels. In seinem Wohnhaus aus der Renaissance in der Nikolaistraße 13 ist eine **Gedenkstätte** eingerichtet (Di–So 13–17 Uhr).

In der Klosterstraße 24 steht das **Wohn- und Sterbehaus von Friedrich von Hardenberg,** genannt Novalis (1772–1801), das eine Ausstellung zu Leben und Werk des Dichters beherbergt (Di–Fr 10–17, Sa, So 10–12, 13–17 Uhr). Unterhalb des Schlosses liegt der Marktplatz mit dem wuchtigen barocken **Rathaus** und der kontrastreich filigranen spätgotischen **Stadtkirche St. Marien.** Barocken Schwung bringen einige noble Bürgerhäuser in die Stadt, z. B. die mit Erkern und Figuren reich geschmückten Kavaliershäuser in der Marienstraße hinter dem Rathaus.

Das Dorf **Burgwerben** östlich von Weißenfels bildet mit seinen Weinbergen den östlichen Abschluss der Weinregion.

Zeitz

Südlich der Saale wird auf einer Weinbauinsel bei der alten Bischofsstadt Zeitz an der Weißen Elster Wein angebaut. Auf den Ruinen des Bischofsschlosses wurde das barocke **Schloss Moritzburg** als Residenz der Herzöge von Sachsen-Zeitz errichtet. Glanzpunkt im Inneren ist die Tafelstube mit schönen Malereien. Das Schloss beherbergt heute eine **Möbelsammlung** und das **Deutsche Kinderwagenmuseum** u. a. mit Zekiwa-Kinderwagen, in denen der halbe Ostblock rumgeschoben wurde (Mo geschl.). An die dreigeschossige Dreiflügelanlage schließt der **Dom St. Peter und Paul** an, dessen ältester Teil, eine romanische Krypta, bis ins 11. Jh. zurückreicht. Der hochgotische Chor und die Halle wurden im Barock modernisiert.

Zeitz war im Mittelalter ein bedeutender Handelsplatz. Den herausgeputzten Alten Markt beherrscht das **Rathaus** von 1509 mit seinem später hinzugefügten Turm. Gegenüber ragt der Uhrturm der klassizistischen ehemaligen **Bürgerschule** empor. In den Seitenstraßen und Gassen stehen noch einige alte Bürgerhäuser, besonders prangt das **Seckendorfsche Haus** (Brühl 11) mit großer Toreinfahrt und Eck-Erkern. Sehenswert sind außerdem die Michaeliskirche, Reste der mittelalterlichen Wehranlagen und die Zeitzer Unterwelt.

Essen & Trinken

Gasthaus am Neumarkt
Neumarkt 15, 06712 Zeitz,
Tel. 03441/61660,
Hauptgericht ab 8 Euro.
Das Restaurant in einem uralten Haus am Neumarkt bietet eine reichhaltige Auswahl Zeitzer Spezialitäten. Zum Haus gehört ein Weinberg beim ehemaligen Kloster Posa.

Die dunkle Seite der Stadt

Zeitz 2, die dunkle Seite der Stadt, liegt unter Tage. Im 13. Jh. wurde ein Netz von Gängen, Gewölben und Höhlen bis zu 12 m tief unter dem alten Stadtkern in den Buntsandstein getrieben, vor allem um Lagerraum zu schaffen. 700 m des 9 km langen Labyrinths kann man bei einer Führung besichtigen.
März–Okt. Di–So 10–17, Mo 13–17 Uhr, Nov.–Feb. n. V.,
Eintritt: 3,50 Euro,
Tel. 03441/212722.

Tour 1: Ins Grüne mit dem grünen Punkt

Wanderung auf dem Saale-Weinwanderweg

Länge/Dauer: ca. 25 km/7 Std.; leicht
Start/Ziel: Naumburg
Sehenswert: Naumburg, Bad Kösen, Schulpforte

Der mit einem grünen Punkt auf weißem Grund markierte Saale-Weinwanderweg führt ins Grüne rund um die Unstrut-Mündung und saaleabwärts bis Bad Kösen. Wir durchstreifen Weinberge, Obstgärten, Haine und lassen uns immer wieder von den Flüssen berauschen. Teilweise folgt die naturnah ausgebaute oder asphaltierte Route dem Saale-Radwanderweg. An mehreren Stellen sind Abkürzungen möglich, man kann auch den Hin- oder Rückweg bis/ab Bad Kösen mit der Bahn fahren. Andererseits bieten sich Verlängerungen über die Höhenwege mit herrlichen Ausblicken auf die Weinberge an.

Wir verlassen **Naumburg** im Nordosten und wandern zum **Halleschen Anger** an der Saale, wo wir links in den Uferweg (Saale-Radweg) einbiegen, dem wir bis zur **Hennebrücke** folgen, um dort den Fluss zu überqueren. Am anderen Ufer geht's saaleaufwärts mitten durch Obstgärten am Fuße von Weinbergen, bis der **Blütengrund** zu einer ersten Pause einlädt. Hier sitzt man schön oberhalb der Unstrut-Mündung auf der Terrasse eines Ausflugslokals und lässt unten auf dem Wasser die Fähre und die Paddler vorbeiziehen.

Die Route verläuft dann parallel zur Unstrut unterhalb des Tempelbergs. Auf der nächsten Brücke wird der Fluss überquert mit Ziel **Kleinjena,** wohin eine kleine Straße führt. Wir überqueren rechts am Bahnübergang die Gleise und biegen in die Straße Richtung Großwilsdorf. Hinter dem Parkplatz zweigt links ein Weg (Unter den Rußen) ab, der am Rand eines Hains nach **Rossbach** leitet. In dem hübschen Dorf halten wir uns zunächst halbrechts, biegen unterhalb der Kirche links in die grob gepflasterte Straße und dann noch mal links. Das Sträßchen Weinberge geht man ganz durch und kommt an eine Landstraße, die überquert wird. Leicht abwärts geht's nun zum Ufer der Saale, an Schrebergärten und den Saalhäusern vorbei und mitten durch die **Versuchsfläche des Landesweinguts Kloster Pforta.**

Bis **Bad Kösen** halten wir uns geradeaus. Das Solebad im Saaletal am Scheitelpunkt der Tour ist ein idealer Pausenpunkt. Wir wandern hinter dem Bahnübergang über die Brücke, rechts geht's zu den Kuranlagen, geradeaus führt uns der Weinwanderweg ein Stück durch die Naumburger Straße und rechts auf einem Brückchen über die Kleine Saale, die uns bis **Schulpforte** begleitet. Um zu dem ehemaligen Zisterzienserkloster zu gelangen, muss die stark befahrene B 87 überquert werden. Danach wandern wir zum Saaleufer, überqueren den Fluss auf der Brücke am Fischhaus und folgen dem Saale-Radweg Richtung Naumburg auf einem mit dem Hinweg identischen Teilstück. Wo der Weg auf eine Landstraße stößt, leitet die Route nach rechts, um über eine Brücke wieder die Uferseite zu wechseln. Wir wandern schließlich entlang der Saale, queren die Kleine Saale, bis der Weinwanderweg vom Saale-Radweg rechts nach Almrich wegführt und dort entlang der Kösener Straße das Zentrum von **Naumburg** erreicht.

Tour 2: Kurlaub auf der Weinstraße

Autofahrt auf der Weinstraße Saale-Unstrut

Länge/Dauer: 50 km/Halbtagestour
Start/Ziel: Memleben/Bad Sulza
Sehenswert: Unstrut-Tal, Freyburg, Bad Kösen, Saaletal, Bad Sulza

Erholung verspricht auf dieser Tour nicht nur der Anblick grünen Weinlaubs und frischer Trauben – in Bad Kösen kann man sich vor der Schlussetappe mit einem Wannenbad und einer Massage mit Traubenkernöl verwöhnen lassen. Deutschlands nördlichste Weinstraße folgt zunächst der Unstrut abwärts bis zu ihrer Mündung durch den landschaftlich reizvollsten Abschnitt ihres Tals mit Engstellen und weiten Flusssenken. Dann verläuft die Route die Saale aufwärts durch die südliche Ecke Sachsen-Anhalts bis nach Thüringen.

Startort ist das historisch bedeutende Dorf **Memleben** am rechten Unstrut-Ufer. Durch den engen Unstrut-Durchbruch **Steinklöbe** fährt man zu dem in einer Flussschleife gelegenen **Nebra** und wechselt dort ans andere Ufer. Das Tal weitet sich, Weinberge prägen mehr und mehr das Landschaftsbild. Über Reinsdorf erreichen wir Karsdorf unterhalb der Lage Hohe Gräte und wechseln ans rechte Ufer. Die Weinstraße folgt dem Flusslauf nach **Tröbsdorf.** Gegenüber liegt Burgscheidungen, das mit Barockschloss und italienischem Terrassengarten der Gegend einen adeligen Akzent gibt. Wir bleiben aber rechts des Flusses und fahren via Kirchscheidungen nach **Laucha,** das wegen seines Rathauses mit Freitreppe, Stadtmauerresten und der in einem Museum original erhaltenen Glockengießerwerkstatt zu einem Zwischenstopp einlädt.

Danach biegt man am alten Stadttor links, quert die Unstrut und kommt durch die Winzerdörfer Dorndorf und Weischütz bergauf nach **Zscheiplitz** mit schöner Aussicht auf das hier wieder engere Unstrut-Tal. Die Straße schlängelt sich hinab zum Fluss und unterhalb kleinparzelliger terrassierter Weinberge geht's ins Wein- und Sektstädtchen **Freyburg.** Ein Muss für einen Rundgang sind hier die Rotkäppchen-Sektkellerei, der Aufstieg zu Schloss Neuenburg (mit Weinbaumuseum) und das Jahnmuseum.

Weiter geht's südlich nach **Großjena,** wo die Unstrut, jetzt schon nahe der Mündung, zum letzten Mal überquert wird. Vor dem Bahnübergang bei Kleinjena biegen wir links in die B 180, schwenken bald darauf aber rechts und westlich nach **Rossbach** (für einen Abstecher nach Naumburg auf der B 180 bleiben). Von Rossbach führt ein Sträßchen an die Saale heran, die bald überquert wird, indem man an einer Kreuzung links abbiegt. Im Naumburger Vorort Altenburg leitet die Weinstraße rechts auf eine Chaussee (B 87) und an der ehemaligen Zisterzienserabtei Pforta in **Schulpforte** vorbei zur Kurstadt **Bad Kösen.** Dort geht's hinter der Saalebrücke links, um beim Fluss zu bleiben, wo bald linker Hand hoch oben auf Felsen die Ruinen Rudelsburg und Saaleck auftauchen. Noch einmal wird die Saale überquert und diesmal auch unbemerkt die Landesgrenze nach Thüringen. Die Weinstraße entfernt sich von der Saale und folgt ein Stück der Ilm bis zum Ziel **Bad Sulza,** das durch die Reben auf der Sonnenkuppe angekündigt wird.

Extra-Tour: Einmal wie Winnetou ...

Kanutour auf der Unstrut

Länge/Dauer: ca. 20 km/Tagestour
Start/Ziel: Tröbsdorf/Naumburg
Saale-Unstrut-Tours:
Kanustation Blütengrund,
06618 Naumburg,
Tel. 03445/202051,
www.saale-unstrut-tours.de,
Preis p. P. (inkl. Leihgebühr für Boot und Ausrüstung und Transfer vom Blütengrund nach Tröbsdorf): 24 Euro.

Für viele ein Jugendtraum: Wie Winnetou im Kanu übers Wasser zu gleiten und sich abends am Lagerfeuer zu wärmen. Die ruhige Unstrut erfreut als ideales Revier für Kanu-Schnupperabenteuer.

Die Tour beginnt mit einem Crashkurs der Kanuten-Kunst in **Tröbsdorf** rechts der Unstrut, wo der lauschige Biberbach, aus Bad Bibra kommend, mündet: Paddel langsam ins Wasser stechen, ruhig und kräftig durchziehen, leicht drehen und sanft herausheben. Geografisches gibt's kompakt: Die Unstrut entspringt westlich von Keffershausen im Eichsfeld und mäandert 190 km zwischen Dörfern, Feldern, Weinbergen zur Saale, die sie mit zur Elbe nimmt.

Dann die Qual der Wahl: welches Boot? Der Einerkajak mit Doppelpaddel verspricht Wendigkeit, Kurs und Tempo auf individuelle Art. Beim Zweierkajak teilen sich zwei Kanuten die Verantwortung fürs Vorankommen. Stabiler, aber auch behäbiger ist der Zweierkanadier mit hoch gezogenen Seiten und Stechpaddeln – ein ziemlich kentersicheres Übungsgerät. Kanu schleppen, sacht aufs Wasser und sich selbst zwischen die schwankenden Planken setzen – bei manchem Anfänger steigt vor dem Fahrspaß der Adrenalinspiegel. Doch die zahm fließende Unstrut beruhigt und bald nach dem Ablegen legt sich die Angst vorm Kentern.

Nach dem großen Bogen flussabwärts von Kirchscheidungen wird aus dem Zickzackkurs eine halbwegs gerade Linie. Rechts liegt die Glockenstadt Laucha, links an einer alten Furt Weischütz, dann auf der Höhe Zscheiplitz, gegenüber Balgstädt, und schließlich paddelt man unterhalb der Weinbergterrassen Richtung Freyburg. Wie entspannt der Aktivurlaub abläuft, bestimmt jeder selbst. Soll allein der Fluss das Tempo vorgeben, hört man einfach

auf zu paddeln, legt die Füße auf den Bootsrand und lässt sich von der Strömung treiben.

Dreimal auf der Strecke heißt es: an- und festhalten, gleich sinkt das Boot! Will heißen: In Schleusen sinkt der Wasserspiegel – Nervenkitzel für Schleusen-Neulinge, die sich angesichts scheinbar immer höher wachsender Wände an Leinen festklammern. Wer bereits in die Sensation einer Schleuse eingeweiht ist, packt gerade hier Büchse und Feldflasche aus und genießt die Paddelpause bei einer Brotzeit. Eine Etage tiefer öffnen sich die Tore und raus geht's auf den Fluss. Wir plätschern gemächlich davon und halten die Paddel zum Segeln in der Luft.

Die 20 km von Tröbsdorf nach

Naumburg sind eine gute Tagesetappe: Für 4 km Wasserwandern sollte etwa eine Stunde eingeplant werden, plus Schleus-Zeiten. In Freyburg grüßt Schloss Neuenburg. 5 km sind es noch bis zum Ziel. Das Tal weitet sich, die Weinterrassen türmen sich. Vorbei an den Dörfchen Nißmitz und Großjena wird der Blütengrund an der Unstrutmündung

Fährvergnügen am Blütengrund

erreicht. Jetzt heißt es: aus der Strömung herauspaddeln, gegen die Flussrichtung anlegen. Das Abendprogramm: Boot ausladen und aus dem Wasser hieven, Zelt aufbauen und am Lagerfeuer von neuen Abenteuern träumen – und sich ein bisschen wie Winnetou fühlen.

Riesa
Nünchritz
Elbe
Großenhain
Hirschstein
Diesbar-
Seußlitz
SACHSEN
6
101
Nieschütz
Radeburg
Diera-
-Zehren
Lommatzsch
Niederau
13
Weinböhla
Meißen
6
Coswig
Reichenbe
101
Radebeul
Gauernitz
4
Elbe
14
4
Nossen
Wilsdruff
Dresden
4
Freital
Weißeritz
Tharandt
Bannewitz
173
Niederschöna
101
Freiberg
Dippoldiswalde
173
101

SACHSEN

Diesbar-Seußlitz
Dresden
Loschwitz
Meißen
Pillnitz
Pirna
Radebeul

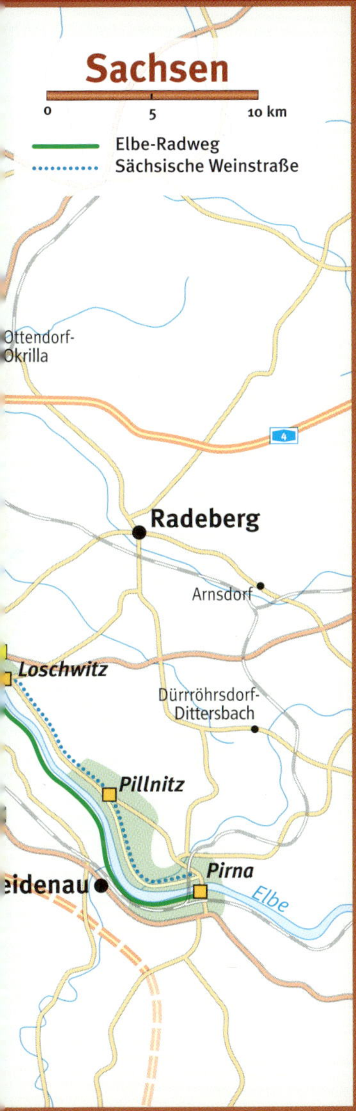

Sachsen

Spitzhaus in Radebeul

Die kleinste und östlichste Weinregion Deutschlands ist eine Destination für Entdecker. Wo die Elbe die bezaubernd bizarre Flusslandschaft des Sandsteingebirges verlässt, beginnt das alte, aber noch wenig bekannte Reben-Revier, das sich entlang des Stroms bis Diesbar-Seußlitz erstreckt und auf dreierlei Weise erkundet werden kann: auf dem Elbe-Radweg, auf der 55 km kurzen Sächsischen Weinstraße oder einem Raddampfer der größten und ältesten Dampfschiffflotte der Welt.

Weinbau und Baukunst, Weingenuss und Kunstgenuss sind im Sächsischen Elbland besonders eng miteinander verquickt. Hier gibt es in großer Dichte Kunstschätze von Weltrang, und Reben findet man direkt neben dem Elb-Florenz Dresden sowie rund um die Porzellanstadt Meißen. August der Starke, der Sachsen-Casanova, ließ seine Lusthäuser immer dicht beim Wein bauen. Ob Elbewein das Elixier für seine sagenhafte Lebens- und Liebeskraft war, ist ungewiss – jedenfalls werden heute gern als erste Attribute für Wein aus Sachsen »kraftvoll« und »körperreich« genannt. Trocken ausgebaute Weißweine dominieren die Produktion.

Der Sachsen liebste Rebe ist Müller-Thurgau (21,8 % der Anbaufläche) vor Riesling (16%) und Weißburgunder (13%). Die Gewächse der 449 ha kleinen Rebfläche (Rheinhessen: 26296 ha) sind rar und schon deswegen teuer, aber auch, weil Weinbau nördlich des 51. Breitengrads durch starke Temperaturschwankungen und eine große Spätfrostgefahr besonders risikoreich ist.

Genießer wie die Sachsen kann das nicht verdrießen. Die Weinbautradition reicht bis ins frühe Mittelalter zurück. Anfang des 12. Jh. soll Bischof Benno bei Meißen die ersten Rebstöcke gepflanzt haben. Das älteste Beweisstück für Weinbau in Sachsen ist aber eine Schenkungsurkunde von Markgraf Otto dem Reichen aus dem Jahr 1161. »Alles hier herum wimmelt von Weinbergen, Landhäusern und Gütern«, bemerkte Friedrich Schiller. Die Weinberge der Karl-May-Stadt Radebeul prägen das Bild des Anbaugebiets am nachhaltigsten. Hier türmen sich die Weinterrassen, abgestuft durch Mäuerchen, deren Wirkung 1603 ein Chronist so beschrieb: »Wann sie im sommer von der Sonne erhizen, so erwärmen sie als dann auch iz erdereich, der wein daßo aber hitzig wird.« Die steilen Radebeuler Weinbergterrassen werden von Winzerhäuschen gekrönt und von (Lust-) Schlösschen.

Sachsen-Infos

Information

Tourismusverband Sächsisches Elbland
Niederauer Str. 26-28, 01662 Meißen,
Tel. 03521/76350, Fax 763540,
www.saechsisches-elbland.de.

Tourist Information Dresden
Ostra-Allee 11, 01067 Dresden,
Tel. 0351/491920, Fax 49192116,
www.dresden-tourist.de.

Wichtige Feste

Dixielandfestival Dresden: Mai
Im Frühling wird Dresden zum New Orleans der Elbe. Beim Dixielandfestival swingt und jazzt die Barock-Metropole im Großen Garten, im Kulturpalast und auf der Dresdner Jazzmeile. Geschmückte Wagen mit quirligen Bands ziehen in einer Dixieland-Parade durch die Straßen, und die Schaufelraddampfer starten zu Dixielandfahrten auf der Elbe, die kurzzeitig zum Mississippi erklärt wird. Infos: www.dixieland.de.

Tage des offenen Weinguts: letztes Augustwochenende
Über 20 Weingüter zwischen Pillnitz und Diesbar-Seußlitz öffnen weit ihre Tore zu Höfen und Kellern. Traktorfahrten, Weinbergsführungen, Weinproben stehen auf dem Programm, Busse bringen die Gäste sicher zu allen Stationen der Teststrecke.

Sachsen mit der Bahn

Dresden-Neustadt und Dresden-Hauptbahnhof bieten schnelle ICE-Verbindungen z. B. nach Berlin, Frankfurt, Nürnberg. Für Wein-Bummler ist die S-Bahnlinie 1 ein guter Zug, der elbaufwärts Richtung Schöna u. a. in Pirna und Kurort Rathen stoppt und elbabwärts nach Meißen fährt mit Halt u. a. in Radebeul-Ost, Radebeul-Weintraube (Hoflößnitz, Spitzhaus) und Radebeul-West (Schloss Wackerbarth).

Radebeul ist von Dresden auch mit der Straßenbahnlinie 4 zu erreichen (Richtung Weinböhla), Schloss Pillnitz mit Tram Nr. 10 Richtung Strießen bis Station Straßburger Platz, weiter mit Linie 1 bis Endstation Kleinzschachwitz und dann mit der Fähre.

Verkehrsverbund Oberelbe:
Tel. 0180/2266 2266.

Höhepunkte in Sachsen

Dresden: Eine Stadt zum Staunen, von außen wie von innen.
Meißen: Die »Wiege Sachsens« ist ein Schatzkästlein, gefüllt mit »weißem Gold«.
Pillnitz: Eine wahre Lust: das Lustschloss Pillnitz mit Königlichem Weinberg und schöner Weinbergkirche.
Radebeul: Winnetous Wiege steht in dem Weinort, der wie kein anderer das Bild der Weinregion prägt.

Diesbar-Seußlitz

Reizvoll liegt der alte Weinort an der Elbe und am Rand eines Naturschutzgebiets. Das hübsch in einem Park gelegene **Seußlitzer Barockschloss** und die benachbarte **Kirche** wurden für den Grafen Heinrich von Bünau 1725–29 durch George Bähr (Architekt der im Zweiten Weltkrieg zerstörten Frauenkirche in Dresden) auf den Grundmauern eines Klarissinnenklosters errichtet. Die Kirche ist ein barocker Saalbau mit Dachreiter und geschwungener Haube. Das Schloss beherbergt heute ein Altenheim. Durch die Weinberge führt ein Lehrpfad mit 15 Stationen. Mit der Fähre kann man zum **Elbepark Hebelei** übersetzen, einem beliebten Ausflugsziel (mit Tierpark).

Weingut

Weingut Lehmann
An der Weinstraße 26,
01612 Seußlitz, Tel. 035267/50236,
Do geschl.
Von der Lage Seußlitzer Heinrichsburg kommen die besten Weine, einige werden halbtrocken ausgebaut. Zum Gut gehören die **Seußlitzer Weinstuben,** auf deren Terrasse man unter einer Kastanie sächsische Spezialitäten mit Elbblick genießt. 2003er Seußlitzer Heinrichsburg Müller-Thurgau trocken für 6,65 Euro.

Dresden

An der Elbe strahlt Dresdens barocke Prachtkulisse in neuem Glanz. Anmutig schwingt die Kuppel der wieder aufgebauten Frauenkirche und rundet die Stadtsilhouette ab, die viele Höhepunkte hat: den mit Heiligenfiguren geschmückten Turm der Hofkirche, den Hausmannsturm des Residenzschlosses, die Semperoper und ihre Quadriga mit Dionysos und Ariadne, den Zwinger und seine Turmzwiebel mit goldener Königskrone.

Eine Stadt zum Staunen, von außen wie von innen. Die Bauwerke sind Schatztruhen, proppenvoll mit wertvoller Kunst, erbaut im Überschwung, pompös, brillant. Die barocke Prachtanlage des **Zwingers** mit ihren Galerien und Pavillons ließ August der Starke 1709–28 durch Matthäus Daniel Pöppelmann um einen Festplatz bauen, nicht als Wohn-Schloss, sondern nur zur Repräsentation. Den zweistöckigen Flügel zur Elbe hin im Stil der italienischen Hochrenaissance entwarf Gottfried Semper Mitte des 19. Jh. Die hier eingerichtete **Gemäldega-**

lerie Alte Meister zählt zu den bedeutendsten Kunstsammlungen der Welt, sie birgt Meisterwerke der europäischen Malerei des 15.–18. Jh., darunter Raffaels Sixtinische Madonna. Die vom Kronentor gekrönte Langgalerie führt zum **Porzellanmuseum,** einer von August dem Starken begründeten Sammlung. Architektonischer Glanzpunkt ist der **Wallpavillon** mit reichem Figurenschmuck. Der starke August ließ sich gern selbst als Heros in allen Variationen meißeln und abgießen. Das **Nymphenbad** mit berauschender Kaskade nebenan ist der intimste Platz hier.

Zur Elbe hin steht die **Semperoper,** die nach der Zerstörung im Zweiten Weltkrieg 1985 wiedereröffnet wurde. Gottfried Semper hat den Arkadenbau mit pompösem Portalbereich entworfen. Goethe und Schiller als Sitzfiguren begrüßen die Gäste, und das aufwändige Foyer, die schwungvollen Treppen und die funkelnden Kronleuchter bringen sie gleich in Feststimmung.

Der Oper gegenüber schließt das Ensemble von Hofkirche, Residenzschloss und Taschenbergpalais den Theaterplatz. Um ihr Streben nach der polnischen Krone zu untermauern, traten die Wettiner Herrscher 1697 zum katholischen Glauben über und ließen im protestantischen Dresden die katholische Hofkirche bauen (Einweihung 1755), die mit ihrem reichen Figurenschmuck und ihrer Ausstattung (u. a. Silbermann-Orgel) besticht. Eine neobarocke Brücke verbindet seit 1897 Kirche und Schloss, damit die Herrschaften trockenen und sauberen Fußes zum Gebet pilgern konnten. Das **Residenzschloss** der sächsischen Kurfürsten und Könige ist ein bedeutender Renaissancebau (13.–16. Jh. erbaut). Vom Hausmannsturm bietet sich ein königlicher Blick auf die Stadt (April–Okt. tgl. außer Mo). Das **Taschenbergpalais** nebenan ließ August der Starke von Pöppelmann für seine Mätresse, die Gräfin Cosel, bauen. Auf dem Weg vom Schlossplatz zur Frauenkirche durch die Augustusstraße wird man am Langen Gang vom **Fürstenzug** der Wettiner begleitet, einer Ahnengalerie der Adelsfamilie auf 25000 Meißner Porzellanfliesen.

Auferstanden aus Ruinen ist die **Frauenkirche** auf dem Neumarkt, die nun wieder mit ihrer himmelhohen Fassade und der kolossalen Kuppel emporragt. Mit dem Aufsetzen der Turmhaube und des Turmkreuzes wurde der Wiederaufbau im Juni 2004 äußerlich vollendet. Die Weihe soll am 30. Oktober 2005 stattfinden. Auf Dresdens Flaniermeile, der **Brühlschen Terrasse** am Elbufer, kann man den Innenstadt-Rundgang angenehm ausklingen lassen. Von der Frauenkirche führt die Münzgasse zur Terrasse. Links der Münzgas-

Dresdner Dampfer-Dorado

Dresden ist Heimathafen der ältesten und größten Raddampferflotte der Welt. Die neun schwimmenden Oldtimer starten täglich unterhalb der Brühlschen Terrasse und schaufeln sich elbaufwärts durchs Sandsteingebirge nach Dečin (Böhmen) mit Halt u. a. in Pillnitz, Pirna und Kurort Rathen, und elbabwärts via Meißen bis Diesbar-Seußlitz. Tageskarte: 18 Euro. Info: 0351/866090, www.saechsische-dampfschiffahrt.de.

se steht das Palais Sekundogenitur und weiter Richtung Hofkirche der Alte Landtag. Rechts führt die Promenade zur Akademie der Künste und zum Albertinum, das weitere Sammlungen von Weltrang birgt: die **Galerie Neue Meister** und die Pretiosen des **Grünen Gewölbes.**

In der **Neustadt** am anderen Elbufer kann man dann noch mal den starken August auf dem Markt bewundern, als goldenen Reiter. Auf dem Theaterplatz vor der Semperoper stiehlt ihm König Johann die Show, auch hoch zu Ross, wenn auch nur aus Bronze.

Übernachten

art'otel dresden
Ostra-Allee 33, 01067 Dresden, Tel. 0351/49220, Fax 4922777, www.artotel.de, DZ ab 88 Euro.
Gute Nacht in der Galerie! Wem tagsüber das Kunstangucken in Dresden noch zu wenig war, der verbringt die Nacht einfach zwischen 690 Werken des Dresdner Künstlers A. R. Penck. Das Design des Domizils stammt vom Mailänder Denis Santachiara.

Essen & Trinken

Caroussel
Hotel Bülow Residenz,

Rähnitzgasse 19, 01097 Dresden, Tel. 0351/80030, 12–14 und ab 18.30 Uhr, geschl. So, Mo, ab 30 Euro. Eine Runde mit Dresdens Gourmet-Karussell ist selbst für verwöhnte Gaumen ein Genuss. Das Restaurant im Hotel Bülow Residenz gilt als beste Adresse für Feinschmecker an der Oberelbe.

Weinfest

Sächsisches Weinfest: Anfang Juli. Zwischen Brühlscher Terrasse und Zwinger öffnet sich ein Füllhorn sächsischer Weine und anderer Gaumenfreuden.

Dresden

Loschwitz

In dem alten Winzerort (heute Stadtteil von Dresden) besaßen viele Dresdner Künstler Wochenend- und Sommersitze. Im Haus der Familie Körner am Körnerweg Nr. 6, einem ehemaligen Weinberghaus, waren Goethe, Herder, die Brüder Humboldt, Novalis, Kleist und Schiller zu Gast. Nicht weit entfernt, in der Schevenstraße Nr. 59, steht das **Weinberghaus** des bekannten Juweliers Johann Melchior Dinglinger (1674–1731), der u. a. den Tafelaufsatz »Der Geburtstag des Großmoguls« schuf, zu sehen im Grünen Gewölbe.

Malerisch am Loschwitzhang liegen die **Elbschlösser.** Graf Findlater, präziser Lord James Ogilvy, 7. Earl of Findlater, Viscount of Reidhaven, siedelte sich hier als erster an, nachdem er sich auf einer Reise so sehr in die Gegend verguckt hatte, dass er 1803 gleich fünf der acht Loschwitzer Weinberge kaufte und ein Palais baute. Prinz Albrecht von Preußen ließ es im spätklassizistischen Stil zum **Schloss Albrechtsberg** ausbauen. Nebenan ließ sich die Hofmarschallin des Prinzen Albrecht nieder, die Freifrau von Stockhausen. Ihre **Villa Stockhausen** wird auch Lingner-Schloss genannt, weil später Ferdinand Lingner, der Erfinder des Mundwassers Odol, das Anwesen erwarb. Das dritte feudale Haus am Hang, **Schloss Eckberg,** gehörte dem Kaufmann John Daniel Souchay, es beherbergt heute ein Hotel. Zwischen Loschwitz und Blasewitz schwingt sich pfeilerfrei die Brücke **Blaues Wunder** 141,5 m weit über die Elbe. Ihr erster grünlicher Anstrich verfärbte sich überraschend blau, daher der Name. Loschwitz machte mit einer zweiten bautechnischen Meisterleistung auf sich aufmerksam: der ersten Bergschwebebahn der Welt, die zur »Schönen Aussicht« hinaufschwebt.

Übernachten / Essen & Trinken

Hotel Schloss Eckberg
Bautzner Str. 134, 01099 Dresden, Tel. 0351/80990, Fax 8099199, www.hotel-schloss-eckberg.de, Hauptgericht ab 19 Euro, DZ ab 210 (Kavaliershaus 118 Euro).
Die Zimmer des Schlosshotels in einem Park sind mit Biedermeier-Antiquitäten eingerichtet und haben Elbblick. Günstiger und moderner sind die Quartiere im Kavaliershaus. Das Restaurant erfüllt mit seinen frischen saisonalen Produkten auch Feinschmecker-Ansprüche.

Fest

Elbhangfest: letztes Juniwochenende
Das Elbufer zwischen Loschwitzer Brücke »Blaues Wunder« und Schloss Pillnitz verwandelt sich in eine Festmeile mit Konzert-, Tanz-, Theaterdarbietungen, Lesungen, buntem Markttreiben. Im Fliederhof des Pillnitzer Schlosses ist ein Weindorf aufgebaut.

Meißen

Das »weiße Gold« hat Meißen zum Touristen-Mekka gemacht. Hoch ragt das einzigartige Ensemble aus Dom, Bischofsschloss und Albrechtsburg auf dem Burgberg über der Stadt der blauen Schwerter und kündigt schon von weitem einen kunsthistorischen Höhepunkt an. Der **Dom** ist besonders im Innern ein gotisches Faszinosum mit einem überaus schlanken, fein gegliederten, himmelwärts strebenden Mittelschiff und einer kostbaren Ausstattung (Baubeginn 1260). Man beachte die exzellent gefertigten Stifterfiguren an den Innenwänden des Chors und die drei Figuren in der Johanneskapelle. Die Georgskapelle birgt ein Triptychon von Lucas Cranach d. Ä. (1534). An den Dom schließt die **Albrechtsburg** an, die im 15. Jh. nach Plänen von Arnold von Westfalen für die Wettiner Fürsten Ernst und Albrecht errichtet wurde. Bereits 929 ließ Heinrich I. hier eine Burganlage bauen, gleich nach der Unterwerfung der Slawen, womit der Beginn der Geschichte Sachsens markiert wird. Weinfreunden wird das Relief in einem Brüstungsfeld gefallen, »wie Wein und Weib die Weisen betören« (1524). Das Schmuckstück der Burg ist der große Wendelstein, ein durch seine Leichtigkeit imponierender Treppenturm. An der Südkante des Plateaus stehen die **Domherrenhöfe** und das **Bischofsschloss,** das zur Flussseite von einem Rundturm namens Liebenstein beherrscht wird. Die Mauern der Albrechtsburg schienen August dem Starken dick genug, um hier ein bedeutendes Staatsgeheimnis unter Verschluss zu halten: die Rezeptur des Porzellans – und den, der sie als erster in Europa entdeckte, Johann Friedrich Böttger.

Mittelalterliches Flair verströmt auch am Fuß des Burgbergs die mustergültig sanierte Altstadt mit ihren engen, verwinkelten, gepflasterten Gassen. Bevor man durch die Burgstraße ins Zentrum der Altstadt vorstößt, gibt's zur Stärkung im **Café Zieger** »Meißner Fummel«, ein hauchdünnes Hefegebäck. Deutschlands älteste noch bestehende Zinngießerwerkstatt befindet sich links im Haus Burgstraße Nr. 27. Am **Markt** sticht das weiß gestrichene **Rathaus** mit seinen drei Giebeln vor einem hochgezogenen Satteldach hervor. Wohl gebaute Bürgerhäuser aus der Renaissance säumen den Platz. Die Marktapotheke, das Bennohaus und das mattgelbe Hirschhaus, wo einst Preußenkönig Friedrich der Große nächtigte, sind hervorzuheben. Im Haus Nr. 5 schenkt die Winzergenossenschaft Meißen Sachsenwein aus. Auf der Westseite des Marktes ragt die **Frauenkirche** empor, ebenfalls ein Werk Arnolds von Westfalen (1457 fertig gestellt). Im Kirchturm hängt ein Glockenspiel aus Meißner Porzellan mit 37 Glocken und einem Repertoire von sechs Melodien, das täglich zum Auftakt »Wachet auf, ruft uns die Stimme« anstimmt und abends mit »Lobet den Herrn« den Tag ausklingen lässt.

Zu Meißens Sehenswürdigkeiten gehört auch die historische **Weinstube Vincenz Richter** in einem Fachwerkhaus neben der Frauenkirche. Meißen gilt als Wiege des Weinbaus in Sachsen. Bischof Benno von Meißen (1066–1106) soll die ersten Reben gepflanzt haben. Der erste Beleg für Weinbau in der Gegend, eine Schenkungsurkunde Ottos des Reichen, stammt aus dem Jahr 1161. Am rechten Ufer der Elbe führen die 1622 angelegten 200 »Katzenstufen« in die Weinberge bei Schloss Proschwitz mit Blick auf den Burgberg.

Essen & Trinken

Romantikrestaurant Vincenz Richter
An der Frauenkirche 12,
01662 Meißen,
Tel. 03521/453285,
tgl. außer Mo 12–23 Uhr,
Hauptgericht ab 11 Euro.

Wein auf weißem Gold

»Voller grüner Weinkranz« heißt ein Dekor-Klassiker der Meißner Porzellanmanufaktur. Mit wie viel Fleiß und Fingerspitzengefühl das Weinlaub auf das Porzellan gemalt wird und welche Kunst Modelleure, Dreher, Former vollbringen, kann man beim Besuch der Schauwerkstatt beobachten (Eintritt: 3 Euro). Wer es selbst mal probieren will, kann einen Mal- und Kreativkurs belegen. In einer Ausstellungshalle sind 3000 Exponate (Gesamtbestand 20000) zu bewundern (Eintritt: 4,50 Euro), u. a. fröhliche Winzerfiguren, einst die Zier jeder höfischen Tafel.
Porzellanmanufaktur Meißen: Talstr. 9, Tel. 03521/468700 (tgl. geöffnet).

In dem urigen Weinrestaurant wird Wein vom eigenen Gut (Lage Meißner Kapellenberg) ausgeschenkt. Auch die Küche bietet bacchische Spezialitäten wie Rotweinkuchen und gefüllte Weinblätter (auch Weinverkauf).

Weingut

Schloss Proschwitz, Prinz zur Lippe
Dorfanger 19, 01665 Zadel,
Tel. 03521/76760,
www.schloss-proschwitz.de,
tgl. 10–18 Uhr.
Schloss Proschwitz ist das größte private Weingut Sachsens und holte bei der Bundesweinprämierung die meisten Auszeichnungen nach Ostdeutschland. Die Betriebszentrale ist im Gutshof in Zadel eingerichtet. Beste Lage ist aber der Hang beim

Schloss Pillnitz

Schloss des Prinzen mit Blick auf den Meißner Burgberg. 2003er Goldriesling trocken für 8,50 Euro.

Weinfest

Stadt- und Weinfest Meißen: Ende Sept.
Die sächsische Weinkönigin eröffnet das weinselige Treiben im Herzen Meißens und schenkt den ersten Federweißen ein. Höhepunkte sind ein farbenprächtiger Festumzug und ein Feuerwerk über Burgberg und Elbe.

Pillnitz

Am Schloss Pillnitz herrscht immer Sonntagstimmung. Fast lautlos legen die nostalgischen Raddampfer vor der weit geschwungenen Freitreppe des exotischen Wasserschlosses an, wo früher die fürstlichen Gondeln heranschwebten. August der Starke wähnte sich manchmal auf dem Canal Grande, wenn er die Elbe entlangschipperte. Ab 1720 ließ der Sachsen-Casanova das alte Pillnitzer Schloss, das er einst seiner später verbannten Mätresse Gräfin Cosel geschenkt hatte, durch Matthäus Daniel Pöppelmann zu einem »Lustschloss für Park- und Wasserfeste« ausbauen. Um einen **Lustgarten** gruppieren sich das **Wasserpalais,** das **Bergpalais** und das **Neue Palais.** Schornstein-Gruppen, Pagodendächer und Szenen aus China an den Fassaden geben dem Lustschloss einen extravaganten Touch. Die Anlage ist eingebettet in eine Park- und Gartenlandschaft mit englischem, chinesischem und holländischem Teil, Teichen und Pavillons. Nordöstlich liegt der **Königliche Weinberg,** den ein barockes Kleinod schmückt: die ebenfalls von Pöppelmann entworfene **Weinbergkirche** mit hohen Fenstern, steilem Walmdach und im Innern der Ausstattung der alten Schlosskapelle.

Weingut

Klaus Zimmerling
Bergweg 27, 01326 Dresden-Pillnitz,
Tel. 0351/2618752,
Weinprobe und -verkauf n. V.

Klaus Zimmerlings beste Lage am Königlichen Weinberg unterhalb der Rysselkuppe besticht. Hier gewinnt der Winzer seine edlen und raren Tropfen, die er im Kapellenflügel von Schloss Pillnitz ausbaut. Müller-Thurgau ab 8 Euro.

Pirna

Pirna, das »Tor zur Sächsischen Schweiz« und zur Sächsischen Weinstraße, war einst ein reicher Handelsort. Zahlreiche schmucke Bauten im Stadtkern zeugen von seiner Blütezeit im 16. Jh. Eine Runde stattlicher Bürgerhäuser gruppiert sich um den Marktplatz. Die Blicke zieht hier mit seiner hochgiebeligen spätgotischen Fassade das **Canalettohaus** auf sich, in dem der Maler Bellotto, genannt Canaletto, wohnte. Das **Rathaus** ist fast 600 Jahre alt, wurde aber mehrmals umgebaut. Besonders beachtenswert sind außerdem die **Apotheke zum Löwen** mit einem Sitznischenportal und nebenan das ehemalige **Wirtshaus Weißer Schwan.** Hinter dem Canalettohaus erhebt sich der Turm der spätgotischen **Stadtkirche St. Marien,** die auch mit einem mächtigen Dach auf sich aufmerksam macht. Bescheiden dagegen bleibt die **St.-Heinrich-Kirche** westlich des Marktes mit einem Turm ohne Spitze. Die Kirche gehörte zum ehemaligen Dominikanerkloster. Ein Rundgang durch die Seitengassen führt zum **Erlpeterbrunnen** hinter der Marienkirche, zum **Hotel Deutsches Haus** aus der Renaissance (Niedere Burgstraße 1), zum Haus Barbiergasse Nr. 10 mit dem so genannten Engelserker und zum **Kaufmannshaus** in der Oberen Burgstraße Nr. 1 mit dem Teufelserker. Die **Festung Sonnenstein** auf einem 60 m hohen Felsplateau überragt Pirna. Ihre Geschichte macht allerdings fassungslos: Unter den Nationalsozialisten wurden hier in einer im 19. Jh. eingerichteten Psychiatrischen Klinik 14000 Menschen ermordet.

Übernachten / Essen & Trinken

Hotel Pirna'scher Hof
Am Markt 4, 01796 Pirna,
Tel./Fax 03501/44380,
www.pirnascher-hof.de,
Hauptgericht ab 9 Euro, DZ ab 68 Euro.
Hier nächtigt man direkt am historischen Markt, kann im Restaurant Sächsische Küche und hausgemachten Kuchen und im Weinkeller Gewächse von der Elbe genießen.

Radebeul

Kein Ort prägt das Bild der Weinregion Sachsen mehr als Radebeul vor den Toren Dresdens. Die steilen, mit wärmespeichernden Trockenmauern zu schmalen Terrassen abgestuften Weinberge, gekrönt von außerordentlich hübschen Schlösschen wie dem Spitzhaus und dem Belvedere im Park von Schloss Wackerbarth, gehören gar zu den Synonymen für das Weinland Deutschland überhaupt. Dennoch ist Radebeul eher als Heimat Karl Mays (1842–1912), des Vaters von Winnetou und Old Shatterhand, bekannt. In der Karl-May-Straße Nr. 5 steht die **Villa Shatterhand,** in der der Schriftsteller 16 Jahre bis zu seinem Tod lebte. Heute ist hier ein Museum mit Exponaten zu Leben und Werk Karl Mays eingerichtet (Mo geschl.). In einem Blockhaus im Garten (Villa Bärenfett) ist eine Ausstellung zu den nordamerikanischen Prärie-Indianern zu sehen.

Gerhart Hauptmann und seine Brüder Carl und Georg gingen in der **Villa Hohenhaus** ein und aus und heirateten die Töchter des Hauses, heute beherbergt es eine Puppentheatersammlung (Barkengasse 6, Di–Fr 9–16 Uhr).

Radebeul liegt nicht unmittelbar an der Elbe, dafür steigen die Weinberge dicht am Stadtrand empor. Etwa 100 Herrensitze und Winzerhäuser stehen unter Denkmalschutz. An der Weinbergstraße im Ortsteil Oberlössnitz im Osten Radebeuls steht das mittelalterliche Retzschgut, einst Wohnsitz des Malers Moritz Retzsch (1799–1857), und in der Nähe das Renaissanceschlösschen Bennohaus (Bennostr. 35). Im Augustusweg 48 prunkt der Empirebau des Weinguts Sorgenfrei (Hotel-Restaurant). Zu Radebeuls besten Adressen gehört Schloss Hoflössnitz (Weinbaumuseum) an der Ecke

Radebeul: Gläserne Kelterei

Das Geheimnis des Glasperlenspiels, nämlich wie die Bläschen in den Sekt kommen, wird auf einer Erlebnistour durchs Weingut Schloss Wackerbarth mit Stil und allen Sinnen gelüftet. Mit Lichtzauber auf spiegelndem Edelstahl, Musik- und Videountermalung lässt sich die alkoholische Gärung prikkelnd erklären, und hat man den Lebensweg der Trauben in Auszügen verfolgt, gibt's als Essenz eine Kostprobe von der ältesten Sektkellerei Sachsens. Erlebnistour Wein (Mo–Fr 14 Uhr, Sa/So mehrmals), Sekt (Mo–Fr 17 Uhr, Sa/So mehrmals) oder Historie (Sa/So) 9 Euro pro Person. Zum Haus gehören ein Markt und ein Restaurant. Im Park werden rauschende Weinfeste gefeiert.

Sächsisches Staatsweingut Schloss Wackerbarth
Wackerbarthstr. 1,
01445 Radebeul,
Tel. 0351/8955200,
Fax 8955250,
www.schloss-wackerbarth.de.

Weinbergstraße/Lössnitzgrundstraße, ein Fachwerkrenaissancebau aus dem 17. Jh. für Kurfürst Johann Georg I. Im **Spitzhaus** hoch oben in den Weinbergen, einem ehemaligen Lustschlösschen von 1622, tummelten sich einst Gäste wie Kaiser Joseph I. und König Karl von Frankreich. Auch dieses Schlösschen gehörte einmal der Gräfin Cosel, der Mätresse Augusts des Starken. Hinauf zum Spitzhaus geht's durch Radebeuls Renommierlage Goldener Wagen über die 365 Stufen der von Pöppelmann erbauten Spitzhaustreppe oder »Jahrestreppe« oder »Himmelsleiter« – der Volksmund gab ihr viele Namen. Am Fuße eines Weinbergs im Westen Radebeuls glänzt **Schloss Wackerbarth,** ein zweigeschossiges barockes Palais von 1727 für den Reichsgrafen Wackerbarth, einen engen Berater Augusts des Starken. Dem terras-

Schloss Moritzburg

sierten Park, der sich harmonisch in den Weinberg einfügt, verleiht das Mitte des 18. Jh. von Pöppelmann entworfene Belvedere eine besondere Pracht.

Übernachten

Historisches Weingut Sorgenfrei
Augustusweg 48, 01445 Radebeul,
Tel. 0351/8933330, Fax 8304522,
www.hotel-sorgenfrei.de,
DZ ab 128 Euro
Sachsens Sanssouci ist ein herrlich in einem Park gelegenes Herrenhaus aus dem 18. Jh. mit komfortabel eingerichteten Zimmern und einem Gourmetrestaurant französischer Couleur.

Weingut

Bio-Weingut Hoflössnitz
Knohllweg 37, 01445 Radebeul,
Weingut: Tel. 0351/8398344,
Weinstube: Tel. 8398355 (Mo, Mi, Do, Fr ab 17, Sa/So ab 12 Uhr),
www.hofloessnitz.de,
Hauptgericht ab 7 Euro.
Mitten in der Radebeuler Renommierlage Goldener Wagen steht das Fachwerkhaus des Traditionswein-

guts Hoflössnitz. Die Weine werden nach den Bio-Richtlinien der Gäa an- und ausgebaut. Zum Gut gehören eine Weinstube (ländliche Küche), ein Weinladen und ein Weinbaumuseum (Mo geschl.).

Mit dem Lössnitzdackel nach Moritzburg

Der Schmalspur-Dampfzug Lössnitzdackel sorgt mit seinem Sommerknaller für Wildwest in Sachsen. An ausgewählten Sommertagen überfallen berittene ballernde Cowboys die Bimmelbahn auf ihrer Fahrt vom Karl-May-Mekka Radebeul durch den Lössnitzgrund nach Moritzburg, wo man sich an stillen Wassern rund um das Jagdschloss von der aufregenden Reise erholen kann. Hin- und Rückfahrt: 10 Euro.
Bahnhof Radebeul-Ost
Tel. 0351/46148001,
www.traditionsbahn-radebeul.de

 Kurort Raethen

Tour 1: Sattelfest durch Sachsen

Radtour auf dem Elbe-Radweg

Länge/Dauer: ca. 45 km/4,5 Std.; leicht, bei der Stadtausfahrt Dresden stellenweise Radweg entlang verkehrsreicher Straßen.
Markierung: Blaues schwungvolles »e«
Start/Ziel: Pirna/Meißen
Sehenswert: Pirna, Schloss Pillnitz, Elbschlösser, Dresden, Radebeul, Meißen
Rad-Verleih:
Agentur Engel Reisen,
Wiesentorstr.
3, 01097 Dresden,
Tel. 0351/2819206,
www.engel-reisen.de,
Rad pro Tag 8 Euro
(auch Tour-Organisation).

Um auf dem Drahtesel durch Sachsen zu reiten, muss man keine Sportskanone sein. Der Elbe-Radweg, eine der beliebtesten Radel-Routen der Republik, macht es auch Untrainierten leicht, weil er überwiegend plan parallel zum Fluss verläuft. Wo die Elbe das steilwandige Sandsteingebirge verlässt, um durchs Weinland zu fließen, folgt der Radweg dem Strom zunächst an seiner linken Seite, um hinter Dresden an seine rechte Seite zu wechseln. Spannung verspricht zwischendurch ein Wettfahren mit den nostalgischen Raddampfern.

Wir starten in **Pirna** auf der Brückenstraße, radeln an den Strom heran und unter der Elbbrücke hindurch. Die Route verläuft nah am Fluss, erst auf einem Sträßchen, von dem man bei **Heidenau** rechts auf einen asphaltierten Weg schwenkt. Es geht vorbei an einem Fähranleger und weiter geradeaus, ein Stück auf der Elbstraße, von der wieder ein Uferweg abzweigt. Das üppige Grün der **Pillnitzer Insel** taucht im Fluss auf, die zunächst den Blick auf das Schloss auf der anderen Seite versperrt. 500 m flussabwärts vom Schloss kann man mit der Fähre nach **Pillnitz** übersetzen, ein Abstecher, der sich lohnt. Danach radeln wir weiter links der Elbe ans Kleinzschwachwitzer Ufer, wechseln kurz auf die Meußlitzer Straße, um rechts hinter einem Gasthof wieder zum Fluss zu gelangen. Drüben grüßt die hübsche spätgotische **Schifferkirche Maria am Wasser** mit Türmchen und Zwiebelhaube. Spektakulär ist die Fahrt unter der Brücke »Blaues Wunder«, Dresdens Vorposten. Am Elbknie entlang mit Blick auf das Loschwitzer Elbschloss-Trio wird bald die Innenstadt von **Dresden** erreicht. Am Terrassenufer eröffnet sich das Premium-Panorama.

Nach einer Stadtrundfahrt wechseln wir über die Augustusbrücke ans rechte Ufer (die Hauptroute bleibt zunächst linkselbisch), um **Radebeul** einen Besuch abzustatten. Wir radeln auf dem rechten Uferweg, wechseln auf den Radweg entlang der Leipziger Straße, dann wieder auf einen Fußweg am Ufer und kommen über die Kötzschenbroder Straße zum Radweg entlang der großen Lammatzschen Straße, die unter die Autobahnbrücke führt. Links über die Grimmstraße wird **Kaditz** erreicht, wo es weiter geradeaus und wieder nah an der Elbe nach Serkowitz geht. (Tipp: Abstecher in Serkowitz nach Radebeul via Straße des Friedens.) Links auf einem Radweg beim Ufer wird **Kötzschenbroda** erreicht und an Kötitz und Sörnewitz vorbei treten wir schließlich kräftig zum Endspurt nach **Meißen** in die Pedale.

Tour 2: Lust auf Lustschloss

Autotour auf der Sächsischen Weinstraße

Länge/Dauer: 55 km/Halbtagestour
Start/Ziel: Pirna oder Diesbar-Seußlitz
Sehenswert: Pillnitz, Dresden, Radebeul, Meißen

Im Sächsischen Elbland reihen sich Lustschlösser wie Perlen auf der Schnur, und weil viele dicht beim Wein gebaut wurden, bekommt man sie als Extra auf der Sächsischen Weinstraße zu sehen. Unter Deutschlands bacchischen Touristikstraßen ist die Sächsische Weinstraße mit 55 km eine der kürzesten. Die Liste historischer Kostbarkeiten am Wegesrand kann allerdings locker mit der viel längerer Autorouten konkurrieren.

Die Strecke beginnt rechtselbisch in **Pirna-Copitz** und führt auf einer mäßig befahrenen Straße via Pratzschwitz, Birkwitz und Söbrigen nach **Pillnitz,** wo direkt am Elbufer das erste Lustschloss steht und sich der Königliche Weinberg mit der Weinbergkirche erhebt. Weiter geht's über Hosterwitz, Niederpoyritz und Wachnitz nach **Proschwitz.** Hier wird die Flussseite über das »Blaue Wunder« gewechselt. Hinter der Brücke biegen wir rechts in die Naumannstraße und kommen zum Käthe-Kollwitz-Ufer mit Blick auf das Elbschloss-Trio.

Dresden naht – eine wahre Lust, dieses Elb-Florenz mit seinen Schlössern und schlossähnlichen Prunkbauten. Über die Carolabrücke wird abermals die Flussseite gewechselt und die Stadt auf der Leipziger Straße verlassen. Von der Elbe weg geht es zur Karl-May-Stadt **Radebeul.** Für einen Sightseeing-Stopp bieten sich besonders das Lustschlösschen Spitzhaus, das Weinbaumuseum **Hoflössnitz** und **Schloss Wackerbarth** an. Die Route führt weiter nach **Coswig,** nähert sich dann über Brockwitz und Sörnewitz wieder der Elbe und erreicht am Fuße des Spaargebirges **Meißen**. Die Felsen des Spaargebirges – der Name kommt aus dem Slawischen und bedeutet »warmer Ort« – reichen beinahe bis ans Ufer (Panoramablick Juchhöh beachten). Um Meißen sind die Weinberge am dichtesten. Nach dem Blick auf den Burgberg führt die Schlussetappe über Kleinzadel nach **Diesbar** und **Seußlitz.**

Extra-Tour: Zur Schreckensschlucht

Wanderung in der Sächsischen Schweiz

Länge/Dauer: ca. 5,5 km/2 Std.; mittelschwer, steiler Aufstieg
Start/Ziel: Kurort Rathen
Sehenswert: Kurort Rathen, Bastei, Wehlgrund, Schwedenlöcher, Amselsee
Anreise: Kurort Rathen liegt 11 km östlich von Pirna. Mit S-Bahn oder Pkw bis Oberrathen, dann Personenfähre. Alternative: Dampfschiff ab Dresden.

Das Spektakel beginnt bereits bei der Anreise. Hinter Pirna verengt sich das Elbtal, erst steigen bewaldete Steilhänge vom Ufer empor, dann schnellen schroffe Felstürme senkrecht himmelwärts. Kurz vor **Kurort Rathen** springt das wuchtige Sandsteinriff der Bastei zur Elbe vor. Hier ist der Mittelpunkt des **Nationalparks Vordere Sächsische Schweiz.** Von Oberrathen kann man am Fuß der Felsgiganten mit der Fähre nach **Niederrathen** übersetzen, einem kleinen, autofreien, im Sommer aber überlaufenen Kurdorf mit Fachwerkhäusern, Villen und Pensionen. Am Dorfmittelpunkt zweigt links der Basteiweg (Markierung: blauer Querstrich) ab und führt erneut links leicht steigend, bald steiler und über Treppen einen Waldhang hinauf. Vom Tiedgestein gibt es den ersten Blick auf das Elbtal. Wir passieren den Eingang der mittelalterlichen Felsenburg Neurathen, gewinnen weiter an Höhe und erreichen die **Basteibrücke,** wo die Lücken zwischen den Felszacken und -türmen schon atemberaubende Blicke auf den Fluss eröffnen, auf dem winzige Dampfschiffe lautlos ihre Bahnen ziehen. Kurz hinter der Basteibrücke (1851 erbaut) geht es über Treppen zum Höhepunkt, der **Basteiaussicht,** mit einem Premium-Panorama über die Sächsische Schweiz mit ihren Felstürmen, Kuppen, Tafelbergen bis hinüber nach Tschechien. Die **Ferdinandsaussicht** bietet rechts des Hauptwegs einen Blick in den Wehlgrund. Diese dramatische Landschaft soll Carl Maria von Weber zur Wolfsschluchtszene in der Oper »Der Freischütz« inspiriert haben, in der der Jungfernchor ruft: »Wie, was, Entsetzen, dort in der Schreckensschlucht?«

Wir wandern am Berghotel vorbei und ein Stück entlang der Basteistraße, bis uns die blaue Markierung rechts auf den **Gansweg** führt. Hinter einer Schutzhütte geht es über 700 Stufen hinab in die Felsschlucht der **Schwedenlöcher,** wo sich die Einheimischen im Dreißigjährigen Krieg und im Nordischen Krieg vor unter schwedischer Fahne kämpfenden Söldnern versteckten. Unten liegt der Amselgrund. Die Markierung weist nach links zum 10 m hohen **Amselfall** (einen Abstecher wert), wir biegen aber rechts ab, um bald am Ufer des **Amselsees,** an dem der Fels »Lokomotive« emporragt, und an der Felsenbühne vorbei zurück nach **Niederrathen** zu wandern.

Der Felsen »Bastei« in der Sächsischen Schweiz

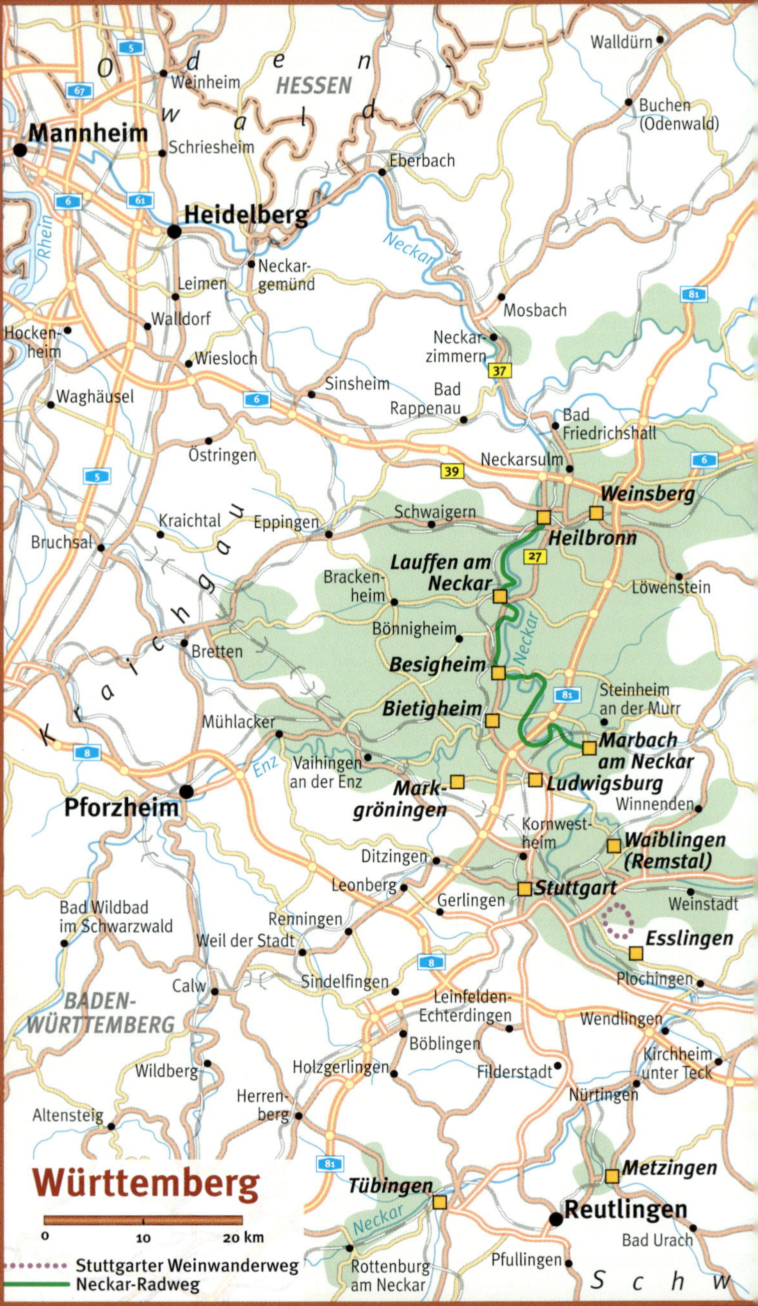

Württemberg
0
10
20 km
Stuttgarter Weinwanderweg
Neckar-Radweg
Mannheim
Weinheim
HESSEN
Odenwald
Walldürn
Buchen (Odenwald)
Schriesheim
Eberbach
Heidelberg
Rhein
Neckar
Neckar-gemünd
Leimen
Walldorf
Hocken-heim
Wiesloch
Mosbach
Neckar-zimmern
Sinsheim
Bad Rappenau
Waghäusel
Bad Friedrichshall
Östringen
Neckarsulm
Weinsberg
Kraichtal
Eppingen
Schwaigern
Heilbronn
Bruchsal
Lauffen am Neckar
Bracken-heim
Löwenstein
Bönnigheim
Kraichgau
Bretten
Besigheim
Steinheim an der Murr
Bietigheim
Mühlacker
Marbach am Neckar
Enz
Vaihingen an der Enz
Mark-gröningen
Ludwigsburg
Pforzheim
Winnenden
Kornwest-heim
Waiblingen (Remstal)
Ditzingen
Leonberg
Stuttgart
Gerlingen
Weinstadt
Bad Wildbad im Schwarzwald
Renningen
Esslingen
Weil der Stadt
Calw
Sindelfingen
Plochingen
BADEN-WÜRTTEMBERG
Leinfelden-Echterdingen
Wendlingen
Böblingen
Wildberg
Holzgerlingen
Filderstadt
Kirchheim unter Teck
Nürtingen
Herren-berg
Altensteig
Metzingen
Tübingen
Reutlingen
Bad Urach
Pfullingen
Rottenburg am Neckar
Schw

WÜRTTEMBERG

Bad Mergentheim
Besigheim
Bietigheim
Esslingen
Heilbronn
Lauffen
Ludwigsburg
Marbach
Markgröningen
Metzingen
Stuttgart
Tübingen
Waiblingen
Weinsberg

Württemberg

Lauffen, Burg

Kein schöner Ländle in dieser Zeit! »In deinen Tälern wachte mein Herz mir auf...«, pries Friedrich Hölderlin den Neckar, an dessen Ufern das Gros der Württemberger Weine wächst. Hölderlin wurde in Lauffen geboren, Schiller in Marbach, Mörike in Ludwigsburg, Hegel in Stuttgart, und in Tübingen lernte und lehrte eine ganze Schar berühmter Dichter und Denker. Einige zieren heute mit Konterfei und Signatur die Etiketten der Schwäbische-Poeten-Serie (»Jede Flasche ein Gedicht«). »Wohlauf noch getrunken den funkelnden Wein«, brachte sich Justinus Kerner in Schwung. Nach dem ebenfalls in Ludwigsburg geborenen Dichter wurde die bekannte Rebsorte benannt, eine Züchtung aus Riesling und Trollinger. Der fruchtige rote Trollinger ist der Schwaben Nationalgetränk und belegt 22,6 % der Rebfläche. Riesling hat in Württemberg an Boden verloren, rangiert mit 19,7 % aber immerhin auf Platz 2 der Anbauliste vor Schwarzriesling (16,8 %). In Deutschland werden nur in den Weinregionen Württemberg und Ahr mehr rote als weiße Trauben angebaut.

»Schaffa ond Virdele schlotza«, schaffen und Wein aus Viertel-Liter-Gläsern »lutschen«, »dass koi Trepfle werd verschittet«, ist ein Motto der Trollinger-Republik. Voll des süßen Trollingers kommt der Volksmund zu drolligen Einsichten wie: »S isch besser, mr därf nemme hoim komma, als mr därf nemme fort« (»Es ist besser man darf nicht mehr heimkommen, als man darf nicht mehr fortgehen«).

Der Rebfläche nach liegt Württemberg als viertgrößte Weinregion hinter Baden. Das Anbaugebiet ist in fünf(einhalb) Bereiche unterteilt. Kernstück ist der Bereich Württembergisch Unterland zwischen Heilbronn und Ludwigsburg, südlich davon liegt der Teil Remstal-Stuttgart, bei Tübingen die Zone Oberer Neckar, im Norden die Weininseln des Bereichs Kocher-Jagst-Tauber. Verzwickt ist die Lage am Bodensee. Neben dem badischen Teil gibt's bei Kressborn östlich von Friedrichshafen eine winzige schwäbische Parzelle (Bereich Württemberger Bodensee). Was aber tun mit den Weinbergen bei Lindau, wo die einzige bayerische Weinregion Franken fern ist? Auf dem Etikett sind sie ebenfalls Württemberg zugeordnet, als Bereich »Bayerischer Bodensee«, wobei die Bayern für die amtliche Qualitätsprüfung zuständig sind. Es gibt Initiativen, ein neues, 14. Weinbaugebiet namens Bodensee zu schaffen.

Württemberg-Infos

Information

Tourismus-Marketing Baden-Württemberg
Esslinger Str. 8,
70182 Stuttgart,
Tel. 0711/238580, Fax 2385898,
www.tmbw.de.

Wichtige Feste

Heilbronner Weindorf: September
Rund ums Rathaus werden reihenweise Württemberger Weinfässchen herangerollt und angezapft. Winzer von 30 Genossenschaften und Weingütern schenken 300 verschiedene Weine und Sekte aus. Auch die heimische Küche kommt nicht zu kurz und Kapellen sorgen für einen Ohrenschmaus.

Cannstatter Wasen, Stuttgart: September/Oktober
Bei diesem Volksfest steht »Stuggitown« (Szene-Sprache) Kopf. König Wilhelm I. initiierte 1818 den Riesen-Rummel als Erntedankfest und Viehmarkt. Heute kommen fast 5 Mio. Besucher ans Neckarufer und konsumieren vor allem Bier!

Württemberg mit der Bahn

Alle beschriebenen Orte haben einen Bahnhof (außer Markgröningen, dorthin Busverbindung). Der Stuttgarter Hauptbahnhof ist Knotenpunkt des Zugverkehrs in Württemberg für Schnellzüge, Lokal- und S-Bahnen. Von hier fahren die S 1 Richtung Plochingen mit Halt in Untertürkheim, Obertürkheim, Esslingen, die S 2 Richtung Schorndorf via Waiblingen, die S 4 nach Marbach über Ludwigsburg, die S 5 nach Bietigheim, ebenfalls über Ludwigsburg. Regionalbahn-Verbindungen bestehen neckaraufwärts nach Metzingen und Tübingen, neckarabwärts über Besigheim und Lauffen nach Heilbronn (von dort nach Weinsberg).

Fahrplan-Auskunft Baden-Württemberg: Tel. 01805/779966 (0,12 Euro pro Min.).

Stuttgart, Brunnen am Schlossplatz

Höhepunkte in Württemberg

Ludwigsburg: Schwabens verschwenderische Seite lässt sich in der Drei-Schlösser-Stadt Ludwigsburg entdecken.
Stuttgart: Wein beim Daimler, das gibt's nur in der Metropole Badens und Württembergs.
Tübingen: Auf einem Stocherkahn am Fuße der malerischen Studentenstadt kann man leicht ins Poetisieren kommen.

Esslingen

Bad Mergentheim

Eingebettet in die Wald- und Weinlandschaft des romantischen Taubertals liegt der geschichtsträchtige Kurort ganz im Norden Württembergs im Weinbau-Bereich Kocher-Jagst-Tauber. Über Jahrhunderte war Mergentheim Residenz des Deutschen Ordens. Die ersten Kurgäste kamen, nachdem 1826 ein Schäfer eine Solequelle entdeckt hatte. Am Tauberufer liegt das **Kurviertel** mit Park und Trinkhalle, auf der anderen Flussseite der **Schlosspark** mit dem **Deutschordensschloss** aus dem 16. Jh., in dem der Hochmeister des Deutschen Ordens knapp 300 Jahre lang residierte. Heute ist hier ein **Deutschordensmuseum** eingerichtet (Mo geschl.). Die Schlosskirche entstand nach Plänen von Balthasar Neumann. Der **Markt** mit Renaissance-Rathaus aus dem 16. Jh. und Fachwerkhäusern gibt Bad Mergentheim ein altertümliches Flair. Ehrwürdig überragt der hohe Turm des **Münsters St. Johannes** (13. Jh.) die historischen Häuser. Im 14. Jh. wurde südlich vom Marktplatz die **Marienkirche** erbaut.

In der Kirche im nahen **Stuppach** findet man das berühmte Tafelgemälde von Matthias Grünewald (»Stuppacher Madonna«). In Weikersheim östlich von Bad Mergentheim beginnt die **Württemberger Weinstraße** beim imposanten Renaissance-Schloss des Hauses Hohenlohe mit bezauberndem Barockgarten.

Übernachten / Essen & Trinken

Hotel Victoria mit Restaurants »Zirbelstube« und »Vinothek«
Poststr. 2–4,
97980 Bad Mergentheim,
Tel. 07931/5930, Fax 593500,
www.victoria-hotel.de,
DZ ab 99 Euro, Hauptgericht ab 11 Euro (Vinothek) bzw. 24 Euro (Zirbelstube).
Die beste Adresse im Hohenloher Land. Modern und behaglich sind die Zimmer des Bäderhotels. Im Feinschmecker-Restaurant »Zirbelstube« wird regionale Küche auf höchstem Niveau aufgetischt, z. B. Aal aus dem Taubertal und Gerichte vom Hohenloher Ochsen. Günstigere Speisen bietet die Vinothek mit riesiger Weinauswahl.

Besigheim

Das behäbige schwäbische Fachwerkstädtle liegt auf einem Bergsporn an der Mündung der Enz in den Neckar. An der Enz haben Maler immer gern ihre Staffelei aufgestellt und festgehalten, wie Besigheim mit seinen mittelalterlichen Mauern, Giebeln und roten Ziegeldächern oberhalb eines Wehrs aus dem Ufergrün emporsteigt. Der prächtige **Marktbrunnen** vor dem Fachwerk-Rathaus gipfelt in einem Schildhalter. Der Schatz der evangelischen **Stadtkirche** ist in ihrem Inneren zu finden: ein wertvoller 13 m hoher geschnitzter Altar aus Lindenholz (16. Jh.).

Vor Besigheim macht der Neckar auf 4 km zwei Kehren von fast 180 Grad. Auf Steillagen entlang der Neckarschlingen wächst Wein. Die kleinparzellierten Weinberge mit unzähligen Stützmäuerchen verglich der schwäbische Dichter August Lämmle mit der Architektur gotischer Dome. Landschaftlicher Höhepunkt sind die schroff aufragenden **Muschelkalkfelsen Hessigheimer Felsengärten,** auch »Schwäbische Dolomiten« genannt.

Bietigheim

Wo Enz und Metter zusammenfließen, liegt die Kreisstadt Bietigheim, die einst mit Weinbau und -handel reich wurde. Häuser aus dem 16.–18. Jh. säumen die Gassen der restaurierten Altstadt. Am Marktplatz, den ein feiner Brunnen ziert, sticht das **Rathaus** mit seinem von einem spitzen Helm gedeckten Erker hervor. Ein Rundgang führt zum Untertorturm, zur Lateinschule, zur Kelter und zum **Hornmoldhaus** (Hauptstr. 61), in dem das **Stadtmuseum** eingerichtet ist (Di–Fr 14–18, Do 14–20, Sa, So 11–18 Uhr). Zu den Sammlungen gehört ein Weinregister, das seit 1550 die Erträge des Weinbaus in der Gemeinde auflistet. Beim Gang durch die Altstadt verblüffen am Wegesrand moderne Skulpturen: am Rathaus ein apfelessender Adam, am Unteren Tor »Schwätzweiber«, am Kronenplatz das »Kuhriosum«, ein Brunnen, dessen Wasser aus einer von einer Kuh gekrönten Milchkanne strömt.

Übernachten / Essen & Trinken

Hotel Friedrich von Schiller
Marktplatz 5, 74321 Bietigheim,
Tel. 07142/90200, Fax 902090,
Restaurant So, Mo Mittag Ruhetag,
DZ ab 98 Euro, Hauptgericht ab 10 Euro.

Ob auf der Terrasse direkt am Marktplatz oder innen beim Kachelofen – im »Schiller« kann man schlemmen, mal Maultaschen, mal Bodensee-Zander. Dann geht's in den alten Weinkeller und zum Schluss zum süßen Schlummer in eins der komfortablen Hotelzimmer.

Esslingen

Im mittleren Neckartal liegt die alte Stauferstadt Esslingen, die mit ihrem intakten mittelalterlichen Kern, Toren, Türmen und viel Fachwerk fasziniert. Vor der Kulisse des rebenbestandenen Burgbergs erhebt sich die **Stadtkirche St. Dionys** (14. Jh.). ›Hervorragende‹ Bauwerke sind auch die hochgotische **Frauenkirche** (14.–16. Jh.) mit ihrem imposanten, sich filigran verjüngenden Turm und das frühgotische **Münster St. Paul** (13. Jh.) südlich der Frauenkirche. Pfleghöfe, Filialen auswärtiger Klöster, geben dem Stadtbild ein historisches Gepräge. Der ehemalige **Speyrer Pfleghof** hinter der Stadtkirche ist Sitz der ältesten Sektkellerei Deutschlands (Gründung 1826). Das **Neue Rathaus** am Rathausplatz ist in einem barocken Palazzo aus dem 18. Jh. untergebracht. Das rot gestrichene **Alte Rathaus** gegenüber prangt vorne mit seiner Renaissance-Fassade, deren Schmuckstück eine astronomische Uhr ist, und zeigt hinten Fachwerk aus dem 15. Jh. Eine herausgeputzte Reihe Fachwerkhäuser lockt zum Hafenmarkt. Hinauf zur **Burg,** die ihren Ursprung in der Stauferzeit hat, führt ein überdachter Treppenaufgang am Rand des Burgbergs. Vom »Dicken Turm« hat man einen hübschen Blick auf das Städtle.

Heilbronn

Das pulsierende Industrie- und Handelszentrum mit dem sechstgrößten Binnenhafen Deutschlands ist mit 510 ha Rebfläche auch Württembergs Weinhauptstadt. Heinrich von Kleist machte die Stadt mit seinem »Käthchen von Heilbronn« berühmt. Vor dem **Gerichts- und Fleischhaus,** einem Renaissance-Bau aus dem 16. Jh., hat man der Literaturfigur ein Denkmal gebaut. Dazu gibt's Devotionalien aller Art, z. B. eine Käthchen-Puppe (11,90 Euro), und alle zwei Jahre (2006) wird ein neues leibhaftiges Käthchen gekürt. Am Marktplatz steht das so genannte **Käthchenhaus,** ein Steinhaus aus dem 14. Jh. mit Renaissance-Erker. Beherrscht wird der Platz vom **Renaissance-Rathaus,** dessen Blickfang eine opulente astronomische Kunstuhr von Isaak Habrecht von 1580 ist. Die nahe **Kilianskirche** (13.-16. Jh.) wurde nach der Zerstörung im Zweiten Weltkrieg detailgetreu im Stil der Gotik wieder aufgebaut. Im Inneren glänzt sie mit einem spätgotischen Schnitzaltar von Hans Seyfer aus dem 15. Jh. Der **Siebenröhrenbrunnen** an der südlichen Außenseite der Kirche fasst einen Quell, der einst als heilig galt und der Stadt ihren Namen gegeben hat. Hauptkirche der Heilbronner Katholiken ist das gotische **Deutschordensmünster.** Von der mittelalterlichen Stadtbefestigung sind der **Bollwerksturm** und der **Götzenturm** erhalten. Auf dem Neckar liegt das Theaterschiff, und sommers drehen Tret- und Ruderboote und Ausflugsschiffe ihre Runden. Über den

Weinlese hautnah

Von der Rebe bis ins Glas kann man in Heilbronn an einem Wochenende die Weinwerdung live verfolgen. Auf dem Programm stehen 1 Tag Weinlese, wobei die Gäste kräftig mit anpacken, eine Wengerter-Vesper, eine Kellereibesichtigung und eine Weinprobe. Anfang–Mitte Okt. ab 114 Euro pro Person im DZ. Infos bei der Tourist-Information (Adresse s. S. 269.).

Feine Weinverkostung

In der »Wein-Villa«, einem Heilbronner Gründerzeit-Palais, wurde ein eleganter Degustationstreff eingerichtet. Die Besucher können zwischen 120 Weinen wählen und das Geschmackserlebnis mit Flammkuchen und Käsewürfeln abrunden. Cäcilienstr. 66, Tel. 07131/676712, Di–Fr 11.30–22, Sa 14–22 Uhr.

Rathaus in Heilbronn

Wartberg führt ein 6 km langer **Wein-Panorama-Weg** mit 24 Stationen. Start und Ziel ist die über 300 Jahre alte Baumkelter an der Riedstraße. Am Fuße des Wartbergs steht auch das älteste Wengerterhäusle (Winzerhäuschen) der Stadt von 1513.

Info

Tourist-Information Heilbronn
Kaiserstr. 17, 74072 Heilbronn,
Tel. 07131/562270, Fax 563349,
www.heilbronn-marketing.de.

Übernachten beim Winzer

Hotel, Weingut Wo der Hahn kräht
74223 Flein/Heilbronn,
Tel. 07131/50810,
Fax 508166,
www.wo-der-hahn-kraeht.de,
DZ ab 85 Euro.
Der Hahn kräht vor dem Hotel auf dem Lande in Flein bei Heilbronn. Die Zimmer sind gut im Mittelklasse-Standard eingerichtet. Zum Haus gehört ein Weingut, das Weinschnupper-Wochenenden mit kulinarischen und weinigen Extras offeriert.

Lauffen

In einem rebenbedeckten Neckarbogen vor dem Heilbronner Becken liegt das Städtle, in dem 1770 Friedrich Hölderlin geboren wurde. Das Geburtshaus an der Nordheimer Str. links des Flüsschens Zaber ist allerdings nicht zu besichtigen. Im benachbarten **Stadtmuseum** im ehemaligen Klosterhof ist ein Hölderlinzimmer eingerichtet (Sa, So 14–17 Uhr). Lauffens Uferpartie wird von der **Regiswindiskirche** (16. Jh., Teile 13. Jh.) beherrscht. Vor der Kirche kann man im Schatten einer mächtigen Linde auf den Neckar schauen. Gegenüber auf einer Neckarinsel steht Lauffens **Burg,** deren Geschichte bis ins 13. Jh. zurückreicht. Die alte **Neckarbrücke** stammt aus dem 16. Jh. Lauffen ist für seinen Schwarzriesling *(Pinot meunier)* bekannt, der hier den Weinbau dominiert.

Weingut

Weingärtnergenossenschaft Lauffen
Im Brühl 48, 74348 Lauffen,
Tel. 07133/1850,
Mo–Mi 7.30–12, 13–17, Do, Fr bis 18, Sa 9–13 Uhr.
Die Genossen von Lauffen zählen zu den besten der Republik. Schon mehrmals (zuletzt 2004) wurden sie bei der Bundesweinprämierung mit dem Ehrenpreis in Gold ausgezeichnet. Spezialität: die »Schwäbische Poeten-Serie«. Weine der Lage »Katzenbeißer« gibt's ab 4,50 Euro mit Konterfei und Signatur von Hölderlin auf dem Etikett (Schwarzriesling). Hauff ziert Spätburgunder, Uhland Lemberger, Mörike verschiedene Weißweine.

Ludwigsburg

Von wegen sparsame Häuslebauer: In Ludwigsburg lebten die Schwaben im Überschwang und errichteten im 18. Jh. **Schloss Ludwigsburg,** ein »schwäbisches Versailles«, die größte Barockanlage in Deutschland. Unter Herzog Eberhard Ludwig von Württemberg, dem Gründer und Namensgeber der Stadt, wurde ab 1704 der **Alte Fürstenbau** (Corps de Logis) errichtet und prächtig mit Stuckaturen, Skulpturen und Fresken ausgestattet. Später erfolgte der Ausbau zur Dreiflügelanlage, schließlich die

Schloss Ludwigsburg

Vollendung mit dem 150 m breiten neuen Corps de Logis im Süden. Unter Herzog Carl Eugen hatte die exzessive Hofhaltung ihren Höhepunkt. Bei einer Führung kann man sich 64 der 452 Räume anschauen. Auch der alte Weinkeller des Schlosses mit einem Prunkfass kann auf Anfrage besichtigt werden (Tel. 07141/186440). Im Schloss sind die **Ludwigsburger Porzellanmanufaktur** (Verkaufsraum) und mehrere Museen untergebracht. Draußen locken großzügige **Parkanlagen** zum Lustwandeln, mit einem barocken Rosengarten, einem Märchengarten, einem »Tal der Vogelstimmen« und einem mediterranen Weinberg. Im Norden der Parklandschaft steht das **Lustschloss Favorite** (um 1720), von dort führt ein Weg (3 km) durch einen Wildpark zum **Seeschloss Monrepos** (um 1760). Auf dem See kann man sich ein Boot ausleihen.

Auch das Städtchen selbst macht eine gute Figur, abgesehen von Hochhäusern und sechsspurigen Straßen in Schlossnähe. Der große arkadengesäumte **Marktplatz** wird von zwei Barockkirchen beherrscht, der evangelischen **Stadtkirche** und der katholischen **Dreieinigkeitskirche** (bei-

de 18. Jh.). Am Marktplatz 8 wurde der Dichter Justinus Kerner (1786–1862) geboren. In der Kirchstraße 2 stand die Wiege von Eduard Mörike (1804–1875), am Stadtkirchenplatz 1 die des Ästhetikers Friedrich Theodor Vischer (1807–1887) und in der Marstallstr. 1 kam der Theologe David Friedrich Strauß (1808–1874) zur Welt (die Geburtshäuser können nicht besichtigt werden).

Essen & Trinken

Alte Sonne
Bei der katholischen Kirche 3,
71634 Ludwigsburg,
Tel. 07141/925231,
www.alte-sonne.de,
So, Mo Ruhetag, Pfingstferien geschl., Hauptgericht ab 19 Euro.
Das traditionsreiche Haus im Herzen von Ludwigsburg verwöhnt mit feiner, französisch angehauchter Küche.

Weingut

Herzog von Württemberg
Schloss Monrepos,
71634 Ludwigsburg,
Tel. 07141/221060,
www.hofkammer.de,
Mo–Fr 9–18, Sa 10–14 Uhr.
Das Weingut seiner Königlichen Hoheit Carl Herzog von Württemberg ist das größte private Weingut Württembergs und residiert stilgerecht im Schloss Monrepos. Kauftipp: 2002er Maulbronner Eilfingerberg Traminer Kabinett trocken für 8 Euro.

Marbach am Neckar

In dem Städtle neckarabwärts von Ludwigsburg kam am 10. November 1759 Friedrich Schiller zur Welt. Sein Geburtshaus, ein bescheidener Fachwerkbau in der unter Denkmalschutz stehenden Altstadt, ist als **Schiller-Museum** eingerichtet (Niklastorstr. 31, tgl. 9–17 Uhr). Zu sehen gibt's hier das Käppchen, das der Dichter angeblich bei seiner Taufe trug, und auch die blonden ›Schillerlocken‹ in einem Glasbehälter sollen vom ›kleinen Fritz‹ stammen, der in Marbach nur vier Jahre weilte. Auf der Schillerhöhe zeigt das **Schiller-Nationalmuseum** (Di–So 10–18, Mi bis 20 Uhr) Sammlungen zu mehreren schwäbischen Dichtern. Das angeschlossene **Deutsche Literaturarchiv** ist eine Destination für Sprach- und Literaturforscher. Gegenüber steht ein Schiller-Denkmal von 1876.

Weingut

Weingärtnergenossenschaft Marbach
Affalterbacher Str. 65,
71672 Marbach am Neckar,
Tel. 07144/6419,
Mo–Fr 14–17, Sa 9.30–11.30 Uhr.
Hier gibt's einen ganz besonderen Schillerwein. Eigentlich bezieht sich die Bezeichnung nicht auf Friedrich Schiller, sondern auf die schillernde Farbe dieser aus roten und weißen Trauben gekelterten Sorte, die nur in Württemberg Schillerwein heißen darf – anderswo spricht man vom Rotling. Die Marbacher Wengerter (Winzer) machen aber die Flaschen mit einem Porträt des Dichterfürsten auf dem Etikett zu einer Rarität. Kauftipp: 2003er Marbacher Neckarhälde Schillerwein Kabinett 4,15 Euro.

Feste

Kelterfest: 1. Septemberwochenende, rund um die historische Kelter (1718) im Stadtteil Rielingshausen.
Schillerfest: Am Geburtstag seines großen Sohnes (10. November) ist

das Schiller-Städtle außer Rand und Band. Musikkapellen ziehen durch die Straßen, Autoren lesen aus Schillers Werken und Schulkinder veranstalten ein vergnügliches Blumenwerfen an seinem Bronzedenkmal.

Markgröningen

Das Schäfer-Städtchen mit einem proper restaurierten Kern liegt westlich von Ludwigsburg. Viele Fachwerkhäuser zieren das Zentrum, das prächtigste ist das alte **Rathaus** am Marktplatz. In der Nähe ragt die gotische **Bartholomäuskirche** mit ihren beiden ungleichen Türmen empor, einem Glockenturm und einem ehemaligen Wachturm. Am Oberen Tor steht eine große **Weinkelter** aus dem 15. Jh.

Fest

Schäferlauf: ein Wochenende um den 24. Aug.
Zur Olympiade der Herdenhüter bevölkern Schafherden Markgröningen. Das älteste schwäbische Volksfest wurde schon 1443 urkundlich erwähnt. Festzug, Schäfertanz und Hütewettbewerbe sind die Höhepunkte – und der eigentliche Schäferlauf, bei dem die Schäfer sich barfuß ein Rennen auf einem Stoppelfeld liefern. Die Gewinner werden zum Schäfer-Königspaar gekrönt und bekommen je ein Schäfchen geschenkt.

Metzingen

Die Sieben-Keltern-Stadt, die bei Schnäppchenjägern auch als Mekka des Fabrikverkaufs bekannt ist, liegt östlich von Tübingen und ist Ziel der Württemberger Weinstraße. Zwei der sieben Keltern auf dem **Kelternplatz** stammen aus dem 16. Jh. Fünf brannten im Dreißigjährigen Krieg ab und wurden bis zum Jahr 1700 wieder aufgebaut. In den Kelterhallen waren je zwei oder drei Kelterbäume aufgestellt, nur der Kelterbaum in der einst vom Kloster Zwiefalten genutzten **Herrschaftskelter** ist erhalten und heute das Prunkstück des hier eingerichteten **Weinbaumuseums.** In einer anderen Kelter verkauft die Weingärtnergenossenschaft ihre Tropfen. Teuer shoppen und durch Fabrikverkaufskonditionen trotzdem sparen können nicht nur Schwaben in fast 40 Läden von Firmen wie Boss und Joop. Erholsamer ist ein Spaziergang auf dem Obst- oder dem Weinlehrpfad vor den Toren der Stadt am Fuße der Schwäbischen Alb.

Weinfest

Mitte Oktober feiert Metzingen sein **Sieben-Keltern-Weinfest.** Rund um die Keltern fließt neuer halbvergorener Most in Strömen bei schwäbischen Spezialitäten und Blasmusik.

Stuttgart

Wein beim Daimler, das gibt's nur in Stuttgart. Die meisten Weinberge der in einem Talkessel gelegenen baden-württembergischen Landeshauptstadt reihen sich entlang des Neckars in den Stadtteilen Bad Cannstatt, Untertürkheim, Obertürkheim, Rotenberg und Uhlbach. Uhlbachs altes Kelterhaus von 1907 beherbergt das Weinbaumuseum der Stadt. In Stuttgarts Weinbau-Chronik ist das Jahr 1511 dick markiert, als sich anlässlich der Hochzeit des Herzogs Ulrich mit der bayerischen Prinzessin Sabina das Volk aus ei-

Blick auf Untertürkheim

nem Weinbrunnen kostenlos bedienen durfte. Bei Bad Cannstatt, bekannt durch seine Lage »Zuckerle«, und bei Obertürkheim sind Weinwanderwege markiert. Bis ins Zentrum stehen die Reben.

Stuttgart ist vor allem eine moderne Einkaufsstadt. Vom 1929 errichteten Hauptbahnhof führt der Shopping-Boulevard Königstraße durch die City. Linker Hand liegt die Stadtoase, der weite **Schlossplatz,** auf dessen Rasen und um dessen Wasserspiele bei der **Jubiläumssäule** sich die Einkaufsbummler erholen. Die Säule wurde 1841 zum 25. Regierungsjahr König Wilhelms I. aufgestellt. Der klassizistische **Königsbau** mit seiner Säulenhalle (19. Jh.) begrenzt den Platz im Westen. Das **Neue Schloss** gegenüber ließ Herzog Carl Eugen ab 1746 errichten. Das **Kunstgebäude** in der Nordostecke des Schlossplatzes beherbergt die Galerie der Stadt mit großer Otto-Dix-Sammlung (Mo geschl.).

Durch den Schlossgarten kommt man zum Württembergischen Staatstheater und dahinter zum bedeutendsten Galeriegebäude Stuttgarts: der **Staatsgalerie** in der Konrad-Adenauer-Straße, die in einem klassizistischen Altbau und einem postmodernen Neubau Gemälde vom Mittelalter bis zur Moderne zeigt (Mo geschl.). Südlich vom Schlossplatz liegt rund um den Schillerplatz das einzige nach dem Zweiten Weltkrieg originalgetreu wieder hergerichtete Quartier. Eine Schillerfigur von Thorvaldsen wacht über dem **Schillerplatz,** wo das Gestüt Herzog Ludolfs stand, das vor über 1000 Jahren Ursprung und Namensgeber Stuttgarts war (»Stutengarten«). Um den Schillerplatz gruppieren sich das **Alte Schloss** (16. Jh.), das heute das **Württembergische Landesmuseum** (Mo geschl.) beherbergt, die **Alte Kanzlei** (16. Jh.), heute Restaurant, der **Prinzenbau** (17. Jh.) und der spätgotische **Stiftsfruchtkasten** (16. Jh.), einst als Kornspeicher nach Plänen von Schickhardt mit schickem Re-

Weinbaumuseum Stuttgart

Szenen aus 2000 Jahren Weinkultur zeigt das Weinbaumuseum der Stadt Stuttgart auf 850 m² in der alten Kelter in Uhlbach. Eine komplette Küferwerkstatt, Arbeitsgeräte, Trinkgefäße gehören zu den Exponaten. Nach einem Rundgang empfiehlt sich ein Besuch im Probierstüble des Museums. Uhlbacher Platz 4, Tel. 0711/325718, April–Okt. Sa 14–18, So 10–12, 14–18 Uhr.

naissancegiebel errichtet. Die **Stiftskirche** überragt die Szenerie. Sie hat ihren Ursprung im 12. Jh. und wurde im 15. Jh. spätgotisch umgestaltet. Durch die Dorotheenstraße und hinter der im Jugendstil erbauten Markthalle rechts gelangt man zum Marktplatz mit dem **Rathaus** und via Eberhardstraße zum **Geburtshaus des Philosophen Hegel** (1770–1831), in dem ein Museum zu seinen Ehren eingerichtet ist (So geschl.).

Info

Stuttgart-Marketing
Lautenschlagerstr. 3,
70173 Stuttgart,
Tel. 0711/22280, Fax 2228253,
www.stuttgart-tourist.de.

Übernachten / Essen & Trinken

Flair Hotel Wörtz zur Weinsteige
Hohenheimer Str. 28–30,
70184 Stuttgart,
Tel. 0711/2367000, Fax 2367007,
www.hotel-woertz.de,
So, Mo Ruhetag, DZ ab 100 Euro (im Schlösschen ab 140 Euro), Hauptgericht ab 18 Euro.
Geschmackvoll und gemütlich eingerichtete Zimmer (im Schlösschen ruhiger und komfortabler), ein ausgezeichnetes Restaurant mit hübscher Terrasse und ein riesiges Weinlager im Keller machen das Haus zur angenehmen Bleibe für Weinfreunde.

Essen & Trinken

Weinstube Vetter
Bopserstr. 18, 70180 Stuttgart,
Tel. 0711/241916,
So Ruhetag, Betriebsferien Ende Sept./Anfang Okt., Hauptgericht ab 10,50 Euro.
Zu leckerem bürgerlichem Essen lädt die Weinstube Vetter, ein nüchtern eingerichtetes Szene-Restaurant im Bohnenviertel.

Weingut

Weinmanufaktur Untertürkheim
Strümpfelbacher Str. 47,
70327 Stuttgart (Untertürkheim),
Tel. 0711/3363810,

Mo–Fr 8–18, Sa 9–13 Uhr.
Bei der Bundesweinprämierung 2004 ging ein Ehrenpreis in Bronze an die 1887 gegründete Genossenschaft. Kauftipp: 2003er Lemberger trocken für 7,60 Euro.

Tübingen

Dichter und Wein sind sich oft ganz nah. Auch um die malerische Universitätsstadt Tübingen, in der Hesse, Hölderlin, Mörike lebten, wächst Wein im Bereich Oberer Neckar. Ein Obst- und Weinbaupfad führt von Wurmlingen zum Tübinger Stadtteil Hirschau.

Noch bevor man die Altstadt betritt, grüßt Tübingen mit seiner Schokoladenseite am Fluss. Vor der Neckarinsel gondeln die Stocherkähne lautlos übers Wasser zum **Hölderlinturm,** dem »Rundel«, in dem der Dichter die zweite Hälfte seines Lebens von 1807 bis zu seinem Tod 1843 bei einer Schreinerfamilie verbrachte (Gedenkstätte Di–Fr 10–12, 15–17, Sa, So 14–17 Uhr). Die rosa gestrichene **Bursa** flussaufwärts ist das älteste Gebäude der Universität (15. Jh.). Hier hielt Philipp Melanchthon 1514–1518 Vorlesungen. Weiter flussaufwärts, am Fuße des Schlossbergs, steht das berühmte **Evangelische Stift,** das im 16. Jh. von Herzog Ulrich als Eliteschule gegründet wurde und unter dessen Schülern Kepler, Hegel, Hauff, Hölderlin, Mörike, Schelling waren. Nirgendwo sonst in Deutschland gibt es eine so große Studentendichte wie in Tübingen, von den 85000 Einwohnern sind 20000 an der Eberhard-Karls-Universität immatrikuliert, deren Institute in der gesamten Innenstadt verteilt sind. Graf Eberhard im Bart gründete 1477 die Universität.

Vom Neckarufer steigt die romantische Altstadt stufenartig an. Sie wirkt wie ein »Boizle«, ein uriges schwäbisches Weinstübchen. Verwinkelte Gassen mit schmucken,

Stocherkahn-Diplom

Erfahrene Stocherer geben einen Crashkurs der Kunst, wie man den flachen Kahn mit einer langen Stange am besten übers Wasser drückt.
Für Gruppen ab 10 Personen inkl. Stadtführung und Brotzeit auf dem Kahn (Dauer: halber Tag): 26 Euro pro Person. Eine Stunde Kahnfahrt kostet für bis zu 12 Personen inklusive Gondoliere 52 Euro. Infos im Verkehrsverein (Adresse s. S. 277).

bunt gestrichenen historischen Häusern führen auf und ab und zu heimeligen Plätzen. Durch die Neckargasse geht's zur spätgotischen **Stiftskirche** (15. Jh.) am Holzmarkt, von deren Turm man Tübingen im Überblick genießen kann. Hinter der Kirche links in der Münzgasse stehen die **Alte Aula** und der alte **Universitätskarzer** (Besichtigung: Sa, So 14 Uhr). Am Ende der Münzgasse rechts wird schnell der **Marktplatz** mit dem Neptunbrunnen erreicht. Das **Rathaus** (Teile aus dem 15. Jh.) mit bemalter Fassade, astronomischer Uhr und turmbekröntem Giebel dominiert hier eine Runde prächtiger Häuser. Über die steile Burgsteige nahe beim Markt gelangt man zum **Schloss Hohentübingen** (16. Jh.) mit schmuckem Renaissanceportal, das wertvolle Sammlungen der Universität birgt, z. B. urgeschichtliche Funde und eine ägyptische Grabkammer (Mo, Di geschl.).

Nördlich des Schlossbergs fließt der Ammerkanal durch die Unterstadt. Von der hübschen Ammergasse führen Brückchen an sein anderes Ufer. Ein Spaziergang durch dieses Quartier führt zum **Kornhaus** (Stadtmuseum, Di–Fr 15–18, Sa, So 11–18 Uhr) in der Kornhausstraße, zu Stiefelhof und Fruchtkasten (hübscher Fachwerkbau) in der Bachgasse. In der Neckarhalde 24 steht das **Geburtshaus Ludwig Uhlands.** Als krönender Abschluss eines Rundgangs empfiehlt sich eine Stocherkahnpartie auf dem Neckar, wo man sich auch selbst als Gondoliere versuchen kann.

Info

Verkehrsverein Tübingen
An der Neckarbrücke 1,
72072 Tübingen,
Tel. 07071/91360, Fax 35070,
www.tuebingen-info.de

Essen & Trinken

Die Kelter
Schmiedtorstr. 17,
72072 Tübingen,
Tel. 07071/254690,
tgl. 8–20, Sa 8–16 Uhr,
Hauptgericht ab 7 Euro.
Stilecht für Weinreisende lässt es sich in der historischen Kelter aus der ersten Hälfte des 16. Jh. speisen. Hier wird auch Wein verkauft.

Übernachten

Hotel am Schloss
Burgsteige 18, 72072 Tübingen,
Tel. 07071/92940, Fax 929410,
www.hotelamschloss.de,
Okt.–April Di Ruhetag,
DZ ab 92 Euro, Hauptgericht ab 8 Euro.
Über den Dächern der Altstadt wohnt man hier behaglich in einem Familienhotel der Mittelklasse. Das Restaurant »Mauganeschtle« ist auf schwäbische Gerichte rund um die Maultaschen spezialisiert.

Waiblingen (Remstal)

Vor die Tore Stuttgarts lockt Waiblingen im Remstal, dem Renommierbereich der Weinregion Württemberg. Waiblingens alten Stadtkern überblickt man am besten vom Hochwachtturm. Proper präsentiert sich der Marktplatz mit dem Fachwerk-Rathaus und dem bemalten Quaderhaus. Die Nikolauskirche aus dem 13. Jh. und die spätgotische Michaelskirche aus dem 15. Jh. sind die schmucken Werke geistlicher Architektur in Waiblingen. Altertümliches Flair strahlen die Reste der Stadtbefestigung mit einem überdachten Wehrgang und dem Beinsteiner Torturm aus.

Durch die Wald- und Rebenlandschaft des Remstals führt die 80 km lange Remstal-Route von Fellbach nach Schorndorf.

Weingut

Weingut Aldinger
Schmerstr. 25, 70734 Fellbach,
Tel. 0711/581417,
www.weingut-aldinger.de,
Mo–Fr 9–12, 15–18, Sa 9–12 Uhr, Ende Aug. geschl.
Mit seinem Trollinger hat Winzer Gert Aldinger über Württemberg hinaus Furore gemacht. Im Angebot sind auch Spitzenweine internationaler Sorten wie Sauvignon Blanc. Kauftipp: 2003er Fellbacher Lämmler Trollinger trocken für 5,75 Euro.

Weinsberg

Auf einem Weinberg hoch über Weinsberg erheben sich die Reste der **Burg Weibertreu.** Anno 1140 belagerte Stauferkönig Konrad III. die Burg, gewährte aber den Weibern freien Abzug mit allem, was sie tragen konnten. Die treuen und schlauen Frauen von Weinsberg trugen ihre Männer huckepack hinaus und retteten sie so vor dem Feind. Die Burg ging in staufischen Besitz über und wurde im 16. Jh. im Bauernkrieg zerstört. Für die Erhaltung der Reste der sagenhaften Burg, ein Symbol früher Frauenpower, kämpfte im 19. Jh. ein Frauenverein, der mit dem Verkauf von »Weibertreuringen« die nötigen finanziellen Mittel sammelte. Vereinsvorsitzender war der Arzt und Dichter Justinus Kerner. In seinem einstigen Wohnhaus unten im Städtle veranschaulicht eine Ausstellung Leben und Werk (Öhringer Str. 3, Di–So 14–17 Uhr, 1. So im Monat geschl.). Im **Rathaus** erinnert das **Weibertreu-Museum** (Do 14-18, So 14-17 Uhr), auf dem Marktplatz ein modernes Weibertreu-Denkmal an die Geschichte.

Bekannt wurde das von steilen Rebhängen umgebene Weinsberg auch durch die älteste Weinbauschule Deutschlands (Gründung 1868).

Weingut

Staatsweingut Weinsberg
Traubenplatz 5, 74189 Weinsberg,
Tel. 07134/5040, Mo–Fr 9–17 Uhr
Das Weingut wurde 1868 als Königliche Weinbauschule gegründet. Berühmteste Neuzüchtung des Hauses bislang: die nach Justinus Kerner benannte fruchtige Kreuzung aus Riesling und Trollinger. Kein Wunder, dass der »Justinus K.« Kerner trocken (7 Euro) jedes Jahr schnell ausverkauft ist. Im Sortiment sind auch Bio-Weine und verführerische Tropfen wie »Traum trocken«.

Wege zum Wein

Im Naturpark Oberes Donautal

Tour 1: Trip zur Traube

Wanderung auf dem Stuttgarter Weinwanderweg

Länge/Dauer: 12 km/4 Std.; mittelschwer
Start/Ziel: Obertürkheim
Markierung: stilisierter Wanderer mit Glas und roten Trauben
Sehenswert: Reblandschaft rund um den Württemberg

Die Weinberge hinauf und hinunter durch die Kernzone des Stuttgarter Rebenreviers führt die aussichtsreiche Route. Wir starten am **Bahnhof** im Stadtteil **Obertürkheim** und wandern die Uhlbacher Straße bergan, bis links die Kirchsteige abzweigt. Rechts über eine Spitzkehre weiter ansteigend und oben die zweite Abzweigung rechts führt der Weinwanderweg mitten in die Reblandschaft hinein. Wir halten uns rechts und kommen leicht bergab zwischen Reben und Obstbäumen nach **Uhlbach.** Neben der St.-Andreas-Kirche steht die alte Kelter, in der das Weinbaumuseum eingerichtet ist und das städtische Weingut und die sieben Stuttgarter Weingärtnergenossenschaften ihre Weine kredenzen. Entlang der Markgräflerstraße gehen wir hinaus zum Burgwengert und weiter zum **Württemberg,** auf dem bis ins 14. Jh. die Stammburg der Württemberger stand und wo König Wilhelm I. eine Grabkapelle für Königin Katharina errichten ließ. Die Reben ziehen sich hinab bis nach Untertürkheim im Neckartal, wo die Wirtschaft des Musterländles brummt. Leicht bergab führt der Weg zum Stadtteil **Rotenberg.** Dort biegen wir links in die Straße Im Graben und gelangen über eine große Kehre zur Württemberger Straße, die überquert wird. Rechts an der Kelter vorbei und dann an einem Winzerhäuschen links geht es westwärts mit Blick auf Untertürkheim. Nach Querung der Rotenberger Straße geht's rund um den **Mönchberg.** Nach den Aussiedlerhöfen folgen wir links dem Anstieg, halten uns auf dem mittleren Weg durch die Weinberge und wandern schließlich unterhalb des Dautenfelsens zurück nach **Obertürkheim.**

Tour 2: Nahe am Neckar

Neckartal-Radweg

Länge/Dauer: 45 km/Halbtagestour; leicht
Start/Ziel: Marbach/Heilbronn
Sehenswert: Marbach, Hessigheimer Felsengärten, Besigheim, Lauffen

Ein grünes Fahrrad mit roten Vorderradspeichen markiert den 370 km langen Neckartal-Radweg, der dem Fluss von Villingen bis zur Mündung in den Rhein folgt. Durchs Herz der Weinregion Württemberg führt mit ein paar harmlosen Steigungen die Etappe von Marbach nach Heilbronn.

Wir starten in der Schillerstadt **Marbach** am Neckarufer (vom Bahnhof über Garten- und Schillerstraße). Der Fluss wird auf dem Marbacher Steg neben der Eisenbahnbrücke überquert. Dahinter geht's rechts ein Stück am Rand von **Benningen** entlang. Um eine verkehrsreiche Landstraße zu umgehen, wechseln wir über die nächste Neckarbrücke die Uferseite, fahren knapp 3 km unterhalb von Weinbergen und kehren dann, den Kanal und den Alten Neckar Richtung Beihingen querend, ans linke Ufer zurück. Bald wird **Großingersheim** erreicht. Via Geisinger Weg und Talstraße kommt man hier zu einem schmalen Weg, der zwischen Weinstöcken und Wiesen Richtung Kleiningersheim führt.

Der Weg schwenkt vom Neckar fort, am Talhof biegen wir links ab, radeln bergauf und biegen dann rechts in einen Weg, der auf eine Landstraße stößt. Dieser folgen wir rechts nach **Hessigheim,** erst durch ein Waldstück, bergab am Schreyerhof vorbei und dann links über die Neckarbrücke. In Hessigheim geht's am südlichen Ortsrand auf der Besigheimer Straße erst aufwärts und dann wieder abwärts zum Neckar, der nochmals mit einem fantastischen Blick auf die Hessigheimer Felsengärten überquert wird.

Nächste Station ist das idyllisch in einen weinbewachsenen Talbogen eingebettete **Besigheim.** Wir überqueren hier die Enz, unterqueren die Bundesstraße und radeln durch **Walheim.** Dort wird die Bahn unterquert, danach geht's rechts auf die Heilbronner Straße und schließlich auf einem Radweg in Flussnähe nach **Kirchheim.** Das Dorf wird via Oberdorfstraße durchfahren. Bald biegt man rechts in die Kleine Mühlgasse, unterquert die Bahn und kommt auf der Kanalstraße wieder an den Neckar. Nach einer Flussbiegung wendet sich die Route Richtung Atomkraftwerk Neckarwestheim, das vom anderen Ufer herüberstrahlt. Nahe am Neckar fahren wir nach **Lauffen.**

Nach einem Rundgang durch das Hölderlin-Städtle queren wir auf der Nordheimer Straße das Flüsschen Zaber, biegen rechts Richtung Klärwerk ab und strampeln gleich darauf links einen Weinberg hinauf. Hinter einem Fischteich schwenkt die Route links. Auf und ab, zweimal rechts und einmal links gelangt man nach **Nordheim.** Dort biegen wir hinterm Freibad in die Mühlstraße und kommen über die Bahnstraße wieder in Neckarnähe. Die Schlussetappe beginnt und geschwind radeln wir an Klingenberg vorbei, über die Sontheimer Brücke und am Alten Neckar entlang nach **Heilbronn** hinein.

Blick vom Württemberg

Extra-Tour: Blaue Donau

Radtour im oberen Donautal

Länge/Dauer: 41 km/Halbtagestour; leicht
Start/Ziel: Fridingen/Sigmaringen
Sehenswert: Durchbruchstal, Beuron, Sigmaringen
Anfahrt: Fridingen liegt nahe Tuttlingen, ca. 65 km südlich von Tübingen

Auf ihrem Weg vom Schwarzwald zum Schwarzen Meer wollen wir die blaue Donau ein Stück begleiten. Gleich hinter ihrem Quellgebiet liegt der **Naturpark Oberes Donautal,** eine schöne, sensible Flusslandschaft, die ›sanfte‹ Touristen verlangt.

Wir radeln auf dem Donau-Radweg vom Bahnhof in **Fridingen** links der Donau zum südlichen Ortsausgang. Von der Straße Unterer Damm biegen wir rechts auf den Asphaltweg, der 2 km über Grünland führt, parallel zu den Versickerungsstellen, bis sich das Tal beim **Laibfelsen** verengt. Vor schwindelnd irrealen Millionen Jahren durchbrach die Donau hier das weiße Juragestein. Beim Laibfelsen überquert man rechts den Fluss und dann geht's auf schmalen Pfaden entlang seiner engen Schleifen, durch Wald und Wiesen. Hinter einer Kurve eröffnet sich ein überwältigendes Panorama mit **Schloss Bronnen,** das auf der Spitze eines senkrecht emporragenden Felsens klebt.

Nach 3 km tauchen die barocken ›Neubauten‹ des im 11. Jh. gegründeten **Klosters Beuron** auf. Die Abtei hat die Liturgie der Mönchsorden im Mittelalter maßgeblich beeinflusst. Nach der Säkularisation brachten Benediktinerpatres im 19. Jh. das Kloster wieder zur Blüte, unter ihnen Künstler, die mit streng stilisierter, symbolhafter Malerei die sakrale Kunst zu reformieren suchten. Zur Beuroner Hauptstraße geht es steil bergauf. Links hinter der Eisenbahnbrücke liegt das Kloster, der Donau-Radweg bleibt aber hier noch rechts der Bahn.

Wir rollen abwärts, unterqueren bei **Oberhausen** die Bahn und überqueren zweimal die Donau, die hier in einer Schleife fließt. Rechts hoch oben thront **Burg Wildenstein,** die so kühn an die Felsspitze geklebt wurde, »das kain aichhorn könnte hinauf kommen«. Gegenüber grüßt bald **Schloss Werenwag,** die Heimat des Minnesängers Hugo von Werenwag, der im Frühlingsrausch dichtete: »Rosenrot und allerliebst, sind der Geliebten Wangen…«. Hinter **Thiergarten** überqueren wir die Donau wieder zweimal und erreichen Gutenstein. Weiter geht's zum Durchbruch »Teufelsloch«, wo noch einmal ein kurzes Stück am linken Ufer geradelt wird, bis zum Bahnhof **Inzigkofen.** Steil bergauf kommt man zur ehemaligen Klosterkirche von Inzigkofen. **Sigmaringen** naht, das Ziel. Der Fluss windet sich und zieht in schönen Schleifen in die Ferne.

Württemberger Weinstraße

Die Württemberger Weinstraße (Eröffnung im Herbst 2004) führt von Weikersheim bei Bad Mergentheim 511 km bis nach Metzingen. Eine stilisierte Flasche mit Trauben markiert die Route, die kaum eine Ecke der Weinregion auslässt und vom Neckartal auch immer wieder in die reizvollen Seitentäler biegt.

Register

Ahrtalbahn 21
Ahrtalweg 34
Ahrweiler 22
Alf 122
Alken 122
Alsbach 80
Altenahr 22
Altenglan 160
Alzey 206
Annweiler am Trifels 166
Assmannshausen 186
Auerbach 80
Bacharach 98
Bad Bergzabern 166
Bad Dürkheim 167
Bad Ems 116
Bad Hönningen 99
Bad Kösen 226
Bad Kreuznach 146
Bad Mergentheim 266
Bad Münster am Stein 147
Bad Neuenahr 25
Bad Sobernheim 147
Bad Sulza 227
Baden-Baden 40
Badenweiler 41
Badische Weinstraße 53
Balkhausen 90
Beilstein 122
Bensheim 81
Bernkastel 138
Bernkastel-Kues 123
Besigheim 266
Bietigheim 267
Bingen 207
Bockenheim 167
Bodenheim 208
Boppard 99
Braubach 103
Breisach 42
Bruchsal 43
Bunte Kuh 30
Burg Eltz 139
Burgsponheim 148

Calmont 125, 136
Calw 54
Castell 60
Cochem 126

Dahner Felsenland 181
Darmstadt 91
Deidesheim 167, 168
Dernau 26
Dettelbach 60
Deutsche Weinstraße 179
Diesbar-Seußlitz 246
Disibodenberg 148
Drachenfels 104
Dresden 246

Eckartsberga 228
Eckelsheim 208
Edenkoben 169
Ediger-Eller 126
Elbe-Radweg 258
Elbling-Route 139
Eltville am Rhein 186

Enkirch 127
Erbach 187
Escherndorf 67
Esslingen 267
Ettenheim 43

Fischbach 149
Flörsheim-Dalsheim 209
Forst 170
Freiburg 43
Freinsheim 170
Freyburg 229

Gau-Algesheim 209
Geisenheim 188
Gengenbach 45
Groß-Umstadt 82
Großjena 231
Grünstadt 171
Guntersblum 209

Hallgarten 188
Hambacher Schloss 171
Hattenheim 188
Heilbronn 268
Heimersheim 27
Heppenheim 83
Hochheim (am Main) 188

Idar-Oberstein 149
Ihringen 46
Ingelheim 209
Iphofen 61

Kaiserstuhl s. Vogtsburg 49
Kamp-Bornhofen 105
Karlstadt 61
Kaub 107, 114
Kiedrich 189
Kirn 152
Kitzingen 62
Kloster Eberbach 190
Kloster Lorsch 85
Kobern-Gondorf 127
Königswinter 104
Kröv 127

Laacher See 35
Lahnstein 107
Landau 172
Langenlonsheim 152
Lauffen 270
Lauterecken 160
Leinsweiler 173
Leutesdorf 107
Linz 107
Lorch 191
Lorchhausen 192
Loreley 110
Loschwitz 249
Ludwigsburg 270

Maikammer 168, 174
Mainau 46
Mainbernheim 63
Maintal-Radwanderweg 71
Mainz 210
Marbach am Neckar 272

Maria in Vineis 67
Maria Laach 35
Marienthal 27
Maring 138
Markgräflerland
s. Badenweiler und Staufen
Markgröningen 273
Marktbreit 63
Maulbronn 55
Mayschoß 28
Meersburg 47
Meisenheim 152
Meißen 250
Melibokus 80
Memleben 231
Merdingen 48
Mespelbrunn 73
Metzingen 273
Miltenberg 63
Monzingen 153
Moselkern 128
Moselweinstraße 139

Nackenheim 212
Naheweinstraße 159
Naumburg 231
Neckartal-Radweg 279
Neuleiningen 174
Neumagen-Dhron 128
Neustadt
an der Weinstraße 174
Nibelungenstraße 220
Niederhausen 153
Niederheimbach 108
Nierstein 213
Nordheim 67

Oberhausen 153
Oberkirch 48
Oberwesel 108
Ochsenfurt 65
Oestrich-Winkel 192
Oppenheim 214

Perl 128
Piesport 129
Pillnitz 252
Pirna 253
Prichsenstadt 65
Pünderich 129
Radebeul 253

Rech 30
Reichenau 46
Remsstal s. Waiblingen 278
Rhein-Wein-Wanderpfad 112
Rheingauer Rieslingroute 198
Rheingoldstraße 114
Rheinhessische Schweiz 208
Rhens 109, 115
Rhodt unter Rietburg 176
Rietburg 169
Rotenfels 157
Rotweinwanderweg 31
Rüdesheim 193
Ruwer-Riesling-Weinstraße 139

Saale-Weinwanderweg 237
Saar-Riesling-Straße 139
Saarburg 129
Sächsische Schweiz 261
Sächsische Weinstraße 259
Sasbachwalden 48
Schlangenbad 201
Schloss Johannisberg 196
Schloss Vollrads 197
Schulpforte 234
Schweigen 176
Seeburg 235
Seeheim-Jugenheim 85
Seilpark Mittelrhein 23
Selztalradweg 218
Siegfriedstraße 220
Sommerach 67
Sommerhausen 65
St. Goarshausen 110
St. Goar 109
St. Martin 168, 176
Staudernheim 160
Staufen 49
Stromberg 154
Stuttgart 273
Stuttgarter Weinwanderweg 279
Sulzfeld 66

Tauberbischofsheim 49
Teufelstisch 181
Traben-Trarbach 130
Trechtingshausen 111
Treis-Karden 132
Trier 132
Trittenheim 134
Trotzenberg 27
Tübingen 276

Urbar 114
Ürzig 134

Veitshöchheim 66
Villa Ludwigshöhe 169
Vogtsburg (Kaiserstuhl) 49
Volkach 67
Volkacher Mainschleife 66
Vulkanpark Brohltal 35

Wachenheim 177
Waiblingen (Remstal) 278
Walluf 197
Walporzheim 30
Wanderweg Deutsche Weinstraße 178
Weinheim 51
Weinlagenweg 88
Weinsberg 278
Weinstraße Saale-Unstrut 238
Weißenfels 235
Westhofen (Wonnegau) 215
Wii-Wegli 52
Winningen 135
Worms 216
Würzburg 69

Zeitz 236
Zell 135
Zwingenberg 86

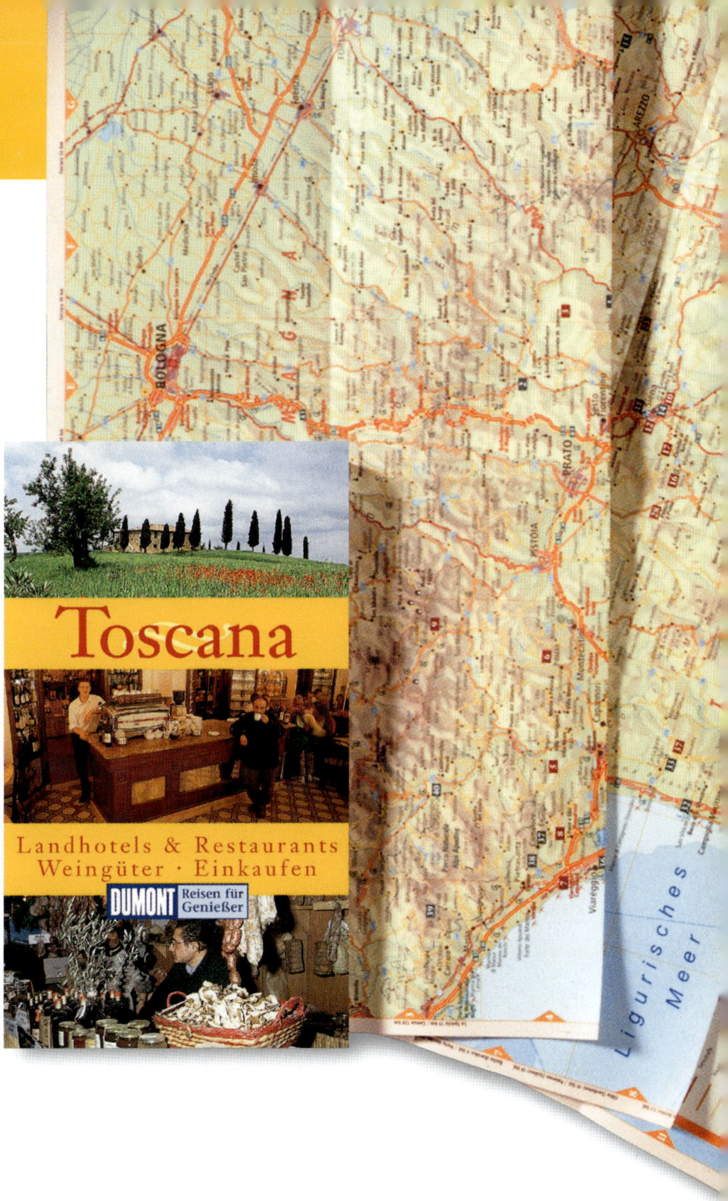

DUMONT Reisen für Genießer

Impressum

Alle Fotos: Dietmar Scherf, Mainz
Kartografie: © DuMont Reiseverlag, Köln
Titel: Kleines Bild oben: Blick über den Main auf Kitzingen;
großes Bild Mitte: Altes Weinhaus in Bacharach;
kleines Bild oben: Gutenfels und Pfalz Grafenstein am Rhein

Über den Autor:
Dietmar Scherf ist zwischen den Reben von Rheingau und Rheinhessen groß geworden, studierte in Mainz, Trier (Volkswirtschaft) und Bremen (Kunst, Fotografie) und arbeitet heute als freier Autor und Fotograf u. a. für ARD-aktuell.

Druck: Rasch, Bramsche
Buchbinderische Verarbeitung: Bramscher Buchbinder Betriebe

Printed in Germany ISBN 3-7701-6321-4